パラノイア合衆国

アメリカ精神史の源流を追う

ジェシー・ウォーカー／鍛原多惠子＝訳

河出書房新社

JESSE WALKER
THE UNITED STATES OF
PARANOIA
A CONSPIRACY THEORY

パラノイア合衆国　目次

いいか、と彼は言った。真実はもっと面白いんだ。秘密結社は歴史を支配したわけではない。
秘密結社が歴史を支配したという考えが歴史を支配してきたのだ。

――ジョン・クロウリー『エジプト』

パラノイア合衆国

第Ⅰ部

初期の神話

第1章　アメリカ政治はパラノイド・スタイル

人がある状況を現実と考えれば、それは結果として現実となる。
――ウィリアム・トーマス、ドロシー・トーマス★01

一八三五年一月三〇日、アンドリュー・ジャクソンがある下院議員の葬儀会場から外に出たとき、一人の暗殺者が拳銃を取り出し、大統領に狙いを定めた。だが、銃は不発に終わった。犯人は外套から二丁目の銃を引き抜いた。弾丸は装塡されていたが、またしても火を噴かなかった。殺人者になり損ねたその男を、ジャクソンは杖を振るって居合わせた者たちとともに取り押さえた。男はリチャード・ローレンスという失業中の塗装工だった。ローレンスはその後取調官に、自分はイギリス王リチャード三世で、ジャクソンは自分の父の仇であり、ジャクソンが死ねば「金《かね》が増えるだろう」と語った★02。ローレンスは正気ではないと判断されて施設に収容され、三〇年ほどしてそこで亡くなった。彼は気の狂《ふ》れた単独犯だった。

少なくとも、これが公に伝えられるところだ。だが事件後ほどなく、襲撃直前にミシシッピ州選出のジョージ・ポインデクスター上院議員宅でローレンスを見かけたという、二人の目撃者による宣誓陳述書が提出された。ポインデクスターはジャクソン政権を声高に批判しており、ジャクソン支持派の新聞各紙は、議員が大統領暗殺を計画したとこぞって非難した。議会のジャクソン陣営も同様で、ただちに調査が開始された。襲撃直後、ジャクソン自身も周囲の者たちに、凶漢は「あのいまいましい悪党のポインデクスターが私を暗殺するために雇った」のだと話している[★03]。

　ジャクソンの批判者たちのなかには、大統領は国民の支持獲得を目論んで、暗殺劇を演じたのであり、その証拠に銃は二丁とも不発だったとほのめかして、反論する者もいた。一方ジャクソン派の多くは、元副大統領でサウスカロライナ州選出のジョン・カルフーン上院議員の名を挙げて、たとえ暗殺計画に直接関与していないとしても、ジャクソンを「アメリカのカエサル」だと糾弾する演説によって、その暗殺を扇動したと主張した[★04]。

　この事件について二九年後に記した共和党寄りの作家ジョン・スミス・ダイは、そこにはさらに凶悪な陰謀がかかわっていたと考えた。カルフーンはこの暗殺騒動に直接関与していないかもしれない、と認めたうえでこう語る。「この男が上院で展開した大統領を誹謗する演説を聞いて、大統領暗殺を試みようと考えたのか……それとも、大統領暗殺のために秘密裏に雇われていたのかを判断できるのは、神のみだ[★05]」。だが、ジャクソンが葬られていたら利益を得ていたと思われるより大きな勢力、すなわち奴隷所有者階級《スレイブ・パワー》にカルフーンが加担していた、とダイは確信していた。さらにダイは、奴隷所有者階級は自分たちの思いを通すためなら、権力者を抹殺することもためらわなかったと読者に告げた。

　たとえば、一八四一年、ときの大統領ウィリアム・ヘンリー・ハリソンは、テキサス併合を前向きに検討できそうもないと、カルフーンに胸の内を打ち明けた。テキサスは、南部人が奴隷州として合

Richard Lawrence attempts to kill Andrew Jackson, National Archives

衆国に加盟させたいと望んでいた場所だ。その後まもなく、ハリソンは命を落とした。公式の死因は肺炎とされているが、ダイはヒ素中毒によるものと確信している。さらにダイは続ける。その九年後、ザカリー・テイラー大統領は、キューバとアメリカ南西部における奴隷所有者階級の方針に異議を唱え、ハリソンと同じ毒で殺害された。そして、次期大統領に決まったジェイムズ・ブキャナンは、奴隷制擁護派が反対する人物を何名か登用する手筈を整えていたときに、手の込んだ暗殺計画を間一髪で免れた、とダイは言明した。

ダイによると、一八五七年二月二三日、ワシントンDCのナショナル・ホテルで、南部の工作員が角砂糖の容器すべてに毒物を投入した。ダイの説明によると、南部人はコーヒーを飲む習慣があり、コーヒーを飲むときには粉末の砂糖を使うため、みな被害を免れ、紅茶を飲む北部の人間は、ブキャナンを含めて皆殺しにできる算段だったという。次期大統領は中毒症状からかろうじて生還した。「この暗殺未遂に怖気づいて」、ブキャナンは「かつてないほど従順な奴隷所有者階級

の手先になった」とダイは記している。★06

　ダイによるこうした激しい非難を裏づける証拠は乏しい。ハリソンを診た医師が、苦しむ大統領を助ける代わりに危害を加えたという見方もできるが、そもそも誰かが意図的にハリソンを殺したというのも、たんなる臆測にすぎない。★07 一九九一年にザカリー・テイラーの遺体が掘り返されたとき、検視官は毒殺説が誤りであることを証明した。そしてブキャナンにいたっては、一八五七年二月二三日にワシントンに滞在してさえいなかった。前月にブキャナンが逗留していたとき、さらには就任式のために戻ってきたときに、そのホテルで赤痢が発生したことは事実ではある。今日では、この赤痢の発生については、下水が詰まってホテルの食事や飲用水を汚染したことが原因と考えられているが、当時は病原菌を混入させた毒殺者として、中国組織からの殺人も辞さない奴隷解放論者の一団までが取り沙汰され、いくつもの噂が流布した。ダイのコーヒー・紅茶説にとって不都合なことに、犠牲者には南部ミシシッピ州選出のジョン・クイットマン下院議員も含まれていた。

　しかし、ダイの著作『毒蛇の巣窟（*The Adder's Den*）』が一八六四年に出版されたとき、国内は南北戦争のただなかにあり、その二年後に『アメリカにおける自由を転覆しようとする大陰謀と犯罪の歴史（*History of the Plots and Crimes of the Great Conspiracy to Overthrow Liberty in America*）』と改題して新版が発行されたときには、エイブラハム・リンカーン暗殺の動揺が依然として続いていた。★08 そのような雰囲気のなか、南北戦争前の時代に舞台を移した一九七〇年代の陰謀物の映画を思わせるこの本は、『ニューヨーク・タイムズ』紙上で敬意をもって評され、『シカゴ・トリビューン』紙には抜粋が掲載された。★09 共和党寄りの新聞は、フィラデルフィア、ハリスバーグ、トレントン、ニューヨーク市など各地で本作を賞賛し、ペンシルヴェニアでは、民主党寄りの『イーストン・エクスプレス』紙でさえ、「今世

紀最大の影響力を持つ本」と讃えた。[★10]

ダイにしても、何もないところから持論を作り上げたわけではなかった。彼はホイッグ党や共和党の関係者のあいだに何年にもわたって流布していたさまざまな噂を参考にしていた。リンカーンが当選したあと（ダイの本が出版されるずっと前）、次期大統領の支持者数人は、二人の歴代大統領を殺害した陰謀団に気をつけるよう警告する手紙をリンカーンに送っている。「ハリソン将軍が生きておられたのは、就任してからほんのわずか」と、心配した市民の一人は指摘した。「テイラー将軍が生きておられたのも、大統領の座に就いてからほんのわずか……。あなたさまも、王さまの食卓で口になさる食べ物や飲み物にご注意ください」[★11]。リンカーンにこう知らせる手紙もあった。「近年のホイッグ党の二人の大統領、ハリソン将軍とテイラー将軍があのような嘆かわしい不慮の死を遂げたのが、ホワイトハウスでの食事に巧妙に混入された毒物のせいであるのは疑いようのない事実だ、と医者たちが話しているのをたびたび耳にします[★12]」。

リンカーンの死後、少なくとも二人の著名な牧師（デトロイトのジョージ・ダッフィールドとコネティカットのウィリアム・グッドウィン）が、ハリソンとテイラーの殺害者と疑われる人物について説教のなかで言及した。ヘンリー・ウォード・ビーチャー牧師は、週刊のタブロイド紙『ニューヨーク・レジャー』紙に掲載された記事のなかで、彼らの暗殺疑惑を取り上げたのみならず、犠牲者リストに民主党の反分離独立主義者だったスティーヴン・ダグラスを加え、党内での立場のせいでダグラスは「南部の反乱に立ち向かうきわめて影響力の大きな闘士の一人となった」ために殺害されたと書いた[★13]。リンカーンの後を引き継いだアンドリュー・ジョンソンを告発しようと画策したオハイオ州選出のジェイムズ・ミッチェル・アシュリー下院議員は、この古い疑惑を持ち出して、ハリソン、テイラー、ブキヤナンの三人は「副大統領を大統領職に就けるという明確な意図をもって毒殺」されたのだと断言した[★14]。

さらに、一八六八年五月に『ニューヨーク・トリビューン』紙に掲載された驚くべき記事は、ダイヤナンの主張をも凌ぐ内容で、ワシントンDCでマラリアを流行させようと目論んだとして民主党を非難した。ザカリー・テイラーは「誠実に真正面から行動する」傾向があったために「ワシントンのマラリアに汚染された蒸気にあてられて死んだ」のだと論じたあと、『トリビューン』紙の記者はこう主張する。それに続く数年間、「ワシントンはマラリアとは無縁だった――民主党員に対して、という意味だが。しかし、新たに発足した共和党が勢いを増し、議会の支配権を握る可能性が出てくると、ワシントンの水は突然危険なものになり、ホテル（とりわけ、ナショナル・ホテル）は悪疫の巣窟となって、民主党の信条に異議を唱える者たちが死にいたるほどの病に次々と倒れたのだった」。感染拡大は、リンカーンが「首都の防壁と泉」を「忠実な兵士たちの監視」下に置き、蔓延に終止符が打たれるまで続いた。だが、リンカーンが大統領の座から去ると、同じパターンが復活した。ジョンソン大統領の弾劾投票の直前に、「あの邪悪な水が戻ってきて、上院議員が数人――念のために言っておくと、共和党員だ――急な病に倒れた。これは何を意味するのだろうか？　奴隷制の悪魔の帝王に敵対する潮流が生じるたびに（それ以外のときには、一度もないのに）、ワシントンの空気や水、ウィスキーが毒で満たされるのは、いったいどういった理由なのか[★15]？」

暗殺説を支持したのは、奴隷所有者の陰謀を懸念するアメリカ人だけではなかった。「奴隷所有者階級」という言葉はダイの創作ではない。この用語は北部では広く流布していて、プランテーションを経営する上層階級の政治的影響力を指す際に使用された。言葉自体が陰謀を意味するわけではないが、その含みを纏っている場合も多かった。歴史家ラッセル・B・ナイの言葉を借りると、奴隷所有者階級は奴隷制を「準州や自由州（ことによると白人全体）に」拡大すること、そして「国民の自由を破壊し、連邦政府の政策を支配し、奴隷経済に基づく全国規模の支配者階級の形成を完成させる」ことを課題に据えていたという。[★16] リンカーン自身も、「奴隷制を普遍的で永続する制度にしようとする強大な策略」が「はっきり見て取れ」ると確信していた。[★17] そして有名な「分かれたる家」の演説では、陰謀について思いのままに推論を展開した。[★18]

のちにユリシーズ・S・グラント政権で副大統領を務めることになるヘンリー・ウィルソンは、この見方をずばりこう言い表わした。「奴隷制は政権打倒と国家分裂を目論み、政権内で、議会で、各州で、陸軍で、海軍で、いたるところで陰謀を企てている」。[★19] 他方、南部人もまた独自の陰謀説を練り上げ、（実際に起きたものも想像にすぎないものも含めて）奴隷の反乱は、反乱を扇動する奴隷制廃止論者や信用ならない土地の横領者、よそ者の活動家などの策略によると非難した。

それは妄想《パラノイア》の時代だった。アメリカは、いつの時代もパラノイアに取り憑かれているのだ。

専門家たちは政治的パラノイアを、非主流派に見られる特徴で、折にふれて突発的に生じるものの、やがて冷静な穏健派がその炎を沈静化しうる混乱として片づけるきらいがある。だが、それは誤りだ。陰謀に対する恐れは、植民地時代から現代まで、急進派のみならず体制側にも、政治的主張を跨いで存在してきた。陰謀論は、一七世紀の北米先住民《インディアン》との闘争からにわか景気に沸いた「金ぴか時代」の労働紛争まで、南北戦争から冷戦まで、アメリカ独立戦争からテロとの戦いまで、さまざまな紛争で大きな役割を担ってきた。対立のきわめて激しい時代ばかりでなく、比較的平静の保たれているときにも、陰謀説ははびこっていた。そして反体制派や社会規範を逸脱する者たちばかりでなく、権力中枢にある個人や組織でも広く信じられた。陰謀論は歴史に彩りを添えるだけの脇役ではない。この国の核心にあるのだ。

あいにく、政治的パラノイアについての国民の認識は、歴史家リチャード・ホーフスタッターが『アメリカ政治におけるパラノイド・スタイル（*The Paranoid Style in American Politics*）』を出版した一九六四年のまま凍りついてしまっているようだ。[★20] ホーフスタッターは、激しい誇張、不信感、陰謀の幻想を特徴とする「心のスタイル」を描き出そうと試み、それを一九世紀の反フリーメイソン運動や反カトリック運動から、執筆当時の「大衆的な左派メディア」や「現代の右派」にいたる幅広い活動に見出している。欠点もあるが興味深い小論であるこの『パラノイド・スタイル』は、今でも頻繁に引き合いに出される。その後、半世紀にわたる研究が積み重ねられて、ホーフスタッターの見解に対する反証や修正がなされたが、そうした業績に『パラノイド・スタイル』ほどの注目が集まることはほとんどなかった。

これはじつに嘆かわしいことだ。この小論は確かに素晴らしい洞察を含むし、少なくとも、陰謀論が近年生み出されたものでないことを読者に喚起してはいる。だがその一方で、政治的パラノイアは「少数派の運動にのみ好まれるスタイル」であるとし、（少数派をさらに政治の中枢から遠ざける結果にしかならないが）「正当な大義よりもよこしまな大義を好む」と断言した。[★21] この論説の最初の版[★22]では、ホーフスタッターはさらに踏み込み、パラノイド・スタイルは、状況次第では「大衆運動や政党に想定以上にたやすく根づくこともありうる」にしても、通常は「ごく少数の人びと」にしか影響を与えないと主張していた。

ホーフスタッターは、こうした結論を裏づける具体的な数字を挙げていなかった。だが、私たちには有名な陰謀説の評価に関するデータがあり、そのデータは彼の大雑把な主張の数々と食い違う。二〇〇六年、スクリップス・ハワード社が実施した全国規模の調査によると、対象者の三六パーセント（少数派ではあるが、けっして「ごく少数」ではない）がアメリカの指導者が9・11のテロ攻撃を許した、あるいはその計画に積極的にかかわっていた可能性が「非常に」または「やや」高いと回答した。[23] ケネディ大統領暗殺にまつわる噂も、けっして少数派のものとは言えない。ジョン・F・ケネディ狙撃事件の四〇年後、ABCニュースが実施した調査によると、国民の七割が大統領の死の背後に陰謀があったと信じていた（一九八三年では信じる者の割合はさらに高く、八割に上っていた）。[24] 一九九六年のあるギャラップ調査によると、七一パーセントもの国民が、政府はUFOの情報を隠していると考えていた。[25]

ホーフスタッターのパラノイド・スタイルには、たんに陰謀説を信じるという事実以上の何かがあるのは間違いない。さらに、こうした調査の回答を深読みしすぎる危険性もある。政府がUFO関連の情報を隠蔽していると信じるからといって、ニューメキシコ州に異星人《エイリアン》の遺体を隠していると信じるとはかぎらないのだ（たとえば、UFOの目撃者のなかには政府が認めようとしない類いの兵器実験に遭遇した者もいる、と考えている可能性もある）。また、ホーフスタッターの理論を修正した見解もときおり耳にする。つまり、陰謀はホーフスタッターが示唆したよりも広く浸透しているが、それでも少数派のあやしげなパラノイアと教養ある体制派の節度は一線を画すという説だ。だがこの説はただ、「少数派」の意味合いが、本来よりもより広く解釈されるようになっただけのことである。

しかし、教養あるエリートたちも陰謀論を抱いている。私が言いたいのは、体制派の人びとがときにあやしげな理論を育むということではない——実際にあることではあるが。ビル・クリントンの大統領在任期間中、次席法律顧問だったヴィンス・フォスターが遺体で見つかると、さまざまな陰謀説が飛び交い、リチャード・ニクソン元大統領は個人秘書に「フォスターの自殺はどうも胡散臭いな」と漏らした[★26]。クリントン自身も、当選してまもなく、古くからの友人でその後自身の補佐官に任じたウェブスター・ハッベルにこう言った。「ハブ、君を司法省の職に就けたら、二つの疑問の答えを見つけてほしい。一つめは、JFKを殺したのは誰なのか。二つめは、UFOは存在するのか、だ[★27]」。だが私が言いたいのは、はるかに広い意味においてなのだ。『パラノイド・スタイル』を読んだだけでは思いもよらないだろうが、場合によっては政権中枢の人間が、少数派の見解に負けず劣らずパラノイア的な見解をそろって抱くこともあるのだ。

「モラル・パニック」という現象について考えてみよう。モラル・パニックとは、影響力の大きな社会組織によって恐怖や過剰な興奮状態が煽られ、歪められ、悪くすると作り出される状況を指す。この用語の生みの親ではないが、社会学者のスタンリー・コーエンは一九七二年の著作で、あるモラル・パニックの標準的な展開を描きだして、この用語を体系的に用いた最初の人物となった。「ある状況、逸話、人物、あるいは集団が社会的価値や社会的利益に対する脅威として浮上する。その性質は、マスメディアによって特定の型にはまったかたちで提示される。そして、編集者や聖職者、政治家などの良識ある人びとによって、モラル・バリケードが築かれる。社会的信用の高い専門家が状況を分析して解決策を示す。対処法が考案され、（たいていの場合）実際に用いられる。やがてそうした状況は消失、あるいは埋没、崩壊して、さらに広く周知される[★28]」。コーエンはこの見解を説明するために、ロッカーズとモッズという二つの若者のサブカルチャー、そして両者のあいだにときおり生じる激しい対立をめぐって、一九六〇年代初頭のイギリスで起きた騒動を検証している。当時の報道によると、敵対する少年グループどうしが路上で繰り返す衝突によって、海辺の町は荒れ果てていたという。だが実際には、少年たちは罵り合ったり、少し物を傷つけたりする程度だった。しかし、メディアが歪んだ報道を吹聴し、社会の懸念を強くかき立て、警察の存在感が増すと、皮肉なことに、モッズとロッカーズのあいだに報道されているような行動を取ろうとする意欲が生じてしまった。

モラル・パニックの本質的特色と言えるのが、「フォーク・デヴィル」だ。社会学者エリック・グッドが「脅迫的状況を生み出した悪の張本人」[29]と定義する存在だが、実際にはたいてい脅威に何ら責任のないスケープゴートにすぎない。フォーク・デヴィルは陰謀団というかたちを取ることも多い。悪魔崇拝の集団、強大なギャング団、粗暴な民兵《ミリティア》、白人女性を使った売春組織などだ（コーエンによると、ロッカーズとモッズの事例にかんして、両者の対立はおそらく巨大なギャング組織が裏で糸を引いていると、報道機関が主張したこともあったという[30]）。コーエンの取り上げた事例はイギリスのものだったが、アメリカでも同様の例は多い。一例として、二〇世紀初頭の反売春パニックが挙げられる。このときには、白人女性を強制的に売春させる国際的な巨大犯罪組織が毎年何千人もの無邪気な少女を性的サービスに従事させているという、誰にでもわかりやすい噂話が取り沙汰された。シカゴの元検察官が書いた重要作では、三節を費やして、その犯罪組織は実質上「影の政府」、「隠された手」、「秘められた権力」に等しく、「我々の市政府や州政府の背後には、見えざる権力が存在して、それらを支配している」との主張がなされている[31]。

強制的な売春は確かに存在していたが、当時大げさに言い立てられていたほど蔓延しても、組織化されてもいなかった。ところがこの懸念は、ごく少数による活動として葬られるどころか、一九一〇年にはマン法という重要な連邦法の成立につながり、のちに連邦捜査局（ＦＢＩ）として知られることなる機関の、政府内での地位を大きく飛躍させる最初のきっかけとなった。一〇年もしないうちに、FBIはその捜査範囲を売春斡旋の陰謀容疑から共産主義者の陰謀容疑へと拡大し、その過程で自らの権力をさらに強めることになる。[★32]

こうした話はホーフスタッターの記述からは抜け落ちている。というのも、ホーフスタッターの引いた例はそのほとんどが、コーエンが言うところの「良識ある人びと」に対抗する活動だからだ。その結果もたらされたのは、社会のはみ出し者は恐怖に取り憑かれていて、主流派は通常そうではないという歪んだ構図だった。たとえばこの評論では、傍流の「グリーンバック党や人民党寄りの著述家が国際的な銀行家らによる大がかりな陰謀を構想している」[★33]ことについて紙幅を割いているが、当時の権力層が人民主義《ポピュリズム》を陰謀の産物と見なしていた点については、一切触れていない。ホーフスタッターは、チャールズ・W・ダブニー農務次官補にも言及していない。ダブニーは、ポピュリストの支持を得たウィリアム・ジェニングズ・ブライアンが、一八九六年の大統領選で展開した選挙運動について「巧妙に考案され、強力に組織化された陰謀」だと非難した人物だ。[★34]さらに、著名な共和党系の新聞が、有力なポピュリスト団体の一つである連合労働党の台頭を受けて、無政府主義の秘密結社が党を支配しているという突拍子もない暴露記事を繰り返し掲載した事実についても触れていない。一八八八年のある記事では、「わが国の内部に、結社の指揮に従い、その秘密を守ることができなくなった場合には、同志の正当なあだ討ちのために一身を捧げると堅く誓った者たちの人知れぬ一団がある」と警鐘を鳴らした。[★35]また別の記事には、「彼らの邪悪で破滅的な行ないがこのまま放置されて完遂されることがあれば、いかにして栄誉あるわが国の政治体制を維持し、こうした陰謀団の魔の手による暗殺から生命や財産を守ることができようか?」とある。[★36]この新聞は、大統領選挙当日までこうした激しい非難を絶え間なく書き立てた。
では次に、ホーフスタッターの次のような一節について考えてみよう。

この敵は、多くの点において、自己の投影のように思われる。自己の理想的な面と容認できない面の双方を、この敵は併せ持っている。パラノイド・スタイルの根本的な矛盾は、敵の模倣にある。たとえば、敵が国際的な知識人だったとする。だが、パラノイアに取り憑かれた者たちは学識や、悪くすると衒学を振りかざして、敵を打ち負かそうとするだろう……。秘密組織と戦うために結成された秘密組織も、同じように追従する。クー・クラックス・クラン（ＫＫＫ）は、聖職者の法衣のようなものを身に付け、複雑な儀式や同じように複雑な序列を作り上げた点において、カトリックを模倣したと言える。ジョン・バーチ協会は、下部組織や前線組織を通じてほぼ秘密裏に活動を行なう方法などを、共産党から取り入れており、敵である共産主義者たちと非常に似通ったやり方であることを承知のうえで、イデオロギー戦の容赦ない遂行を説いている。キリスト教徒によるさまざまな反共「聖戦」の代弁者らは、共産主義の大義が奮い立たせる献身や規律、巧妙な戦略などに対する賞賛を公然と表明している。★37

この議論は、ホーフスタッターの評論のなかでもっとも賢明な箇所だ。しかしながら、同じことが彼の読者である支配層にも当てはまることは、一度たりとも認めていない。
ホーフスタッターの論説が「極右」への言及で始まることには、やはり理由がある。一九六〇年代初頭、アメリカでは過激な右翼に対する警戒感が高まっていた。この不安はケネディ政権の時代に徐々に募っていたが、大統領暗殺を受けて爆発的に増大した。多くの人びとが、暗殺を極右の仕業だと直接非難したり、右翼の発言が煽った恐怖と分裂の気運のせいだと考えたりした。ホーフスタッターの評論が出版される頃には、彼が言うところの「自己の投影」は全盛を迎えていた。反共主義者が共産党を真似たのとまったく同じように、反・反共主義者が赤《レッド》狩りの手法を模倣していた。

一例を挙げると、全米自動車労働組合のウォルター・ルーサーとヴィクター・ルーサーの兄弟は一九六一年に二四ページの意見書を作成し、ロバート・ケネディ司法長官に「極右との闘争」に加わるよう要請した。[★38]リベラル派の弁護士ジョゼフ・ローも名を連ねたこの意見書は、敵対する極右に対してFBIと国税庁、連邦通信委員会を動員することをケネディに求めていた。ルーサー兄弟とローは、この「極右」という用語で、ジョン・バーチ協会会員やキリスト教原理主義団体のみならず、バリー・ゴールドウォーター上院議員やリバタリアンのウィリアム・ヴォルカー基金をも指していた。大統領選におけるゴールドウォーターの選挙運動を検証した著書『嵐の前に（*Before the Storm*）』で、歴史家リック・パールスタインは、ルーサー兄弟が設立にかかわった全米自動車労組が資金提供する事業であるグループ・リサーチ社について、「一九五〇年代に共産党フロントと噂される団体と共通するメンバーや幹部を数えあげることでシンパ組織を突き止め、左翼を監視していた政治的な諜報企業の写し絵」であり、「グループ・リサーチ社は、共産主義者をジョン・バーチ協会に置き換えて、同様の活動を行なっている」と述べた。[★39]

興味深いことに、右翼が口にするときわめて危険な思想のように思われる言い回しが、冷戦時のリベラルの主張と似通っている場合がある。一九六〇年代の反共民兵組織ミニットマンの創設者であるロバート・デピューは、ケネディ大統領自身の言葉に触発されたと主張し、「我々にはミニットマンによる国家、すなわち、武器を取る心構えが整っているのみならず、自由を守ることを日々の生活の基本目的と考える市民による国家が必要だ」と述べた。パールスタインは『嵐の前に』で、ケネディが「こうした絶対主義的、終末論的な用語をしばしば口にしていた」と記した[★40]。パラノイド・スタイルの概要を描きだしたとき、ホーフスタッターはその特徴の一つとして「終末論的・絶対主義的枠組み」を挙げていた。だが彼の念頭には、第三五代アメリカ大統領はなかった。

パラノイアを政治的な両極に限った現象だと主張していないときには、学者や専門家らはときおり、パラノイアはきわめて厳しい時勢の産物だと言う。つまり、陰謀をめぐるパニックが非主流派を離れて、国民の大部分を捉えることもあるかもしれないが、それは国が混乱状態にあるときに限るというのだ。二〇〇九年、保守派の著述家デイヴィッド・フラムは、陰謀説が好きな右派のパーソナリティ、グレン・ベックが人気を博する理由を解説して、こう書いた。「陰謀説はいつも景気の低迷時に蔓延する[★41]」。

フラムの言い分は正しい。陰謀説はたしかに景気の低迷時に蔓延する。だが、景気の好転時にも蔓延する。連邦緊急事態管理局（FEMA）が秘密裏に強制収容所を建設しているとの見解に興味を示している点について、フラムはとりわけ激しくベックを非難していた。つまり、まったく同じ懸念が以前にも、好況に沸いた八〇年代に左派で、同じく好景気だった九〇年代に右派で盛んに囁かれたことには、何の意味もないというわけだ。この数十年間、どのような組織であれ、権力の座にない勢力の者たちは、政権を握る勢力がファシストに変貌するのではないかと戦々恐々としてきた。FEMAにまつわる噂は、新たな状況に適応するよう容易に改変できるものだった（ベックが最終的にはFEMAの噂に否定的な結論を下したことは、ここで断っておかねばならないだろう）。

純粋に党派心から生じた懸念は別にしても、比較的平和で繁栄していた一九九〇年代は、明らかにでたらめな話から、どうやら本当らしいものまで、さまざまな陰謀説の黄金期でもあった。これには多くの理由があるが、きわめて平和な時代であっても、アメリカは諸々の対立構造によって分裂しているという確固たる事実もその一つだ。だが一方で、衝突と同じように、平和が悪夢を生み出す可能性もある。人類学者デイヴィッド・グレーバーは、「もっとも平和な社会は、想像力によって構築された宇宙において、絶え間ない戦争という亡霊にもっとも悩まされる社会でもある」と主張した。[42] べネズエラの先住民ピアロア族は「その温和な性質で知られる」が、「目には見えない終わりなき戦争の宇宙に暮らしており、そこでは自分たちを捕らえにくる狂気の神々による攻撃をどうにかしてかわそうと呪術師が奮闘している。すべての死は霊的な殺人によってもたらされ、（はるか彼方の未知の）社会全体を呪術で殲滅することによって仇をとらなくてはならない」という。[43] 安楽な生活を送る中流階級のブロガーには、似たような秘められた世界で余暇を過ごしている者も多い。

本書は、アメリカに巣食う悪魔にかんする本である。悪魔の多くは想像の産物だが、それぞれが伝えるべき真実を含んでいる。陰謀説は世間に広まると、ある種の民間伝承となる。そうした陰謀説は、対象については何ら真実を語っていないとしても、それを信じて繰り返し口にする人びとの懸念や経験については、いくばくかの真実を語っていると言える。

アニミズムを信仰する人びとが自然の力を意識ある精霊と見なすように、陰謀を信じる者の多くは、社会勢力を意識ある陰謀団と見なす。国家主権に対して現実に制約が加えられれば、国連軍の進駐間近と囁かれる。スラム街の悲惨な状況は、黒人に対する大量虐殺《ジェノサイド》の陰謀になる。行政権の強化が続くと、独裁を目論むクーデターが迫っていると取り沙汰される。稚拙な説でさえも、こうした寓意を示す役割を担うことができる。フットボールのスター選手だったO・J・シンプソンが妻殺害の罪を着せられたとする見方を例にとろう。シンプソンはおそらく有罪だろうが、警察はときどき犯人を仕立て上げるし、罪のない黒人男性が人種差別主義者の警察官とトラブルになることなどありえないと考える者はほとんどいない。多くのアフリカ系アメリカ人にとって、シンプソン事件は、一人の男が法律と対峙するという事実以上の意味を持つことになった。公判中にジャーナリストのサム・スミスが書いたように、シンプソン擁護論は、「けっして口にすることが許されなかったいくつもの物語の神話的解釈としての」役割を果たした。「それらはCNNで報道されるべきだったが、されなかった物語だ。氏名と時と場所を除けば、何もかもが真実だ[★44]」。

これから数章にわたって、アメリカの陰謀伝説の基調をなす初期の神話を、五種類に分類して説明していく。「神話」という言葉を使うが、その物語が真実ではないことを示そうというわけではない。そうではなく、アメリカ人同士が話をするときに繰り返し現われる、文化的に相通じる考え方を意味している。つまり、真実か否かを問わず、あらゆる疑惑を取り込んで、おなじみの形式に整えられる原型となるものだ。その第一は「外からの敵」で、コミュニティの門の外側で悪事を企む。次が「内なる敵」で、友人と容易には見分けのつかないよこしまな隣人から成る。さらには、社会階層の上部に身を隠す「上層の敵」に、底辺に潜む「下層の敵」がいる。そして最後が、そもそも敵ではなく、人びとの生活を改善しようと陰で密かに力を振るう「慈善の陰謀団」だ[★45]。

これらの神話は、一見したところとは異なる正体や黒幕、出来事についての物語なので、陰謀団も時とともにその姿を変えていくことがある。社会階層の底辺に属する陰謀者たちが、上層の者たちに操られていたことが突如として発覚する。あるいは、上層の陰謀者が外国の陰謀団の手先であることが明らかになる。もしくは反対に、国外で陰謀を企てる者たちが、実は国内の陰謀者に操られているといった具合だ。著名なアメリカ人を国際的な共産主義の手先だと非難して悪名を馳せていたジョン・バーチ協会は、一九六〇年代に方針転換し、アメリカの有力な資本家が世界の共産主義運動を操っていると主張し始めた。その一方で、協会は国内の黒人と学生の活動家がこの企みの手先であることも示して、この仕組みを「上層からの圧力と下層からの圧力」と言い表わした[★46]。そして、以上の転換は、一組織の世界観の内部で生じている。陰謀説は、ある逸話が一つの社会集団から漏れて別の社会集団に伝わったときには、さらに劇的に変貌する場合がある。別の集団がそうした神話を借用し、大筋の枠組みはそのままに内容を変更して、自分たちの必要に合わせて改作するからだ[★47]。

　核となる五種類の神話の純然たる事例はほとんど存在しない。しかし、それぞれの類型がどのように機能するのかを理解する大きな手がかりとなる典型的な逸話は存在する。本書の前半では、そうした逸話が初期のアメリカ史に根づいていく様子を検討し、それに続く数世紀を通じてどのように響き渡っていくのかについて、いくつか見ていきたい。そして後半では、建国史の深い淵から近年へと時間を移して、ウォーターゲート事件、ウェイコ事件から今日にいたるさまざまな出来事へのアメリカ人の対応に、初期の逸話がどのように影響しているのかを読み解いてみたい。また、本書を通じて、小説や映画、テレビ番組、歌、漫画、ゲームといった、事実であることが前提とされていない物語のなかに、神話がどのような形で姿を現わしているのかについても触れ、こうした明らかに架空の物語が、本来事実に即しているはずの記述にいかに影響を与えるのかを検討したい。さらに、アメリカのパラノイアのアイロニック・スタイル、すなわち、陰謀説を信じるというよりはむしろ、もてあそぶことを重視する発想の登場についても見ていきたい。

だがその前に、無用な誤解を避けるためにも、陰謀に関する既存の著作と私の企画を区別するためにも、三つの点を明確にしておかなくてはならない。

第一に、本書は特定の陰謀説を支持したり、その偽りを暴いたりしようとするものではない。陰謀説が事実でありえることを否定するのは、ばかげていると言えるだろう。スパイもテロリストもマフィアもみな実在する。アルジャー・ヒスは実際に、ソヴィエト連邦のためのスパイ活動を行なっていた。中央情報局（ＣＩＡ）がクーデターや暗殺を計画したのも事実だ。あなたがこの本を読んでいるその瞬間にも、誰かがどこかで政治家を買収しているかもしれない。バロック時代の陰謀文学の多くに描かれた古めかしい策謀ほど壮大ではないにしろ、些細なものから大がかりなものまで、この世は陰謀に満ちている。

ジェイムズ・ブキャナンの毒殺計画に関するジョン・スミス・ダイの持論のように、私が陰謀説を真実ではないと考えていることがはっきりわかる場合もあるだろう。その一方で、とくに第七章に多いが、明らかに事実であった陰謀説を論じている箇所もある。陰謀説にはたいてい、事実の要素とより想像の産物に近い要素が含まれている。しかしこれは結局のところ、人びとが信じた物事の歴史であって、その内容が正確かどうかの評価ではない。本書は、ケネディ暗殺犯やＵＦＯの正体については、何も答えていない。だが、暗殺や異星人について人びとが語る物語については、たくさんの答えを用意している。

第二に、本書はすべてを網羅してはいない。アメリカ史上重要な出来事からはかならず、少なくとも一つの陰謀説が生じている。そして、あまたの取るに足りない出来事も同様だ。それらの多くを取り上げたいとは思うが、すべてを網羅するのは不可能だ。それでも、私が自分の仕事を成し遂げられれば、本書を読み終えたときには、読者の方々は私が語った逸話について理解できるだけではなく、今後生み出される作り話も含めて、ここで取り扱わなかった逸話の意味合いをも理解するための手立てとなるツール一式を得られるだろう。

同じように、世界のほかの国々で見られる政治的なパラノイアも、ほとんど考慮しないことにする。ただし、わが国に何らかの影響を与えているものは、国外の陰謀説も場合によっては取り上げていきたい。私はほかの国と比較してアメリカがとくにパラノイアに魅入られていると考えているわけではないし、アメリカで花開いた数々の陰謀説と他国で噂された逸話を比較対照すれば、素晴らしい著作が書けると確信している。だがそれは、本書ではない。

最後に、私が「パラノイア」と言うとき、それは精神科の診断を下しているわけではない。私が医学的な意味ではなく、一般的な意味で「パラノイア」という言葉を使用していることを明確にしておきたい。だが、この点を強調することには意義がある。なぜなら、敵対する政治的立場を非難するために精神医学用語を使用してきたという長い歴史があるからだ。パラノイアよりも適切な言葉を使えるとよいのだが、そうした言葉は存在しないように思われる（「陰謀主義」が近いが、うまく説明しきれない。というのも、政治的パラノイアは陰謀に対する懸念のみならず、より幅広い恐怖という形を取る場合があるからだ）。

ホーフスタッターの功績は、彼が自分には「それが誰であれ、過去もしくは現在の人物を正真正銘の狂人に分類する能力も、その意図もない」と主張し、「パラノイド・スタイル」という概念が精神をひどく病んだ人びとにしか当てはまらないのだとしたら、その概念には現在の問題との関連性も、歴史的価値もほとんどない。おおよそ正常と思えるような人びとまでもがパラノイア的な心的状態に陥るがゆえに、現象は重大性を帯びることになるのだ[★48]」と言い添えた点にある。しかしながら、ホーフスタッターの論評を読み終えると、アメリカ史の大部分が精神分析医の長椅子に横たえられていたかのように感じるかもしれない。そして、ホーフスタッターと見解を同じくする著述家たちがみな、彼のように但し書きをつける注意深さを有していたわけではなかった。「ゴールドウォーターの選挙運動は、ごく一部の少数派の反感や激怒からどれだけ大きな政治的影響力を獲得しうるかを」証明している、と冒頭に掲げた『パラノイド・スタイル』が『ハーパーズ・マガジン』誌に掲載されたのと同じ秋に、『ファクト』誌は「一一八九人の精神科医、心理学的見地からゴールドウォーターは大統領適任者とは言えないと判断」と報じた[★49]。当然ながら、直接診察もせずになされたこの無責任な診断には、この大統領候補者は『偏執性人格《パラノイド・パーソナリティ》の持ち主である』との含意があった。

ホーフスタッターと同じく、私も対象を正真正銘の狂人に限定するつもりはない。だが、ホーフスタッターとはちがい、私は少数派の活動だけを対象にするつもりもない。本書を読み終えたときには、私が「事実上、誰もがパラノイア的思考に陥る可能性がある」と言えば、あなたや私、そして建国の父たちを含めた事実上すべての人びとを実際に意味していることが明確になっているよう願っている。右翼過激派に対する六〇年代の恐怖が示すように、パラノイアに取り憑かれた人びとに対してパラノイアを抱くことさえありうるのだ。

そしてこの最後の可能性を検証するために、初期の神話に移る前に、もう一つだけ実例に触れておきたい。

一九三八年一〇月三〇日午後八時、コロンビア放送（CBS）ラジオネットワークが『ラジオドラマ・マーキュリー劇場』のハロウィーン特別版を放送した。オーソン・ウェルズが監督とパーソナリティを務めるこの番組は、火星人の地球襲来を描いたH・G・ウェルズの有名な小説に基づいて制作されたものだったが、その舞台はヴィクトリア朝のイギリスから現代のニュージャージー州に移されていた。物語の前半では、通常のラジオドラマの構成ではなく、より劇的な形式が採用された。すなわち、コンサートの生中継がかつてない恐ろしいニュース速報に中断されたのだ。この放送はじつに見事で効果的なドラマだったし、その評価は今も変わらないが、今日ではその芸術性をはるかに超えた理由により広く知られている。

　読者のみなさんは、この話なら知っているとお思いになるかもしれない。この件は一般に、サイエンス・フィクションのドラマ放送を聴いていた人たちの多くが、実際に異星人が侵略してきたのだと勘違いして、大規模なパニックが起きたと記憶されている。だがそれは、あの晩に関してもっとも多く引用される研究である、社会心理学者ハドリー・キャントリルの一九四〇年の著作で語られた話だ。キャントリルは次のように記している。「悪夢のような数時間、メイン州からカリフォルニア州にかけての住民は、見るも恐ろしい怪物が、抗戦するべく派遣された武装した軍隊を殺人光線で殲滅させんばかりの状況にあると思い込み、もはやこの危機から逃れる道はなく、地球滅亡も近いと考え……。放送終了のかなり前から、アメリカ中の人びとが火星人による皆殺しを免れようと、死に物狂いで祈り、泣き叫び、逃げまどっていた。愛する人を救いに走る者もいれば、電話で永遠の別れを告げたり危険を警告したりする者、近隣の人びとに急いで知らせに行く者、新聞やラジオ局から情報を集めようとする者、救急車や警察を呼ぶ者もいた」。キャントリルによると、少なくとも六〇〇万人が番組を聴いていて、「そのうち少なくとも一〇〇万人は恐怖におののいたり、不安に駆られたりした[★50]」。

事実はもっとありきたりだが、それだけ逆に興味深くもあった。おそらくこの話が作り話であることを知らせる冒頭の告知を聞き逃し、ドラマを額面どおりに受け取って、実際に侵略が進行中だと信じこんだ聴取者がいたことは間違いない。だが、そうした人びとが、今日『ジ・オニオン』紙の風刺記事を実際の新聞報道だと誤解する人ほどもいたかどうかはわからない。キャントリルの挙げた数字には疑問があり、彼の著書にインタビューが載っている人びとも、当時の人びとの典型例とは言えない。「恐怖で亡くなった人も、パニックに巻き込まれて死んだ人もおらず、番組に起因する自殺も確認されていない」とメディア研究を専門とするマイケル・ソコロワは記した。「病院の救急外来を訪れる者は急増せず、驚くべきことに、限られたわずかな管轄地域を除けば、警察への通報もたいして増えなかった。恐怖に駆られた人びとで路上が埋め尽くされることもなく……。ニューヨーク市やいくつかの町では、電話回線が混み合ったが、それは当時の旧式のインフラが負荷を処理しきれなかったためだった。その晩に起きたパニックはほとんどすべて、全国的に放送されたその番組の終了とともにすみやかに終息し、番組ほど広範囲には及ばなかったようだ。銃を構えて異星人に狙いを定めた農民というこの騒ぎを象徴する写真はどうかって？　あれは『ライフ』誌を飾るための演出だ★51」。

偽のニュース速報を現場レポートだと実際に勘違いした人たちのなかには、侵略者を地球外生命体ではなく、ドイツ人だと思い込んだ人もいる。こちらのほうがよりもっともらしい筋書きだ。電話の通話件数の急上昇も、かならずしも人びとがパニックに陥ったことを意味してはいなかった。報道評論家W・ジョゼフ・キャンベルは、通話は「パニックに陥ってもおらず、取り乱してもいない人びとが、信頼性があると一般に考えられている外部の情報源に確認や説明を求めただけの完全に合理的な反応」だった可能性があると指摘した。キャンベルはさらに、通話量の増加には「自分がたった今聴いたとびきり気の利いた番組について友人や家族に話そうと、電話をかけた人たち[52]」も含まれていたにちがいないと言い添えた。

ウェルズの放送の衝撃の一部は、国際的な緊張関係に対するアメリカ人の懸念に起因するものだが、聴取者の反応についての大げさな報告は続いた。というのも、それはまた別の恐怖について語っているからだ。著名な政治評論家ウォルター・リップマンは、ドラマ放送後にすかさず、「風が吹くたびに漂い、ついには巨大なハリケーンにのまれる群集」について警鐘を鳴らし、「根なし草の集団」と彼らの「爆発的でヒステリックなエネルギー」は、「新たな独裁者を生み出す混沌《カオス》[53]」だと言い添えた。ソコロワが記したとおり、火星人襲来によるパニックの伝説によって、「巧妙ないかさま師――あるいは、扇情的なデマゴーグ――が国民心理を摑むために通信技術を利用しうる可能性に関して萌じていた疑念は確信に変わった[54]」。

心理を摑むとは、背筋の寒くなるような表現だ。これは、わが国の指導者たちがマスメディアを利用して国民を洗脳していると、反体制派が警告するときに登場する見方だ。だが、そうした指導者たちのあいだにも懸念は見受けられる。というのも、彼らには新たな通信媒体が登場するたびにその影響力についてあれこれ気を揉んできた長い歴史があるからだ。オーソン・ウェルズを、人びとの判断力を鈍らせる力を持つ魔術師と位置づけるならば、彼の番組を聴いた聴取者は、人を操る名人にいとも容易く惑わされる愚かな群集になぞらえられる。社会秩序は破壊され、はるか彼方から暴動の口火が切られることになる。

『宇宙戦争』の逸話は通常、大衆ヒステリーを物語る寓話として引かれる。ホーフスタッターが論文で非難した類いの恐怖の急激な高まりから生じるヒステリーだ。だが、少なくともそれと同程度に、エリート層のヒステリーを物語る寓話でもある。すなわち、ホーフスタッターの論文が実証しているポピュリストたちへの懸念から生じるヒステリーだ。アメリカのパラノイアの歴史は、後者を抜きにして語り尽くすことはできない。

第2章　荒野の悪魔

無秩序、文明の崩壊、部外者による支配の象徴としてアメリカ史にはじめて登場したのはインディアンだった。……一八七〇年代から繰り返してこの国を席巻してきた赤狩りは、この最初の赤の恐怖に端を発している。

――マイケル・ポール・ロージン★01

こんな話が伝えられている。はじめに、悪魔がやって来た。福音が旧世界の隅々にまで広まるにつれて、神に地歩を奪われつつあることに悪魔は気づいていた。そこで、北部沿岸に住み着いていたいくつかの野蛮な部族から人を集めて植民地をつくり、この未開人たちに「彼らの部族よりもはるかに素晴らしい国家★02」を与えることを約束した。この悪魔の使徒たちはインディアンとなり、悪魔はこの蛮人を僕として、アメリカの荒野に帝国を築いた。そこで、この邪悪な帝王は「竜のように」、「アメリカという広大な果樹園に警戒の目を光らせながら、待ち伏せていた★03」。

キリスト教徒の開拓移民がついに新世界に到達したとき目にしたのは、「隅から隅まで悪魔が陣取った世界」で、そこでは悪魔の手先である「追いはぎの群れ」〔訳注　新約聖書『イザヤ書』30章6節からの引用〕がヨーロッパからの新参者に脅しをかけようと待ち構えていた。アメリカの空気は「飛び回る炎の蛇〔訳注　新約聖書『ホセア書』6章7節からの引用〕で満ちており」、「信じがたい数の悪魔の大群が、我々の行く手を阻んで」いた。[★04] 敵意に満ちたインディアンたちは、「悪魔の使いに」率いられ、みな「地獄の天使」に操られていた。[★05] 清教徒《ピューリタン》たちは植民地を建設し、悪魔を壁の外に締め出しておくためにできるかぎりの手を尽くした。だが悪魔のインディアンは、たえず策謀をしかけてくるのだった。

インディアンのなかには、ただの悪魔の手先ではない者もいた。それはまさに悪魔の化身だった。先住民とカトリックのフランス人入植者の連合部隊と交戦したあと、高名な牧師のコットン・マザーは、同胞に火を放った黒影の人物のなかには、人間ではなく「武器を手にしたインディアンとフランス人の姿を借りた悪魔」がいたとほのめかした。[★06] 目の前の人物を西洋人だと思っていたら、それは見せかけにすぎなかった。すべてがホラー映画さながらだ。

自宅にいるときでさえも、外からの敵に襲われないという保証はない。さらに、家から出るとなれば、自分の生命と魂をともに持ち運ぶことになる。一六八二年以降、捕虜の逸話、実際に先住民に捕らわれた入植者の話が印刷物として、北米植民地にたくさん出回った。文学者で歴史家のリチャード・スロトキンが述べているように、典型的な捕囚物語の筋立てはこんなふうだ。

一人の人物、たいていは女性が、悪の甘い誘惑にさらされて、なす術もなく立ちすくみ、神の恩寵による救いを待っている。……インディアンの魔の手に搦めとられた捕虜の女性は、インディアンとの結婚とインディアンの「人肉の」聖体の両方またはいずれか一方を受け入れるか、拒絶するかを決断しなくてはならない。インディアンの愛、あるいは彼らにとってパンとワインに相当する人肉を受け入れることは、まさに魂の堕落、魂の非イギリス化だった。[★07]

イギリス人でなくなることは、すなわち部外者になることを意味した。悪魔は新世界を「アメリカに最初に住み着いた人びとをそこへ誘い入れること」によって建設した、とマザーは述べた。[★08]チャンスがあれば、新たなアメリカ人も同じように誘惑するだろう。

清教徒はこうした危険を承知していた。そんななか、一六七四年一二月のある日、ニューイングランドのマーシュフィールドの町に、ジョン・ササモンがやって来た。入植者たちにとってササモンは知らない相手ではなかった。彼はキリスト教に改宗したマサチューセッツ族出身の男で、イギリス人入植者に通訳として仕えていた。一六五〇年代には、ハーヴァード大学に短期間ではあるが在籍してさえいた。だがこのときは、挨拶に寄ったわけではなかった。プリマス植民地のジョサイア・ウィンズロー総督に重大な知らせを伝えにきたのだった。

ササモンは総督に、たった今フィリップという名で知られるワンパノアグ族族長の集落に行ってきたところだと報告した。そこで恐ろしい話を聞いたという。フィリップが周辺の部族と連携し、イギリス人襲撃を先導しようと企んでいるというのだ。入植者たちに危険が迫っている、そして自分自身にも、とササモンは言い添えた。

フィリップについてこのような噂が出回るのは、初めてではなかった。一六六七年には、彼の部族の者数人が、フィリップが攻撃をしかけようとしているとの情報をイギリス人にもたらした。フィリップは、その話自体がインディアンの策謀で、彼の力をそぎ、入植者たちを操るのが狙いだと主張して、身の潔白を訴えた。清教徒側もこのときは、フィリップの申し開きを受け入れた。だが、フィリップが戦闘を計画しているという噂を入植者が再び耳にした一六七一年には、フィリップに対する信頼は落ちていた。フィリップは、今度は武器の放棄と罰金の支払いを強いられた。

しかし一六七四年の報については、ウィンズローはササモンの話を斥けた。インクリース・マザー（コットンの父だ）はのちに、警告が聞き入れられなかった理由をこう説明している。警告はインディアンの一人によってなされたが、「本当のことを話しているとき」でさえ、「我々は彼らをとても信用などできない[★09]」からだ。ササモンは追い返された。

イギリス人入植者が生きているササモンを見たのは、それが最後になった。その日のうちに、ササモンは姿を消した。彼はネマスケット村に向けて発ったが、たどりつかなかった。一六七五年一月二九日、ササモンの遺体がアサウォンプセット池の氷の下で発見された。入植者たちは、ササモンの首が意図的に捻りあげられたかのようなかたちで折れていることに気づいて、他殺と断定した。一人のインディアンが目撃者として名乗りでて、ワンパノアグ族の暗殺者三名が密告者を殺害し、その遺体を氷の下に隠すのを見たと断言した。

とまあ、そんな話だった。

この逸話の嫌疑は、二つの異なるスケールで展開されている。一方にジョン・ササモンの謎めいた死があり、実際の陰謀に基づいて実際に行なわれた殺人だと考えて差し支えないだろう。そして他方には、悪魔とインディアンの伝説があり、こちらはより壮大で、神話的と言え、現代人にとっては不愉快でばかげた話のように思われる。

アメリカ史をたどっていくと、この特徴は繰り返し立ち現われることになる。一方に特定の事件に関する陰謀説なるものがあって、それらの多くは信憑性があり、いくつかは真実だ。そして他方には、長きにわたるこの世をめぐる争いという壮大な説があって、それには象徴的な価値はあるかもしれないが、実証的な根拠は薄弱だ。スケールの小さなほうの説の一つを認めつつ、それにまつわる壮大な説を拒絶することは常に可能で、その反対もたいていは可能だろう。ジョン・ササモンの死の背後にフィリップがいたと信じるからといって、フィリップの行動の背後に悪魔がいたと信じる必要はなく、悪魔がインディアンの陰謀を操っていたと信じるからといって、インディアンによる特定の企みの存在を信じる必要もない。

まずはスケールの小さなほうの嫌疑から始めよう。つまり今回の場合、不確かな事実から始めることになる。ササモンの死が事故だったのか謀殺だったのかは、今日まで不明だ。謀殺だったとしても、手を下したとされる三人のインディアンがほんとうに犯人かどうかはわからない。そしてその三人が犯人だったとしても、一切の関与を否定しているフィリップが犯罪に加担しているかどうかははっきりしない。「フィリップのイギリス人への統制があまり奏功していない様子を目の当たりにしてきた数年のあいだに、ワンパノアグ族のなかに、とりわけ若い男たちのなかに、自分たちの手でどうにかしたいとの気持ちが芽生えたと見て間違いないだろう」と、歴史家ジェイムズ・デイヴィッド・ドレイクは指摘した[★10]。

今日では、ケネディ暗殺を信じる人たちは、生涯をかけて大統領の頭部の傷の検死写真を精査することも可能だ。だが一六七五年に検死がなされるわけもなく、ササモンの死因に対する審問も公式に記録されていない。たとえば、折れた首の状態について疑問を抱いたところで、残念ながら確かめる術はない[★11]。一方、訴追側の重要な証人であるキリスト教徒のインディアンは、犯人として名を挙げた三人の男に借金があった。この事実は、すべてとは言わないまでも、一部の歴史家に彼の証言の信憑性を疑わせる要因となっている。

さらに、ササモンがフィリップの集落で知ったとされる企てが何を意味するのかも定かではない。ササモンは耳にした話を正直に語っていたのだろうか？　それとも、何らかの個人的理由から虚偽の噂を広めていたのだろうか？　ササモンはかつて、フィリップの側近の一人で、自身の権力基盤も確立していた。だが、マーシュフィールドでの任務に就く前からすでに、ワンパノアグ族のなかには、彼を忠誠心に欠けた信用できない人物と見なす者もいた。そして、イギリス人から援助を引き出そうというインディアンが、ほかの先住民が入植者に対する陰謀を企てているという虚偽の告発をするのは、前例のない話ではなかった。[★12]

残された証拠を見て、ジョン・ササモンはおそらく陰謀の犠牲者だと考えるのは筋が通っていると言えるだろう。だが一方で、同じ証拠から、おそらくそうではないと結論することもまた、理に適っているように思われる。一六七五年のニューイングランドの陪審は、ササモンは陰謀の犠牲者だと判断した。手を下したとされる者たちは処刑された。その後わずか三日で、フィリップの戦士たちが武器を手に取ったという噂が広まり、三週間もしないうちに、ワンパノアグ族はスウォンジーで入植者と戦火を交えることになった。こうしてフィリップ王戦争の火蓋が切られた。この戦いは、アメリカ史上最悪の部類に入る激戦となる。イギリス植民地、あるいは独立後のアメリカ合衆国の双方を含めたいかなる衝突よりも、総人口に対して多くの犠牲者を出した。

戦時には、陰謀への恐怖はさらに強まった。九月一一日、ロードアイランドのある入植者が「すべてのインディアンが徒党を組んでイギリス人を一掃しようとしている」との噂を伝えた。[★13] ワンパノアグ族とそれぞれに揉め事を抱える多くの部族が、フィリップ王戦争で植民地側についていることを考えれば、この噂が真実のはずがなかった。しかしこのような疑いを抱くと、私たちは、通常の実証可能な主張の領域を出て、文化的な神話の世界へと移行しはじめる。そこでは、インディアン同士に利益の対立があるという現実は、「すべてのインディアン」というイメージの前にかすんでしまうのだ。

ここからこの世をめぐるもっと大きな闘争までは、わずかひと飛びだった。この戦争中、ニューイングランドのある作家が、敵対するインディアンは「悪魔を崇拝すること」によって、「雨風のきわめて激しい嵐、これまで経験したことのないような嵐」を呪文によって引き起こすことができたと主張した。[★14]こうした迷信の名残は、意外なほど長く見られた。一世紀近くのち、会衆派教会のエズラ・スタイルズ牧師（ブラウン大学の共同設立者の一人であり、のちにイェール大学学長も務めた）は、フィリップによるブリッジウォーター襲撃について述べた際に、何気なく以下のような描写を付け加えた。「悪魔は二本の後ろ足で歩く熊の姿で現われた。インディアンたちはみな、そのあとを追って引き上げた。もしも鹿の姿で現われたなら、町全体を破壊し、イギリス人を皆殺しにしただろうとインディアンたちは語った[★15]」。

インディアンを悪魔の崇拝者とする見方は、イギリス植民地だけでなく、入植者全体に共通していた。スペインの支配下にあった一六世紀のチアパスで、地元のインディアンのなかに旧来の信仰の要素を捨てていない部族があることを知った司教は、そうした者たちを密かな魔女集団と見なし、「悪魔に礼拝を捧げ、我々のキリスト教に対する陰謀を企んで」いると記した[★16]（この秘密結社の信条は、光明《アルンブラドス》派あるいはイルミナティとして知られるスペインの異端者集団の信条に類似していると、司教は書き添えている）。アメリカの地にインディアンをもたらしたのは悪魔であるとの意識は、イギリスの神学者ジョゼフ・ミードによってさらに強まり、ニューイングランドでも、清教徒の政治における重鎮二人がこの説を採った。一人は、ミードの言葉を借りると「蓋然性のもっとも高い真実[★17]」を見出したウィリアム・ハバードで、もう一人はコットン・マザーだ。マザーが記したニューイングランド史には、彼の自説も織り交ぜられていた。

この見解に誰もが賛同したわけではない。入植者のなかには、インディアンはイスラエルの失われた民の末裔であるとして、悪魔ではなく神に由来する起源を認める者さえいた。だがこの比較的穏やかな説もやはり、旧世界の伝承を用いて新世界の住民を説明するという誤りを犯していた。未知の大陸に上陸したヨーロッパ人は、目にしたものを自分たちの持ち込んだ世界観のレンズを通して見たために、そこで遭遇した文化をときおり大きく誤解する結果になった。人類学者ウィリアム・シモンズの記述によると、ニューイングランドのインディアンたちに伝わる創造主の物語はしばしば、「キリスト教の神を誤解・混同して無味乾燥に解釈した痕跡のようなもの」と見なされたという。そのほかの霊的存在は悪魔と信じられ、インディアンが大きな行事の際に催す盛大な儀式パウワウは、悪魔崇拝の儀式と見なされた。[★18] さらには、若者の成人儀式を、子どもを生け贄に捧げる儀式と誤解した入植者さえいた。[★19]

このような文化の投影がなされたのは、宗教の分野ばかりではなかった。入植者たちは自らの社会構造を先住民にも当てはめて考えがちで、分散型のネットワークを中央集権型の連合国家と、緩やかな同盟を連合帝国と、有力なインディアンを陰謀団の強大な指導者と誤解した。一六七五年に勃発した戦いは「フィリップ王戦争」と呼ばれるが、実際のところフィリップは「族長《セイチエム》」の一人にすぎず、王ではなかった。ヨーロッパ人は、自分たちの社会に族長に匹敵する立場がなかったため、族長の地位にある者が、外部はおろか、自分の集落内でも絶対的な権威に類するものを有していないという事実をかならずしも理解していなかった。ドレイクの主張によると、入植者たちは「組織化されたインディアンによる陰謀を恐れていた」ために、「状況が示す以上に、ワンパノアグ族が強く結束していると思い込んだ。『フィリップ王戦争』という呼び名自体、この闘争を実行した組織と構造があったことを示唆するが、そのような証拠はない」。黒幕と目されていたフィリップは、「一六七五年には支配権を失っていた可能性がきわめて高い」とドレイクは続ける。そして、実際にササモンの死の背後にフィリップがいたとしても、「その後一年二か月にわたって繰り返された襲撃の大半は、彼の統制下にはなかった」[20]。そしてこの戦争自体は、フィリップの死後も一年のあいだ各地で続いた。

フィリップの権力を過剰評価する一方で、イギリス人は別のおなじみのパターンも当てはめていた。歴史家ジェフリー・ペイズリーが「大族長神話」と呼ぶ類型だ。ペイズリーによると、ロアノークに最初のイギリス植民地が建設されてからフロンティア消滅までのあいだ、「重大な、あるいは広範なインディアンの抵抗は通常、ヨーロッパ人やのちには年代記編者によって、ある超自然的な英知を備えた全能の」指導者「による策謀と見なされてきた」という。たいてい、「大規模な戦闘の首謀者は一人とされたが、実際には当初の重要な決戦で大きな役割を果たした人物にすぎなかったり、のちに白人側と協定を結ぶ際に首謀者として頭角を現わした人物だったりした」[21]。

だが、陰謀が空想にすぎなかったとしても、現実に効果を及ぼすこともある。一六四〇年代初頭、マサチューセッツ当局がピーコット族を虐殺したピーコット戦争を受けて流布したインディアンの陰謀に関する怪しげな噂は、新世界のイギリス植民地による最初の同盟であるニューイングランド連合の創設を促す一因となった。この結果成立した体制は、その後四〇年にわたって続いた[22]。さらに、フィリップ王戦争が激烈を極めるなか、インディアンの壮大な陰謀（ある入植者の言葉を借りれば「全インディアンの結集」[23]）に対する恐怖は、入植者社会に溶け込んでいると考えていた先住民に悪夢のような結果をもたらした。マサチューセッツ評議会は一六七五年八月、キリスト教に改宗した先住民全員を、過去二五年間に建設したインディアン改宗者のための一四の村落である「祈りの町」に収容した。一〇月には、政府は少なくとも五〇〇人のキリスト教徒のインディアンを集めて、ボストン湾に浮かぶディア島に抑留した。

ディア島に抑留された者の半数以上が、その冬のうちに命を落とした。生き延びた者のなかには、奴隷にされた者もいた。一部の入植者にとってはそれでも十分ではなかったらしく、インディアンはみな互いに連携していると固く信じている者もいた。ニプマク族の戦士がメドフィールドの町を焼き払うという事件を受け、執政官の一人だったダニエル・グーキンは、悲しみを込めてこう報告した。この事件は、「『ほら、見たことか！ ディア島に行って、祈るインディアンを皆殺しにしよう』と主張する口実を民衆に与えてしまった。本来の敵である一部のインディアンは、イギリス人よりもはるかに狡猾で巧妙で、一般民衆ではとてもかなわないため、その怒りのはけ口を私たちの友人である、武器を持たない哀れなインディアンに向けることになるだろう[★24]」。

キリスト教に改宗した先住民たちだけでいくつもの集落を満たすことができたという事実は、インディアンとイギリス人がまったく異なる世界に暮らしていたという見解と相容れない。キリスト教徒ではない複数の部族が、戦争の際に入植者側についていたという事実もそうだ。さらに、ハーヴァード大学がササモンの入学を許可したこと、そしてこの大学が一六五〇年の設立認許状で「イギリス人とインディアンの若者の教育[★25]」の場と規定されていたという事実にもそぐわない。そもそも、仲間内でワソスモンとして知られていたインディアンが、「ジョン・ササモン」という名で通っていたこと、さらに言えば、メタカムと呼ばれた族長が「フィリップ」などという名前を付けられていたという事実もそうだ。「外からの敵」という明確な区分のある逸話の背後には、はるかに複雑な現実があり、そこでは、イギリス人とインディアンの世界の一部は重なり合い、入植者と先住民が共通点を見出して、同化と交流が絶えず進展していたのだ。

私が「同化」と言うとき、それはインディアンがヨーロッパ人の様式を取り入れることだけを意味するわけではない。入植者もインディアンたちから多くを吸収していたからだ。植民地を建設した人びとはフロンティアを恐れていたが、それはたんにインディアンの襲撃が怖かったからだけではない。フロンティアでの生活が人びとを魅了し、清教徒の町での節度ある生活から引き離すことを承知していたからで、性的放縦と精神の退廃を連想させるインディアンの文化様式に、ヨーロッパ移民の子孫が魅力を感じるのではないかと懸念していたのだ。

インクリース・マザーもこう嘆いている。荒野に空いた土地があるために、「キリスト教徒であることを公言する」人たちが「教会やその儀式を顧みなくなった」。強力な社会統制を受けることもなく、辺境の住民は神への献身よりも世俗的な自己利益を優先し、より大きな善を顧みることなく、インディアンと武器の取引をしている。「彼らのあいだにこれほど強欲がはびこっていなければ、いったい誰があのような信仰心のない残忍な連中に銃や火薬、銃弾を売っただろうか？」とマザーは問いかけた。[★26]「キリスト教徒とは名ばかりで、その心根も話す内容も異教徒同然の人間がどれくらいいるだろう？　粗暴なインディアンのように、家族の祈りさえ持たない家庭がどれほどあるだろう？」どこの町でも人びとは「来る年も来る年も、公に神の名を讃える祈りも、神の言葉もなく暮らしている」とマザーは言い放った。[★27]

こうした懸念は、清教徒のパラノイアを掻き立てた。社会が未だアイデンティティの意識を獲得する途上にあるとき、「そうした規範となる意識を定義、あるいは表現するもっとも単純な方法は、自分たちとは正反対の性質を持つと考えられる他の集団を拒絶することだ」とスロトキンは示唆する。[★28]多くのニューイングランド住民にとって、その役割を果たしたのはインディアンで、節度のないインディアン化された辺境住民は、第五列を形成して敵方につく危険性を秘めていた。先住民文化の誘惑は斥けなければならず、敬虔な信徒の社会と敵対する外界とのあいだには、明確な境界線が必要だった。[★29]

外敵と格闘していた入植者は清教徒ばかりではなかった。クエーカー教徒のペンシルヴェニア植民地からアングリカン教会信徒のヴァージニア植民地までの各地で、ありそうもないインディアンの陰謀に対する恐怖が広がった。一六八九年には、この恐怖心がメリーランドで革命を引き起こした。

イギリスではその前年、プロテスタントの反乱によって、カトリック教徒の王ジェームズ二世が退位に追い込まれていた。住民の大半がプロテスタントだったものの、イギリスの北米植民地のなかで唯一カトリック教徒によって統治されていたメリーランドでは、「重鎮たちがプロテスタント殺害のためにセネカ族のインディアンを雇った」という噂が聞こえはじめた。[★30]一万人のセネカ族のインディアンが、パタクセント川の源流に集結しつつあるという話だった。そのような大部隊の噂がでっち上げと判明すると、今度は九〇〇〇人が河口に集められ、別の九〇〇〇人がすでにある入植地に攻め込んだとの報が流れた。東海岸のインディアンたちが酔っ払って、評議会に席を占めるある男が入植者を襲撃させるために自分たちを雇ったと口を滑らせたのを聞いたと断言した男もいた。襲撃が実行されないと、こうした噂はしばらく下火になったが、植民地政府が本国の新たな王と王妃を承認しなかっ

THE AIM OF POPE PIUS IX.

"BEWARE, THERE IS DANGER IN THE DARK!"

From Isaac Kelso, *Danger in the Dark*, 1855

たことを受けて再燃した。ジョン・クッドという名のプロテスタントの活動家は兵を招集して、議事堂を占拠し、自らがメリーランド総督の座に就いた。[★31] その後、メリーランドではカトリックの礼拝が禁じられ、この規制はアメリカ独立戦争後にようやく撤廃された。

コットン・マザーが頭を悩ませたフランス兵の場合と同じく、今回もインディアンと白人の敵が手を組んだことが疑われた事例だった。こうした連携は通常、外敵どうしが手を結ぶ場合がほとんどだ。だがメリーランドでの噂は、外からの敵と政府上層部の集団（本書で言うところの「上層の敵」）を結びつけた点で異なっていた。インディアンとカトリックによる共同謀議への懸念は、外部からの襲撃への懸念と同じか、もしくはそれ以上にメリーランドの独裁的な統治体制に対する憤りが大きな要因となっていた。同じ頃、似たような噂話がドミニオン・オブ・ニューイングランドにも蔓延していた。そこでは評判の芳しくなかったエドムンド・アンドロス総督が、アブナキ族と共謀し、インディアンに惨殺されると知りながら白人部隊を派遣したと糾弾されていた（ある兵士の話では、仲間の兵士たちは、アンドロスが「異教徒の敵への生け贄として、部隊をかの地へ送った」のではないかと考えていたという）。[★32] メリーランドと同じく、こうした噂が反乱の炎に油を注ぎ、一六八九年にアンドロスは総督の座から降ろされた。

しかし、噂されるインディアンの同盟は通常、コミュニティの外部を本拠としていた。フィリップは、旧世界の権力やカトリックの陰謀、あるいはクエーカー教徒の陰謀の手先もしくは仲間と何度も噂された。白人の同盟相手と結託して謀略を企てていると疑われたインディアンは、フィリップばかりではない。ヨーロッパでイギリスとオランダが交戦中だった一六五三年、ニューイングランドの入植者は、ニューネザーランドの入植者に疑惑の目を向けていた。インクリース・マザーの言葉によれば、「この大陸の全土にわたって、インディアンのあいだにイギリス人を一掃するという恐ろしい陰謀が存在し、それをさらにオランダ人が煽っている」という話が固く信じられていた（だが、この計略を裏づける証拠が「曖昧で不確か」であることはマザーも認めていた）。[★33]一七〇〇年になると今度は、かつてのニューネザーランド（この時点ではすでにイギリス支配下に入り、ニューヨークとして知られていた）は、植民地領内からすべてのカトリック教会の聖職者を追放した。その理由の一つとして、教会が「インディアンを堕落させ、誘惑して、神に対する恭順から引き離し、暴動や反乱、あからさまな敵対行為を扇動し」ようとしているという疑惑を挙げた。[★34]一七三六年、ジョージア植民地の建設者は、「フランス人とスペイン人」が「［インディアンを］我々に背かせようと画策している」とあからさまに主張した。[★35]一七五五年には、地元のカトリック教会から数キロメートルのところに「インディアンの一団」が集結したとの報が広まったことを受けて、ペンシルヴェニアの一部が大混乱に陥った。[★36]神経を尖らせた入植者たちが恐れていたのは、インディアンの襲撃計画ではなかった。インディアンと教会が手を組むことだったのだ。

カトリックの陰謀はじつのところ、外からの敵による脅威のなかで、二番目に深刻なものだった。教皇は人を操る達人で、聖職者や修道女は、堕落した放縦な手先と考えられていた。カトリックへの反感は、ヨーロッパに深い根をもつが、北米大陸で、とりわけ独立以後は、新たな形をとることになった。移民の急増に直面して外国人排斥運動を展開した一九世紀のネイティヴィストは、平等主義に基づく共和制のアメリカに、教会がその序列制度を押しつけようと目論んでいると信じていた。インディアンの陰謀が無秩序な新世界への恐怖を体現しているとすれば、教皇の陰謀は、自分たちが捨ててきた貴族的な旧世界への恐怖を具現化したものだった。

しかし、外からの敵はどちらも、悪魔や性行動、民族的な不純性などにまつわる懸念と密接に結びついていて、両者が結びついていると考えられることも多かった。インディアンによる捕囚の物語に相当する反カトリックの噂話さえも存在した。この手の話としては、マリア・モンクの『恐怖の暴露(*Awful Disclosures*)』(一八三六年)のような本も存在する。この本では、修道院は性の奴隷が暮らす監獄だとの主張がなされていた。こうした出版物の影響を受けて、アメリカのプロテスタントたちはときにカトリックの施設に踏み込み、修道女の解放を試みることもあった。★37

以上のように、外からの敵がすべて赤い肌をしていたわけではない。外敵は、何らかの特定の起源によって定義されるのではなく、侵入を図る部外者がすぐ近くにいるという恐れによって定義されるのだ。そのため、時と場所によって詳細は異なるが、いくつかの特徴は共通する。一つには、門の外に広がる世界に対して、邪悪な勢力がはびこる敵意に満ちた荒野とのイメージを持つ点が挙げられる。そして、そうした勢力を、黒幕あるいはごく少数の上層部の指揮下に置かれた中央集権的な陰謀団と見なす傾向がある。また、文化の混在する境界地帯への恐怖、自分たちの領内に暮らす部外者が外部勢力の手先かもしれないという疑念、自分たちの社会が敵の思いどおりに作り変えられるのではないかという恐れなどがある。さらには、こうした敵との抗争を、壮大で終末論的な観点から捉える傾向がある。敵は文字どおりの悪魔ではないにしろ、きわめて邪悪な何者か、というわけだ。★38

外からの敵と見なされるのに、ネイティブ・アメリカンである必要はなかったが、入植者である必要もなかった。植民地時代のニューイングランドに暮らしていたインディアンのなかには、チーピーと呼ばれる邪悪な存在を信じる者たちがいた。これが姿を現わすと、病や死がもたらされると考えられていた悪霊だ。ある部族の者によると、チーピーは「帽子を被り、コートを着て、靴下と靴を履いたイギリス人」のような姿をしているという。この言葉を噛み締めるように繰り返した民俗学者リチャード・ドーソンは、その含意をこう読み取った。おそらくインディアンは、白人たちと同じように、「自らの敵を悪魔と同一視したのだろう」[★39]。

アメリカ合衆国にとって、インディアン戦争は一八七七年に実質的に終結した。この年、アメリカ軍はスー族に属する複数のインディアン部族と戦火を交え、豊かな金鉱であるブラックヒルズを掌握し、平原インディアンの制圧を達成した。過去二世紀にわたって、植民地やそれに続いて成立したアメリカ合衆国は、数々の部族を征服してきた、あるいは事実よりも文化的な神話が好みの人にとっては、ワンパノアグ族のフィリップからアパッチ族のジェロニモにいたる数々の偉大な族長たちを征服してきたと言えるだろう。ブラックヒルズ戦争の終結によって白人とインディアンの闘争に終止符が打たれたわけではないが、これを境に、交戦は独立した民族どうしの衝突ではなく、先住民による反乱と政府による鎮圧へと形を変えた。

しかし、最大の外敵は実際にはもはや国境の外にいなくなったからといって、白人がただちにインディアンの陰謀説を撤回するわけではない。一八八九年にゴーストダンスと呼ばれる千年王国信仰がアメリカ先住民に流行しはじめたときには、多くの当局者や記者たちがそれを反乱の予兆と見なす素地ができていた。そして、スー族に属するハンクパパ族の族長で、ブラックヒルズ戦争にも参加したシッティング・ブルがゴーストダンスを信奉するようになると、それを受けて陰謀説が登場した。荒野のただ中で奇妙な儀式を執り行なって、あのよそ者どもは襲撃を企てている、というのだ。

シッティング・ブルはすでに偉大なる族長と位置づけられていた。西部劇を演ずるバッファロー・

ビルことコーディの一座とともに巡業に出たときには、文字どおり偉大なる族長役を演じたのだから（この見世物は、騎兵隊がラコタ族を中心とするインディアンによって壊滅させられたリトルビッグホーンの戦いで、ジョージ・アームストロング・カスター中佐を殺害した黒幕として、シッティング・ブルを喧伝するものだった。実際には、おそらく彼はこの戦闘に加わってさえいなかったと思われる）。一八六七年に、シッティング・ブルが七つのラコタ族を束ねる大族長の地位にあったことは間違いない。大族長と聞けばどれだけの権力者かと思うが、彼が率いていたと伝えられるいくつかの有力部族は（さらには、お膝元のハンクパパ族の一部でさえも）シッティング・ブルの権威を認めたことは一度もなかったという。

　それでも一八九〇年には、シッティング・ブルと敵の白人が協議に入る地域が出てくると、そこでは（歴史学者レックス・アラン・スミスの言葉を借りれば）双方とも「現存するスー族で、シッティング・ブルをもっとも権力が大きく重要な人物と認識していた」という。[★40] 彼にはカリスマ性があり、謎めいていて、妥協を許さず、威風堂々とした外見と、それに輪をかけて立派な名声を有した人物だった。児童書作家のエルブリッジ・ストリーター・ブルックスは、リトルビッグホーンの戦いを題材にした小説にシッティング・ブルを登場させ、戦闘を陰で操る黒幕としてこの老インディアンを描き、スー族の選り抜きの戦士で構成された誉れ高い集団「真夜中の強心団」を陰謀団に書き換えた。

「いいかい、シッティング・ブルは強心団の団長なんだ。強心団のやつらは降参なんかしないぜ、絶対に」。

「強心団の団長って？」ジャックの知らないことが次々に明かされていく。そしてそのどれもが彼の好奇心をいっそう掻き立てた。「何だい、それは？　秘密結社みたいなものかい？」とジャックは訊いた。
「まあ、そんなところだな」と先住民を妻にもつ男は、こくりと頷いた。「強心団はスー族のあらゆる組織のなかで、もっとも大きく、もっとも謎めいていて、とにかくやたらと勇敢で決然としたやつらの集まりなのさ。何をするにしろ、やつらが重きを置くのはただ一つだ。ひとたび何かをしようと決意したら、けっして引き下がったり、投げ出したり、あきらめたりはしない。そしてそれこそが、ブルの望むことで……。ブルが戦士を率いて戦いに向かう姿は、おれは一度も見たことがない。実際の戦闘は、ほかの大族長たちに任せているのだ。レッド・クラウドとか、ゴール、アイアン・ホーク、レイン・イン・ザ・フェイスとかいう連中にね。ブルはというと、まじない薬を若者のためにこしらえるだけで、彼らが戦闘に加わっているあいだ、さまざまなことを考えだしては、戦士をけしかけて……[★41]」。

一方、ゴーストダンスは、北パイユート族に属するウォヴォカという名のインディアンを中心に流行した救世主信仰だ。一八六九年ごろ、ウォヴォカの父親であるタヴィボは、新しい世界が到来するとのお告げを部族の主神から受けたとウォヴォカに話した。そこでは、白人はみな地に呑まれ、死んだインディアンたちの霊が戻ってきて、誰もが永遠の命を得るという。その実現のためには、インディアンたちがゴーストダンスと呼ばれる聖なる儀式を執り行なう必要があり、タヴィボはこれを教えはじめた。

タヴィボの布教活動はまもなく廃れ、ウォヴォカが一〇代のときに父は亡くなった。ウォヴォカは白人家庭の養子となり、ジャック・ウィルソンという新たな名前をもらって、伝統的なキリスト教教育を受けて育った。彼はさまざまなキリスト教の考え方も吸収し、シェーカー教からモルモン教まで幅広い宗派の教義を研究した。一八八〇年代後半、ウォヴォカは自らも部族の主神にまみえたと告げ、布教を始めた。その教義には、インディアンの伝統的な精神世界と少なくとも同程度には、キリスト教の影響も見られた。ウォヴォカは、神の息子が新たな時代をもたらすだろうと予言した。彼の信奉者たちは、ウォヴォカこそ神の息子であると固く信じた。

ウォヴォカの告げた啓示と父親の啓示には、異なる点がほかにもある。なかでも注目すべきは、白人が壊滅する運命にあるとは説いていない点だ。だがやはり彼も、慣れ親しんだ世界が終わり、新たな世界が到来し、死者が戻ってきて、生きとし生ける者が永遠の命を得ると考えていた。約束の日を実現するには、すべての部族のインディアンが互いの違いにこだわらず、銃を置いて酒や怠惰を克服し、ゴーストダンスを踊って、福音を広めなくてはならないとウォヴォカは公言した。

この新たな信仰は口伝えで広がったため、あちこちで多くの部族が伝え聞き、さまざまな場所でさまざまな特性を取り入れつつ、急激に変化を遂げながら様変わりしていった。敗北の記憶もまだ生々しく、ダコタで飢えと義憤に苛まれる暮らしを送っていたスー族のあいだでは、この教えは好戦的な色合いを帯びた。白人は一掃される運命にあるとの見方がいつの間にか戻ってきて、特別なゴーストシャツを着ると、着た者は銃弾を跳ね返すことができるようになるとの考えも定着した。★42

それでもやはり、ゴーストダンスは明らかに非暴力的な宗教であり続けた。実際、ゴーストダンスによって白人襲撃の衝動が抑えられていた可能性も高い。というのも、この信仰のおかげで、怒り猛ったインディアンたちは、超自然的な力によってまもなく侵入者らが排除されると信じられたからだ。それでもなお、シッティング・ブルはゴーストダンスを支持するにあたって、人びとの前で平和の象徴である長いパイプをたたき割り、信仰のために戦い、死ぬ覚悟はできていると述べた。地元のインディアン管理官だったジェイムズ・マクローリン少佐はこの事実を聞き知ると、老族長の評判もあいまって危機感を抱き、インディアン局局長宛てに即座に書簡を送った。自分は「危機感を煽るような人物」ではなく、インディアンの襲撃が「差し迫っている」とも思えないと前置きしてから、マクローリンはこう記した。

シッティング・ブルの一派では、来るべきインディアン版の千年王国や、白人の壊滅、インディアンの覇権についての興奮が高まっており、これらは近い将来の実現が見込まれていて、呪術師たちの予言によると、遅くとも来春までには……。

シッティング・ブルは高位の宗教指導者であり、インディアンたちの最近のばかげた信仰の主唱者でもあります。一言で言うならば、この騒動の主たる画策者であり、もし彼がいなければ、スー族全体に広まっているこの熱狂的な大流行が、これほどまで根づくことはなかったと思われます。シッティング・ブルは卑劣な男で、ひとかけらの勇ましさも持ち合せておらず、その性格にも高潔なところは一つとして見受けられません。しかしながら、他人（彼の力を信じる人たち）を扇動する能力には長けていて、攻撃ならいくらでも誘導できます。ブルは腰抜けで、勇気がありません。危険があるところで先頭に立つことはけっしてないでしょうが、無知な取り巻き連中や信奉者を巧みに動かすのがうまいのです。そうした者たちに今後彼が何をさせるかは、まったくわかりません。★43

このマクローリンの書簡は、いくつもの新聞社に漏洩した。各紙とも、謎めいた儀式と悪名高き大族長の組み合わせの魅力に抗することができなかったのだ。『シカゴ・デイリー・トリビューン』紙は、この書簡に関する記事を「白人殲滅——来るべき救世主にインディアンは願う」との見出しで報じた。★44 フィラデルフィアの『イヴニング・テレグラフ』紙は、「軍将校はシッティング・ブルによる陰謀の情報を漏れなく知りえるかもしれないが、シッティング・ブルがその卑劣な計画を入念に練り上げ、若い手下どもに襲撃を決行させるための段取りを整えるまで、何も手出しができない」と苛立ちをあらわにした。★45 『ニューヨーク・タイムズ』紙は「赤い肌のやつらが輪になって踊る」ことを伝えたあと、この象徴的なダンスが持つ意味に関する「混血の」スパイの言葉を引用した。「スー族がこのダンスを踊るのは、ただ一つの目的のためだけだ。それは戦《いくさ》だ」★46。『トリビューン』紙はあるとき、インディアンとの交戦で、すでに六〇名もの死者や負傷者が出ていると報じた。だが実際には、両者の衝突は一度も起きていなかった。

この頃には、不安に押しつぶされそうな白人たちが、政府に保護の強化を要請しており、自ら戦い、場合によってはすぐに逃げ出す心づもりをしていた。より信頼のおける新聞社は、こうした噂の真相を暴こうとした（今では『オズの魔法使い』の作者として有名なL・フランク・ボームは当時、『アバディーン・サタデー・パイオニア』紙の編集主幹を務めていたが、彼は「インディアンへの恐怖」は「扇情的な新聞記事」に唆された「きわめて不当なもの」★47 であると書いた。ボームには、インディアンの友人はいなかった（この後ほどなくして、ボームはインディアンを殲滅するよう求めている）ので、彼が自分に都合の良い記事を書いたとの非難は当たらない）。しかし、勝利したのは恐怖だった。とくに、ベンジャミン・ハリソン大統領がゴーストダンスをやめさせるために軍隊を派遣してからはそうだ。一八九〇年一一月一五日、シッティング・ブルを逮捕する試みが失敗し、ブルとその支持者数人と、逮捕に向かった当局者も数人が死亡する結果となった。数百人のハンクパパ族が報復を恐れて逃亡した。第七騎兵隊は彼らを捕らえ、同月二八日にはウーンデッド・ニー川に連行した。そこで兵士たちは最終的に、少なくとも一八人の子どもを含む、一七〇人から一九〇人のインディアンを虐殺した。白人側も二〇人以上が命を落としたが、大半は仲間の流れ弾に当たったことが原因だった。そしてこの虐殺をもって、ダンスによる壮大な陰謀も葬り去られた。

エルブリッジ・ストリーター・ブルックスの本で、シッティング・ブルの死を描いたくだりでは、ウーンデッド・ニーの虐殺についてはまったく触れられていない。ウォヴォカの宗教についても、登場人物のインディアンが、自分は「救世主に熱狂してゴーストダンス熱」に取り憑かれていたと述べる場面で、わずかにほのめかされるだけだ。大族長の死についての説明は、さらに簡単だ。「シッティング・ブルは、部下たちを扇動していたんだよ――もちろん、そのほとんどが強心団のメンバーだがね★[48]」。

ひとたび外からの敵という筋書きが確立されると、教皇や大族長だけでなく、敵と想定されるあらゆる相手方に適用できた。一九一七年四月に、アメリカがドイツとオーストリア＝ハンガリー帝国に対抗する連合国軍に加わり、第一次世界大戦に参戦したとき、戦場ははるか遠いヨーロッパだったが、敵の長い触手がアメリカの中心にまで届いているのではないかという恐怖に国民の多くがとらわれた。

触手を伸ばす敵国に対する国内での対抗策は、ときには恐ろしく、ときには滑稽で、その両方の場合もあった。ドイツ音楽の演奏が禁じられた町もあった。ピッツバーグではベートーヴェンが禁止と

Harold H. Knerr, the Katzenjammer family revises its origins

なった。また、ドイツ人が所有する醸造所への厳しい取締りが行なわれた。コミック・ストリップの『カッツェンジャマー・キッズ』は、ドイツ系と思われる主人公の腕白少年の出身国を設定し直し、二人がほんとうはオランダ人であるとした。

　ドイツ語で書かれた本が焼かれる焚書が、国中のいたるところで頻発した。自警団員はドイツ移民を捕らえては拷問にかけ、その財産を破壊した。イリノイ州コリンズヴィルでは、暴徒化した人びとが、ドイツ系アメリカ人の未成年に事実無根のスパイ容疑をかけて集団暴行し、殺害した。被告人側の弁護士は裁判でこの犯罪を「愛国的殺人」と主張し、陪審団はほどなく、殺害に加わった人たちを無罪放免にした[★49]。コリンズヴィルの市長は、連邦議会が背信行為防止にもっと力を尽くしてさえいれば、このような出来事は避けられただろうと述べた。

　こうした行動の一部は、戦争の熱に浮かされて新たに嵩じた従来の民族的偏見にすぎない。だがこのヒステリーには、偏見だけでなくパラノイアも反映されている。ドイツの国家元首カイザー・ヴィルヘルム二世は、世にも恐ろしいベルリンの野獣のような人物と考えられ、ドイツ人の血が入ったアメリカ人はみな、皇帝に仕えるスパイではないかとの嫌疑をかけられた。

歴史学者フレデリック・ルーブクによれば、「全員が敵方の工作員の可能性があるとの仮定に基づいて」、ドイツ系アメリカ人は「船着場や運河、鉄道の駅といった軍事的重要性を有するとされる場所の周辺への立ち入りを禁止された。さらに、コロンビア特別区から締め出されたり、国内の移動や住居の変更にも許可が必要とされたり、公共フェリー以外の船舶への乗船が禁止されたりし……。続いて、軽微な違反行為を口実に重い罪を着せられ、数千人が強制収容所に抑留された」[★50]。インディアンが抑留されたディア島を思い起こさずにはいられない。

ルター派の教区立学校は、ドイツ系アメリカ人生徒の割合が圧倒的に多く、反逆者の温床と噂された。いくつかの州では、教区校におけるドイツ語の使用を禁止し、多くの州や市も公立校にドイツ語の授業をやめるよう命じた（諜報活動をどうしても阻止したいのならば、工作員の話す言語を理解するアメリカ人が多いほうが望ましいと思うだろうが、どうもそうではないらしい）。教科書にドイツのプロパガンダが記載されていないかを調べる委員会を設置した州も三つあった。国中でインフルエンザが猛威を振るい、およそ六七万五〇〇〇人の犠牲者がでたとき、この大流行はドイツの製薬会社バイエルが自社の代名詞でもあるアスピリンに細工して引き起こしたとの噂が広まった。

パラノイアに駆られた宣伝文書の根源は、ウッドロー・ウィルソン大統領によって創設された宣伝機関である広報委員会だった。他国でひどい残虐行為を犯す蛮人（フン族）としてドイツ人を描く、伝統的な扇動宣伝と合わせて、慣れ親しんだアメリカの地を敵がうろつく国内の戦場と捉え直す文言も活用し、委員会は戦争を身近に迫るものとして描いた。ある喧伝文書は、「ドイツの手先はいたるところで、我々国民ならびに、わが国の船舶や軍用品などのごく小さな情報を集めようと必死になっている」と警告した。「こうした情報をドイツ本国に送り、そこで（一つ一つはたいてい害のない）大量の断片を根気強く組み合わせて全貌をつかむことは不可能ではなく、それはすなわち、アメリカ人兵士の死とアメリカ本土の危機を意味する」。

> 警戒とは、慎重さばかりを意味するわけではない、と喧伝文書は続ける。
>
> 工場に誰かが爆弾をしかける現場を押さえるまで、手をこまねいていてはならない。悲観的な噂話を吹聴したり、軍の機密情報を漏らしたり（あるいは、求めたり）、平和を叫んだり、この戦争に勝利するためのわが国の取り組みをけなしたりするような者がいたら、報告せよ。
>
> このような人物がいたら、たとえそれが兵士であっても、その名前をワシントンの司法省まで通報せよ。知りえた詳細を漏れなく、できれば目撃者の名前も添えて提供せよ。ばらばらの情報を収集して、それらをうまく利用するという敵の得意な戦法で、我々がやつらを叩きのめすことができるのだと、フン族に思い知らせてやろうではないか。通報の事実はけっして公表されない。
>
> 今このときも、あなたの身近に敵はいる。それは、緩衝地帯を挟んで敵と対峙しているときに匹敵するほどに間違いのない事実だ。[★51]

ここまで読むと、パラノイアに取り憑かれた者の「自己の投影」や「敵の模倣」に関するホーフスタッターの見解を思い出すかもしれない。だが同時に、ホーフスタッターの主張に反して、広報委員会の活動はけっして「少数派のもの」ではないことにもお気づきだろう。委員会は連邦政府によって運営されていただけでなく、地方レベルにおける公的、あるいは私的な多くの警戒活動を推奨する役割も担っていた。そしてそれは、地方から見れば、国の機関からのお墨付きを得ることを意味した。

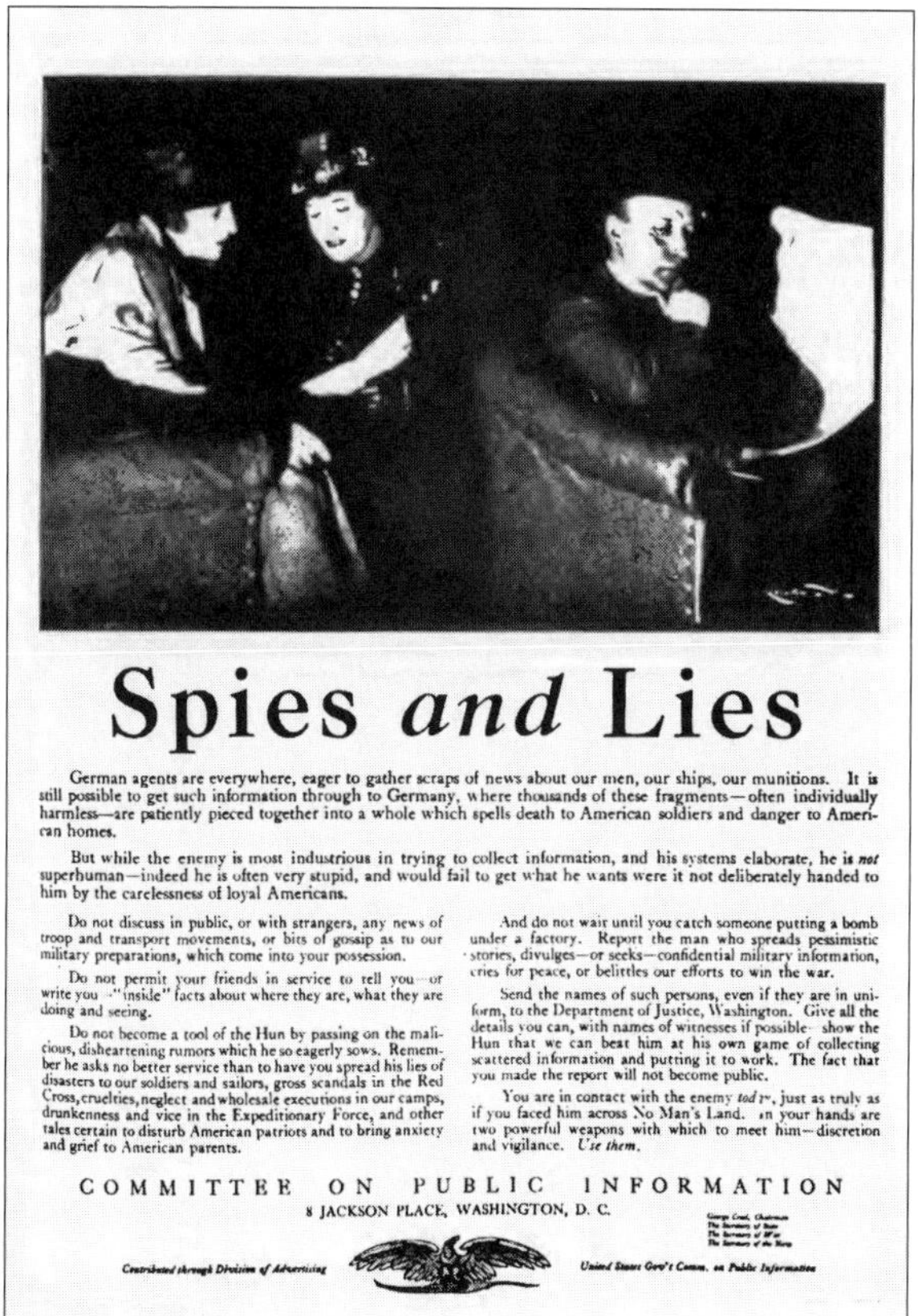

Creel Committee Advertising in the "Saturday Evening Post"

Committee on Public Information, National Archives

『ワシントン・ポスト』紙は、アメリカのエリート層の大半を代弁するかのように、社説で以下のように論じた。「リンチ殺人のような行き過ぎた例はあるものの、このところの動きは国内における健全でまっとうな目覚めである」[★52]。

取り組みもむなしく、委員会は実際に活動していた諜報部員の多くを取り逃がした。だが当局は、平和や徴兵制の撤廃をはじめ、戦争遂行のための取り組みを損なうと解釈可能なあらゆる事柄を求める人びとを検挙するという仕事はうまくこなした（ドイツ系アメリカ人の映画制作者ロバート・ゴールドスタインは、彼が手がけたアメリカ独立戦争を描いた映画のなかに、イギリスによる虐殺のシーンが含まれるという理由により、スパイ法違反の罪で投獄された。この映画は現在の戦争におけるわが国の同盟国イギリスに対する観客の支持を損なう危険性がある、と政府は主張した）。委員会の活動を擁護する立場をとる研究書『米国の言論指導と対外宣伝』において、著者のジェイムズ・R・モックとセドリック・ラースンは、スパイ狩りには収拾がつかなくなる可能性があることを認めた。「大戦時に軍情報部の防諜班を率いていたヘンリー・T・ハント大佐が著者に語ったところによると、事実無根のスパイ容疑の噂は、他意なく始まる場合に加えて、政治や事業、あるいは社会における敵を排除する、あるいは陥れるという明確な意図を持って流されることも多かった」と二人は報告している。あるとき、ハントの二人の部下が「ワシントン・ホテルの給仕長の忠誠心を見極めるべく活動していたところ、司法省に拘束された」という[★53]。

こうして、悪魔のような移民や明らかに異質な人物たち（すなわち、容易に部外者と見分けられる敵）の捜索が別物に転換する。つまり、少なくとも表面的には「一般的な」アメリカ人と区別できない敵の捜索に転換したのだ。言い換えれば、外からの敵という筋書きが、内なる敵という筋書きに道を譲ったのだ。この第二の類型の敵については、次章でより詳しく検討したい。だがその前に、もう一度だけ外からの敵に話を戻すことをお許しいただきたい。

二〇一一年五月二日、アメリカ海軍特殊部隊がパキスタンのアボタバードのある邸宅を急襲した。周囲を取り囲まれたこの大邸宅は、サウジアラビア出身のジハード戦士で、アルカイダとして知られるテロ組織の頂点に立つオサマ・ビンラディンの隠れ家だった。

一般に、アルカイダは厳しい統制に基づく地球規模の階層型組織と考えられており、『ワシントン・ポスト』紙の表現を借りれば、ビンラディンは「隔絶された敷地に控えるテロリストのCEO」[54]の役割を務めていたとされる。だが実際には、この集団がそれほど大きく、かつ一元的な組織となりえたことは一度もない。空軍戦争大学のジョージ・マイケル教授によると、アボタバード急襲の一〇年ほど前から、アルカイダは次第にネットワークが弱体化し、「一元的な司令部のない、いくつもの司令塔が並存する」組織へと変化していた。アルカイダの下部組織は、「チャンスさえあれば、それぞれ自発的に行動でき」、中央権力の指示を仰ぐことはないとマイケル教授は説明する。二〇〇二年以降に世界中でイスラム組織によって引き起こされたテロ攻撃のほとんどが、こうした周辺組織か、ビンラディンとはイデオロギー的なつながりしかもたない集団によって実行されている[55]。アボタバードの急襲が計画されたときには、アルカイダは組織に属さない「一匹狼」のテロリストらに、自らの裁量で攻撃をしかけるよう訴えていた。

言い換えれば、「テロリストのCEO」といった表現を使ったとき、『ポスト』紙は、散発するインディアンの襲撃をたった一人の大族長の仕業と見なしたときと同じような陰謀論にとらわれていたのだ。そしてこの種の誤りは、『ポスト』紙のこの表現だけではない。ビンラディンのグループがもっと集権的だったときでさえ、より大きなイスラム原理主義運動としばしば同一視された。だが実際には、アルカイダはそうした運動のもっとも悪名高い一翼にすぎなかったのである。★56

しかしながら、ビンラディンとその側近らが、その手で多くの血を流してきたことは間違いない。犠牲者を出したいくつもの作戦の首謀者であり、なかでもとりわけ重大だったのが、二〇〇一年九月一一日に国防総省と世界貿易センタービルにしかけた攻撃だった。この攻撃によって命を落とした人は、三〇〇〇人近くに上った。この大虐殺を受け、武装したアメリカ兵がアボタバードに赴いたのだった。

邸宅では銃撃戦となり、ビンラディンは射殺された。海軍特殊部隊は任務完了の報告をワシントンに送った。そのコード名は「ジェロニモ」だった。

第3章　隣人は悪魔

やつらはもうここにいるんだ！　次はお前だ！

――『ボディ・スナッチャー――恐怖の街』★01

こんな話がある。

セイレム村に夜の帳が下りた。グッドマン・ブラウンと呼ばれる清教徒の若者が、妻を家に残して、荒野へ足を踏み入れる。木の陰に悪魔のようなインディアンがいるかもしれないと不安に駆られている。ところが彼は、本物の悪魔に出会う。世慣れた身なりの良い男性で、ブラウン自身によく似ていた。

二人で連れ立って歩きながら、ブラウンは家に戻ることにすると恐る恐る伝える。「僕の父はこんな用件で森に入ったことはなかったし、父の父だってそうだ」と彼は抗議する。「イギリスでの殉教の時代からずっと、僕らの一族は実直な人間、善良なキリスト教徒でとおしてきたんだ」。

心配するな、と悪魔は言う。

「警官だった君のお祖父さんだが、彼がクエーカー女をセイレムじゅうの通りを引き回して、こっぴどく鞭打ったときには、私も手を貸してやったのだよ。それに、フィリップ王戦争の最中に、わが家の暖炉でヤニ松のこぶに火を点して君の父さんに渡し、インディアンの村を焼き討ちにしたこともある。二人とも親友だったよ。この道も何度も楽しく通って、真夜中過ぎに浮かれて帰ってきたものだ。……

私はここニューイングランドに、非常に幅広い知り合いがいてね。多くの教会の執事が、聖餐のぶどう酒を私とともに酌み交わしてきたし、あちこちの町の行政委員が私を議長に据えてくれている。それから、総会議に列席する者たちの大部分は、私の権益の確固たる支援者だ。総督もまた私と……いや、こうしたことは機密事項だがね★02」。

二人はセイレムでも一目置かれている住民の一人、かつてブラウンに教理問答《カテキズム》を教えてくれた女性に行き会う。女は自分が魔女であり、謎めいた集会に向かっていることを明かす。同じ集会に向かう教会の執事と牧師が、かたわらを馬で通り過ぎる。そのうちに、ブラウンは森の中で妻の声がしたように思う。妻の名を大声で呼ぶと、悲鳴が一つ返ってくる。

森の中の空き地まで来ると、そこでは悪魔のミサが執り行なわれていた。セイレムのほぼ全員が揃っている。

闇と光のあいだを揺れ動く人影のなかには、翌日になったら植民地評議会の席で見かけるだろう顔がいくつもあり、安息日ごとにこの地でもっとも神聖な説教壇に立っては、敬虔な眼差しを天に向け、混み合う信者席を慈悲深く見下ろす顔も見られた。総督夫人がその場にいたと断言する者もいる。少なくとも、総督夫人と顔なじみの貴婦人たち、誉れ高い夫を持つ奥方たち、大勢の未亡人や年嵩の老嬢たちといった、みな素晴らしい評判を有する女性たちに、母親に見咎められるのではないかと震えている美しい娘たちがいた。暗い原野の上に突然走ったまばゆい光に惑わされたのでないとすれば、セイレム村でもその高潔さでことのほか知られている教会員が二〇名ほど、グッドマン・ブラウンの目に留まった。善良なる老執事のグーキンはすでに到着して、彼の崇敬する高徳の聖者である牧師の後方に控えていた。しかし、こうした謹厳で名望高く敬虔な人びとや教会の長老たち、貞淑なご婦人方、清らかな乙女たちと不遜にも交わっているのは、身を持ち崩した男たちや、いかがわしい評判の女たち、ありとあらゆる卑劣で汚れた悪事にふけり、恐ろしい犯罪にさえ手を染めていることが疑われるろくでなしどもだった。善良な市民が悪漢たちを敬遠せず、罪人のほうも聖人たちを前に戸惑う様子もないというのは、何とも異様な光景だった。彼らが言うところの「青白い顔の敵」のあいだには、インディアンの聖職者、すなわち呪術師もそこここに見られた。いかなるイギリスの魔術も知りえぬほどの忌まわしい呪文によって、彼らは自分たちが生まれ育った森を頻繁に脅かしてきたのだった。★03

ブラウンは、その晩の魔女の集会で自分と新妻が入信の儀式を授けられる手筈になっていると知る。ブラウンとその妻が祭壇の前に立つと、悪魔が教義のあらましを説く。「さあこれで、お前たちにもわかっただろう。悪は人間の本性なのだ。悪こそ、お前たちの唯一の幸福に違いないのだ。もう一度言おう、子どもたちよ、仲間たちの集いにようこそ★04」。

最後の瞬間に、ブラウンは妻に向かって、天を仰ぎ見て悪魔に逆らうよう叫ぶ。すると突然、周囲の人びとは一人残らず霧散し、ブラウンはただ一人で森の中に取り残される。妻が悪魔に服従してしまったのかは、彼にはわからない。それどころか、自分がほんとうにあの儀式を見たのか、それともたんなる夢だったのかさえも定かでなかった。

どちらにしろ、この傷は彼の心から生涯消えなかった。その晩から死の床に就くまで、ブラウンは周囲のあらゆる人たちに邪悪な本性を見出しては疑ってかかる、陰鬱な人間になってしまったのだ。とまあ、そんな話だった。

ここまで述べてきたのは、一八三五年に出版されたナサニエル・ホーソーンの謎めいた短編、『若いグッドマン・ブラウン』のあらすじだ。植民地時代のマサチューセッツを舞台にした陰謀を描いているが、その主体は前章で清教徒を論じたときに取り上げた敵対者とは種類が異なる。インディアンは顔見せ程度の端役にすぎなくなっている。主たる陰謀者はもはや、村の門の外に暮らす人物ではなく、部外者として容易に見分けることができない。誰もが企みの片棒を担いでいる可能性があるのだ。秘密の集団を尋ねて見出す主人公でさえも、その集団に取り込まれる危機に瀕している。グッドマン・ブラウンが遭遇したのは、内なる敵だった。

この物語が、一六九二年から翌年にかけて起きた魔女騒ぎに触発されて書かれたことは明らかだ。このときセイレムとその周辺地域は、魔女狩りの嵐に襲われた。魔女裁判の判事の一人が著者の曾々祖父、ジョン・ホーソーンだった。さらに、ジョンの父ウィリアム・ホーソーンは、グッドマン・ブラウンの祖父によるとされる行為の責めを負うべき人物だった。クエーカー教徒の女性を町の通りを引き回して鞭打つよう命じたのだ。ホーソーンは、自分の先祖の行ないに強い罪の意識を抱いていた。怪物退治に乗り出した社会が最後には怪物になってしまったことに対する批判として、この短編はたやすく読み解ける。クエーカー教徒迫害からインディアン虐殺まで、悪魔との戦いという名のもとになされる行為は、サタンの祝福を受けて犯された罪として物語に描かれている。

ホーソーンの批判は、女性を鞭打ち、村を焼き払うセイレムの住民ばかりでなく、グッドマン・ブラウン自身にも向けられる。ブラウンは悪魔に抵抗しようとするが、結局は悪魔が説いた教義を受け入れたかのような人生を送ることになる。すなわち、「さあこれで、お前たちにもわかっただろう。悪は人間の本性なのだ」という信条だ。さらに、魔女探しをする人たちと同じような思考に陥って、悪魔の崇拝者がいたるところにいるのではないかと疑うのも、ほかならぬブラウン自身だ。実際、ブラウンが森の中で見た光景そのものが悪魔の所業で、それを事実として受け入れた時点で、ブラウンは悪魔の罠にはまってしまったのだという解釈も示されている。[05]

ホーソーンが物語の着想を得た裁判は、ニューイングランドで行なわれた初めての魔女探しの試みというわけではなかったが、ほかの事例と比べて規模が大きく、犠牲者も多かった。セイレムを除くと、植民地の裁判所に持ち込まれたことが判明している魔女の告発は、一七世紀全体で九三件あり、そのうち処刑にいたったのは一六件だった。[06] これに対してセイレムの魔女騒ぎでは、一年余りのうちに少なくとも一四四人が裁判にかけられ、法廷に持ち込まれずに糾弾される者も多数いた。一四人の女性と六人の男性が処刑され、その大半は絞首刑だった。犬さえも二、三匹絞首台送りになった。さらに、男性一人と女性三人に加えて幼児も数人、獄中で命を落とした。[07] セイレムの被告人は、典型的な魔女裁判に比べて、年齢も職業も社会的地位もじつにさまざまだった。また、地理的にも飛び抜け

て広く網をかけられていた。被告人は、セイレム村や隣り合うセイレム町だけでなく、二〇以上の場所から集められた。[★08]

その一方で、ヨーロッパの基準からすれば、この裁判は取るに足りない騒動にすぎなかった。アメリカのイギリス植民地は、イングランド本国ほど魔女への恐怖に取り憑かれていなかったし、そのイングランドにしても、スコットランドや大陸諸国に比べればまだましだった。一六二三年から三一年のあいだに、ドイツのヴュルツブルグ司教区では、明らかに悪魔と取引したとの科《とが》で、九〇〇人もの人びとが火刑に処されたと見積もられている。この人数が正確だとすると、一つの小さな公国がわずか八年間で、ニューイングランドで一七世紀全体を通して処刑された以上の数の悪魔崇拝者とされる人たちの命を奪った計算になる。[★09]だがそれでも、血に飢えた支配層は満足しなかった。ヨーロッパにおける魔女狩りは、ヴュルツブルグの大虐殺のあとも数十年にわたって各地で続いた。対照的にマサチューセッツでは、一六九二年の裁判に多くの人が嫌悪感を覚え、魔女の訴追は事実上収束した。

セイレムでの一連の出来事は、ウィリアム王戦争の開始から二年半後に始まった。フランスとインディアンのアブナキ族の連合軍と、イギリス植民地が対峙した凄惨な紛争だった。一六九二年一月、ある牧師の九歳の娘と一一、二歳のその従姉が突然、原因不明の激しい発作を起こすようになった。彼女たちは「目に見えぬ者に噛まれ、つねられていた」と、二人の少女の発作を目にしたジョン・ヘイル牧師は記した。「彼女たちの腕や首、背は方々に捻じ曲がったかと思うと、またもとに戻った。こうしたことは、とても自分でできるはずがなく、てんかんなどの普通の病気が引き起こす力をも超えていた。彼女たちはときおり口がきけなくなって、口元は強張り、喉が詰まって、手足は拷問にかけられているかのようだった[★10]」。数週間が過ぎても、子どもたちの症状は悪化するばかりで、地元の専門家たちは魔術をかけられているのではないかと考えた。

呪術の出所を突き止めるための伝統的（かつかなり魔術的）な儀式を執り行なったところ、自分たちを苦しめているのは、彼女たちの家に仕えるインディアンの奴隷ティチュバだと、少女たちは告発した。[★11] ティチュバはこの告発を否定した。すると、近所に住む年上の女性たちが自分たちも発作で苦しんできたと言い出し、ティチュバと別の二人の女性のせいだと断言した。ここに及んで、ティチュバは魔術を使ったと自白した。のちにティチュバは、主人に叩きのめされたあとにこの自白をしたことを証言している。

『若いグッドマン・ブラウン』は、村の外の荒野に出かけるところから始まる。そこでは、「どの木の陰にも、悪魔のようなインディアンが潜んでいるかも」しれない。[★12] その後、不意に内部に目が向き、セイレム村の社会の中心に陰謀が存在しているのではないかと想像する。実際のセイレムでの事件も、同じパターンをなぞった。魔女狩りが始まると、最初に告発されたのはインディアンの女性で、事態が展開していくあいだ、彼女たちが完全に舞台から消えることはけっしてなかった。魔術を目撃したとされる人物はしばしば、悪魔やその使いを「黒い肌の男」と表現したが、この地域では、これはアフリカ系よりもインディアンを意味している場合が多かった。魔法使いとの噂があったジョージ・バロウズ牧師は、一連のインディアン戦争において、「魔術できわめて多くの兵士を呪い殺した」として告発された。[★13] コットン・マザーは、「目に見えない世界の霊たちによる」攻撃は、「インディアンに」由来すると示唆してさえいる。「その族長たちは、捕虜になった者たちの一部に、恐ろしい魔術師や邪悪な魔法使い、あるいは悪魔と対話するような存在としてよく知られていた」という。[★14] ある小論のなかでマザーは、「魔法使いたちの首脳会合には、フランス系カナダ人やインディアンの族長らが出席し、ニューイングランドを壊滅させる方法を模索している」と述べた[★15]。

しかし、インディアンに対する告発に始まった出来事はほどなく、村の白人へとその対象を拡大した。すると、それまでとは異なる新たな懸念と確執が表面化した。一九七四年の著書『呪われたセイレム――魔女呪術の社会的起源』のなかで、社会史家のポール・ボイヤーとスティーヴン・ニッセンボームは、告発の第一の波が土地や教会の運営をめぐってこの地域に長年存在してきた争いや、農村であるセイレム村とより商業の盛んなセイレム町との緊張関係と密接に関連していたことを強調する。その一方、なされた多くの告発は、旧来の噂話の衣をまとっていた。というのも、誰それは魔女だ、女房を殴る男だ、売女だ、といった月並みな世間話のせいで、疑いをかけられやすくなるある種の住民がいたからだ。

この時点から、騒動の輪は広がりを見せた。魔女の嫌疑で告発される人が増加し、その多くが自白をして、さらなる告発に拍車をかけた。非難の応酬はボイヤーとニッセンボームが論じた地域の力学のはるかに及ばない地域にまで拡大し、悪魔崇拝者とされる者の列には次第に、魔女のもつ標準的な特徴を覆すような人びと、すなわち、聖職者や裕福な商人、総督夫人までもが含まれるようになっていった。「総督夫人」が魔女の集会にいたか、少なくともその場にいたと「断言する者がいる」と書いたとき、ホーソーンは史実の記録をなぞっていたのだ。ある検察官は「魔術にかけられた者は、いかなる地位の者にも容赦ない」と記した[★16]。

一連の宗教裁判に拍車がかかった要因には、小さな町の噂話からひどく陰惨な紛争までさまざまあったが、それと並んで、被疑者には魔術による罪を認める、あるいはでっちあげる動機が存在したという。魔女の嫌疑をかけられても、自白をすれば処刑されないことがすぐに明らかになったのだ。歴史家チャドウィック・ハンセンが示唆するところによると、一部の被告人はほんとうに魔女だった（もちろん、実際に超自然的な力を振るったのではなく、そうした試みをしたという意味だが）可能性さえあるという。[★17]

社会学者リチャード・ワイズマンが指摘したように、騒動には政府の役割の変化も関係していた。ニューイングランドの魔女裁判の典型的な告発は、ごくありきたりなさまざまな災難を近隣住民のせいだと訴える地域の人びとによるものだった。嫌疑が魔力の行使を伴うものだったという事実を除けば、こうした争いが、ネズミが群がるがらくたの山や他人の庭を掘り返す犬、隣家の庭にまで張り出した木の枝などをめぐる現代人の揉めごととそれほど変わらないことがおわかりだろう。当時の法的基準に照らしても、邪悪な魔術の行使を証明するのは難しかったので、ニューイングランドの裁判所は通常、このような案件は引き受けたがらなかった。

だがここへきて、政府自らがこの問題に乗り出してきて、心理的には、よくある近隣の者同士の争いというよりは、ヨーロッパの迫害に近い状況が生み出されようとしていた。セイレムの普通の人びとが気を揉んだのは、隣に住む魔女が自分の飼育する牛に毒を盛っている、あるいは、子どもを病気にしているのではないかといった事柄だった。だが、政府当局の懸念はより深刻だった。ワイズマンの言葉を借りるならば、それは「清教徒の伝道活動を崩壊させるための組織化された陰謀が、すでに教会の核心にまで首尾よく入り込んでいる」のではないかというのだ。[★18]壮大な陰謀話が自白のなかに登場し始めた。八月にウィリアム・バーカーなる人物が魔術を使ったことを自白したとき、「悪魔の狙いは、悪魔信仰を確立して、この国のすべての教会を破壊することで、セイレムを襲撃し、そこから国中を席巻しようとしている」と告げた。そして、新たに到来した悪魔の社会では、「すべての人

びとが平等で……復活の日も審判の日もなく、罪に対する処罰も恥辱もないだろう」と言葉を続けた。[★19]

やがて告訴は度を過ごして行き詰まり、騒動は下火となった。最後の審問が開かれた一六九三年五月には、魔女を告発していた人物のうち数名は、一連の成り行きに関する考えを改めつつあった。とりわけ、自分自身や自分の愛する者が標的になったときにはそうだ（ジョン・ヘイル牧師は、自身の妻が告訴されたとき、魔女裁判への情熱を失った）。マサチューセッツ政府は一六九七年、無実の人びとを訴追したことに対する悔恨の日を設けた。ある執政官は、この問題について自分が担った役割に対する「責任と恥辱」を受け入れると発言し、一〇名余りのセイレムの陪審員が、遺憾の意を示す公式宣言に署名した。[★20]

魔女狩りは、内なる敵のもっとも本質的な要素を内包している。すなわち、ことによると誰もが陰謀の片棒を担いでいる（あるいは担ぐようになる）可能性があるということだ。外からの敵においては、陰謀者は明らかに部外者だった。下層の敵や上層の敵には、明確に定まった特定の社会階級がある。だがセイレムでは、策謀の疑惑は、一般社会全体に向けられていた。ある聖職者はその状況を総括して、「［キリストの］神秘の聖体を拝受した真の仲間」のように思われる、表面的にはキリスト教徒の人たちが、じつは「友人や近隣住民に対する」悪魔の「敵意の道具」となりえた、と述べた。[★21] 内なる敵がうごめきだすと、当たり前の生活は虚構になるのだ。

セイレムで魔女狩りが行なわれていたあいだ、陰謀者の人数は拡大の一途をたどった。魔術をかけられた人びとの証言を信用するならば、悪魔の書に署名すれば、その苦しみを止めてやると、亡霊にもちかけられたのだという。そして、ひとたび署名をすると、その亡霊は署名をした人の姿になって別の人物を拷問しはじめ、その人に同じ取引を持ちかける。こうなると内なる敵は、近隣住民どうしのたんなる策謀ではすまなくなる。その企みに巻き込まれると、あなたの子どもや大切な人たちが連れ去られ、拡大を続ける陰謀団の一員にされてしまう危険さえあるのだ。

内なる敵に対する恐怖が最高潮に達すると、現実世界さえ確実なものとは思えず、秘密の王国を覆い隠すもろい殻のように感じられるかもしれない。セイレムでは、亡霊に関する証拠が法廷で採用されるようになり、目の前の現実世界と夢の国の境界は崩壊した。『若いグッドマン・ブラウン』では、この深い不確実性が劇的に描かれ、この作品を内なる敵の力強い物語とするのに一役買っている。ブラウンが参列する悪魔のミサは、実際に開かれた集会で、日常の世界に恐るべき真実が隠されている証しなのかもしれない。だが、ミサそのものが悪魔によって映し出された偽りの世界である可能性もある。あるいは、ただの夢かもしれない。

内なる敵は、アメリカにおける初期の陰謀神話のなかでもとくに、夢のようにつかみどころがなく現実離れしているが、同時に非常に身近で平凡なものでもある。私たちの日々の生活で生じる疑念はたいてい、家族や近所の人たち、職場の仲間などに向けられる。その人たちが悪魔の陰謀の手先だとは考えはしないが。一六九二年の大狂乱が始まる以前のニューイングランドにおける初期の魔女裁判を振り返ってみれば、発端は噂話や揉めごとに煽られたささいな反目にすぎない。セイレムのような大規模な狂騒は、奇異に感じられるかもしれないが、アメリカ人を魔女探しに駆り立てる要因となった日々の生活における懸念そのものは、私たちにも非常になじみ深いものだろう。

魔女と噂されたのは、アン・リーも同じだった。だが幸運なことに、彼女は一七世紀末のニューイングランドではなく、一八世紀末のニューヨークに暮らしていた。そのため、絞首刑に処される危険はまるでなかった。いずれにせよ、魔術の科《とが》では。

リーは一七三六年に、マンチェスターの鍛冶屋の娘としてイギリスに生まれた。二二歳のとき、一〇年ほど前に創設された新興の宗派であったシェーカー教に入信する。シェーカー教徒は、世界の終焉が近いと信じていた。さらに、当時としてはかなり珍しいことに、女性も教会の指導者になれると考えていた。リーはほどなく指導者の地位にまでのぼり、ついにはシェーカー教団の頂点に立った。その間に彼女は、神から受けた啓示を表明しはじめる。彼女の信奉者たちは次第に、リーをキリストの霊の再臨だと考えるようになっていった。リーは自らの個人的特質を教団の信条に刻み込んだ。なかでも、彼女のセックスに対する嫌悪感は、シェーカー教の禁欲という教義として確立されることになった。

一七七四年、リーはごくわずかな随行者とともにアメリカに渡った。平和主義者《パシフィスト》として、シェーカー教徒は独立戦争で戦闘に加わることを拒否したため、国家転覆を狙っているとの風評が立った。リーはイギリスのスパイ容疑で、しばらくのあいだ投獄された。この頃、文書によるシェーカー教徒に対する攻撃が最初の高まりを見せた。多くの場合、それは外敵に対する憂慮という形をとった。ある小論には、この宗派は「二〇〇〇人以上から成る集団で、信者は自分の意思は一切持たず、一握りのヨーロッパ人に支配されている」と書かれていた。[★22] これを読んで、プロテスタントがカトリックに向けた非難と似ていると感じたとすれば、それは正しい。実際、シェーカー教団から離脱した者たちが、この歴史の浅い宗派の教義は「ローマ教会の教義と正確に一致する」[★23]と主張したことが知られている。

独立戦争が過去のものになるにつれて、こうした見方はやや下火になっていった。一九世紀に入って一〇年ほどが過ぎた頃、シェーカー教徒に対する懸念が再燃したときには、この教団の起源が外国にあることは、もはや問題ではなかった。シェーカー教徒は内なる敵となっていたのだ。

一九世紀初頭、アメリカを信仰復興運動が席巻していた。今日では第二次大覚醒として知られる宗教的混乱の時期だ。こうした興奮の周辺で、特異な宗派が新たな信者を獲得しつつあった。そこにはシェーカー教だけでなく、再臨派《アドヴェンティスト》やモルモン教、オネイダ協会などが含まれていた。信仰心の新たな高まりは、パラノイアの新たな高まりを伴った。独立戦争後はひところ鳴りを潜めていた恐怖、カトリックによる陰謀という考えが、その勢いを急激に取り戻した。そして、セイレムの取調官がインディアンの陰謀に対する恐怖を、地域社会の魔女への恐怖にやすやすとすり替えたのとまったく同じように、従来の外からの敵、すなわちヴァチカンに対する恐怖に取り囲まれていた一九世紀のアメリカ人は、その反カトリックの神話を国内の陰謀の物語に翻案した。

この過程がどのように展開したのかは、『若いグッドマン・ブラウン』の翌年に出版された名著『プロテスタントにおけるイエズス会主義（*Protestant Jesuitism*）』を読めばよくわかる。長老派《プレスビテリアン》教会のカルヴィン・コルトン牧師の手になるこの著作は、おなじみの反カトリックの論法で始まる。コルトンはイエズス会を非難してこう記す。この修道会は「君主の力を支配し、社会的・政治的影響力の主要な源とそこから派生する大きな力を吸い上げている。オスマン帝国の歩兵軍団イェニチェリと同じく、ローマへの忠誠を公言する一方で、修道会士を掌握して、世界をほぼ自らの影響下に収め、永遠に鎖でつなぎとめる恐れを孕んでいる」[★24]。だがコルトンは、カトリック国からの移民については是認し、ヨーロッパ人がやって来れば、カトリック教徒を「純然たるキリスト教」に改宗させるのが容易になると論じた[★25]。そして、マリア・モンクの『恐怖の暴露』のようなネイティヴィズムのたわごとを、「人騒がせな流言」として糾弾した[★26]。コルトンの標的はヴァチカンの住民ではなかった。「ローマカト

リックのイエズス会主義」は、「プロテスタントの名のもとに」活動する国内勢力と結託している、と彼は主張した。[★27]

コルトンの言う国内勢力とは、第二次大覚醒の期間に登場した集団で、モラル改革や布教活動に熱心な自発的な団体だった。「道徳的・宗教的組織の頂点に立つ」ごく少数の人間が、「大多数の人びとを選ばれし者、その多くは自薦の者の意志と支配に従わせる」ことによって、「社会全体の枠組み」に「新たな体制」を押しつけようとしている、とコルトンは警告した。[★28] そして、「彼らの影響力によって封じ込められる危険を冒さずに、表立って批判できる者は」誰一人いないと付記した。[★29]「彼らの手先は、旧約聖書に出てくるエジプトのイナゴのように、大群を成して国中を埋め尽くしている」。[★30]

ホーソーンが『若いグッドマン・ブラウン』を書いたのは、第二次大覚醒が勢いに乗っていた頃のことで、彼が過去のアメリカだけでなく、当時のアメリカを念頭に置いて作品を編んだということは、大いにありうる。物語のなかの悪魔を崇拝する夜の集会は、信仰復興のために各地を巡回して開かれていた大規模な野外伝道集会を思わせる。文学者ロバート・S・レヴァインはこう指摘する。ホーソーンの描く、

熱狂的な集会は、新たな狂信者の獲得を目指して「ニューイングランドの教会において重責を担うある聖職者」によって主宰されている。「改宗者を前へ！」と彼は叫び、ブラウンはこの呼びかけに応じて闇の中から姿を現わし、「炎の天蓋のもとにいる改宗者たち」に近づく。[★31]

従来の宗教指導者たちはしばしば、信仰復興期の説教師をある種の集団催眠を援用する人形遣いだ

と糾弾した。『プロテスタントにおけるイエズス会主義』を発表した年に、コルトンは復興運動を非難してこう評した。この集会で人びとは、「最大限に興奮が高まるなか、全身全霊で（知性も、理性も、想像力も、信条も、感情も、情熱も、魂のすべてをかけて）ただ一つの新たな境地にいたるよう強制された。そうした境地はあらかじめ規定されていて……。このような束縛を受けた人の心は、それ以後自由ではありえない」[★32]。

信仰復興運動諸派のやり方を催眠術《メスメリズム》になぞらえる者もいた。かつて信仰復興運動に携わっていたラ・ロイ・サンダーランドは、伝道を止めて、催眠（サンダーランド自身が自らの理論につけた呼称で言えば「パセティズム」）を調査・実証することに専心した。そして、人びとをトランス状態に導く技術は本質的に、聖職者時代に用いていたやり方と同じであると主張した（サンダーランドは、自らの理論が「魔術に関するあらゆる謎をも解明する」だろうと考えていた[★33]）。

野外での伝道集会やモラル改革を推進するグループは、復興運動の主力を担う存在だった。彼らでさえ、そうした催眠的な反応を引き出すことができたのだとしたら、大覚醒期のもっと特異な分派が呼び覚ました反響はいかに恐るべきものだっただろうか。シェーカー教徒はこの頃には、いくつかの居留地を建設し、そこで自分たちの規律に従って、昔ながらの家族のあり方と、家族を形成するために不可欠な性交渉の双方を拒絶しつつ暮らすことが可能になっていた。シェーカー教の預言者は女性だったが、ときに他の女性たちが指導者の役割を担うこともあった。見方によっては、この宗派は伝統的な家族のあり方に対する絶えざる脅威だった。いくつもの意味で内なる脅威と言えた。

魔女への恐れとシェーカー教への恐れのもっとも大きな違いは、誰がシェーカー教徒なのかを人びとが知っていた点にあった。シェーカー教徒は、日中もごく普通の日常生活を送っていなかったし、夜には霊的な秘密集会を催していた。コミューンに暮らし、性交を拒絶して、トランス状態で熱狂的なダンスを（一部の噂によれば、全裸で）踊った。彼らが注目を集めたのはまさしく、異質だったからだ。ここに、部外者であるカトリックの陰謀の筋立てを国内の「カルト集団」による陰謀の物語に容易に転換できた理由の一端がある。宗教上の新たな運動は、自らを異質な存在にしたのだった。

　彼らが内なる敵となったのには、ごく普通のプロテスタントの白人を異質な存在にしてしまう危険性を持っていたという理由もある。捕囚話は、インディアンに捕まると想定するだけでも、十分に恐ろしいものだった。だが、自分の隣人や子どもと同じような外見で同じように話す敵の出現で、その恐怖は新たな局面に入った。周囲の人びとは、シェーカー教徒が催眠術を使って新たな信者を勧誘して、激しい肉体的暴力で統制を図っていると糾弾した。両親の片方が教団を去り、もう片方が残った場合に、教団が子どもを人質に取っていると告発されることもときおりあった。

　シェーカー教徒の子どもたちのなかにも、伝統的な家庭環境で育った少年少女がときに家を出たいと思うのとまったく同じように、コロニーを離れたいと切に願う者がいた。その一方で、オハイオ州のコロニーから「救出」されたイサマー・ジョンソンのような逸話も残されている。救出者たちは少年を一晩留め置いたが、翌朝自由の身になると、直ちにシェーカー教徒のもとに戻ってしまった。一八二五年、ケンタッキー州にあるシェーカー教徒のコロニーから一人の少年が逃げ出した。その後少年は、妹を解放するために武器を手にした仲間を募ることに力を貸した。そして仲間とともに妹を連れ出したが、少女は兄とは違い、コロニーに留まることを望んでいた。一年が過ぎても少女の親類たちは、自分たちの思いどおりに「彼女の心を作り変えよう」と格闘していた★34（この場合、どちらがほんとうの誘拐犯《ボディ・スナッチャー》と言えるだろうか）。このほかにも、荒くれ者らがシェーカー教徒の建物に押し入ったり、教会に火をかけたり、シェーカー教徒を襲ったりした例もある。そうした行為はどれも、原則的には拘束されている者の身柄を解放するとの名目のもとになされたのだった。

シェーカー教徒を目の敵にする者たちの辛辣な非難やパラノイアを別にしても、それ以上の反感を買った新興宗教が少なくとも一つはあった。それは一八三〇年にニューヨーク州北部地方で生まれ、今日まで続いている。末日聖徒イエス・キリスト教会と称する組織で、その信徒はモルモン教徒という呼び名でのほうがよく知られている。

モルモン教は、うまくいかない農業に従事するかたわら、宝探しに精を出していたジョセフ・スミスが、黄金の板に彫り込まれた聖なる書を発見したと主張したことに始まる。この金板には、インディアンはイスラエルの支族の子孫であるという旧来の見解から、キリストが古代アメリカ文明を訪れたという新たな説まで、多くの啓示が含まれていた、とスミスは述べた。よりパラノイア的な記述になるが、金板の言葉をスミスが翻訳したとされるモルモン書には、犯罪組織「ガデアントン秘密結社」にかんする記述がある。この組織は荒野を本拠とし、その首領は悪魔に「秘密の誓い」を立てて「誓約」[★36]を結んだとされる[★35]（モルモン教徒に伝わる話では、ガデアントン盗賊団は、いまもアメリカ西部に出没するという）。

信者を獲得したスミスは、教会の本拠をオハイオ、次いでミズーリの辺境へ移したが、信者らはそこでモルモン教徒でない近隣住民（モルモン教徒の言うところの「ジェンタイル」）から厳しい迫害を受けた。教団はイリノイ州に自分たちの町を建設しようとした。だがそのようなときに、刑務所に留置されていたスミスを暴徒が襲撃し、殺害してしまった。教会活動の指揮権はブリガム・ヤングというヴァーモント州生まれの職人に移り、ヤングは教団を率いてさらに西へ向かい、砂漠の中に王国を建設した。スミスが創始した教団は第二次大覚醒の所産だったが、かなり独特だったため、その教理は従来のプロテスタントにも、新興のプロテスタントにも警戒心を抱かせた。創設間もない時期から、モルモン教の陰謀の噂が囁かれた。

こうした流言のなかには、さまざまな宗教復興運動に幅広くかけられていた類いの嫌疑を取り上げたものもあった。モルモン教の批判者は、シェーカー教を批判したときと同じように、旧来の反カトリックの題目を持ち出して、この創設間もない宗派に当てはめた。スミスとヤングは、この教団における全能の教皇で、その信奉者たちは従順な羊であると考えられた。そして驚くまでもないが、ある種の思考操作《マインド・コントロール》を用いて信者の忠誠を得ているらしいと噂され、モルモン教はメスメリズムと混同された。

こうした状況は、人気を博した著作『モルモン教徒と暮らした女性の記録（*Female Life Among the Mormons*）』からもよくわかる。この本は、催眠術によってモルモン教の長老と結婚させられた女性の回顧録という形式を取っていた（より正確な説明が、歴史家デイヴィッド・ブライオン・デイヴィスによりなされており、彼はこの本を「ばかげた空想」と評している）[★37]。物語のなかで著者は、催眠療法の先駆けとなったドイツ人医師フランツ・メスメルの思考操作法が「国中に知られる」前だったにもかかわらず、ジョセフ・スミスはどのようにそれを習得することができたのかと、モルモン教の元信者に尋ねている。質問に答えて、アンナ・ブラディッシュはこう言う。「スミスがその情報を得て、さらには撫でさすったり、手を這わせたりというあらゆる手技を習得したのは、行商をしていたさるドイツ人からでした。その人物は、落ちぶれた生活を送ってはいましたが、傑出した知性と広範な知識を備えていまし

"Mormonism in Utah — The Cave of Despair," February 4, 1882, *Frank Leslie's Illustrated Newspaper*

た。スミスは彼に気前良く謝礼を支払い、そのドイツ人は秘密を守ることを約束しました」。さらに続ける。「いいですか、あなたはたぶらかされたのです。一万ものほかの人たちもそうですが、誰もそんなことは夢にも思っていません。信者でない者への伝道に赴くのは通常、この技にきわめて長けた者たちなのです[★38]」。

教団は一八四三年には、一夫多妻制を密かに推進しはじめていたが、一八五二年にこの慣行を外部社会に公表した。その結果、『モルモン教徒と暮らした女性の記録』のような物語の性的側面を際立たせることになった。モルモン教徒の男性は教団の外に赴いて、信者でない女性を可能であれば催眠術を用いて誘惑し、必要とあれば力ずくでさらって、自分のハーレムに加えるといったような想像が、一般人のあいだに広がった。シェーカー教徒の独身主義と同じく、多妻婚も伝統的な家族の形に対する脅威と受け止められ、それに触発された懸念から、教団がこのほかにも従来の性にまつわる慣習を逸脱しているのではないかという想像があれこれと取り沙汰された。一度はモルモン教の聖餐に与ったジョン・C・ベネットは、教団幹部に奉仕する「女性の秘密ロッジ」について、ロッジ内の地位や義務、一人ひとりの堕落ぶりなどを微に入り細をうがって描写し、その存在を広く知らしめた。たとえば、修道院の聖者と呼ばれる地位は、「未婚あるいは既婚の女性から成り、女性たちは聖なる預言者ジョセフを通して示される神の特別な思し召しと恵みによって聖別され、密かな霊的妻として特定の個人の利便に供されるという。彼女たちは黒いヴェールの聖人であって、天の特別な寵児であるとされた[★39]」。

反カトリックを唱える文書の数々と同じく、ここにも自己投影が数多く見られる。デイヴィスの言葉を借りれば、読者は「自分たちの敵が享受できるというさまざまな性的体験を想像して楽しんだ。

自分が同じ誘惑にさらされる場面を思い描き、聖職者やモルモン教徒が実際にどれほど罪深いかを知りえたような気になった」。デイヴィスはさらに、ベネットが「目に余るほどの性的不品行のせいで教会から破門」されたことを付記している。[★40]

モルモン教徒がひとところに集結すると、誘拐や改宗によってキリスト教徒の肉体や魂が盗み取られるのではないかとの恐怖に加えて、ある不安が生じた。それは、集団で票を投じることでアメリカのさまざまな機関を乗っ取り、共和国を神政国家に置き換える政府を樹立するのではないかとの懸念だ。また、このような体制転覆の脅威が投票行為に限られているとは考えられないため、さらなる噂が根づきはじめる。すなわち、教団がダナイト団と称する暗殺団に、力ずくで教団の意志を押し通すように命じたというのだった。

ダナイト団はもともと、一八三八年に結成された自警団で、モルモン教内部の異分子を地域から追放する任務に続いて、ミズーリ州の教徒を近隣住民らによる攻撃から守る任務にも就いた。この組織が一年以上存続したという証拠は一つもないが、結成から数十年を経てなお、モルモン教を攻撃する論拠として大きく取り上げられ、その評判は時とともにいっそう恐ろしさを増していった。ブリガム・ヤングが家畜泥棒や抵抗するインディアンなどの敵と戦うという名目のもと、ユタ州で民兵組織を創設すると、この組織はまもなく「破壊の天使」とあだ名され、既存のダナイト団と融合して、暗殺者の秘密部隊として恐れられた。一八五九年には、インディアンのような化粧を施したモルモン教徒に出会ったジョン・ヤング・ネルソンが、その男を教団の「狂信的な背教者破壊の天使」の一人だととっさに（そして間違って）思い込んでしまうほどだった。ネルソンは、「組織の使命は教団に属さない白人男性、とりわけ背教者を一人残らず殺害すること」だと考えた。[★41]

たんなる噂以上の根拠に基づいてダナイト団を恐れていた人びとが言及したのは、「ワイルド・ビル」と呼ばれた無法者のウィリアム・ヒックマンが一八七一年に殺人の罪で逮捕されたあとに書いた回顧録だっただろう。その二、三年ほど前に末日聖徒教会から破門されていたヒックマンは、ヤングの命により数件の殺人を実行したと主張した。彼の記述のうちどれほどが正確で、どれほどが責任転嫁やほら話なのかについては意見が分かれているが、そのすべてが反モルモン教の伝説に盛り込まれることになった。

この伝説がアメリカ人の想像力に与えた影響を理解するには、モルモン教徒の暗殺者と過ごしたと思しき夕べを描いた、マーク・トウェインの一八七二年の記述を読むとよい。この民兵の持つ邪悪なエリートというイメージを打ち砕こうとの意図が窺われる逸話だ。「私が理解するところでは、『破壊の天使』は都合の悪い市民を永久に抹殺するという特別任務を教団から与えられた末日聖徒だ」と、トウェインは『苦難を乗りこえて――西部放浪記』に記した。「私はモルモン教の破壊の天使や、彼らの実行した血なまぐさい凶行についてはたくさん耳にしていたから、この男の家に入るときには、身震いせんばかりだった。だがそれもすべて、しょせんは思い違いだったのだ。男は大声でがなりたてる、下卑て攻撃的なごろつきにすぎなかった！　ことによると、破壊者の勘定に合うだけの残忍さは持ち合わせているかもしれないが、『いかなる』天使であれ、品格を欠くことなどありえようか？　汚れたシャツを着てサスペンダーもしていない天使に、いったい誰が耐えられるだろう？」★42

モルモン教徒たちは、密かな殺人者集団など擁していなかったかもしれない。しかしながら、自分たちの社会制度を作り上げたことは間違いない。学校や聖堂、仲裁裁判所、入念に構築された私的な福祉制度、協同組織のネットワークなどがある。これらは、アメリカ人が称賛することの多い自発的な組織だったが、モルモン教徒が圧倒的に多い西部の地域では、民政と複雑に結びつき、同じ人びとが教団と政府の双方を牛耳っているように思われた。場合によっては、公式の政府機関よりも大きな影響力を持つこともあった。

　こうした状況はさらなる政府転覆の懸念を掻き立て、一部では末日聖徒の市民としての自由に驚くべき制限が課される事態になった。アイダホ準州は一八八四年、末日聖徒が投票すること、公職に就くこと、および陪審員になることを違法とした。この際、議員らはよく知られたモルモン教による陰謀を引き合いに出したが、その珍妙な批判の背後に潜んでいたのは、ありきたりな敵意だった。すなわち、多妻婚への反対、モルモン教徒の協同組織が持つ経済的影響力に対する妬み[★43]、そして何より、アイダホ準州において民主党に投票する者が圧倒的に多いこの集団の選挙権を奪おうとの共和党の必死の思いだ。

　さらに、モルモン教徒の慣習とその手段が、地元の先住民に広まっているのではないかという懸念もあった[★44]。その一方、異教徒《ジェンタイル》による迫害に直面した多くのモルモン教徒も、インディアンに仲間意識を抱きつつあった。だがそれにも限界があった。一八五七年九月一一日に、ある先住民の集団が思い知らされたとおりだ。

　それは、ユタ戦争と呼ばれる紛争の最中のことだった。連邦政府は末日聖徒が反乱を企てていると考えていた。一方のモルモン教徒は、近隣地域にすでに二五〇〇人以上の兵士を派遣していた政府が、教団の撲滅を目論んでいると考えていた。相互不信による張り詰めた雰囲気のなか、モルモン教徒の一団が（ブリガム・ヤングの意向に従っていたのか、自分たちの判断で行動したのかは定かではない）パイユート族と協力して（一説には、パイユート族を装っただけとも言われている）ユタ準州のマウンテン・メドウズを通過していた武器を持たない開拓者集団を襲撃して、約五〇人の子どもを含む一二〇人ほどを虐殺した。モルモン教の指導者たちはその後、先住民に罪を被せようと、襲撃はパイユート族が単独で実行したものだと主張した。迫害されるインディアンに自らを重ねていた教団が、あつかましくも反インディアンの偏見に訴えたことは、疑いようもなかった。

この頃には、モルモン教団による陰謀は、大衆文化の定番となっていた。ダナイト団による暗殺や教会公認の白人奴隷をはじめとする、末日聖徒が犯したとされる犯罪を題材にしたわかりやすい小説が、数多く書かれていた。大西洋の向こう側では、一八八七年に刊行されたシャーロック・ホームズシリーズの第一作、アーサー・コナン・ドイルの『緋色の研究』に、ある女性に望まない結婚を強いるダナイト団の企てが描かれた。アメリカでもっとも広く知られたモルモン教団の陰謀に関する物語と言えばおそらく、一九一二年に刊行されたゼーン・グレイの『ユタの流れ者』だろう。西部劇お定まりのパターンを確立したとして高く評価されることも多い名著だ。

グレイの小説の舞台は恐ろしい荒野——一八七一年のユタの「荒涼たる土地[★45]」、家畜泥棒に悩まされるあるモルモン教の町だ。物語の中心には捕囚の企てが据えられ、捕囚者の役回りにはモルモン教徒と無法者をあて、その周囲を埋めるようにインディアンや白人奴隷の売春組織が描かれる。実際、この話には捕らわれの身となる人物が何人も登場する。一人目はミリー・アーンという東部出身の女性で、誘拐されてモルモン教の長老との結婚を強要された。また、小説も終わりが近づく頃になって、モルモン教徒に誘拐される異教徒《ジェンタイル》の少女、フェイがいる。さらに、ミリーの娘であるベスは、捕虜となって家畜泥棒たちに育てられていた（彼らは教団幹部と内通していた）。だが、この物語で捕らわれの身としてもっとも重きをなす人物は、けっして監禁されてはいなかった。ジェーン・ウィザースティーンは、生まれながらにモルモン社会に捕らわれていた。名目上、ジェーンはコミュニティで高い地位にある。というのも、父親がその開拓地を建設した人物で、彼女自身も町で指折りの資産家なのだ。しかしジェーンは、彼女を妻にと望む長老との結婚を拒む。その決断の結果、自分に決定権がほとんどないことが判明する。

モルモン教会の支配者層が、コミュニティのありとあらゆる機関を掌握していることに照らせば、これは上層の敵の物語のように思われるかもしれない。また実際のところ、そうした要素も含まれている。だが、ジェーンにしてみれば、陰謀とは社会を統制する不気味な力を意味している。「彼女の上に、恐ろしげな知られざる秘密の勢力の影が差していた」[★46]。

しかし、陰謀が潜んでいるのは、彼女の上ばかりではない。魔女の集会に赴いたグッドマン・ブラウンと同じように、ジェーンもほどなく、社会のあらゆる階級に秘密の勢力の痕跡を見出すことになる。彼女に重くのしかかっていたのは、支配層というよりはむしろ生活全般を網羅する体制で、逃れることはほぼ不可能だった。友人や使用人までもが彼女を密告し、所有する牧場を密偵や暗殺者がうろつく。彼女の暮らすモルモン社会の人間は誰もが、裏切り者でありえた。ラシター（ミリー・アーンの兄で、妹をさらった輩に復讐するべく、西部へ馬を走らせてきた男）はジェーンに、信頼できる人間がいかに少ないかを言って聞かせる。

「……それと、ジェーン」と、囁くような声で彼は続けた。「声を落として話したほうがいいだろう。お前はここでは女中たちに見張られているから」

「ラシターったら！」彼女もぐっと声を落とした。「そんなの信じられないわ。うちの女たちは私を慕ってくれているのよ」。「だからどうだっていうんだい？」。彼は訊いた。「もちろん、慕っているだろうさ。だけど、あいつらはモルモン教徒だ」……

ジェーンと女中たちのあいだでは、一言も言葉が交わされなくなった。使用人たちは黙っていつもどおり家事に精を出し、その裏で命じられていた内密の仕事にもいつもどおりひそかに精を出していた。……彼女たちは様子を窺い、聞き耳を立てた。ひそかに伝令を受け、伝令を送った。そして、ジェーンの帳簿や記録を盗み、ついには彼女の資産の証書類にも手をつけた。そのあいだずっと、女中たちは口もきかずに、我を忘れたように没頭していた。やがて一人、また一人と、断りも説明も別れの挨拶もせずに、ウィザースティーン家を去り、二度と戻らなかった。★47

見たところ誰もいない場所でさえも油断はできない。「自分の家に身を隠しているとき以外は、鋭い目がきみの一挙手一投足をけっして見逃さない」とラシターはジェーンに言う。「ハコヤナギの林には、ひそかに忍び寄り、嗅ぎまわる男たちがうようよしている。草原のインディアンみたいにね。お前は最近馬に乗ることはあまりないけど、それでもセージの茂みにはたくさんの男たちが身を潜めている。夜になると、やつらは庭に面した窓の下に忍び寄るのさ、おそらくは家の中にも★48」。

さらに悪いことに、ジェーンはコミュニティで重要な地位にあったため、彼女自身も陰謀にかかわっている。ミリー・アーンはジェーンの父親と無理やり結婚させられたのだったが、ジェーンはラシターに惹かれるようになったあとも、ラシターが探し求める男の正体を彼に明かそうとはしない。ジェーンも自分の世界の中心部に巣食う腐敗について、いくらかは気づいているのかもしれないが、一方でその世界を守らなくてはならないとも感じている。彼女のラシターに対する愛情は本物で、ついには真摯なロマンスとして花咲く。とはいえ、復讐の実行を思いとどまらせようという明確な目的を持って、彼に近づき、気を引いたのも事実だ。ジェーンはその地域を支配する陰謀団に捕らわれているだけではなかった。自分を苦しめるその陰謀に自ら加担しているのだ。

それゆえ、『ユタの流れ者』は突き詰めて言うと、モルモン教徒に捕らえられて奴隷にされた異教徒《ジェンタイル》についての物語ではない。そうしたことが小説のなかで起きるのは事実だが、モルモン教徒として生まれたジェーンも、同じような圧力に直面する——教団への入信を無理強いされはしないが、長老の妻になって性的に教会に服従することを強制されるのだ。女性をさらうこの陰謀団は、必要とあればジェーンを力ずくで連れ去ることも厭わない。「お前の肉体は捕らえられ、どこかの男に与えられ、場合によっては子どもを産まされるかもしれない」ラシターはジェーンに言う。「だが、お前の魂は？……やつらがお前の魂など気にかけると思うかい？」[★49]

グレイの本が出版された四四年後、この問いにあっさりと答えが示された。敵は私たちの肉体を捕らえたら、魂も一緒に手に入れるだろう、というのだ。少なくともそれが、一九五六年の低予算映画『ボディ・スナッチャー——恐怖の街』の設定だった。この映画は公開当初、ほとんど注目されていなかったが、最終的にはこの時代を代表する不朽の名作の一つとなった。

物語は、開業医のマイルズ・ベネルが学会からカリフォルニア州サンタマイラの町に戻ってきたところから始まる。ベネルは町に着いてまもなく、近親者（おじと母親）が偽者だと固く信じている二人の人物に出くわす。彼の秘書は、医院はどうしてもベネル先生に診てもらいたいという人びとであふれているると伝えるが、職場に着いてみると、患者はみな診察をキャンセルしていた。彼と恋人のベッキーは、地元の精神科医ダニー・カウフマンのもとに駆け込む。カウフマンは、町は集団ヒステリーに襲われていると告げ、自分も偽者の話を一〇名余りから聞いたという。「奇妙な神経症だ、間違いなく伝染性の、ね」とカウフマンは言う。

サンタマイラの町は、暗い影に覆われてしまったようだ。家族はお互いを信じられなくなる。以前は賑やかだった公共の場所からは人影が消えた。レストランはお抱えのハウス・バンドを解雇して、ジュークボックスという無表情な闖入物に換えなくてはならなかった。そしてついに、患者たちが神経症などではなかったことが発覚する――地球外生命体の種が地球に撒かれ、その種が地上で巨大な莢《さや》に成長していたのだ。莢は、近くにいる人間の外見になり代わって、その心を取り込む力を備えていた。なり代わられた人間には、あいにくカウフマンも含まれていた。「苦痛はまったくない」と、正体が異星人であることが明らかになったカウフマンはベネルに言う。「突然、眠っているあいだに、彼らは魂や記憶を吸い取るんだ。すると、きみは悩みのない世界に生まれ変わるってわけだ」。乗っ取った者は乗っ取られた人の記憶を持っているかもしれない。だが、その人格はたんなる複製にすぎない。皮膚の下では、みな同じなのだ。

ベネルとベッキーがおびえながら見守るなか、侵略者たちは町の中心部に集結し、さらに多くの莢をほかの町にも送り込もうと企む。ベッキーが眠りに落ち莢人間《ポッド・ピープル》になり代わられてしまうと、動転したベネルはハイウェイまで駆けていき、運転席の人たちに侵略について警告しようとする。だが、そんな彼にできるだけかかわらずにすませようと、車は速度を緩めずに通り過ぎた。ベネルが一台のトラックの荷台によじ登ると、恐るべきことに、そこは莢で埋め尽くされていた。ベネルはカメラに向き直って、観客に最後の警告を大声で叫ぶ。「次はお前だ！」
映画会社はこのエンディングが恐ろしすぎると考えて、侵略が阻止されたことをほのめかすプロローグとエピローグを加えるように、監督のドン・シーゲルに迫った。シーゲルはしぶしぶ承知したが、映画業界は莢人間に乗っ取られてしまったと嘆いた。この変更により、映画のパラノイア的な雰囲気が薄まった。ディレクターズ・カット版は、精神科医や警察当局などがきわめて邪悪な信用できない人間である世界を描いてみせたが、映画会社の意向に沿った修正版は、一人の精神科医が侵略についてＦＢＩに通報し、ベネルがほっとため息を漏らすところで終わる。だがどちらの版も、気のふさぐ不穏な映画だと言える。物語はたしかにＳＦものだが、ありふれた経験に根ざしている。ある場面で、考え込んだベネルはベッキーに「人が人間性を失っていく様子は、僕だって目にしたことがある」と打ち明ける。「だがそれは、いきなりにではなく、徐々にしか起こらない」。この映画に主演したケヴィン・マッカーシーは別のタイトルを提案した。シーゲルは気に入ったが、映画会社に拒絶された。そのタイトルは『もう眠れない（*Sleep No More*）』だった[★50]。

このように、ある程度教養のあるアメリカ人がアーサー・ミラーの戯曲『るつぼ』（セイレムの魔女裁判をマッカーシズムにぞんざいになぞらえた寓話だ）のような話を観に出かけていた頃、それよりもはるかに強烈な内なる敵の姿を、評判の芳しくないジャンルの作品に見出すことができた。『ボディ・スナッチャー』はなかでももっとも印象深い作品と言えるが、こうした懸念を扱った唯一の映画というわけではなかった。さらに、人間になりすました地球外生物を扱った唯一の映画でさえなかった。

たとえば、『それは外宇宙からやって来た（*It Came From Outer Space*）』は、異星人を穏和な存在として描くことで、定石を覆している。異星人たちには地球を侵略する意図はない。事故によって、たまたま地球に墜落してしまっただけで、宇宙船の修理が終わり次第、立ち去るつもりだという。地上で出会った人間の姿を装っているが、それは彼らに取って代わろうとしたのではなく、人間とは異なる姿で人びとを驚かせたくなかったからだ。「私たちには、みなさんの魂や心、あるいは身体を奪うことなどできませんし、するつもりもありません」と侵入者の一人は告げる。「だから、怖がらないでください」[★51]。

この映画では、恐怖そのものが内部の敵となって、人びとに取り憑き、破壊的な行動に走らせる。「やつらに乗っ取る気がないなんて、わかるものか」と、パラノイアに陥った保安官がわめく。「やつらがそこらじゅうにいるかもしれないのに、見分けられないんだぞ！」。ほどなく、彼は仲間を募って、異星人を追ってアリゾナ砂漠へ向かうことになる（SF映画を観ているとお思いだったかもしれないが、それは見せかけにすぎない。じつは、最初から西部劇だったのだ）。

この映画は『ボディ・スナッチャー』を受けて制作されたように思われるかもしれないが、公開は一九五三年、『ボディ・スナッチャー』の三年前だ。繰り返して強調するが、『ボディ・スナッチャー』が劇場にお目見えする三年前にすでに、異星人が地球の人びとに取り憑いて、人格を奪うというのはおなじみの展開になっていて、人間を乗っ取った地球外生物がほんとうは侵略者ではなかったと明かすことで、うまく観客の予想を裏切ることができるほどだったのだ。『ボディ・スナッチャー』は人間の肉体が乗っ取られる映画のなかで最高の出来栄えかもしれないが、最初の作品ではなかった。

もちろん、人間に取り憑いてなり代わるという筋書きは、何世紀も前から存在していた。SFの世界では、少なくともハール・ヴィンセントの『パラサイト（*Parasite*）』までさかのぼる。一九三五年に発表されたこの作品では、破滅しつつある世界からやって来た侵略者たちは、「微小なエネルギーの塊」に姿を変えて、餌食にした人間の体内でその人の心を作り変えることができた。[★52] 怪奇小説やSFなどを専門にしていた『ウィアード・テールズ』誌がH・P・ラヴクラフトの中編小説『時間からの影』を掲載したのはその翌年だった。ヴィンセントの短編が発表される前に、すでに書かれてはいたのだが。この中編でも、人間以外の生命体による人間の肉体への憑依が描かれている。イギリスでは、H・G・ウェルズが一九三七年の小説『生みだされた惑星（*Star Begotten*）』で、地球外生物が宇宙線によって私たちを操っていて、その結果、新たに地球人として生まれる赤ん坊がじつは、火星人の心を持っているという設定をもてあそんだ。アメリカに戻って、ジョン・W・キャンベル・ジュニアは、一九三八年の重要な中編『影が行く』で、人間を喰らってその外見に変身する能力を持つ異星人を描いた。[★53] これによく似た設定は、L・フランク・ボームの死後もほかの作家の手によって書き継がれている『オズの魔法使い』の続編シリーズにまで登場した。『ウィアード・テールズ』誌で長年作品を発表していたジャック・スノーが書いた『オズの不思議な物まね師（*The Magical Mimics in Oz*）』（一九四六年）では、超自然的な生き物がドロシーと魔法使いを捕らえ、二人になりすまして、エメラルドの都のなかを探る機会を手に入れ、自分たちの種族の怪物がオズの国を侵略して、残りの住民も二人と同じ運命に陥れることを可能にする呪文を手に入れようとする。

こうした物語のなかには、『ボディ・スナッチャー』の設定に近いものもあれば、かなり異なるものもある。ラヴクラフトの侵入者は、侵略よりも探索に強い興味を示す。ウェルズの著作には、パラノイアというよりは皮肉めいた趣が漂う。この物語の語り手は、他の登場人物たちが見聞きしたと考えている異星人の力について、はっきりと疑問を呈している（登場人物全員が、侵略は肉体を乗っ取った者の仕業だと考えているわけではない。なかには、私たち人類がより優れた「ホモ・スペリオル」に道を譲らなくてはならなくなる、次世代の人類という筋立てに近い状況だと考える者もいた）。しかし、これらの小説群が一体となって、二〇世紀半ばにハリウッドを席巻したプロットの枠組みを確立したのだと言える。一九五〇年代に制作された映画で、人間になりすましたり、意のままに動かしたりする異星人を扱ったものには、『ボディ・スナッチャー』と『それは外宇宙からやって来た』以外にも、『惑星アドベンチャー――スペース・モンスター襲来！』（一九五三年）や『宇宙からの暗殺者』（一九五四年）、『金星人地球を征服』（一九五六年）、『宇宙船の襲来』（一九五八年）、『脳を喰う怪物』（一九五八年）などがある。肉体を乗っ取るというモチーフは、出版物でも次々と登場し続け、その代表がロバート・ハインラインの『人形つかい』（一九五一年）とジャック・フィニイの『盗まれた街』（一九五四年）だ。シーゲルの映画は、フィニイの小説から直接の構想を得ている。

以上のような作品には、地球外から襲来した侵入者が登場するため、内なる敵というよりは外からの敵の物語のように思われるかもしれない。たしかに、いくつかの作品には当てはまる。たとえば、『人形つかい』が冷戦についての寓話であるのは明らかだ。しかし大半の作品の恐ろしさは、頭上にではなく、自分が行き会う人びとの誰もが、自分の配偶者や子どもでさえも、密かにほかの何者かにすり替わっているかもしれないという疑念、そして自分自身もほかの何者かに変えられてしまったかもしれないという可能性にある。『脳を喰う怪物』では、宇宙は観客を欺く仕掛けにほかならない。というのも、侵略者は地球内部からやって来たことが判明するからだ。『ボディ・スナッチャー』では、侵略者の種は宇宙空間から私たちの星に漂ってきたのかもしれないが、その種は地球の土地に根を下ろして成長を遂げた。そのほかのいくつかの映画でも、異星人たちは洞穴や地下に自分たちの基地を設置する。この類いのイギリスの作品としてもっとも知られているのは、一九五五年にBBCで放映されたテレビシリーズの『クォーターマスⅡ』だろうが、この物語は、ロケットに乗って小惑星へ向かった主人公が敵を倒すところで終わる。だがハリウッドでは、侵略の黒幕である怪物に会うためには、地中に向かう必要がある場合が多いようだ。こうした敵と相見《あいまみ》えるには、星を目指すのではなく、地獄に降りて行けばいいのだ[★54]。

『ボディ・スナッチャー』が共産主義またはマッカーシズムに対する批判と読み解けるという指摘は、しばしばなされている。だがその反面、共産主義とマッカーシズム双方に対する反感は、この映画を動かしている恐怖、すなわち、体制に順応する大多数に呑み込まれてしまうのではないかという懸念によって増幅したという事実もある。この懸念は、一九五〇年代における恐怖の中核をなしていた。それは、ウィリアム・バロウズやアイン・ランドからジャン゠ポール・サルトルにいたるさまざまな作家の著作にも現われている。同じ懸念は「大衆的人間」に対する知的な批判やサブリミナル広告への困惑、郊外が安っぽい悪夢のような町になるのではないかという不安にも見受けられた。

この懸念は大衆文化に話が及ぶと、とりわけ鮮明になる。左派の精神科医フレデリック・ワーサムは、一九五四年に議会でコミックブックが与えるとされる悪影響について証言した際、「子どもたちを堕落させる者、すなわちコミックブック業界の魔手」によって、彼の著書『無垢への誘惑（*Seduction of the Innocent*）』の販売が妨げられるかもしれない、と懸念を表明した[★55]（だが実際には、彼の本は何事もなく販売された）。テレビは思考統制の道具と見なされ、テレビを通じて次の「世界戦争」にかんするパニックが誘発されるかもしれないと危惧された。共産主義者と疑われる放送業界の人たちを列挙した「レッド・チャンネル」と題する報告書を一九五〇年に発行した元ＦＢＩ職員のような保守派は、テレビ放送に共産主義的なプロパガンダがないかと徹底的に調査した。一方、一九五七年の長編映画

『群集の中の一つの顔』にかかわった映画制作者らのようなリベラル派は、極右のデマゴーグがテレビ放送の力で権力の座を狙うのではないかと気を揉んだ。

大衆文化がファシズムへの序章となりうると考えられる一方で、広告は大衆向けのメスメリズムと捉えられた。ベストセラーになった一九五七年の著作『かくれた説得者』でヴァンス・パッカードは、「この国の優秀な広報の専門家たちの多くは、自分たちの提案に対する私たちの承認を巧みに誘導するために、精神医学や社会学の知識を習得するようになっている」と警鐘を鳴らした[★56]。ここには、信仰復興運動を大衆催眠の事例と見なして批判した一九世紀の人びとの声がこだましている（事実、パッカードは「広報の専門家が聖職者たちに、より効果的に信徒の心を掴むことができる方法を助言している」と付記した[★57]）。『群集の中の一つの顔』では、広告の力を巧みに利用してマットレスやエナジー・サプリメントを売っていた悪党はその後、超保守的な上院議員のもとで働くことになる。

説得者の力は増大していくことが予想された。「そのうちに——そう、西暦二〇〇〇年までには——多様な心理状態を深層で操作するこうした方法はどれも、笑ってしまうほどに古めかしく感じられるようになるだろう」とパッカードは記した。「おそらくその頃には、『生体制御』によって生物理学者が力をもつだろう。生体制御とは、生体の根源にまで届く深層での説得法だ。それは、精神機能や情動反応、感覚認知を生体電気信号によって制御する新たな科学なのだ[★58]」

広告の効果を評するとき、パッカードは「私たち」や「私たち自身」といった言葉を使ったが、広告を批判する論調の大半（と『群集の中の一つの顔』のような映画）は、だまされやすい人たちと少数の選り抜きのあいだに一線を画するかのような印象を残した。あなた自身は、広告業界の催眠術師による洗脳など受けずにすんでいるかもしれないが、周囲の愚かな莢人間は、それほどしっかりしてはいな

いのだと。★59

右翼と左翼のどちらも都合よく解釈できる五〇年代の映画は、『ボディ・スナッチャー』ばかりではない。右派の陰謀を左派の陰謀に読み替えるのがどれほどたやすいかは、一九五一年の映画『私は見た！（*The Whip Hand*）』を観れば一目瞭然だ。映画はもともと、孤絶したミネソタのある町で、ナチの陰謀を偶然見出す記者の物語となるはずだった。ところが、撮影終了の段になって、制作会社のトップだったハワード・ヒューズが、悪役たちはナチではなく、共産主義者であるべきだと判断した。そこで脚本を若干手直しし、少しばかり録音をし直し、二、三か所でちょっとした加筆と削除を行ない、変更は完了した。主たる敵役がナチの科学者という設定に変わりはなかったが、もはや戦争は終わり、男は鉄のカーテンの向こうに姿を隠し、今では共産主義に加担していた。この男を取り巻く共産主義がなんともおかしい。初めて画面に登場したとき、男の手下の一人は記者に向かって、「私有地に」立ち入っていると警告するのだ。★60 しかし、この映画で重要なのは、ナチズムでも共産主義でもない。どちらも便利な見せかけにすぎない。

より巧妙で、より風変わりな例が、一九五三年から五六年にかけて放映されたテレビドラマ『私は三重生活を送った（*I Led 3 Lives*）』だ。広告代理店の営業マンで、ＦＢＩの命を受けて共産主義組織に潜入したハーバート・フィルブリックの実話に着想を得たこのテレビシリーズは、反共産主義の大衆文化の生々しい実例にほかならない。なかには、赤狩りの犠牲者が脚本を書いたものもあった。

歴史家トーマス・ドーアティが指摘するように、この番組は、勘ぐりたくなるほど頻繁に、ブラックリストに言及する。情報提供者の倫理的ジレンマ、金遣いの荒い政治屋の諸々の問題、過去の繋がりのせいでまんまと濡れ衣を着せられたリベラルの窮状などだ。フィルブリックの党の同志なら賛成してくれるだろうが、これは偶然ではない。プロデューサーのフレデリック・ジヴによると、ブラックリストに載せられた脚本家たちが、偽名でこの番組のために書いていたという。地中を掘り進んで出てくるモグラのように、彼らは自分自身のジレンマを吐露したが、その際おそらく、反共の主要なテレビシリーズを使って反共パラノイアを批判することに対する皮肉を味わっていただろう。フィルブリックが党の防衛に関する任に就く別のエピソードでは、彼の属する下部組織のリーダーでレズビアンを装うジェニー同志に、破壊分子を探し出すよう命じられる。「言うまでもありませんが、共産主義に対する最大の脅威は内部に存在します。党そのものから生じるのです。破壊活動家、内通者、日和見主義者、社会主義的愛国者、改革派などを全力を挙げて調べ上げ、そうした敵を私に報告してください」。カメラは、フィルブリックに名前を挙げるよう求める彼女の険しい顔にじっと据えられている。「そして、もし報告がなされなかった場合は、あなたもその仲間であると判断せざるを得なくなります！」[61]

また別のエピソードでは、フィルブリックは共産主義者たちに「『共産主義者』になる前の反共活動の過去」について問い詰められる。「どんな反共集会に参加していたのか？　どんな反共の嘆願書に署名したのか？」[62]

左翼と右翼の区別は、リチャード・コンドンの一九五九年の小説『影なき狙撃者』ではいっそう曖味になる。風刺スリラーとも言うべきこの作品では、共産主義者の陰謀とジョゼフ・マッカーシーを思わせる上院議員が密かに手を組んでいる。物語の中心にあるのは、洗脳という主題だ。洗脳という言葉は、朝鮮戦争時に捕虜となったアメリカ兵が共産主義を擁護するプロパガンダを広めたことを受けて、語彙に加わった。兵士たちは集中的な教化を受けており、政府内には、敵が兵士の思考プログラムを書き換えたのだという見方が広がった。[★63] 洗脳という言葉自体は新奇だったかもしれないが、そこに働く懸念は、少なくともインディアンによる捕囚話にまでさかのぼる。こうした逸話の持つ力の大半は、アメリカ人が敵によって異質なものに作り変えられるかもしれないという可能性に由来していた。

コンドンの小説では、洗脳された兵士は無意識のうちに暗殺者となる。外からの敵に操られた内なる敵というわけだ。この外敵も最後には、別の内なる敵によって操られていたことが判明する。コンドンが共産主義者もマッカーシズムに与する者も軽蔑していたことは明らかだが、小説は最終的には人を巧みに操作する特定の集団の害悪というよりはむしろ、操作という行為そのものの害悪を示すものとなっている。コンドンは以前に広報の仕事をしていたが、前歴に対してシニカルな態度をとっていて、本作で洗脳と広告の類似点を嬉々として描き出している。あるとき、共産主義者たちは捕虜に「思う存分コカ・コーラを飲んでいい」という条件を与えるが、「実際にはそれは、ブリキのコップに入った中国軍支給のお茶だった」。[★64] その後、朝鮮の洗脳者集団のリーダーは聴衆に向かって、「大規模な負の条件付けに興味のある方は、フレデリック・ワーサムの『無垢への誘惑』」を読むべきだと、さりげなく伝える。「この本には、子ども向けの漫画を通して、何千もの人びとを反社会的な行動に導く方法が描かれている」というのだ。[★65] この箇所の時間的な配列は、コンドンによって歪められている。ワーサムの著作が出版されたのは、朝鮮戦争が終結してからだった。だが、陰謀話にはよくあるように、ありえない結びつきは詩的な印象を醸し出す。

反共産主義者と反マッカーシズムの者たちが体制順応を強要されることを懸念する一方で、共産主義者とマッカーシズムの推進者たちもまた、ときおり同じ恐怖を感じていた。ソヴィエト式の独裁には、反逆者を許容する余地はまるでないが、アメリカの平均的なマルクス主義者たちは、自分が社会と調和していないことを強く自覚していた。さらに、赤狩りのせいで型破りな意見を表明することはますます難しくなっていたが、伝記作家のリチャード・ローヴィアの言葉を借りれば、この頃デマゴーグとして悪名を馳せていた人物は、「組織人間よりむしろビート族に近かった」という。ローヴィアの記述によると、ジョゼフ・マッカーシー上院議員は、「軍隊、プロテスタントの聖職者たち、報道機関、二大政党、官公庁といった、アメリカ人の体制順応主義の砦と通常見なされている機関そのものを糾弾した。そしてもちろん、まさに自分自身の存在をもって、アメリカの政治家たちの体制順応主義を攻撃した。だが、ドワイト・アイゼンハワー大統領のような人間の愛国心に訴えることはできなかった。マッカーシーは敬虔で道徳的に清廉な人間を装うことはなく……。世間から尊敬すべき人間だと認められたいとは思っていなかった」[★66]。ジャック・ケルアックは、マッカーシーについて好意的な発言をしており、彼の仲間でビート・ジェネレーションの作家であるウィリアム・バロウズのお気に入りのコラムニストは、マッカーシーを支持する保守派の評論家ウェストブルック・ペグラーだった[★67]。

共産主義者やマッカーシズムに与する者たちが体制順応主義を憂慮していたと聞くと、違和感を覚えるかもしれないが、全体主義への反対を公言する者たちが権威主義的な手段を是認することには、さらに強い違和感があるかもしれない。ところが、これは珍しくもなく、その歴史も全体主義の誕生にまでさかのぼる。歴史家レオ・リブフォは、「ファシスト《ブラウン》狩り」という言葉を生み出して、一九三〇年代から四〇年代における国家転覆を阻止する運動の高まりを評した。この頃、ナチに対する当然の恐怖から、極右の言論と集会の自由に対する制限を求める声が上がったが、こちらは当然とは言いがたかった。そうしたなか、当局は多種多様な人びとをひと括りにし、ドイツに同調する人たちだけでなく、高名な保守派の人びとまでも監視下に置いた[★68]。ファシスト狩りは左翼ではなく右翼に向けられたものではあるが、より知名度の高い赤狩りと同じく、手近な脅威を誇張し、ほんとうに凶暴な陰謀者たちと、急進派だが平和的な活動家や主流派の人たちとの区別を曖昧にしている。

　ルーズヴェルト政権下のファシスト狩りは、四〇年代後半から五〇年代にかけての赤狩りに似ているだけではない。そのための素地を作ったのだと言える。第二次世界大戦直後、監視活動を拡大していたFBIが、その焦点を右翼から左翼に移すのは難しいことではなかった。同様に、議会が一九三八年に下院非米活動委員会の再設置に関する投票を行なったとき、リベラル派の多くは賛成票を投じた。というのも、彼らはファシストを調査することを望んでいたからだ。その後委員会は、冷戦下における反左翼運動で主導権を握ることになった。

　これと同じようなことが、一九四〇年に成立した外国人登録法でも起きた。スミス法という呼称のほうがよく知られるこの法律は、アメリカ政府の転覆を提唱することを犯罪とした。この法律はリベラルの支持により成立し、まもなくファシストと疑われる人びとに対して適用された。なかでもとりわけ悪名高いのが一九四四年の大規模な訴追で、反戦を唱える三〇名もの作家や演説家をナチの陰謀の手先として扇動罪により投獄しようとしたが、この目論見は失敗に終わった。この法は戦争に反対するトロツキー派にも適用され、共産党もその訴追を支持した。だがその数年後、共産党員自らがこの法律の主たる犠牲者となるのだった。

　大衆文化に対する恐怖には、権威主義的な側面もあった。その恐怖には、普通の人びとへの不信感が入り混じっており、人間として完全ではないことをほのめかすかのような表現が用いられることも多かった。エーリッヒ・フロムは重要作『自由からの逃走』で、私たちのなかには「真の個性」を実現できた者もいるものの、独占資本主義は「強制的な順応」を生み出し、「人間は自動人形《オートマトン》となって自我を失うが、その一方で自分は自由で、自らの意思にのみ従うと意識的に思い込んでいる」と述べた。[★69] 大衆文化に対するすべての批判がこれほど踏み込んだ主張をしているわけではないが、それらが個性ある人間と不定形の大衆を対比させた点で共通していた。

　こうした見方がかならず、権威主義的な結論に帰着するわけではない。だが、平均的な有権者をオートマトンと見なすことで、そうでなければ自由の制限と受け取られかねない法規制を支持しやすくなるのは間違いない。そして、有権者が見えざる力（広告業界、放送業界、コミックブック業界など）に操られていると考えるならば、そうした制限を解放のための手段として正当化することもたやすくなる。

　さて、こうして私たちは、アイゼンハワーの時代における一連のなり代わり物《ボディ・スナッチャー》の最後の事例を迎えることになる。「メイプル通りの怪」はＳＦテレビシリーズ『トワイライト・ゾーン』の一話で、一九六〇年三月四日に初放映された。ロッド・サーリングの手になるこの話の舞台は、ごく一般的な地名である「アメリカのメイプル通り」にわざわざ設定されている。物語は、謎の轟音とともに上空に眩しい光が走るところから始まる。その後、通りでは停電が起きる。住民たちは当惑した。というのも、ただの送電系統の故障ではなさそうで、車や携帯ラジオまでが動かなくなっているからだ。しかし、何が起きているのかを確信している少年がいた。この機能停止は宇宙からきた怪物によって引き起こされたのだ、と少年は言う。だって、SFではいつだってそうなんだから。「あの子は漫画の読みすぎか、映画の観すぎね」と、一人の女性が切り捨てる。★70

だが少年は言い分を曲げない。自分の読んだ本では、異星人は「人間にそっくりな」先遣隊を送っていた。住民たちはこの見方を鼻であしらうが、そのとき一台の車がひとりでに動き出す。住民の一人が、車の持ち主が「さっき上空を飛んでいったもの」を気にかける様子がなかったことに気づく。ほかの誰かが言う。「あの人は変わり者だから。本人も家族もみんな」。ある女性が、男が夜分、空を見上げていたのを見かけたことを思いだす。

一人の男性がパニックに歯止めをかけようと、「はるか彼方からの第五列隊員」という考えをからかう。が、効果はなく、自分にも疑惑が向け始められるはめになる。すると、遠くから得体の知れないものがこちらへ近寄ってくる。「怪物だ！」と少年が叫ぶ。

住民たちのリーダー格の人物が銃を発射すると、近づく人影は倒れて死ぬ。ところがそれは、よそでも停電が起きているかどうかを確かめるために、隣の地区に出かけていた住人であることが判明する。銃を撃った人物の家に明かりがつくと、住民たちはいっせいに彼に向き直る。もしかすると、怪物はこの人かもしれない。まもなく、誰もがほかの人たちを非難しはじめ、町が叫び声と発砲音に包まれるなか、カメラが引いていく。

物語は『トワイライト・ゾーン』のトレードマークとも言える展開で幕を閉じる。この事件のすべてを、二人のエイリアンがずっと見ていたのだ。「さあこれで、やり方はわかっただろう？」と片方が言う。「車やラジオ、電話や芝刈り機なんかをいくつか止めるんだ。やつらを真っ暗ななかに二、三時間放り込んで、あとはゆっくりお決まりの成り行きを見守っていればいいだけさ」。

「で、この成り行きはいつも同じなんですか？」と仲間が訊く。

「いくつかバリエーションはあるがね」とさきほどの侵略者が答える。「あいつらは、見つけ出せるなかでもっとも危険な敵を選ぶ。だがそれは自分たち自身なんだ。おれたちはただ、高みの見物をしていればいいのさ」。宇宙船に戻る道すがら、異星人の一人が自分たちの計画について説明する。「やつらの世界は、どこもかしこもメイプル通りだらけさ。だから、おれたちは次から次へと通りを訪ねて、やつらが自ら身を滅ぼすのを拝見するとしよう」。

『それは外宇宙からやって来た』と同じく、「メイプル通りの怪」もなりすましの常套手段を覆しているが、その手法も結果もかなり異なっている。『それは外宇宙からやって来た』では、地球外生命体は人間を装うが、実際には私たちに対する陰謀を企んでいるわけではない。一方「メイプル通りの怪」では、異星人は人間を装ってはいないが、地球征服を目論んでいる。「メイプル通りの怪」はパラノイアに対する批判ではあるが、それ自体がきわめてパラノイア的でもある。そこで描かれるパラノイアの光景は、身近なものに感じられるだろう。まず、その舞台は郊外だ。ヒステリーの元凶となる少年は、コミックブックの愛読者だ。住民たちはすぐに個性を失って、群集と化す。そして異星人の陰謀団は、遠くからいくつか信号を送るだけで、彼らの行動を誘導できるのだ。現実世界のアメリカでは、惨事が起きたとき、とくに深刻な社会的対立のないコミュニティでは、人びとがパニックや暴動を起こすのは稀であることが、社会学者によって証明されている[★71]。「メイプル通りの怪」では、文明の崩壊を誘発するためには、いくつかの不可解な機械の故障をお膳立てするだけで十分だった。

だが、これはたんなる寓話だ。『トワイライト・ゾーン』が、窮地に陥ったコミュニティを社会学的に健全な姿で描いてみせてくれているなどと考えてはならない。それは、『ボディ・スナッチャー』の莢人間が植物学の法則に従うと考えてはならないのと同じだ。しかしながら、この寓話には社会に対するある見方が反映されている。それは遠く離れたところから人びとは容易に操作され、一人ひとりが集団のなかで個性を失い、大衆文化がファシズムへの足がかりとなる社会だ。言い換えれば、莢人間がすでに入り込んだ社会ということだ。

これは、ユング派の心理学者エーリッヒ・ノイマンが、責任転嫁の起源に関する理論を提唱した際に解説し、実証した見解だ。一九四九年の著書でノイマンは、自分自身の腐敗を受け入れられないとき、人間はそれをほかの人びとに投影すると主張した。そのため、「悪はつねに、異質のものとして群集によって経験され、悪の影を投射された犠牲者はそれゆえに、いついかなる場所でも、異質な者となる」[★72]。おそらくノイマンにとって、異質の者とは「群集」であり、その上に自身の責任転嫁に対する性向を投影しえたのだろう。

一般のアメリカ人と容易には区別がつかず、若者たちを地下社会に勧誘し、禁じられた場所に集まって、暗号でやり取りするような破壊活動分子と目される者たちを考察している以上、内なる敵について議論を終える前に取り上げるべきサブカルチャーが、あと一つ残されている。当人たちですら、陰謀のメタファーを用いて自分の人生を言い表わすことで知られている。「ときおり、二人の同性愛者が社交界で出会うこともあったかもしれない」と、ゴア・ヴィダルは『都市と柱』に書いた。「そんなときは、一瞥しただけで互いを認めて、まるで共謀者のように愉快気にそれぞれの手応えを推し量るのだった。フリーメイソンの暗黙の友愛のようなものだ」[★73]。

一九四〇年代初頭には、「ホミンテルン」もしくはホモセクシャル・インターナショナルなるものについて、ときおり冗談が飛ばされた。これは、モスクワからの指令で動く共産党の世界的ネットワークである「コミンテルン」になぞらえた言葉遊びだ。この語の作者が誰かははっきりしないが、その時々によりW・H・オーデンやモーリス・バウラ、ジョスリン・ブルック、シリル・コノリー、ハロルド・ノースといった面々や、おそらくはその他の人物の作とされてきた。この冗談が複数の異なる人物によって、それぞれ別個に作り出されたであろうことは、ほぼ疑いようもない。だが、こうした見方が冗談であるとは夢にも思わない人びとのあいだに根づくまでに、そう時間はかからなかった。

一九五二年、保守系の週刊誌『ヒューマン・イベント』は、ローズ・ウォルデックによる「ホモセクシャル・インターナショナル」と題された記事を掲載した。ウォルデックによると、ゲイの人びとは「まさにその不道徳な性質によって」、「社会に対する世界規模の陰謀」に加担しているという。この厄介な組織は、「すでに世界中に広がっており、あらゆる階級に入り込んでいる。軍や刑務所でも活動を行ない、報道機関や映画業界、政府中枢にも潜入している。さらに、芸術や文学、演劇、音楽、テレビの世界は彼らに牛耳られていると言えるほどだ」。彼らがもたらす脅威は、「同性愛者が同類を見分ける謎めいたやりかた（目線、しぐさ、何とも形容しがたい声の調子）や、同類と気づいたときに社会的、もしくは政治的に対極に位置するように思われる人のあいだに生じる驚くべき相互理解を目にする機会があった人には、一目瞭然」だろう、と付記した[★74]。

同性愛者に対する懸念はつねに、アメリカ文化の一要素であったが、第二次世界大戦後、この懸念は過熱状態に陥り、歴史家のデイヴィッド・K・ジョンソンが同性愛を象徴する色を冠して「同性愛者狩り《ラヴェンダー》」と呼ぶ時代にアメリカは突入した。性犯罪者に関する懸念が嵩じて、二一の州とコロンビア特別区は、戦後一〇年ほどのうちに「性的精神病質者」を取り締まる法律を導入した。こうした方策は性的暴行から子どもを保護するために推進されたのだが、導入とほぼ時を同じくして、合意のある成人しか関与していない事例にも適用されることになった。一方ワシントンでは、性に対する懸念は冷戦と重なりあっていた。ウォルデックが「ホモセクシャル・インターナショナルが共産党インターナショナルの関連団体のごとき存在になっている」と警鐘を鳴らしたとき、政府当局者らはこれを深刻に受け止めた。今日では性差別防止のための立法を早くから擁護してきた人物としてよく知られる、キャサリン・セント・ジョージ下院議員（ニューヨーク州選出）は、ウォルデックの記事が連邦議会議事録に掲載されるよう取り計らった。★75 中央情報局（ＣＩＡ）長官のロスコー・ヒレンケッターは、ある下院委員会で、「倒錯者が要職に就くと、政府内政府」を形成すると訴えた。ゲイによるフリーメイソン的友愛について述べたヴィダルの一節に悪意を加味したような言葉で、ヒレンケッターは同性愛の公務員が「ロッジ、すなわち友愛会に所属している」と証言した。「倒錯者の一人がほかの倒錯者を支部に紹介すると、彼らは次々に移動して、多くの場合、その場限りの情事をさらに重ねるために、突き進むのだ」。★76 ゲイやレズビアンは、裏づけとなる根拠がほとんどないにもかかわらず、危険人物と見なされた。

これを受けて、大規模な粛清が始まった。官僚は捜査官に、同性愛者と思われる同僚の情報を提供し、取調官は容疑者に職場にいるほかの同性愛者の名を挙げるよう迫った。多くの民間企業も、政府による取締りに倣った。とりわけ、機密情報の利用許可を要する政府からの受注契約を受ける場合にはそうだった。少なくとも一つの基準においては、同性愛者狩りは赤狩りをも凌ぐ影響力を持っていた。ジョンソンの推計によると、一九五〇年代から六〇年代にかけて、同性愛者の嫌疑をかけられて国務省を解雇された職員はおよそ一〇〇〇人に上るが、これは共産主義者として首を切られた人数をはるかに上回る。[★77]だが驚くには当たらない。というのも、アメリカはいつでも、共産主義者をはるかに凌ぐ数の同性愛者を抱えてきたからだ。

ありもしない同性愛者による陰謀を恐れるあまり、政府は同性愛者に対する陰謀を企てた。そして、現実の弾圧に恐怖を抱いた多くの同性愛者団体は、陰謀団の様相を帯びることになった。ジョンソンによると、そうした団体の一つであるワシントン・マタシン協会では、「秘書官は会員名簿を二組のみ保管し、その閲覧は協会幹部に限られる。組織の『機密保持義務を犯した』者は、会員の三分の二の同意によって、追放処分とすることができた。議事録や出版物においてだけでなく、会合における会話においても、通常偽名が使用された」。[★78]こうした事柄は翻って、同性愛者を目の敵にする輩のあいだに、さらなるパラノイアを生んだ。ワシントン・マタシン協会の創設者フランク・カメニーは、一九六二年に議会の委員会で証言したとき、協会の名簿にはおよそ一〇〇人の名前しかないと質問者に答えた。この数字は、ジョン・ダウディのような議員たちにとっては信じがたいものだった。ダウディはテキサス州選出の民主党員で、協会を「何百万人にも上る」会員を有する「国内外にわたる組織」の一部門と考えていた。[★79]カメニーがワシントンの同性愛者数が二五万人に上ると考えているという事実に、委員会は困惑を深めた。その数を大きすぎると不審に思ったからではなく、カメニーが全員の連絡先を摑んでいなかったためだ。捜査当局は「同性愛者は本質的に、一つの小集団に引き寄せられ、ともかくも全員が同じ名簿に載るもの」と思い込んでいた、とジョンソンは記した。[★80]

同性愛者に対するパラノイアは現在、当時ほどは蔓延していないが、けっして姿を消してはいない。二〇一二年、メリーランド州のホープ・キリスト教会の監督は、同性婚を「我々の種族を根絶やしにする悪魔の陰謀」と評した[★81]。同じメリーランド州で、同性愛に反対する活動家であるマイケル・ペロートカは、異質な者によるなりすましの亡霊を呼び覚ました。「ご存知のように、同性愛者は子どもをつくることができません」と彼は説いた。「そこで、仲間を勧誘しなくてはなりません。勧誘に最適なのは学校です。そこでならば、自由に子どもたちに近づくことができます。……そこでは、政府公認でメリーランド州の児童の逸脱が推し進められているのです[★82]」。

同性愛者の大いなる陰謀など一度たりとも存在しなかった。性的少数派はいくつかの点において、秘密結社に似ていたかもしれないが、下部組織構造も、序列制度も、ホミンテルンなる組織も持っていなかった。だが、同性愛の人間は現実に存在しており、恋愛をひそかに営まなくてはならない正当な理由があることが多かった。グッドマン・ブラウンの子孫の一人が、一九四五年のワシントンで働いていた（おそらく、戦争行為に手を貸していただろう）と想像してみてほしい。彼はある暖かい晩、同性愛者が相手を見つける場所であったラファイエットパークをさまよっていた。当然、妻は家に残してきている。悪魔のような年長の男が彼に話しかける。話が長引くほど、ブラウンの罪悪感は募る。茂みの陰で催される人知れぬ集まりに向かう途中、見知った顔とおぼしき立派な人たちに気づく。彼は不安に駆られ、秘密の合図をもつ隠された世界に足を踏み入れてしまった、とつぶやく。そして、その通りなのだ。

第4章　底辺の獣《けだもの》

数十人、さらには数百人にものぼる黒人の集団がいくつも、四方八方にくり出すという噂が度々飛び交った。使いの者があちこち走り回り、反逆者が近づいていると村人に警告した。こうした噂はきまって嘘と判明した。だが、なすべき釈明はつねに準備されていた。いつでも、事が起こる数日前、あるいはほんの数時間前に、幸いにも黒人の密告者が白人たちに破滅が迫っていると知らせてくれたと判明するのだ。そして、首謀者は今や無事監獄に収容され、残りの者たちは闇のなかに姿を消した。しかし、住居や野辺で奴隷たちがいつもどおりに振舞っているからといって、警戒を怠らないようにと誰もが釘を刺されていた。

――バートラム・ワイアット゠ブラウン★01

こんな話がある。

ニューヨーク市の上流階級の住む地域のほど近くに、波止場に面した荒んだ世界が広がっていた。そこでは船乗りや奴隷、盗人といった輩が酒場に集い、酒を飲んだり、踊ったり、賭博に興じたり、革命的な暴動の計画を練ったりしていた。陰謀を企んでいたのはジュネーヴ・クラブのメンバーだった。ジュネーヴ・クラブは、彼らが打倒を誓っている特権階級の結社であるフリーメイソンをモデルにしている。クラブには、少なくとも二つの支部があった。一つは「スミスの飛行士団」で、ノース・リヴァー沿いのジョン・ヒューソンの酒場で会合を持った。もう一つは「ロング・ブリッジ団」

で、マンハッタン島南部の砲台近くのジョン・ロンムの店を根城にしていた[★02]。落ち合う場所はほかにもあり、そのうちの一つが、船着場に近いジェラルダス・コンフォートの店だった。そしてここに、一七四一年のある日曜日、扇動を企む二〇人以上の奴隷たちが集まっていた。男たちは「石でナイフを研いでいました」とある女性がのちに思い返している。「ナイフの刃が錆びて、鈍っていると誰かがこぼすと、白人の首を落とすには十分事足りるという声が上がりました。白人の男たちを殺して、女たちを自分たちのものにするんだと言っていました[★03]」。

　その後、ヒューソン主催の冬の酒宴が催された。ヒューソンは靴屋と酒場を営む白人で、その裏で盗品もさばいていた。所有者の許可を得ずに奴隷をもてなしたり、日没後に四人以上の黒人が集まったりすることは、法律で禁じられていた。だがヒューソンは、それよりもはるかに多くの黒人に定期的に店を開放しており、時間も問わず、主人の同意の有無を質すこともなかった。その日彼は、陰謀者たちのために素晴らしいごちそうを並べた。ガチョウと鶏の丸焼きに、四分の一頭分のマトン、パンが二塊に、ボウル二杯分のラム・パンチだ。みんなで料理を楽しんでいるとき、ベンという名の奴隷が、自分は主人の家に出入りすることを許されているので、蜂起のときが来たら、簡単に銃を盗めると告げた。それから、クワッシュと呼ばれる別の奴隷に、反乱のときにお前は何をするつもりかと訊いた。クワッシュは、何だっていいさ、でも日が暮れるまでに、三人か四人、五人の白人を殺《や》れる、と答えた。

　一人、また一人と、革命について自分の計画を宣言していった。ある奴隷は、まずは女主人を殺してから、通りに出て戦うつもりだと話した。主人の厩を燃やすと誓った者もいた。多くの奴隷が武器を盗む、あるいは主人の家に火をかけると約束した。その後、男たちは全員で誓約を結んだ。翌日の晩、彼らは再び集まり、ベンがバイオリンを弾くかたわらで、夜遅くまで踊ったり、酒を飲んだりした。

多くの会合、多くの誓い、多くの計画があった。ロンムは、農村部に暮らす字が読める黒人を何人か知っていた。そのため、計画について書き送れば、彼らは仲間を集めて、大挙して街を襲撃するだろうと請け合った。スペインがニューヨーク侵攻を目論んでいるという噂もあった。反逆者たちは、スペイン軍到来の暁には、進撃に合わせて自分たちも蜂起し、侵略者たちと力を結集するということで一致した。

反乱が起きたら、マンハッタンではすべてが覆るだろうと彼らは囁いた。ヒューソンが王に、シーザーという名の奴隷が総督になって、蜂起に加わった者たちで街の富を山分けする。「多くのやつらが持ちすぎていて、ほかのやつらは少なすぎる」と、カフィーと呼ばれていた奴隷はよく言ったものだった。彼の「主人はものすごい金持ち」だが、「それも近いうちに減っちまうだろうよ」と続けるのだった。[★04]

一七四一年三月一八日、彼らは最初の火をジョージ砦に放った。これにより、総督の屋敷が灰と化した。二度目の火事は、同月二五日に著名な海軍将校の家で起きた。四月一日には倉庫が燃える火災があり、四日にも別々の場所でさらに二件、建物が燃える火事が続いた。翌五日には、干草の山の下から燃えさしが見つかり、三人の奴隷が通りで話しているのを耳にしたという女性もいた。「燃えろ、燃えろ、焦がせ、焦がせ、しょぼいな、くそっ、おさらばだ」と、そのうちの一人が言って、笑ったという。[★05]

翌日には、さらに四件の火災があった。住民たちが慌てて炎を消し止めようとするなか、燃え盛る倉庫の窓から飛び出してくるカフィーに気づいた者がいた。そして叫んだ。「ニグロだ、ニグロだ！」この叫びは広まり、まもなく非常警報と化した。ニグロの反乱だ！★06

人びとは、ジョージ砦が焼かれた最初の火災のときに目にしたものを思い出しはじめた。ニューヨークの住民は、白人も黒人も入り混じって、港から火事の現場まで列をつくってバケツで水を運んだ。だが、カフィーのところにバケツが回ってくると、次の人に手渡さずに、水を地面に空けていた。炎が高く燃え上がると、この奴隷は挑戦的にも、喜びのあまり踊りだし、口笛を吹き、歌い、「やったー！」と叫んだ。

とまあ、そんな話だった。

一七四一年初頭、ニューヨークで火事が続いたのは事実だ。連続火災の背後に革命的な陰謀があった可能性はあるが、見解は分かれている。だが、火災に対する植民地政府の対応に疑問の余地はない。少なくとも三四人（三〇人の黒人と四人の白人）がこの計画に加担したとして処刑され、そのうち一三人は火あぶりにされた。そのほかにも、九一人が街から追放され、一人が酒場の裏で自殺した。★07

それは凄惨な悪魔払いだった。そして、その祈禱師はひどくおびえた者たちだった。一七四一年には、マンハッタンの住民の約二〇パーセントが黒人で、この数字はヨーロッパのどの都市をもはるかに上回っていた。街の長老たちは奴隷蜂起の亡霊に取り憑かれた。だが、その亡霊以上に彼らがおびえていたのは、ヒューソンの酒場のような場所とかかわりのある下層の白人が奴隷の反乱を手助けしたという考えだった。当時街を捉えていた恐怖は、一連の裁判にかかわったダニエル・ホースマンデン判事が三年後に出版した本のタイトルから窺い知ることができる。そのタイトルとは、『黒人その他の奴隷と共謀して、アメリカのニューヨーク市を焼き払い、その住民を殺害することを目指した、数名の白人により組織された陰謀に関する捜査手続きの記録（*A Journal of the Proceedings In the Detection of the Conspiracy Formed by Some White People, in Conjunction with Negro and Other Slaves, for Burning the City of New-York in America and Murdering the Inhabitants*）』という。

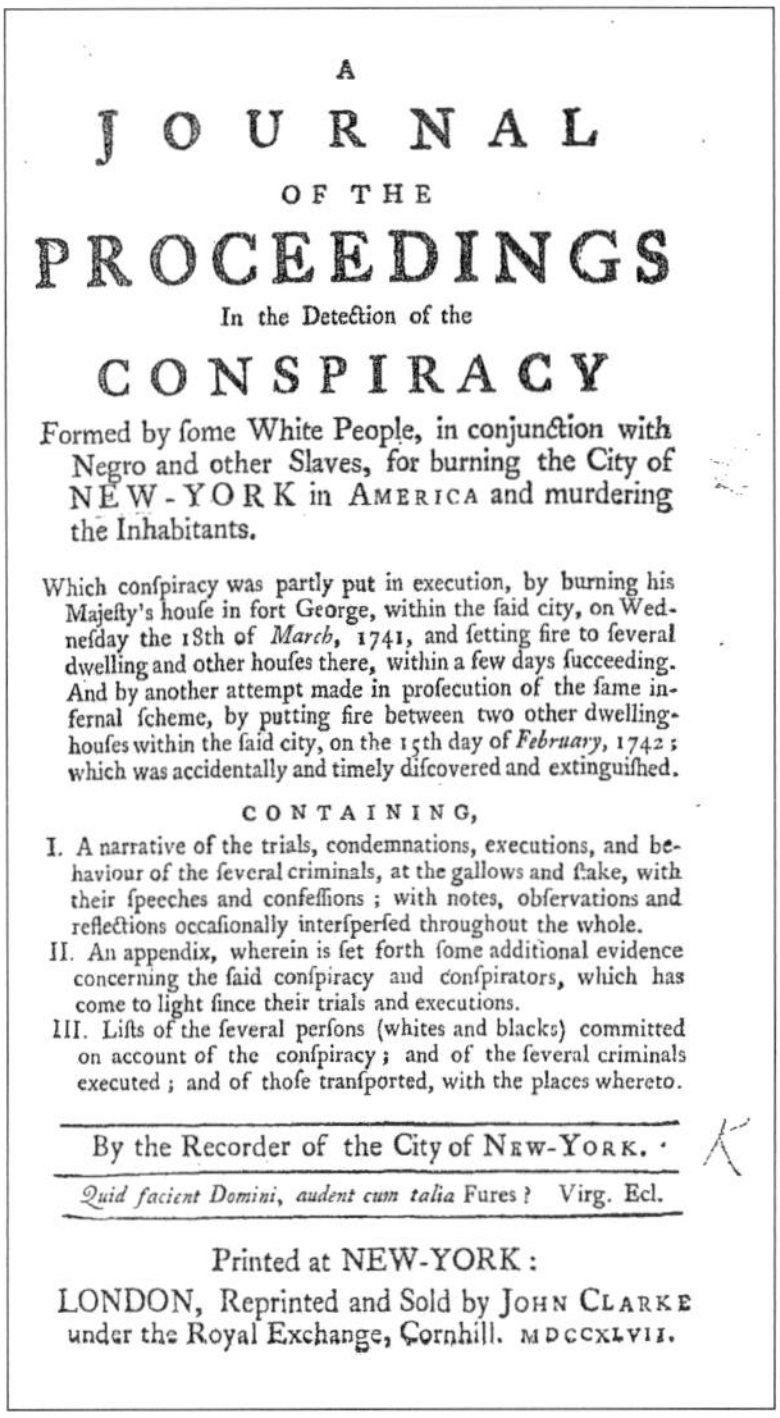

A
JOURNAL
OF THE
PROCEEDINGS
In the Detection of the
CONSPIRACY
Formed by ſome White People, in conjunction with Negro and other Slaves, for burning the City of NEW-YORK in AMERICA and murdering the Inhabitants.

Which conſpiracy was partly put in execution, by burning his Majeſty's houſe in fort George, within the ſaid city, on Wedneſday the 18th of *March*, 1741, and ſetting fire to ſeveral dwelling and other houſes there, within a few days ſucceeding. And by another attempt made in proſecution of the ſame infernal ſcheme, by putting fire between two other dwelling-houſes within the ſaid city, on the 15th day of *February*, 1742; which was accidentally and timely diſcovered and extinguiſhed.

CONTAINING,

I. A narrative of the trials, condemnations, executions, and behaviour of the ſeveral criminals, at the gallows and ſtake, with their ſpeeches and confeſſions; with notes, obſervations and reflections occaſionally interſperſed throughout the whole.
II. An appendix, wherein is ſet forth ſome additional evidence concerning the ſaid conſpiracy and conſpirators, which has come to light ſince their trials and executions.
III. Liſts of the ſeveral perſons (whites and blacks) committed on account of the conſpiracy; and of the ſeveral criminals executed; and of thoſe tranſported, with the places whereto.

By the Recorder of the City of NEW-YORK.

Quid facient Domini, audent cum talia Fures? Virg. Ecl.

Printed at NEW-YORK:
LONDON, Reprinted and Sold by JOHN CLARKE under the Royal Exchange, Cornhill. MDCCXLVII.

だがほどなく、事件を見直す動きが広まり、懐疑的な人びとはたちまち、今回の処刑をセイレムの魔女裁判になぞらえはじめた。しかし、弾圧を擁護する側にもなぞらえるべき対象があった。奴隷の蜂起はすでに、一七一二年にもニューヨークで起きていた。マンハッタンの火災のほんの二年前には、一七三九年のストノ反乱で、サウスカロライナの奴隷たちが白人に抵抗するために武器や放火を用いていた。カリブ海のイギリス領でも、数件の反乱が勃発しており、神経をとがらせた大農園主《プランター》階級が事前に察知、あるいは想像した反乱も数多くあった。バルバドスでは、住民の六分の五が奴隷だったが、一六七五年に当局は、プランテーションを焼き払って白人男性の殲滅を企てたとして、三六人のアフリカ人を処刑した。一部の話では、暴徒は白人女性も殺害するつもりだったというが、一方で、匿名の冊子の記述によると、「彼らはとくに魅力的で美しい女性の命は助け……自分たちの便宜に供するつもりだった」と考える者もいた。★08

　バルバドスの弾圧は、ニューイングランドでフィリップ王戦争が激しさを増すのと時を同じくしていた。そのため、この二つの出来事は人びとの心の中ですぐに結びついた。バルバドスの陰謀にかんするある初期の記述には、フィリップが「大義もなく反乱を起こした」ときに、ニューイングランドの住民は「同じ思いを味わった」と、当然のように書かれていた。★09だが、現実にも想像のうえでも奴隷の陰謀がひっきりなしに続くと、それらを融合して明確な筋書きが生まれた。すなわち、下層の敵という神話だ。この神話では、内なる敵の場合と同じく、コミュニティの敵は町の門のなかにいる。だがこの陰謀者は、ほかの者たちから見分けられないわけではない。彼らは社会階層の底辺の身分に属する者たちで、まさにその社会階層を転覆することを目指している。彼らは異質であると同時に、よく知る存在でもあり、社会において明確に定まった地位を占め、おそらくは経済活動においても重要な役割を担っている。内なる敵が、かどわかされたり騙されたりして個性を失った人びとから成る集団と考えられるなら、下層の敵はそもそも一人前の人間であると見なされていない。下層の敵は、恐ろしい欲求を抱えた野獣のような勢力だ。強姦や放火、略奪、虐殺に飢えた人びとの集団なのだ。

　言うまでもないが、ニューヨークにおける告発が型どおりのものだったとしても、その嫌疑がすべて誤りだったというわけではない。反乱にいくつかの類似点が見出されるのには、もっともな理由がある。たとえば、奴隷が武器として火を使うのは、火がすぐ手に入るうえにきわめて大きな破壊力を持つことを思えば当然だ。しかしながら、このお決まりの展開は広く知れ渡っているので、当局がこの月並みな筋書きに合わせて証拠を解釈したとしても不思議はない。ひとたび捜査当局が奴隷の反乱が起きていると判断すれば、彼らは何を見つけ出せばいいのか承知していた。そして、ひとたび何を告白するべきなのかを理解すれば、収監者は必要とされる詳細を提供した。

マンハッタンの成り行きは、これから取り上げる下層の敵の神話の骨子を示す好例だった。少なくとも、一七四一年六月までは。その後この反乱は、奴隷を操る真の勢力はおなじみの外部からの敵、すなわちカトリック教会であると検察側が確信したときを境に、一つの陰謀説がとつぜん様相を一変させることがありうることを示す事例となった。

マンハッタンの一連の事件は、ささいな悪巧みに端を発していた。街を焼き尽くすなどという大事ではなく、ある店に盗みに入る計画だった。クリストファー・ウィルソンという一〇代の船員がある店で、店の奥さんが両替をしているときに、そこに高価なスペイン銀貨があることに気づいた。ウィルソンはヒューソンの酒場で飲んでいた数人の男たちにその銀貨の話をし、一団は店に盗みに入った。

その後、盗んだ物のなかでもとりわけ特徴のある硬貨を、ヒューソンの店の常連であるシーザーという奴隷が所持していることが判明した。ほどなく酒場の関係者や客が数人逮捕され、ほかの者も事情聴取のために連行された。事情聴取を受けた者のなかに、普段から不満を抱いていた一六歳の年季奉公人メアリー・バートンがいた。バートンは白人の雇い主とさまざまな黒人たちを、不法侵入の共犯として告発した。

一方、火災もすでに起きはじめていた。当局は最初の火事を偶発的なものと考えていたが、建物の火災が重なるごとに、放火の疑いを強めていった。窃盗犯が建物に火をかけ、人びとを引きつけておいて、その隙に留守宅で盗みをはたらいているとも言われた（そして実際、人びとが消火にかかりきりになっているあいだに、窃盗事件が起きてもいた）。やがて、もっと壮大な陰謀説が出回りだした。通りで三人の奴隷が火事について怪しげな話をしているのを耳にした気がするという女性を思い出してほしい。燃え出した倉庫の窓からカフィーが飛び出してきたときに広がった懸念を、奴隷たちが上げていた歓喜の声を思い出してほしい。群衆はカフィーを追って主人の家に押しかけ、彼を引きずり出すと監獄へ放り込んだ。その晩のうちに、さらに数名の黒人が逮捕された。

ホースマンデンの記録によると、四月八日、市評議会は「我々のあいだに凶悪な敵の一味が潜んで」いると結論し、マンハッタンのすべての家をしらみつぶしに捜索するように命じた。[★10] 総督は、民兵を「街のいたるところに展開させ、すべての大通りを保全するために、通りとの合流点に歩哨を配置し、袋や包みを持ち歩いたり、家から家へと品物を運んでいたりしている者を見かけた場合には、全員を呼び止めて、所持品を検査するよう指示した」。[★11] 総督はさらに、陰謀計画に関する情報提供をした者には報奨金を提供した。

二週間後、バートンは窃盗に関する追加の事情聴取のために、再び呼び出されていた。彼女は取調官に、窃盗事件については話すが、火事については何も言うつもりはないと告げた。ということは、もちろん、火事について何か知っているのだ。その後は、火災に関する厳しい取調べが続いた。難色を示していたバートンも次第に軟化して、ほどなく街を焼き尽くし、政府を転覆させて、彼女の雇い主を王に据えるという遠大な計略を語りだした。

ニューヨークでこうした事態が展開していた頃、イギリスとスペインは、今日では「ジェンキンズの耳戦争」として知られる紛争の三年目に入っており、ニューヨークのイギリス植民地では、スペインが侵攻してくるという噂が広く流布していた。一方マンハッタンは、ウィリアム・コズビー総督の統治に対する大衆の反感も含めて、深刻な政治的分裂の時期をくぐりぬけてきたばかりで、総督の死を受けて、党派どうしの中傷合戦が続いていた。蜂起の亡霊のおかげで、二つの政治勢力は対立を乗り越えて、脅威に精力を集中することができた。だがこうした合意は長く続くものではなかった。大陪審が審理を開始すると（被告人たちには弁護士がつくことも、現在のアメリカ人なら当然有するであろう法的権利を認められることもなかった）、ニューヨークの上層階級は内なる脅威の制圧に乗り出した。

セイレム当局が魔女狩りに没頭していたのは、植民地の戸口に戦争が迫り、内部には体制転覆の疑惑が漂うこうした状況のもとだった。そして、マンハッタンの事件がセイレムの裁判と同じような様相を見せはじめたのも、ちょうどこのときだった。数人の収監者がすぐさま死刑の判決を受けた。彼らと同じ運命をたどらないためには、自白するのが最善の道であることが明らかになり、当局に自分の誠意を印象づけるには、陰謀者の名前をいくつか挙げればいいこともわかってきた。こうして、無実の者さえも罪を告白し、検察側の期待に沿う供述をでっち上げ、ほかの人の名前を挙げることによって、懸案の陰謀の規模を拡大させる動機が生じた。

彼らは本当に罪を犯していたのだろうか？　たしかに、誰かが火をかけていたのは間違いない。だが、自白にいくらかの真実が含まれていると考えるのが理に適っているというのならば、自白を額面どおりに受け取らないことにもまた、十分な理由がある。すでに触れた信憑性の問題に加えて、収監者による疑わしい証言の問題もある。次々にほかの囚人の名を挙げて、彼らが当局に対しては認めようとしなかった犯罪の詳細を打ち明けたと繰り返し証言する収監者たちがいた。こうした証言が真実である可能性もなくはないが、彼らは自分の刑を軽くしたいと望んでおり、捜査側の意向に沿った情報を提供する明白な動機があったことも事実だ。

さらに、拷問によって証言が引き出された可能性もあり、真実の追究の雲行きをさらに怪しくしている。自白を撤回した収監者もおり、疑念はますます深まる。自白はつねに一貫していたわけではなく、その詳細の一部はいくぶん信憑性に欠けていた。ヒューソンにはほんとうに、陰謀者たちに度々豪華な料理を振舞うほどの金銭的余裕があったのだろうか？　一連の火災の初日に、カフィーが消火活動を妨害して、嬉々としてダンスを踊っていながら、三週間近くも当局の目をくぐり抜けていたなどということが、どれほど信用できるだろうか？　ジュネーヴ・クラブはおそらく実在し、かならずしも真面目にではなくとも、伝えられているようなフリーメイソンもどきの儀式を執り行なっていたのだろう。だが、このクラブはほんとうに、複数の支部に組織された何十人もの会員を有する中央集権型の陰謀団なのだろうか？　それとも、自分たちのささやかな一団に名前を付けてみただけのごろつきの集まりにすぎなかったのだろうか？

この件に関する公式見解は、政府がジョン・アーリという巡回説教師をスペインのスパイであり、違法なカトリックの神父であり、連続放火事件の首謀者だと指摘するに及んで、ますます信憑性を失った。アーリは自分がカトリック教徒であることを断固として否定した（ニューヨーク市ではこの時期、カトリックは違法だった）が、複数の人がそれを覆す証言をした。証言者の一人は、アーリはほかの反乱者たちと「カトリックのやり方で密かに祈りを捧げており、町に火を放ち、破壊し、人びとの喉を切り裂いた罪について、彼らに赦しを与えていた」と主張した。[★12] アーリは次第に、（このときまでにすでに処刑されていた）ヒューソンに代わって、陰謀の首謀者である凶悪な白人の役まわりを担うようになっていき、訴追側はその主張を軌道修正して、標的をヴァチカンにいる外からの敵へ移した。検察官のウィリアム・スミスはカトリックについて、「反逆や殺人のようなきわめて異常な犯罪も、教皇に従って行なわれた場合……神に資することになる」と述べた。[13]

スペインがニューヨークで奴隷の反乱を扇動しようとしているという主張自体は、ありえない話ではない。スペインには実際に、解放を約束して奴隷を味方に引き入れた過去があった。しかし、アーリにかんする証拠はどれも弱く、彼の活動についての訴追側の主張は、反カトリックの幻想にどっぷりと浸っていた。嫌疑をかけられた説教師は懸命に抗弁し、一般の人たちも、ほかの被告人の場合とはちがって、彼に対する評価は分かれていた。それにもかかわらず、陪審団がアーリを有罪と判断するのに、わずか一五分ほどしかかからなかった。そしてアーリもまた、死刑に処された。

では、一七四一年にマンハッタンを焼いた連続火災の犯人は何者なのだろうか？　長年にわたって多くの歴史家が、陰謀のすべてを虚構として片づけたり、窃盗罪の発覚を逃れるために火事を利用しようとしたという、よりささやかな試み（あるいは、あちこちで散発したいくつかの試み）に減じたりしてきた。[14] 最近になって、自白はおおむね正確だと考えつつも、反逆者たちに共感を寄せる研究者も出てきている。[15] はっきりしているのは、裁判を開いたとき、検察側にはあらかじめ確立していた疑念の枠組みがあって、彼らは自分たちが想定した筋書きに証拠を当てはめていくことに精力を傾けたという点だ。その筋書きを大きく転換させえた唯一の存在がアーリだったが、それもまた、当局がたやすく援用できる、すでに確立していた別の枠組みが存在していたから可能だったのだ。すなわち、ヴァチカンの陰謀に対する積年の憂慮の周囲に築かれ、イギリスがカトリック勢力と交戦中であるという事実に助長された枠組みだ。

今日では、この裁判は無制限の権力や基本的な法的権利の必要性についての教訓のように思われる。

しかし、一七四一年の当局者たちがここから得た教訓は、奴隷たちの自由が大きすぎるということだった。本を丸々一冊分充てて弾圧の正当性を訴えたとき、ホースマンデンは冒頭で執筆のおもな動機が「ニグロの所有者全員に、彼らを厳しく監視し、大きすぎる自由を与えて甘やかさない」よう説くことにあると記した。「彼らはその自由を凶悪な目的、すなわち、徒党を組み、共謀して悪事を企むために利用することに気づいた」のだという。[★16] 裁判のあいだ、大陪審は「市内にあるすべての薄汚いビアホールその他の酒場の経営や行ないについて入念に審理し、ニグロや白人のくずを一緒にもてなすことを生業にしている輩（なかでももっとも物騒でたちの悪い者）を選び出して、裁判所に知らせる」ように求められた。[★17]

これは当然の成り行きだった。反乱に対するパニックの後にはたいてい、集会や自由な行動、教育、武器の所持などにかんする奴隷の権利に対する新たな制限を求める声が上がり、自由黒人への同様の規制や追放さえもが要求され、奴隷の監視体制の強化が提案され、ヒューソンの酒場のような黒人が密かに陰謀を企てかねない場所に対する非難が高まるのだ。

白人の懸念は、西半球で奴隷の反乱、すなわち一七九一年から一八〇四年にかけて起きたハイチ革命が成功を収めると、いやがうえにも強まった。反乱後、アメリカ合衆国の奴隷州はどこも、ハイチからの移民を禁止する法律を成立させた。連邦政府は、この黒人共和国との通商禁止措置を課した。ヴァージニア州では、この島国の独立宣言を発行した印刷業者が、反乱を扇動した罪で訴追され、八か月間投獄された。同じ州で一八〇〇年に起きたゲイブリエルの反乱は、ハイチ人の扇動者が率いていたとされた。あるヴァージニアの町は、町の自由黒人たちに広がるある不満の声を当局者らが聞きつけて、議会に対策を講じるよう請願した。彼らが言うには、ハイチでは「自由な有色人種にこうした声」が広がったことが反乱を生み、「白人を壊滅させた」のだという。[★18]

蜂起に対するパニックに火をつけるために、実際に革命を起こす必要はなかった。マンハッタンの連続放火のような、反乱者の仕業と考えるのが妥当な一連の犯罪行為さえも必要なかった。一八一〇年（あるいは一一年かもしれない）のジョージア州オーガスタには、実際の蜂起が差し迫っていると疑うに足るだけの理由もなかったように思われる。だが、伝えられるところによると、進軍ラッパの酔っ払ったような音を合図に、大騒動が引き起こされたという。一〇年後にこの事件について著わしたウィリアム・ジョンソン連邦最高裁判所判事によると、民兵たちが奴隷に蜂起を促す合図を聞いたような気がして、ある黒人を捕らえて、激しく鞭で打ちすえ、殺してやると脅したところ、その男はラッパの持ち主として別の奴隷の名を挙げた。問題のラッパはクモの巣を被っていたが、それにもかかわらず、その奴隷は逮捕されて、ほどなく死刑に処されたとジョンソンは記している。[★19]

さらに言えば、実際の暴動さえも、かならずしも見た目どおりではなかった。法史家ピーター・ホッファーは、サウスカロライナのストノ反乱について、合理的な論証を展開している。ホッファーによると、反乱は事前に計画された蜂起ではなく、もともとはたんなる押し込み強盗だったものが、押し入る途中で出会った二人の白人を殺害したことから、暴動へと発展したのだという。[★20]言い換えれば、この反乱はそもそも陰謀の所産などではなく、倉庫からちょっとした物を盗むという程度の陰謀にすぎなかったのだ。

反乱への懸念は、景気の低迷期、外国による侵略の恐れがあるとき、そして奴隷制廃止論者による扇動が激しさを増したときに生じた。一八五六年には、クリスマスに暴動が起きるとの噂が、テキサスからデラウェアにいたる南部地域を席巻した。これはちょうど、新たに誕生した共和党（奴隷制反対が結成理由の一つだった）が、はじめて大統領選に候補者を擁立した時期だった。人類学者ジョージ・バッカの解説によると、一般に「白人の政治派閥間の対立が激しい時期」には、「陰謀の噂が真実だと受け止められやすい傾向にあったようだ」という。[★21] 宗教的混乱も同じような懸念を生んだ。第二次大覚醒は内なる敵への恐れを呼び覚ましただけではない。その盛り上がりが黒人のあいだにも広まると、白人たちは野外伝道集会が反乱画策の隠れ蓑として利用されるのではないかと危惧した。当局はときおり、ニューヨークでヒューソンの酒場のような場所を締めつけたときと同じような厳しい姿勢で、独立系の黒人教会を抑圧した。一八〇二年、ヴァージニア州ブッカーズ・フェリーでは、バプテスト派の教会であるカトーバ集会所に疑いがかけられた。「大量の武器と弾薬」が教会の建物内部に「隠されているのが発見」され、これはすなわち、礼拝者たちが「背筋も凍るような白人の虐殺」を計画していた証拠だという根も葉もない噂が出回った。[★22]

反乱にまつわる典型的なパニックは、奴隷による実際の策謀に対する反応でなかったのと同じく、支配層による陰謀によって誘発されたものでもなかった。反乱に対する恐怖は、白人の結束を強めて白人同士の対立を緩和するという意味において、支配者階級を利したが、統治側にしてみれば、この結束が当局のコントロールできない暴動ではなく、合法的な抑圧につながっていくこともまた重要だった。しかし、そこにいたるまでに時間を要することも度々だった。

北部へ逃れてきた奴隷のハリエット・ジェイコブズは、実在した陰謀（一八三一年にヴァージニア州で起きたナット・ターナーの反乱）直後の状況を思い起こしながら、蜂起を受けて行なわれた奴隷たちの家の捜索は、「鞭打つニグロを自分では所有していない下層の白人にとっては絶好の機会だった」と語った。[★23] ジェイコブズの話によると、捜索にきた者たちはやりたい放題だった。「一日中、冷酷な悪漢たちが悪魔の群れのように辺りをうろついて、無力な人びとを脅したり痛めつけたりしていた。夜になると、彼らは巡回隊を組んで、気の向くままにどこへでも出かけていって、黒人のあいだでその残虐な願望を実行した。女性の多くは、彼らを避けて森や沼地に身を隠した。こうした暴行について男たちが何か言おうものなら、柱に縛りつけられ、嘘をついて白人を非難したとして、公衆の面前でひどく鞭打たれた。誰もが衝撃を受けていた。顔の皮膚にほんのわずかでも色がついている人たちは、二人で話しているところを見咎められるような真似はけっしてできなかった[★24]」。こうした事態は、「自分たちの身を守るために呼び集めた下層の暴徒が、かえって自分たちの財産を脅かしかねないと、白人の住民たちが気づくまで止むことはなかった[★25]」。

バッカの言葉を借りると、「動揺が広がるにつれ、貧窮白人《プア・ホワイト》は自由に奴隷をなぶり、殺害さえできるようになり、大農園主階級の財産には実際に被害が生じた[★26]」。奴隷所有者たちも、警戒心や同情、あるいはたんに財産を守りたいという願いから、告発された奴隷を擁護すれば、陰謀に加担しているとの非難を受けかねなかった。プア・ホワイトもまた、独自の下層の獣と見なされることになった。

犯罪としての「共謀」自体、反乱に対する懸念によって形作られた。ホッファーによると、植民地では犯罪の概念が拡大され、「犯罪が話題に上った奴隷の集まり」ならいかなるものにでも適用されたという。「奴隷が誰一人としてその犯罪を実行しようとしていなくても、訴追することができた。その場にいたすべての奴隷が（その話題で積極的に発言していた者も、ただ聞いていた者も）法のもとでは同じように罪に問われた」。ヒューソンの酒場の常連客が、主人の殺害や政府転覆を種にした何気ない話に加わったとしたら、その客たちは法律上、その計画がたんなる軽口の段階を超えているかいないかにかかわらず、共謀罪に問われることになる。「共謀罪の訴追は」、「想像にすぎない、あるいは奴隷所有者階級が予期しただけの犯罪を、大胆にも奴隷制への抵抗を公言する奴隷を罰する好機に変えた」とホッファーは結論した。[★27] 策謀の発覚、あるいは捏造が積み重なるにつれて、法律も進化し続けた。一例を挙げると、ノースカロライナでは、一八〇二年に生じた反乱に対するパニックを受けて、「共謀」の定義をわずか二人しか関与しない計画さえも含められるように強化した。

ジョン・アーリの裁判のときと同様に、不安を抱えた白人たちは、下層の敵と外からの敵が手を組んでいると想像した。黒人は愚かだと広く信じられていたので、狡猾な北部の奴隷制廃止論者その他の外部勢力の操り人形として描けば都合がいいと、白人たちは気づいた。さらに、黒人は自分の運命に満足していると広く信じられていたので、幸せな労働者を野獣のような暴徒に変貌させていると、こうした部外者らを糾弾すれば都合がいいことにも気づいた。その典型的な人物がジョン・ブラウンだ。ブラウンは、実際に奴隷の反乱を先導しようと試みた奴隷制廃止論者だ。ブラウンが一八五九年に国の兵器工場のあったハーパーズ・フェリーを襲撃した頃、反乱に続いて起きるパニックには、しばしば体制転覆を狙う部外者の捜索が伴っていた（ヴァージニア州ジェファーソン郡では、政府は「自らの素性について満足な説明」ができない「よそ者」は逮捕すると発表した）。[★28] しかし、ブラウンが不意に姿を現わすはるか前から、奴隷制廃止論者は悪魔の役割を演じていた。一八五九年までにも、ハイチ革命に始まり、ときおりプランテーションから奴隷が逃亡するという事実に終わるまで、何もかもが奴隷制廃止論者のせいにされてきたのだ。

マーク・トウェインは、未完の小説『トム・ソーヤの陰謀（*Tom Sawyer's Conspiracy*）』のなかで、南部人の懸念を茶化した。物語のなかでトムは、秘密結社を結成したら、きっとすごく面白いことになると、ハックとジムを説き伏せる。そのときのことを、ハックはこう語る。

あいつはすごいアイデアを思いついた。奴隷制廃止論者のことで、みんなに冷や汗をかかせてやろうっていうんだ。まさに絶好のタイミングだったね。川向こうのイリノイ側の森のなかに見知らぬやつらが姿を見せたり、いなくなったり、また現われたりしてるって二週間以上も前から噂されてるのを、おれたちは知ってた。みんなは、そいつらは奴隷制廃止論者で、ここらの黒人たちを逃がして自由にしてやろうと、チャンスを窺っているって考えてたんだ。でも、そいつらはまだ誰ひとり逃がしちゃいなかったし、たぶん逃がそうと思ってもいなかったし、どのみち奴隷制廃止論者でもなかっただろうね。だけどあの頃は、ここらで見ない顔の者は、自分の用件をすぐに洗いざらい話して、悪いことをするつもりなんてこれっぽっちもないことを証明しないかぎり、姿を見せただけで、みんなを不安にさせちまってたんだ。[★29]

まもなく、トム・ソーヤは、架空の秘密結社の使命を考え出して、顔を黒く塗って逃亡奴隷を装う。そして南北戦争が近づくなかで狂騒が巻き起こる。

多少なりとも現実の世界に戻ると、強烈な印象を残したパニックのなかに、奴隷制廃止論者ではない部外者が主役となった事例がある。もっとも、謀略には奴隷制廃止論者も一枚噛んでいると伝えられてはいるが。この事件の首謀者とされたのがジョン・マレルで、「西部の大ならず者」として知られ、「ミスティック・クラン」の首領と広く信じられていた。ミスティック・クランは犯罪者たちのネットワークで、のちにトウェインは「彼の邪悪な意思を実行することを誓った一〇〇〇人もの舎弟からなる大集団」と記している。★30 この一味は（当然ながら）荒野で、数々の陰謀を企てていると考えられていた。「彼らはミシシッピ川上流の深く暗い森で『総評議会』を催していた」と、のちにある作家は回想している。その沼地には巨木がそびえていて、幹の周囲は二〇メートル以上あり、二四頭の馬をその枝の下で休ませることができた。そして、その「木の巨大なうろのなかで、ジョン・A・マレルとその一味の男たちが総評議会に集結し、邪悪な企みをめぐらし、その凶悪な計画を慎重に練り上げる」のだ。★31 犯罪小説だと思って読んでいたら、それはたんなる見せかけで、始めからおとぎ話だったというわけだ。

妖精たちの王のように、森の知られざるうろのなかで謁見式を執り行なってはいなかったが、マレルは実際に犯罪者だった。そして、トウェインは一味の規模や忠誠心を誇張してはいたが、マレルは実際に組織を有していた。一八三四年、ヴァージル・スチュアートという人物が単独でマレル一味に潜入し、その首領の逮捕をお膳立てした。マレルはその後、奴隷泥棒の罪で有罪判決を受け、一〇年の刑を申し渡された。オーガスタス・Q・ウォルトンという名の人物（おそらくスチュアートの筆名と思われる）がのちに、スチュアートがミスティック・クランの一員として摑んだと思われる秘密を詳述する一冊の本を著わした。ウォルトンの途方もない説明によると、マレルにはメリーランドからテキサスにかけてのいたるところに手下がいて、奴隷たちのあいだで不満を掻き立てていたのだという。この無法者がスチュアートに語ったとされるのは、一八三五年の暮れに、南部に大規模なクリスマスの反乱を仕掛けるという壮大な計画だった。

おれたちは、国中の銀行や大きな町の近くに、仲間たちを配備しておくことにする。そうしておけば、ニグロが大虐殺を始めたとき、そいつらを動員して、驚愕と混乱のまっただなかで町に火をかけたり、銀行を襲ったりできるからな。暴動はいたるところでいっせいに始まって、国中で必死の防戦がなされるだろうが、一つ、また一つと、抵抗できなくなるところがでてきて、やがて多くの場所が完全にニグロに制圧されるだろう。おれたちの懐は銀行の金で満たされて、金持ち商人の家の机は……。

もっとも凶暴でたちの悪いやつらは、大農場にいることがわかった。そこでそいつらに、自分たちがどれだけ虐げられているかを教え、彼らにも主人と同じように自由である権利があって、この国の富は黒人の労働から生まれた利益なのだと吹き込んで、その心を染めているのさ。主人たちの豪華絢爛さと引き比べて、自分たちがどれほど惨めな状況にあるかを思い知らせ、隷属の鎖を留めつけているのは権力と専制で、彼らが劣った人種だからではないと諭す。それから、ヨーロッパ全土で奴隷制が廃止されたこと、西インド諸島でもみな解放されたことも知らせてやる。そして、奴隷たちが自由を手に入れられたのは、みずからの手で何度か反乱を起こして、白人を虐殺したからだと教え、西インド諸島のニグロたちの例に倣えば、彼らも自由を手に入れ、白人と同じように尊重され、白人女性とも同等と見なされて結婚もできるようになるだろうと信じ込ませるんだ。[★32]

神経を尖らせていた白人たちにとって、とりわけナット・ターナーの反乱の直後とあっては、この物語は完璧だった。不満を抱いた奴隷を北部の強欲な白人の操り人形として描き出し、奴隷制廃止論を農業に従事する黒人を操作する皮肉な道具に仕立てている。そして当然のことながら、旧来の白人女性に対する脅威も含まれていた。

　この本は大反響を呼んだ。マレルはすでに自由の身ではなかったが、蜂起が近づいているという恐怖が広まりはじめた。その恐怖が激しく燃え上がったのは、六月のことだった。ミシシッピ州マディソン郡で、数人の奴隷が自分たちの身の上について不満を漏らしているのを聞き咎められたのだ。危機感を抱いた白人は容疑者を捕らえて拷問にかけた。すると容疑者たちは、捕らえた白人たちの望みどおりの供述をした。七月四日に独立記念日を祝うと見せかけて、奴隷たちは結集して白人を襲撃するというのだ。

　自警団員らは即座に、捕らえた奴隷を殺害し、陰謀に加担した残りの者たちの捜索を始めた。マレル一味と目されたある人物は、計画が実在するとの自白を強要され、ウォルトンの本によって偽装が暴かれてしまったために、実行日をクリスマスから独立記念日に変更したのだと説明した。男は疑惑の計画についてさらに詳しく供述し、その内容は『クリントン・ガゼット』紙に掲載された。遠く離れたマディソン郡で反乱を起こしたあと、奴隷とならず者たちは「そこから主要な町を通過しながらナチエズを目指し、そこからさらにニューオーリンズに向かい、その道すがら、白人男性と醜い女性を皆殺しにし（見目麗しい女性は殺さず、自分たちの妻にする）、略奪や焼き討ちを行なう」つもりだったというのだ。[★33] マンハッタンでの陰謀が再現されるのを阻止するために、気の立った白人たちはマンハッタンで行なわれた弾圧を再現し、私刑により何十人もが殺された。[★34] このあと数年にわたり、ミシシッピ川沿岸の住民たちは、あらゆる種類の犯罪をミスティック・クランの仕業と見なした。

　奴隷制廃止後も長いあいだ、反乱を画策する外部の扇動者は、南部の白人の敵としてきわめて大きな存在であり続けた。南北戦争後の再建期には、保守派の人びとは、一旗組《カーペット・バッガー》が白人庶民を犠牲にして、解放まもない奴隷たちの権利拡充を目論んでいると主張した（こうした懸念に触発されて、KKKのような秘密の陰謀団が現実に誕生している）。その一〇〇年後、南部の指導者層は同じ筋書きを、今度は公民権運動に当てはめることになる。

二〇世紀初頭における下層の敵の概念の形成に、ハイチは別の形でも関与している。ちょうどその頃、同国の魔術的な信仰であるヴードゥー教についての歪んだ伝承が、アメリカの大衆文化に姿を現わしはじめたのだ。「ゾンビ」は、もはや人間の心を失った肉体だった。ゾンビは深いトランス状態の極みにあって、その支配者の意思に完全に従属する存在だ。そして同時に、人間に劣る凶暴で危険な存在でもあった。[35]

ゾンビの登場する初期の物語では、怪物を支配する者の力が強調された。ヴィクター・ハルペリン監督の一九三二年の映画『恐怖城——ホワイト・ゾンビ』には、白人所有の工場が黒いゾンビの労働者によって完全に乗っ取られるシーンがある。このシークエンスは、のちの批評家に「ゾンビは黒人奴隷だ」と端的に言わしめるに足るものだった。[36] ジョージ・ロメロ監督の『ナイト・オブ・ザ・リビングデッド』（一九六八年）以降の比較的新しいゾンビ映画からはたいてい、怪物を操る黒幕の要素が抜け落ちている。それらの映画の怪物たちは、あらゆる支配から解放されて自律した欲求の塊、目に入った者は誰でもむさぼり喰う食人鬼だった。下層の敵の概念は、二つの大きな恐怖に基づいている。すなわち、体制転覆を狙う勢力が何らかの方法で人を操る支配者になりえること、そしてその支配者が完全に姿を消して、従順なゾンビのようだった奴隷が制御不能な凶行に走る集団と化すことに対する恐怖だ。[37]

D・W・グリフィスの『國民の創生』（一九一五年）は、南北戦争とその後の再建期を舞台にした映画史を画する名作であるが、ＫＫＫを賛美し、北部のカーペットバッガーを糾弾する。元奴隷の集団が丸太小屋に身を隠している白人を襲撃するところで、映画は山場を迎える。ロメロのゾンビ映画の数々は、この丸太小屋のシーンの残像と言っていいだろう。グリフィスの目から見れば、主人公たちが必死に食い止めようとするなか、その怪物のような腕を窓や扉から差し入れる、小屋の外側の黒人たちこそゾンビにほかならなかった（『ナイト・オブ・ザ・リビングデッド』で、ロメロはこのサブテキストを覆している。ロメロの作品の主人公は黒人で、主人公を襲うゾンビが白人だ）。

物語がどれほど突飛な内容になったとしても、そこには二つの核となる真実が存在していた。それは、怒れるアフリカ系アメリカ人が白人の優位に抵抗したこと、そして反奴隷制闘争においても、反人種差別闘争においても、彼らに北部の白人勢力の同盟者がいたことだ。下層の敵の神話は、黒人たちの抵抗を残忍で悪魔のような何ものかに歪曲し、外からの敵の神話は、黒人たち自らが立ち上げて率いた運動を、白人の功績にしてしまった。人種に基づく権力構造に対する脅威についての逸話はどれも、幻想の世界に浸りきっていたが、その脅威自体は現実だった。

下層の敵の役回りを演じるには、黒人である必要はなかった。六年にわたる大不況が国中を荒廃させていた一八七〇年代には、「浮浪者の恐怖」が報道業界を席巻し、職のない浮浪者による犯罪の記事が紙面を埋めた。そうした記事のなかには、なんでも鵜呑みにする読者につけ込んだものもあり、信頼性の高そうな記事でさえも、恐怖を掻き立てることを狙った論調にどっぷり浸かっている場合が多かった。ニューヨークの『ワールド』紙に掲載された典型的なある記事には、それぞれ何の関連もない「浮浪者による不法行為」（こちらの町での押し入り強盗に、あちらの町での拳銃強盗など）の数々が並べたてられ、あげくの果てに、「過去二週間に数多くの放火事件が発生したが、おそらく浮浪者によるものと思われる」と記されていた。[★38] 明らかな推測記事だ！ 同じ月、数人の浮浪者が逮捕に抵抗して射殺されたことを受けて、同紙はこの射殺を「浮浪者問題の部分的な解決策」と評して、「さらに射殺が続けば、コミュニティにとっては有益かもしれない」と示唆した。[★39] 学問の世界では、イェール大学ロースクールのフランシス・ウェイランド学部長が、浮浪者を「怠惰で、無能で、あてどなくぶらついたり、ほらを吹聴して回ったりする、たちが悪く、矯正不能で、救いがたく、卑怯で、完全に堕落した野蛮人」とする論文を著わした。[★40] いくつかの州では、浮浪者を取り締まる法律が制定され、

原則的に当局は意のままに浮浪者を逮捕し、投獄することが可能になった。

モラル・パニックが起きた場合にはよくあることだが、続いて陰謀説が浮上した。かつてニューヨーク州知事を務め、民主党の大統領候補にも指名されたホレイショ・シーモアは一八七八年、『ハーパーズ・マガジン』誌上で、浮浪者たちが「急速にある種の組織のようなものを獲得しつつ」あり、その組織は「連絡と交流の手段」を備えた「略奪システムに成長しはじめ」ていて、「年を追うごとに完成度を上げている」と論じた。[★41] テキサス州のある新聞は読者に、マサチューセッツの覆面捜査官が「完璧に組織化された同胞団」の情報を入手したことを伝えた。その組織では、「一人ひとりの浮浪者にそれぞれ特定の任務が課されており、ある者は物乞い、ある者は盗みといった具合で、何を誰から盗むかといったことまで細かく指示されている」という。[★42]

大勢の浮浪者が国中を渡り歩いていた一方で、ペンシルヴェニアの石炭地帯には、定住する下層の敵が出没していた。炭鉱所有者や親方、現場監督たちが死体となって発見されはじめた一八六〇年代から七〇年代にかけて、これらの人びとはモリー・マグワイアズというアイルランド系アメリカ人の秘密結社によって殺されたのだという噂が広まった。話によれば、母国アイルランドでは、メンバーは女性を装って、顔を黒く塗り、地主の手先のような敵対者を殺害していたのだという。アメリカにおいても、このアイルランド人集団は活動を継続し、社会秩序を打破する策謀をめぐらし、顔を黒く塗って、夜陰に紛れて殺人を犯した。モリー・マグワイアズに属する暴徒は数千人にのぼり、複数の支部があって、アイリッシュ酒場で秘密会議が開かれていた。これはあるいは、地元当局の見解にすぎないかもしれない。地元当局は、アメリカ最初の私立探偵社ピンカートン探偵社のジェイムズ・マクパーランが、モリー・マグワイアズに潜入してその秘密をつかんだという証言をもとに、二〇人の炭鉱労働者を殺人罪で有罪とした。

　この地域のアイルランド系労働者がときおり、自分たちのコミュニティの敵と見なした人物たちに、暴行やひどいときには殺人さえはたらいた事実を疑う者はいない。だがその一方で、この組織による広範な陰謀話にはかなり疑問がある。というのもその大部分が、けっして中立の立場にはない一人の探偵の言葉に拠っているからだ。さらに、モリー・マグワイアズの一員と疑われた人物たちを自警団が殺害していたことも含め、炭鉱労働者に対するひどい暴力は軽視する一方で、労働者による暴力ばかりを強調する石炭業界の歴史に対する反発も示されている。

　モリー・マグワイアズとピンカートン探偵社の争いは通常、労働者対雇用者という構図で捉えられる。ピンカートンを雇ったのは、フィラデルフィア・アンド・レディング石炭鉄鋼会社の社長で、弾圧の目的の一つは、親方の死に繫がるようなものだけでなく、あらゆる類いの労働者の組織化を阻止することにあった。[★43] しかし、この結社による組織的犯罪の逸話には、階級闘争のみならず、民族間の反目も反映されていた。歴史家ケヴィン・ケニーは、一八五〇年代には早くも、「無煙炭の産出地域で、『モリー・マグワイアズ』という単語が、アイルランド系住民の社会的悪行の代名詞として使用されていた」と指摘する。[★44] 当局は、モリー・マグワイアズを芽吹きはじめた労働運動だけでなく、アイルランド系の友愛組合であるヒベルニア協会とも結びつけようと画策した。マクパーランは、この協会をモリー・マグワイアズのフロント組織と考えていた。

　こうした事柄にもかかわらず、モリー・マグワイアズが外からの敵と見なされることはなかった。奴隷の陰謀がアフリカに本拠を置くとは考えられなかったように、モリー・マグワイアズが国外から操られていると非難されることも、ほぼなかったと言える。ほかのアイルランド系移民が教皇の手先と糾弾されるなか、アイルランド系でプロテスタントの特別検察官フランクリン・B・ゴウエンは、モリー・マグワイアズの裁判において、これとは異なる注釈を与えた。つまり、ヴァチカンはマグワイアズを糾弾していると指摘し、「真のアイルランド人でない」という理由で、マグワイアズを拒絶するよう同胞に呼びかけたのだった。[★45]アイルランド系移民がアメリカ人になるにつれて、アイルランド人による陰謀の疑惑は、国外の脅威から国内の脅威へ、外からの敵から下層の敵へと姿を変えた。

左翼による陰謀疑惑は、異なる展開を見せた。アメリカで最初の赤狩りは、一八七一年に起きた革命的なパリ・コミューンのつかの間の統治とともに始まった。モリー・マグワイアズの仕業とされる行為の大半も含めて、不況により国内で労働者による騒動が頻発するにつれて、赤狩りも次第に高まり、一八七七年にいくつかの州を鉄道労働者よるストライキが席巻すると、頂点に達した。[★46]ストライキの参加者たちは古典的な下層の敵と見なされたが、外からの敵と結びつけられる場合も多かった。一八七四年には、ニューヨーク市警が無許可の失業者集会に集まっていた数千もの参加者に暴行を加えたトンプキンズ広場の騒動が発生したが、それについて『ニューヨーク・ヘラルド』紙は、集会の参加者を「社会に対する危険な陰謀者」と糾弾しただけではなかった。抗議者たちは「襲撃に遭ったパリの教会から強奪した品々」から、「こうした不法な計画を実行するための物質的支援」を得ており、フランスの革命派敗北から三年を経て、コミューンがアメリカ国内にその触手を伸ばしているのは明らかだと示唆した。[★47]ロシア革命後には、赤狩りの焦点は再び移行する。国内の共産主義者という敵は一般に、労働組合を組織する指導者というよりはスパイに近いと考えられ、そのスパイも以前ほどは移民と同視されなくなった。こうして赤い敵は、体制転覆を狙う内なる敵と手を組んだ強大な外からの敵と見なされることになった。

しかし、旧来の筋書きも忘れ去られたわけではない。南北戦争以前には、社会の底辺層を成す黒人たちは、下層の敵と位置づけられていた。ときおり生じた陰謀疑惑も小規模だった。第二次世界大戦中には、黒人の地下組織「バンプ・クラブ」が一斉攻撃のお祭り騒ぎを秘密裏に企画しているという噂が流れた。指定された特定の期日に、買い物中の白人女性を狙って、黒人女性がわざとぶつかっていくのだという。人種差別的な噂に関するある研究はのちに、「戦争による緊張感の高まりのせいで」、「連邦捜査局も地元警察もともに、このような白人の見方を調査する必要を感じた」と説明している。はたして、この噂を裏づける証拠は何一つ見つからなかった。★48

白人の心に巣食った黒人の脅威のなかには、もっとずっと大きなものもあった。そして、ジョン・マレルもジョン・ブラウンもいなくなった今、彼らのあとを引き継ぐ者として、新たな外部の扇動者が選び出された。

一九一九年に『ニューヨーク・タイムズ』紙は、シカゴとワシントンで起きた人種暴動の原因を「黒人のあいだで……ボルシェヴィキ主義の扇動」が組織的に展開されたことにあるとした。だが実際には、どちらの町の暴動も、白人が黒人に暴行したことに端を発しており、その逆ではなかった。★49
一九四三年には、テキサス州選出のマーティン・ダイズ下院議員が、デトロイトで発生した人種暴動を受けて、強制収容所から解放された日系アメリカ人たちがミシガン州にたどりつき、混乱を助長したと示唆した。一方南部では、黒人たちが日本人と（おそらくは「黒龍会」という秘密組織を通じて）ひそかに手を組んでいる、あるいはドイツ人と（おそらくは「かぎ十字クラブ」という秘密組織を通じて）裏で結託していると広く噂されていた。第二次世界大戦中に南部諸州で囁かれていた噂話を収集して回った社会学者ハワード・オーダムに、ある情報提供者が語ったところによると、「ヒトラーはニグロたちに、協力すれば南部を与えようと話した」という。別の人物も、「ヒトラーは白人を奴隷にして、黒人を指導者に据えるつもりだ」と断言した。また、黒人教会には「ナチのプロパガンダが流入していて、思い立てばいつでも、決起して白人を襲撃することができる」と主張する者もいた。[★50]

一九六〇年代には、枢軸国はもはや、人種間の暴力を焚きつけたとして非難しうる存在ではなくなっていた。だが共産主義は、いまだ非難対象となりえた。

一九六五年八月一一日、ロサンゼルスのワッツ地区で、カリフォルニア・ハイウェイ・パトロールが、飲酒運転の疑いでマーケット・フライという黒人青年の車を停めた。警官と地元住民の一部がつかみ合いになり、警官が妊娠した女性を殴りつけたとの噂が集まった人びとのあいだに広まると、乱闘は激しさを増した。まもなく暴動はワッツ地区全体を巻き込み、五日間にわたって続いた。住民たちはいくつもの街区を焼き討ちし、銃を放ち、レンガを投げつけ、商店を略奪した。これは、六〇年代にアメリカの都市を揺るがすことになる数多くの暴動の先駆けとなった。

ワッツ地区が燃えているあいだに、この暴動がストリート・ギャングや共産党員、黒人の自立と優位を説いたネイション・オブ・イスラムその他の黒人スラム街に根づく不穏な組織によって仕組まれたものという噂が流れた。一七四一年とは異なり、一九六五年には、当局者側にもこうした懸念を抑制しようと考える者がいた。一二月には、暴動に関連して知事のもとに置かれた委員会が、「この暴動に外部からの指示、ないし事前の計画」があったとする見解を否定した。[★51] それにもかかわらず、二年後には、ワッツの大暴動を破壊分子による「ロサンゼルスを焼き討ちにする計画」と評する小論が広く読まれることになった。

この小論は、もともとジョン・バーチ協会の機関誌『アメリカン・オピニオン』に掲載された記事で、暴動が「全国規模の革命の予行演習」だったと主張していた[★52]。著者のゲイリー・アレンによると、

ワッツの大暴動を立案し、手配し、扇動した革命戦略会議は、四〇～五〇人ほどのニグロから成り、アメリカ全土から招集されてロサンゼルス地域の共産党員によって派遣された人物たちだった。そのなかには、ブラック・ムスリム（ネイション・オブ・イスラム）、黒人民族主義のブラック・ナショナリスト、自警団のディーコンズ・オブ・ディフェンス、共産主義の革命的行動運動（RAM）の代表者たち、これに類する過激派グループやマルクス主義グループの専門家たちが含まれていた。彼らはいわゆるごろつきや犯罪者ではなく、黒人社会の知的エリートのなかから選ばれた者たちで……。ワッツ地区やロサンゼルス市警の諜報部員たちにはたんに「組織」と呼ばれていたこの小規模な革命家グループのメンバーには、共通する三つの特徴があった。高い知性と「人間」（すなわち白人）に対する憎悪、そして共産党による国際的な陰謀の利益への確固たる献身である。

アレンによると、イスラム教徒とマルクス主義者のこの奇妙な同盟がワッツ地区を選んだのは、意外にもこの地区の黒人は経済的に恵まれていたからだという。「もしワッツを暴発させられれば、アメリカのどこでも同じことができるだろう」。そこで、彼らはまずこの地域にプロパガンダを大量に仕掛けた。なかでも注目すべきは、「警察の蛮行神話の創出」を狙って展開された、「森林警備隊の制服を着たクマのスモーキーを使った広告協議会広報にも匹敵する宣伝活動」だ。こうした情報を人び

とのあいだに植えつけておいたおかげで、陰謀団は暴動の引き金となる噂を広めることができた。事前の宣伝活動により暗示にかかっていた地元住民は、そうした噂を唯々諾々と受け入れた。「地域住民は何年にもわたる事前のプロパガンダによって、こうした作り話を疑問も持たずに受け入れるよう条件づけられていたのだ」。

「組織」の者たちは若者をけしかけて瓶を投げたり車を燃やしたりさせ、その後数日にわたって「赤い腕章を着け、拡声器を使って、無秩序な集団を導いている」ところを目撃された、とアレンは続けた。彼らがとくに力を入れたのが、酒屋（「暴徒を酔わせておくほうが、簡単に扇動できる」）やスーパーマーケット（「食糧不足に苦しむ」住民たちに当局を非難させるため）、質屋（「銃器を大量に手に入れるため」）、百貨店（「組織」がさらなる「銃や弾薬、商品、資金」を手に入れるため）の略奪と焼き討ちだった。騙されやすい部外者ならば、略奪が組織的に行なわれたとは考えなかったかもしれないが、盗まれた銃や金の「九〇パーセントも」が「組織」に渡り、「組織」配下の略奪者たちが商品を盗んでいるあいだ、彼らを「組織」の狙撃手が後方支援していた。そして略奪品は「次の機会」に使用するのだ。

　次の機会が巡ってくれば、「組織」は警察官を大量に暗殺することから始めるだろう、とアレンは警告した。そして、「組織」が「ロサンゼルスを燃やせ、燃やせ」と名づけた作戦が開始されるだろう。まずは、港に近い油田と、街を取り囲む丘陵地帯に火を放つところから始める。次に官庁街《シヴィック・センター》を炎上させて、ウィルシャー地区に火をかけるだろう。その後に、「『組織』は『スラム街』の黒人たちをビバリー・ヒルズに集結させようと考えている」。サンディエゴ、ロングビーチ、コンプトン、パサデナ、ベーカーズフィールド、フレズノ、サンフランシスコ、オークランド、リッチモンド、サクラメントで一斉蜂起するので、州兵がすべての暴動を一度に封じ込めることはできないだろう。陰謀者たちは、怒りに駆られた白人たちが「黒人地区に報復に向かう」ことを期待している。そうなれば「革命にかかわりたくないと思っている九割もの黒人たち」も身を守るために戦いに参加せざるを得なくなるからだ。[★53]

ジョン・バーチ協会の主張は、一七四一年にマンハッタンにはびこった噂話とは異なり、政治の主流を外れた集団からもたらされたものだった。しかし、アレンの記事に示された考え方自体は、政治の周縁部にかぎられてはいなかった。一九六六年には、アイオワ州選出の議員が農業政策に関する質問に答えるつもりでアメリカ農業連合の会合に出向いたところ、そうではなく、シカゴで相次ぐ黒人暴動を目の当たりにして、黒人たちが「オートバイで」自分たちの州を襲撃しようと企んでいると信じる有権者たちから、暴動について追及されることもありえた。[★54] 翌年、ブランダイス大学のレンバーグ暴力研究センターが北部の七都市で実施した調査では、対象となった白人の七七パーセントが、少なくとも部分的には、外部の扇動者にこの暴動の責任があると考えていた。[★55]

当局にもこの見方に与する者がいた。ロサンゼルス市警のウィリアム・パーカー本部長は、ゲイリー・アレンと同じ理論をいくつかまくし立てた（アレン同様、暴動は左翼過激部隊の仕業だとした）。ロサンゼルスのサム・ヨーティ市長（暴動に関連して知事のもとに設置された委員会の関係者のなかで、ワッツ地区にもっとも直接的な権限を有していた人物）も、この時期の都市暴動についてパーカーと見解を一にした。一九六七年一一月二八日に下院非米活動委員会で証言した際にヨーティは、「破壊分子」は「暴動の口火になりえそうな事件の立案」を好むと警告した。そして、一見したところ騒動が偶発的だったように思われるときでさえ、過激派の「広範な宣伝攻勢」によって「暴動が自然に発生する雰囲気がお膳立てされていたかのように見せかけて、そのじつ暴動を誘発するために膨大な根回しがなされているのだ」と言い添えた。[56]アレンと同じくヨーティも、プロパガンダのおもな狙いは、警察の蛮行という概念を流布させることにあると考えていた。だがヨーティに言わせれば、そのような社会問題はほとんど存在していなかった。

一九六〇年代の暴動の背後に黒幕がいたと考える有力者は、ヨーティとパーカーばかりではない。アメリカ最大級の法執行官のロビー団体、カリフォルニア・ピース・オフィサーズ研究協会は、二人の黒人政治家を「この国の二大共産主義者であり、ワッツの大暴動を扇動した張本人」であると糾弾する映画を公開した。[57]また、著名な福音伝道師のビリー・グレアムは、「左翼のごく少数の強硬派」が放火を「革命の予行演習」として利用していると訴えた。[58]一九六六年にサンフランシスコが度々暴動に見舞われたとき、市長のジョン・シェリーは報道陣に向かって、「外部の扇動者」が首謀した可能性があるという見方を示した[59]（シェリーの側近の一人によると、扇動者はほかでもない、ワッツからやって来たと噂されていたという）。

さらに一九六七年には、リンドン・ジョンソン大統領までもが、共産党員が国内の暴動を陰で操っているのではないかと閣僚に尋ねている。ラムジー・クラーク司法長官はこの問いに、そのような証拠はないと返答したが、ジョンソンは納得しなかった。ジョンソンは、「現在わかっている以上の何かがあるという非常に強い感触を持っている」とコメントした。そして、共産主義者が騒乱の背後にいた証拠を挙げるようFBIに強く求め、捜査が成果なく終わると、さらに圧力を強めた。[60]

アレンの記事には、暴動の陰謀に関する主流寄りの見解からは抜け落ちている特色、すなわち、南北戦争以前の反乱に対する懸念の扇情的な響きが含まれていた。アレンによると、次の機会が巡ってきたときには、陰謀団は「目に入り次第すべての白人男性と子どもを射殺」する計画だという。だが、白人女性は別だ。「女性は、反乱の参加者に報奨として与えられるだろう」とアレンは説明した。

第5章　黒幕

……市民のあらゆる自由を奪い取るべく、帝国によるなりふり構わぬ専制政治の計画が周到に立てられて部分的に実行された。

——ボストンタウンミーティング（一七七〇年[★01]）

こんな話がある。

アメリカに対する陰謀は、イギリス内部の陰謀として始まった。イギリス政府の奥深い部屋である派閥が形成された。派閥は「謀反人と汚職官吏の集団《ジュントー》」と呼ばれ、「王に隠れてこそこそと[★02]」法律家に賄賂をつかませ、自分たちに都合の良い嘘をばらまいて影響力を高めた。彼らの目的は私利私欲を貪ることだけでなく、一六八八年の名誉革命で人びとが勝ち取った自由をふたたび取り上げることにあった。この目的を果たすため、論客で哲学者のエドマンド・バークがこの「興味深き者たち」と呼んだ人びとは、影の政府をつくることにした。これからは「政権は二つあることになる」とバークは述べた。「一方は固く秘密にされている政府、他方は表向きの政府だ[★03]」。国家権力は国中におよび、黒幕たちの権力もまた国中におよぶのだ。

彼らはすさまじいまでの成功を収めた。一七六〇年代までには、悪人どもは国会を牛耳り、王は彼らの味方か、ただのお飾りだった。しかし南北両アメリカ大陸をふくむ西半球が、専制政治を目論む者たちには目障りだった。彼らの臣民はいつでも大西洋をわたってそこに逃げることができ、そうすれば支配者には命令を下す相手がいなくなる。あるパンフレット作者はこう警告した。植民地が制圧されれば、謀反人たちは「攻撃の矛先をイギリス人の自由に変え、イギリス人は以前と同じ専制政治による迫害を感じるようになる」。警鐘が鳴らされた。「イギリス政府によって……アメリカを隷属させるための組織的計画が立てられ、彼らはそれをあぶみとして『赤い馬』に乗り、祖国に専制政治をもたらそうとしている[★04]」。

警戒したアメリカ人は陰謀の匂いをいたるところに嗅いだ。一七六二年、イギリスの伝道師が「北米インディアンのためのキリスト教知識普及教会」を設立したとき、入植者は福音伝道者の真の目的は先住民ではなく、植民地に根づいた異教であると理解した。ジョン・アダムズによれば、秘密の計画は「すべての教義、三九箇条、宣誓、儀式、一〇分の一税を変えることなく英国国教会を確立すること[★05]」にある。一七六五年の印紙法によって印刷に税金がかけられるようになったとき、マサチューセッツのジョセフ・ウォーレンはこの法律は「植民地が抵抗運動を起こすよう仕向け……その上で厳罰をもってこれに対処し、武力によって入植者を隷属させるべく導入されたものである[★06]」と述べた。一七七〇年のボストン虐殺事件、一七七三年の茶法、一七七四年の耐え難き諸法は、いずれもこの暗黒の計画の証拠だった。ただ一度の迫害なら「偶然の産物とも言えよう」とトーマス・ジェファーソンは論じた。しかし、アメリカは「一連の迫害を受けており、それはある特別な時期に始まり、政権が代わっても一貫して起きている」。これが意味していたのは、アメリカは「この国を属国にせんとする意図的で組織立った計画に直面している[★07]」ということだった。

もし建国の父たちに意見を聞くことができたなら、誰がこの陰謀に加担していたか、そして陰謀を企てた者たちがなにをしようとしていたかについて、それぞれに少々異なる説明を聞くことになるだろう。だが敵が最終的に目指すものについては、みなジェファーソンと同意見だった。ジョージ・ワシントンは、「この型どおりの組織立った計画」の目的は入植者を「手なずけて隷属させることにあり、それはちょうど私たちが黒人を意のままに支配しているのと同じである[★08]」と書いた。アレクサンダー・ハミルトンも同じくこう述べた。「奴隷制がアメリカに導入されようとしている[★09]」。革命家たちが大陸会議を開いたとき、この会議体は「われわれを隷属させようとする政府の計画」を非難し、イギリス本国の人びとに警告した。「もしや同じ軍隊を率いた政府に隷属を強いられてはいまいか?[★10]」

植民地が次々に独立を宣言すると、アメリカに対する計画は新しく誕生したこの国の建国文書に詳しく述べられた。独立宣言は「虐待と権利侵害」について明言しただけではなかった。それは虐待が入植者を「絶対的な専制政治の下[★11]」に置こうという「企図」につながったと論じていた。

ロンドンの黒幕の魔手から逃れたと思ったとたんに、アメリカ人は今度は国内にいる同じ穴の狢《むじな》に対峙せねばならなかった。国家主義者たちは新生国の憲法「連合規約」に不満を覚えており、それは連合規約が中央政府の権力を制限していたからであった。現在は独立を果たしたアメリカ合衆国に昔からあった例の秘密結社のように、彼らはこの国をより中央集権的なものにしたいと考えた。彼らは一七八三年に好機を見出した。議会が常備軍を維持するための輸入税導入に難色を示したのだ。悪人どもは役人たちに軍事クーデターを起こすよう唆す一方で、この国の指導者層にはアレクサンダー・ハミルトンの経済政策を採用することによって、「『不満を訴え、苦難を経験している』軍隊を抑えつけて事態の収拾を図るよう忠告した[★12]」。

ニューバーグの陰謀として知られるこの計画は、ジョージ・ワシントンが仲裁に入ったことで頓挫したが、国家主義者はすみやかに新しい計画に乗り換えた。国家主義の兵士たちはシンシナティ協会を設立した。この協会は排他的な軍事組織であり、各植民地に同じ目的を掲げる政府を樹立し、ゆくゆくは国の議会に取って替わろうという魂胆だった。この協会は「火のように熱い野心と、権力への渇望」をもっている、とある愛国者が注意をうながしている。「シンシナティ協会がこの地に根づいて広がるようなことがあれば」、アメリカ政府は「数年のうちにポーランドやヴェニスのようなきわめて高圧的な貴族政治の下に置かれるだろう[★13]」。

ところが陰謀論者たちが最終的に鉄槌を下したとき、騒動は思わぬ方面から来た。一七八七年、彼らは一三あった植民地のうち一二までを説得して憲法会議を開催したのである。理論的には、この会議の目的は憲法の条項にいくつかの改正を提案し、憲法にあると広く知られていた欠陥に対処するだけというものだった。しかし彼らは「会議を陰謀に変えた[★14]」。閉ざされた扉の向こうで、代議員は仕事には目もくれず、憲法条項を中央政府に強力な権限を認める新しい憲法と入れ替えようとした。会議に出席した五五人のうち、二一人がシンシナティ協会に属していた。

新憲法の中身が露呈したのは、これに反対するメリーランド植民地のルーサー・マーティンという代議員が、会議で定められていた沈黙の掟を破り、地元の下院における長い演説でやがて来る新しい秩序について漏らしたときだった。彼はこう警告した。国家主義者は「公然とは行なえないことを陰で実現しようとしており」、それは「すべての植民地政府を廃止し、この広大な大陸に独裁色の濃い唯一の中央政府をもたらす」計画だというのである。陰謀者の壮大な陰謀には賛同しかねるが、より小さな植民地の権限を制限したいと考えている、比較的大きな植民地の人びとともに、代議員たちは直接税を導入する権限、常備軍を招集する権限、そして「自由な植民地政府を形成すると偽り、そのじつ人間がこれまでに考え出したなかでもっとも完璧でもっとも卑しむべき奴隷制を防ぐべく、植民地人が革命まで起こした」[★15]迫害を合法化する文書を作成した。

反連邦主義者と呼ばれた新憲法に反対する人びとはこの演説を褒めそやした。ペンシルヴェニアのある著述家は、マーティンが「陰謀者の怒り」をものともせず、「秘密会議を大衆の目にさらし、その暗い内幕を暴露し、知られざる会議の成り行きを詳述し、野望に満ちた陰謀を知らしめた」[★16]と述べた。しかし、暴露だけでは十分ではなかった。通常の法的手続きを踏むことなく、陰謀論者たちはクーデターさながらに力任せに憲法を書き換えた。憲法条項の改正には一三ある植民地全部の同意が必要であるところ、国家主義者は九つの植民地の賛成があれば憲法を改正できるという新法をつくった。とはいえ、憲法には国民の支持がなければならない。そこで国家主義者たちは、文書に権利章典を付け加えることで反連邦主義者を懐柔しようとした。

こうして連邦党に巣食う国家主義者たちが権力を握ると、せっかく勝ち取った権利もなかったも同然になってしまった。愛国心に満ちたメディアは国民に注意をうながした。政府の「嫌悪すべき無法な陰謀」が革命をなかったことにし、大統領を王座につけようとしている、と。[★17]連邦党の大統領は自らを虚飾と儀式で固めはじめ、まるで政権が共和党政権というより王立制であるかのようだった。それは、「私たちを独裁政治に慣れさせる」[★18]狡猾な計画だったのだ。議会は連邦所得税を徴収しはじめ、開拓者たちがとりわけ煩わしいウィスキー税に反対を唱えたとき、政府は彼らの抵抗を捻りつぶした。ジョン・アダムズ政権は言論統制を図る外国人・治安諸法を定め、この新法の下に政府にもっとも強硬に対抗する人びとをいっせいに逮捕した。ここでアダムズ政権が「自分の血族をイギリス王室とその血統に連ならせ、アメリカの王たらんと画策している[19]」という噂が立つと、イギリスの怪物たちがふたたびその頭をもたげた。
とまあ、そんな話だった。

「企図」や「計画」「策略」などの言葉を隠喩として考えるなら、いま述べた話のほとんどは不正確になる。広く引用される著書『アメリカ革命のイデオロギー的起源（*The Ideological Origins of the American Revolution*）』でバーナード・ベイリンは、革命時の世代は世界を自由と権力の闘いの場と見がちだったと述べた。「『権力は』」と彼は書く。「彼らにとって一部の人が他の人びとを支配すること、人による人の支配を意味し、彼らはそれを究極的には力、すなわち強制力と見なしていた[20]」。革命的なパンフレット作者が権力について書くとき、彼らはそれを擬人化した。それは人知れず忍び寄って侵食し、手のようにつかみ、ガンのように喰い尽くす。これは言葉のあやであって、本来それ自体に陰謀の影はない。

しかし「企図」や「計画」「策略」は隠喩ではない。それは政府、議会、そして最終的には王座についた植民地人の敵に対するまっとうな告発だった。精神史家のジョージ・H・スミスによれば、これらの告発は「ホイッグによる革命論の根幹を成していた。革命を正当化するためには、政府の不正な行為が散発的で無関連ではなく、専制政治を敷くための全体『計画』の一部であると示さねばならない[21]」。忍び寄ってくる権力を計画と組みあわせれば、四種目の敵、すなわち支配的で特権を求める上層の敵が出現する。建国時代の言葉を借りれば、それは「支配者たちの静かで、力強く、飽くことを知らぬ陰謀[22]」なのである。

権力をつねに監視していなければ、支配者は自分たちの富と影響力を増やすべく陰謀に走ると革命者たちは信じていた。政治手法として、これは完璧に納得のいく立場と言えた。権力が腐敗するものであるなら、権力を手にした人が腐敗すると考えるのは当然だった。この考えが誤りとされるのは、告発者が証拠を手にしていないとき（残念ながらとかくそうなる）である。歴史家のゴードン・ウッドが述べたように、当時は「人の真意を見抜くのは難しく、真の動機は行動から間接的に推測するしかない[★23]」と信じられていた。イギリスの政策がもたらした「結果」は植民地人の自由と独自の政府の無力化だったことから、「原因」は植民地人の自由と独自の政府の無力化の計画だったと推測された。証拠にかんする近代の基準に照らせば、これで十分とは言えない。

しかし本章の冒頭で紹介した逸話が、かならずしも当時アメリカで起きていたことの正確な説明ではないにしても、アメリカ人の多くがどう感じていたかを知る良い道しるべにはなるだろう。イングランドは実際にその力を植民地に拡大しており、植民地人の自治を脅かしつつあった。憲法も実際に権力を中央政府に集中させるものだった。連邦主義者は実際に全体主義的な傾向をもっていた。これらの指摘はおおむね誤っているとはいえ、真実の部分もあった。

たとえば、イギリス系アメリカ人の一部は自分たちの信仰をアメリカの国教にしたがった。それ以上を望む者もいた。ある時点で、ケンブリッジ大学キングス・カレッジの大学総長は、カンタベリー司教に、アメリカ人は「手に負えないような自由にかんする考えをもっている」と不満を漏らした。これが意味するのは、植民地の「憲章が廃止され、これらの土地がイギリス王によって任命された賢明で善良な知事と評議会の管理下に置かれたなら、アメリカ人も忠実な人民となるだろう[★24]」ということだった。だがそうした推測はイギリス王室とイギリス政府が示しあわせていたことを証明するとは言い難く、植民地に権力を広げようとするイギリスの試みと、植民地に信仰を広めようとする英国国教会の試みは別々に進められていたと考えるに十分な理由がある。[★25]

同様に、革命を起こしたばかりの人が、貴族的な典礼や国家主義者の政策を支持しがちなシンシナティ協会を危険視する理由は簡単だ。ジェファーソンもこの協会を信用しておらず、ワシントン将軍に「協会とは距離を置くように」[★26]要請した。『ボストン・ガゼット』誌が述べたように、協会が「『別個の政府』としての体制をすべて整えている」[★27]にしても、それは影の政府として動いたためしはなかったし、それはたんに若き国家主義者のための集合場所と圧力団体であり、支配を企む組織ではなかった。協会には、最終的には連邦主義者に反対して、ジェファーソンの党に入った者も何名かいた。[★28]

一方で、ニューバーグ陰謀は実際に起きてはいるが、兵士たちがどれほど国家主義者に操られていたかについては歴史家のあいだでも一致した意見はない。また現代人の耳には異様に聞こえるであろう、冒頭の逸話の部分（憲法にかんする陰謀論）は、実際にはこの話の中でもっとも事実に近いと思われる。憲法会議が秘密裏に開催されたことは否定のしようがないし、会議体はその議事録の公開すら許さなかった。また会議が憲法条項の草案作成という本来の使命の枠を越えたこと、代議員には最初から指示にしたがうつもりのない者がいたこと、九つの植民地のみによる批准で憲法が成立するという法的根拠は皆無だったことも事実だった。[★29] こんにち憲法の制定が陰謀であると指摘されることはないにしても、それはこうした事実について重大な争いがなかったことにはならない。それは大半の人が憲法が法律となったことを喜び、その誕生にまつわる変則性に触れたくないだけのことである。[★30]

イギリス人、そしてのちには連邦主義者が自分たちを陰謀者と見なさなかったという徴候は、彼らが自分たちを陰謀の犠牲者と平気で考え、彼らの敵対者をときに下層の敵、ときに外からの敵と見なす点にうかがえる。イギリス人のあいだには、革命はすべてフランス人の策略で、パリが「密使」を送って「イギリス人移民のあいだに不満の種[★31]」を広めようとしたと主張する人もいる。フランスまで引きずり出さなくても、マサチューセッツのトーマス・ハッチンソン知事などのトーリー党員は、次のようなベイリンの言葉を信じた。「植民地におけるあらゆる問題の根は、イギリスに対して恭順の意を表わす一方で、権力を握った者たちの絆を破壊しようと熱心にはたらいた、秘密主義で権力に飢えた悪人どもの仕業である[★32]」。

連邦主義者もまた革命の陰謀に怯えていた。彼らはジェファーソンの政治クラブを監視し、急進派がおそらくはフランスの外国人諜報員の指示の下に暴動を企てていることを知った。ウィスキー税反乱は彼らの所業とされ、さらなる反乱が予想された。ワシントン政権最後の年、のちの大統領ジョン・クインシー・アダムズが父親にこう不満を述べている。フランスがアメリカ国内の朋友と「大統領の解任」を企んでおり、その後「大統領に代わって総裁政府『ディレクトリー』を導入し、最高責任者から軍隊の指揮権を奪う[★33]」ことをアメリカ憲法に定める計画を進めている（「ディレクトリー」は、フランスの支配組織「ディレクトワール」にちなんだ名称）。一七九八年のXYZ事件では、フランスの外交官がアメリカの外交官に賄賂を要求し、一七九八年から一八〇〇年まで続いた疑似戦争では、フランスとアメリカの軍艦が海上で小競り合いを演じて、外国勢力による破壊行為の恐怖が新たに浮上した。こうした状況下で、最悪の連邦主義者陰謀論が生まれた。アメリカはバイエルン・イルミナティと呼ばれる秘密結社の脅威にさらされているというのである。

実際のイルミナティ（光明派）は、一七七六年五月一日にバイエルンにあるインゴルシュタット大学のアダム・ヴァイスハウプト教授によって創立された。その動機はおもにイエズス会の影響力を削ぐことにあった。自らイルミナティと称したのは彼の信奉者がはじめてではない。一五世紀から一六世紀におけるスペインのアルンブラドス、フランスのイルミネ、アフガニスタンのロシャニーヤは、彼らの宗教運動にこの名称を用いており、一八世紀にスウェーデンの心霊主義者エマヌエル・スヴェーデンボリを信奉したフランス人にしても同様だった（当然ながら、陰謀論者はこれらの古い宗派をバイエルンの秘密結社と結びつけようとした）。ヴァイスハウプトのイルミナティは理論的には権威主義であって、実際には厳格な階層構造をもち、奇異な位階と徹底した秘密主義を特徴としていた。ジョン・バーチ協会は敵対する共産主義者と同じ組織構造を用いた、とリチャード・ホーフスタッターが述べていたことをご記憶だろうか？　ヴァイスハウプトもこれにならい、イエズス会のもっとも複雑な秘密主義をも凌ぐ指揮系統を確立した。

ヴァイスハウプトのグループはフリーメイソンの内部に入りこみ（秘密結社の中の秘密結社となった）、バイエルン当局が組織解体に乗り出すまでに少なくとも二〇〇〇人の構成員を集めた。当局の最大の手入れは一七八六年に起きており、このとき警察はそのころ政府の要職についていたイルミナティの一員フランシス・ザビエ・フォン・ツヴァックの自宅を手入れした。捜索によって結社にかかわる大量の書類が発見され、そのなかには彼らの秘密の紋章やメンバー一覧の一部だけでなく、ヴァイスハウプトが義理の妹を妊娠させたらしく、中絶するように求めている手紙まであった。これらの文書は出版され、結社は不名誉を被った。ほどなくバイエルン大公は、この秘密結社のために新たなメンバーを獲得せんとする者は死刑に処すと発表した。

これで騒ぎは収まったかに見えた。しかしイルミナティの幹部はまだ活動を休止しておらず、組織のある元構成員が同様の組織を新たな名称で創立しようと試み、この件は広く知られることとなったが失敗に終わったという噂が立った[34]。フランスの保守派は地下に潜ったイルミナティの人びとがフランスのフリーメイソンに潜入し、一七八九年のフランス革命を先導したと口々に囁いた[35]。エディンバラの物理学者ジョン・ロビソンが一七九七年の著書『陰謀の証明』でこの件に触れたことから、この説は英語圏に広まった。ロビソンによれば、フランスにおける流血はほんの手始めだという。「ヨーロッパにおけるあらゆる宗教組織を壊滅させ、あらゆる政府を転覆させるという明確な目的のためにある組織が形成された[36]」。ほぼ同時期にフランスのイエズス会員オーガスティン・バリュエルがイギリスに追放となり、四巻の大著『過激急進主義の歴史を説明するための回顧録』でこの結社についてより詳細に述べた。そしてイルミナティ陰謀論はロビソンやバリュエルをとおしてアメリカに伝わり、過激派の反乱を恐れた連邦主義者は一段と大きな恐怖心を抱えることとなった。

最初に噂を流したのはニューイングランド知事のジェディディア・モールス牧師で、「われわれの聖なる宗教と自由で優秀な政府を打倒し転覆させようとする[37]」地球規模の陰謀が存在すると説教壇から述べた。モールスの説教は、敵の計画を詳しく説明するもので、「黒人部隊が〔ハイチから〕南部の植民地を侵略し……ニグロの反乱を煽る[38]」という策略もふくんでいた。しかしモールスは陰謀者が社会秩序を崩壊させる前に彼らの策謀を暴露する用意ができていた。「わが兄弟たちよ、私はイルミナティという秘密結社……一〇〇人の構成員がいる……の幹部や構成員の氏名、年齢、出生地、職業などを記した、真正であることが証明された公式リストを入手しています[39]」。著名な人物がこの動きに同調し、そのなかで有名だったのはイェール大学のティモシー・ドワイト学長で、彼はイルミナティを貞節、信仰、家族制度に対する脅威であると批判した。やがて予想どおり、恐怖心は党派政治にも忍び込み、たとえばコネティカットのある連邦主義者はトーマス・ジェファーソンを「『近代の光明』の申し子」[★40]と非難した。

イルミナティはポピュラーカルチャーにも出没するようになった。一八〇〇年、メイン地区の小説家サリー・ウッドが、革命前のフランスを舞台にしたゴシックメロドラマ『ジュリアとイルミナティの男爵（*Julia and the Illuminated Baron*）』を出版した。小説では、イルミナティの一員が若い女性を幽閉してその純潔を奪う。さまざまな不安に取り憑かれたこの小説の悪役は、急進派でありジャコバンでもある。「彼は王制を嫌悪する一方で、ときには王位を望んでかなわぬこともあった。宗教を笑い飛ばす一方で、その権威の前では震えて信心を起こそうとした」[★41]。ウッドが描いたイルミナティは倒錯した自然主義者の一党で、来たるべき反乱に備えることを喜びとしていた。あるとき、ある女性が彼らの入信儀式をこう評している。「銀色の紗でできた祭服以外はなにも身につけず、私は生け贄を捧げる大理石の台座のうしろに控えた会員たちの託身儀礼を受ける」。彼女はこう付け加える。「この宗派は日増しに成長している。数年内にはヨーロッパ全体を掌中に収め、フランスを滅ぼしにかかるだろう」[★42]。

アメリカの共和制が成熟し、とりわけ連邦党が一八〇一年に衰微しはじめたとたん、重大な変化が生じた。それ以前なら、連邦主義の陰謀論者はたいていジェファーソン派の下層の敵（おそらくはフランスからの外敵の協力を得ている）について不満を漏らしたものだが、ジェファーソン派の陰謀論者はたいてい連邦主義の上層の敵（おそらくはイギリスからの外敵の協力を得ている）について不満を述べた。それは、社会を牛耳る支配層に怯える暴徒と、社会の底辺でうごめく人間に怯える忠臣のあいだで戦われた革命期の闘争への自然な反応だった。このパターンの例外があるとすれば、それは社会階層にお

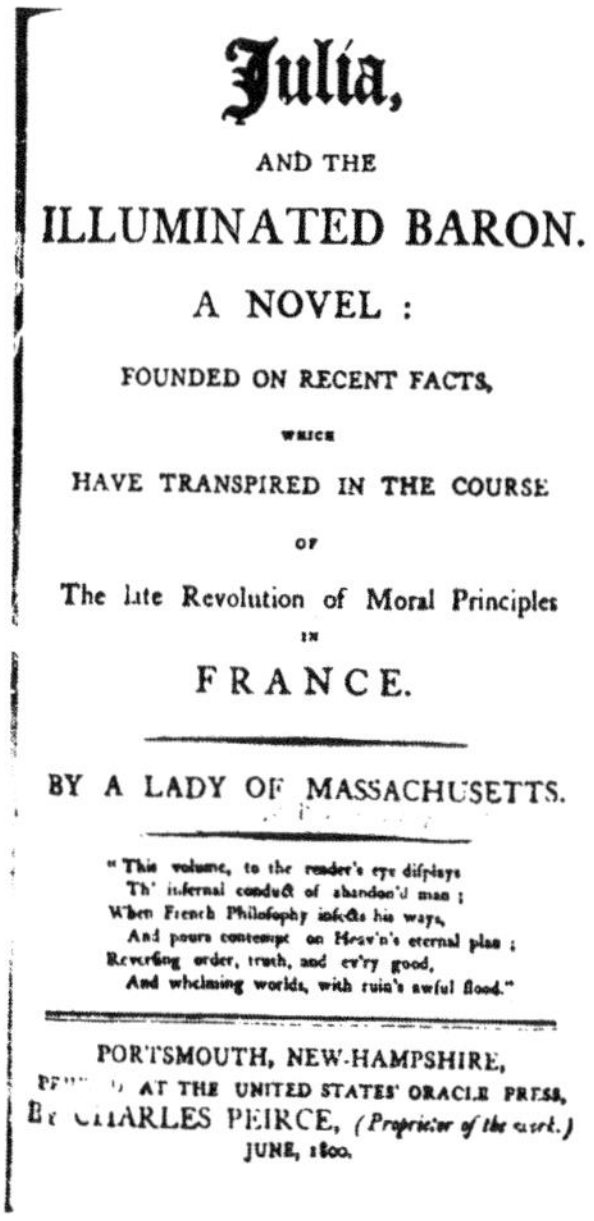
Julia,

AND THE

ILLUMINATED BARON.

A NOVEL :

FOUNDED ON RECENT FACTS,

WHICH

HAVE TRANSPIRED IN THE COURSE

OF

The late Revolution of Moral Principles

IN

FRANCE.

BY A LADY OF MASSACHUSETTS.

" This volume, to the reader's eye displays
Th' infernal conduct of abandon'd man ;
When French Philosophy infects his ways,
And pours contempt on Heav'n's eternal plan ;
Reversing order, truth, and ev'ry good,
And whelming worlds, with ruin's awful flood."

PORTSMOUTH, NEW-HAMPSHIRE,
PRINTED AT THE UNITED STATES' ORACLE PRESS,
BY CHARLES PEIRCE, (Proprietor of the work.)
JUNE, 1800.

いて自分より下層にいる者にびくついている白人の革命論者だった（王による圧政に加えて、独立宣言はイギリスが「私たち国民に暴動」を起こさせようとしていると指弾[43]した上からと下からの圧力）。

しかしジェファーソン率いる政党が実権を握っているのだから、連邦主義者にとって彼らの敵対者を上層の敵と見なすこともまた可能だった。一八〇四年、ヴァージニアの連邦主義系新聞『ノーフォーク・ガゼット・アンド・パブリック・レジャー』紙は、「リッチモンドの組織」が「未承認の貴族政治支配[44]」を敷こうとしていると批判した。国全体に目を転じると、マサチューセッツのある連邦主義者は、「この国は厳粛な盟約によって結びついた自由な共和国ではなく、限られた権限しかもたない連邦政府の下に、少数の人びとの絶対支配下にある一大帝国になってしまった」[★45]。海を隔てた対岸では、フランスの革命共和国が独裁者ナポレオン・ボナパルトの掌中に落ちており、連邦主義者たちはいまやアメリカの革命共和国も独裁者トーマス・ジェファーソンの掌中に落ちると信じていた。ジェファーソン派とパリを想定した外敵間の協約は、いまだに連邦主義者の頭の中で重要な部分を占めていた。ただ、アメリカとフランスの敵はその性質上いずれも一大帝国になってしまったというだけのことだった。かつては偉大な連邦主義者の希望であった憲法ですら、「敵となった現在の支配者の手に落ち、魔法にでもかかったように巧妙な独裁の手段と化し、フランスを支配する残虐な体制が始まった」[★46]。

　これは幻想であるとはいえ、実際の出来事にもとづいていた。フランスからルイジアナの土地を購入することによって、ジェファーソンは国土を二倍以上に拡大し、これによってこの国が支配するには大きくなりすぎたのではないかとの懸念を連邦主義者に抱かせた。また、イギリスとの交易に関税をかけてアメリカの経済的自由に干渉し、これは連邦主義者が多く住むニューイングランドの諸都市にとってとりわけ不利だった。換言すれば、ジェファーソンはその力の少なくとも一部を権力の拡大に注いでいたことになる。彼に批判的な人にとって自由という言葉で彼を非難するのはやさしいことだった。そして、こうした非難のいくつかが陰謀説となったのは自然な成り行きと言える。

「巷で囁かれているこれらの陰謀には、特定の出所も定まった目的もない」と、マサチューセッツ連邦主義者の歴史には書かれている。「計略は内閣内部、『ジャコバン』不満分子の深夜集会、あるいはヨーロッパ某所で、ナポレオンの馬車の中で練られた」。内なる敵の陰謀も、外からの敵の陰謀もあった。[★47]選挙を支配しようという小規模な陰謀があり、「[キリスト教の]根底をくつがえし、その祭壇を破壊しよう」と企てる、「邪悪で武装した外国の男たちによる」大規模な「内密で系統だった」海外勢力の策謀があった。外でも内でも、上でも下でも、連邦主義者はあらゆる方向に恐怖を見出した。

秘密結社は想像をパラノイアに変えるのに変幻自在な役割を果たし、彼らの秘密はなんでも覆い隠す仮面だった。イルミナティが起こしたパニックでは、フリーメイソンは外敵だった。ところが一八〇〇年のガブリエル・プロッサーの反乱後になると、フリーメイソンは下層の敵と結びつけられた。奴隷たちがフリーメイソンの支部をつくると見せかけて反乱を企てているとされたのである。[★48]一八二六年、ニューヨークのキャナンデーグアで起きた大犯罪のために、フリーメイソンは上層の敵の象徴となった。その原因をつくったのはウィリアム・モーガンが殺されたと思われる事件だった。モーガンは諸方を巡り歩く石工で元フリーメイソンであり、彼はこの秘密結社の秘密を暴露すると公言していた。その後数か月にわたって嫌がらせを受け、最後には誘拐されて消息を断った。

モーガンの失踪に続いて何件かの重大な裁判と大陪審による捜査が行なわれ、それらの手続きで明らかにされた証言を聞いた人の多くは、フリーメイソンの自警団がモーガンを殺し、フリーメイソンの多くが暗殺者を守るために偽証し、高い地位にいるフリーメイソンが殺人を隠蔽するために権力を濫用したと確信した。一八二八年、これらの証言を聞いた人びとが反メイソン党をつくった。四年後に大統領選挙を闘ったとき、この党は投票者全体のおよそ八パーセントの票を獲得し、ヴァーモント州では勝利を収めた。[★49]ジョン・クインシー・アダムズ元大統領も運動に加わり、一八三二年の大統領選初期に私的にこうコメントしている。「［ヘンリー］クレイと［アンドリュー］ジャクソンのどちらが大統領になるかより、アメリカにおけるフリーメイソンの解散のほうがわれわれの繁栄にとって断然重要である」。[★50]反メイソンの知事がヴァーモントとペンシルヴェニアで選出され、反メイソン活動家の多くがのちにホイッグ党や共和党政治の中心人物となり、そのなかにはのちの国務長官ウィリアム・スワード、のちの上院議員チャールズ・サムナー、のちの下院議員サデウス・スティーヴンス、のちのホイッグ党首サーロー・ウィードがいた。

反メイソンのなかにはかなり見識のある捜査官もいた。だが、とくにあとの方になると、突拍子もない無茶な告発をする者もいた。いずれにしても、彼らは単に殺人と思われる事件を捜査しているわけではなく、もっと大きな陰謀がはたらいているという疑念をもっていた。[★51] 強大な力をもつ組織に対する憤りを感じていたのだ。歴史家のキャスリーン・スミス・クトロースキーによれば、反メイソンが強いアップステートニューヨークでは、フリーメイソンは「公職のうちきわめて大きな割合を占めていた」。クトロースキーの推測では、フリーメイソンはジェネシー郡の投票者数の五パーセントにも満たないはずだった。ところが、

一八二二年以前における郡内の公職者（一七人の上下両院の議員をふくむ）のうち半分までが秘密結社の支部に属していた。自由をうたった一八二一年の憲法施行から五年で、郡の政治指導者全体――候補者と党委員をふくむ――の五五パーセントがフリーメイソンになった。一段下の町レベルでは、フリーメイソンがさらに多くの公職についていた。支部仲間がワルシャワの監督官と判事の四分の三を占め、町で唯一の郵便局長、リロイの監督官、町の事務官、補佐役の半分強に上った……一八〇三年から一八二七年にかけて、郡内の政治職候補八五名のうち三分の二はフリーメイソンで、このなかには一八二二年以前の下院議員候補の四分の三もふくまれていた。[★52]

フリーメイソンの集会に出席する人は扉を入るときに政治を外に置いてくるのが原則とされており、まさにそのとおりだったかもしれない。それでも反メイソンが疑念を抱いた理由は想像するに難くない。この疑念が一八二六年までに大きく膨れ上がっていなかったとしても、モーガン事件によってそれが運動に発展した（アンドリュー・ジャクソンが秘密結社に属していたことが火に油を注いだ。運動が盛り上がるにつれて、ホワイトハウスの反メイソン派の多くが、フリーメイソンに敵対する党に入ることで自分の印象を良くしようとした）。

当然ながら、「支配者たちの静かで、強力で、活発な陰謀」がいちばんよく見つかるのは政府だった。しかし一八二〇年代と三〇年代にフリーメイソン（さらに一七八〇年代のシンシナティ協会）が人びとに与えた恐怖感は、民間組織も同じ顔をもつことを示している。国家は上層の敵が求める獲物であり、彼らが用いる手段であるかもしれないが、陰謀者は別の場所で計画を進めることを好むのだ。[53]

一八三〇年代に銀行戦争が起こり、種々の民間組織が上層の敵として槍玉に挙げられた。ジャクソン大統領は一八三一年に中央銀行を再認可する法案に拒否権を行使し、その後一八三三年に銀行から財務省の預金を引き上げた。その結果、第二アメリカ合衆国銀行はただの州銀行になり、数年後にはついに潰れてしまった。この紛争の期間を通じて、大統領とその支持者たちは銀行を怪物、竜、ヒュドラー、タコと呼んで非難した。ポピュリストの言いがかりはときには陰謀めいていた。ジャクソンは銀行を「影の国家」と呼んだ。「それは誕生時から徐々にその力を増してきた政府である」。[54] さらに後日こう付け加えている。銀行の頭取は「ショーマンが人形を操るように上院を支配している」。[55] こうした発言はこれまで見てきた反体制派の主張とさして変わらないとはいえ、政府や秘密結社ではなく、名目上は民間の企業に向けられていた。それがこうした組織に上層の敵を見出そうとする過去の反体制派と一線を画してはいなかったことについては、銀行を批判した人びともいたって明確にしている。マサチューセッツのジャクソン派フレデリック・ロビンソンは、「わが国の支配階級……は党名を変えつづけている」と一八三四年七月四日の演説で述べた。「それはまずトーリー党と呼ばれ、次に連邦党になり、やがて党ではなく合同体となって、国民共和党を経て、ホイッグ党となった。次には共和党か民主党にでもなるのだろう」。ロビンソンによれば、これらの支配階級は「特権を享受するために協会や企業を創立し」、これらの特権企業のなかでも銀行が「格段に強力で破壊的」だった。[★56] ロビンソンや彼と意見を同じくする人びとにとって、ワシントンとイギリスの戦いもジャクソンと銀行の戦いも一つの長い戦争の異なる段階にすぎないのだった。

　それでも銀行戦争は、国家組織にも負けぬほどに民間組織にも黒幕がいる世界への一歩だった。それはまた、エリートに敵対する戦士を見つけるのに、以前であれば上層の敵がいる行政府にポピュリストが目を向ける世界への一歩でもあった。このことはそのポピュリストが陰謀論者であるか否かにはかかわりがなかった。しかし抵抗運動のおもな対象が変わるにつれ、その運動を繰り広げる人びとの疑念にも変化が生じた。この流れの次の段階は、国内市場が発展し、かつては中央銀行に貼られていた「タコ」というレッテルが鉄道に貼られるようになった南北戦争勃発時に起きた。

　第二アメリカ合衆国銀行のような鉄道会社は、政府の助成金によって大いに潤っていた。ユニオン・パシフィック鉄道のような鉄道会社は、政府の援助がなくては存在しえなかった――あるいは、少なくとも、人びとがこれほどの怒りを覚える存在にはならなかった。鉄道事業の競争相手の一部はこの鉄道会社への助成金や法的特権を停止させられれば喜んだはずだが、新世代のポピュリストは鉄道事業を国家に任せるという考えを好み、ジャクソンがこの役目を銀行に担わせたやり方を嫌悪した。

ジャクソンのやり方は行政府の権限を肥大化させる一方で州政府の権限を縮小したからである。彼らは鉄道事業を規制もしくは国有化せよと政府にはたらきかけた。一世紀前なら、上層の敵に戦いを挑む者は国家の権限を制限したがっただろう。いまや、彼らは自分の目的のために国を動かそうというのである。

一九世紀末から二〇世紀はじめにかけて企業統合が始まるころまでには、タコの隠喩はL・フランク・ボームの児童用ファンタジー小説にパロディーとして登場するほど広く知られていた。『海の妖精（*The Sea Fairies*）』（一九一一年）では、水中を旅する少女は海の生き物に自分がなぜ彼が悪人だと思うかを説明しなければならない。

「だって、タコは悪党で嘘つきだってみんな知ってるもの」と少女は言った。「私が住んでる地上ではね、スタナード・オイル（スタンダード・オイルのパロディー）をタコって言うし、コール・トラストもそうだわ、それに――」。

「わかった、わかった」と怪物はたじたじになった。「じゃあ、ぼくがいつも尊敬してきた地上の人びとは、このぼくをスタナード・オイルに例えてるって言うのかい？　……ぼくたちの足が長くて、なんでも触れるものを取るからって、ぼくが、あの……に似て……ああ、そんな、ぼくには言えない！　ひどい恥さらしだ、あんまりじゃないか」[★57]。

反タコ運動では反企業と反国家が完全に分かれてはいない。リバタリアンの右派と反権威主義の左派について多くの人が言うように、大企業は大きな政府から権力を得るのだから、そのどちらかに反感をもつものは他方にも反感をもつのだ。ウォールストリートやワシントンに注目する人でも、他方を完全に無視するのは難しい。青年国際党の支持者（イッピー）もジョン・バーチ協会の支持者（バーチャー）もＣＩＡを信頼していなかったし、大手銀行を好んでもいなかった。

そして反国家主義者も反企業主義者もタコのイメージを好んだ。タコは理解しやすい黒幕なのである。なにしろ、八本の足を同時に使えるのだから[★58]。

つまり、上層の敵は人びとの自由を奪い取って奴隷にする。しかし、すでにあなたが奴隷だったとしたら？　アメリカには上層の敵のもう一つ別のバージョンがあり、こちらは黒人たちが鎖につながれていたころにさかのぼる。これらの話にはたまたま自由を手に入れた場合もあるが、すでにもう取り上げる自由など残されていない場合もあった。そんなとき、陰謀は犠牲者の体そのものを欲しがるというものになった。

アフリカ人がはじめてヨーロッパ人の奴隷売買を経験したときに恐怖が生まれた。彼らは白人に食べられることを恐れたのだ。陰謀説の多くがそうであるように、捕らわれた人は自分が実際に観察したことと恐怖心から生まれる推測によってこの結論にいたる。ある奴隷はこう言った。「皮が白いブタの一部が吊るされているのを見たが、それまで私たちはそのようなものを目にしたことがなかった。私たちの国では、ブタは毛を取り除くためにいつでも火で焙るからだ。そしてたくさんの砲弾が台の上に載せられていた。ブタは肉で、砲弾は肉を食べるために殺された人の頭だと私たちは思った[★59]」（『ルーツ』を読んでいたと思っていたのにそれはただの上っ面で、物語ははじめから『羊たちの沈黙』だったのだ）。別の奴隷は仲間が「食べる前に太らされるのを恐れて[★60]」船から飛び降りたのを記憶している。ルイジアナやハイチに到着したアフリカ人は所有主が飲んでいるワインを血と勘違いしたという。

"A Horrible Monster," July 19, 1880, *The Daily Graphic*

実際、奴隷所有者は奴隷相手に陰謀を企んだが、それがどのような陰謀であるかに誤解があった。捕らわれた人は白人経済に飲み込まれるのであって、白人の口に入るわけではない。アメリカの奴隷所有者に奴隷を恐れる理由があったにしても、奴隷のほうが所有者を恐れる理由をはるかに多く抱えていた。白人のなかにはその恐怖心に憤りを覚える者もいる一方で、これらの恐怖心をそのままにしておいたほうが奴隷を扱いやすいと考える者もいた。[★61] この意図的に恐怖心をもたせるやり方は奴隷解放後も続き、白人は黒人労働者が北部に移動するのを防ぐために奇怪な話を広めた。

これが一九世紀末から二〇世紀はじめにかけて広まったある陰謀説の起源かもしれない。それは「夜の医者」という噂で、黒人を捕らえ、殺し、死体を解剖するというのである。あるアフリカ系アメリカ人の情報提供者が民俗学者のグラディス＝マリー・フライに語ったところによると、「黒人の死体が足りなかった」ので、「解剖する死体を入手するために［夜の医者は］ときどき黒人を誘拐した」。[★62] この話が最初に人の口の端に上ったのは、黒人が夜出歩かないようにするために南部の白人がいかにも夜の医者のように見える服を着ていたからだった。南北戦争後、愚かな黒人が自由になったので都市に移住しようとするのを、夜の医者が捕まえようと待ち構えているという噂を白人が広めたとも言われている。

ともかく黒人が都市に出たとき、彼らはこうした噂も都市に持ち込んだ。ワシントンＤＣに住む黒人女性が一九六四年に「Ｅ通りにある古い海軍病院の話を聞いたことがありますか？」とフライに尋ねた。「そう、医師や実習生がそこにいたのですが、黒人の大半は夜の外出をそれは怖がっていました。医者たちが彼らを捕まえにくるというのです」。[★63] 一部の噂によれば、誘拐犯はどんな黒人でも欲しがったが、ほかの人と違ったり奇形だったりする黒人しか狙わないという人もいた（「私がずっと二ユーヨークに来なかったのはこのためです」と別の女性がフライに語った。「私は体重が九〇キロほどあるのですから」)[64]。アフリカ人売買にかかわっている黒人の仲買人がいたように、白人のためにはたらく黒人の人さらいの噂まであった。

科学者たちが人間の血から薬をつくっているという風説まで流れた。ある種の組織化された食人とも言える。一九七九年から八一年にかけて、アトランタでは子どもたちが次々に殺され、おぞましい事件の噂にふたたび火がついた。当時、少なくとも二一人の黒人児童とティーンエイジャー(そして数人の若者)が誘拐されて殺害されている。ある説によると、政府が子どもたちの生殖器を採取し、媚薬をつくろうとしているということだった。

ここには、いつまでもくすぶり続ける、移民による偽情報作戦の噂以上のものがはたらいていた。黒人には白人の機関を恐れるもっともな理由があった。たとえば病院のように、これらの機関が理論的には人を助けるものであっても同じことだった。独立戦争前の南部では、科学者が「奴隷の弱い立場を利用して彼らを実演、検屍、解剖、実験に使った[65]」と医学史家のトッド・サヴィットは報告している。奴隷制の禁止後もこうした虐待が止むことはなかった。たとえば、一九三二年から七二年まで続いたタスキーギ実験では、連邦公衆衛生局は数百人におよぶ黒人の分益小作人に無償の医療を提供した。しかし、梅毒患者にはその事実を告げずわざと治療をしなかった。その理由が梅毒の症状が白人と黒人で異なるか否かを知りたかったからというのである。

これ以外にも、陰謀とはほど遠い日常的なレベルで、黒人が白人医師による横暴な虐待を受けた例は数多くあった。この文脈において、夜の医者の巷説が流れたり、医師が黒人の赤ちゃんにＨＩＶウイルスを注射したりしているという噂を、のちの人びとがたやすく信じたのも驚くにはあたらない。

上層の敵の顔は、たいてい巨大組織（病院、政府、大企業）または秘密結社だった。アメリカの黒人社会にとって最大の敵対組織はクー・クラックス・クラン（KKK）だった。実際にはKKKは一九四〇年代からは一個の組織ではなかったが、当時はまだどうにか統一されていた。しかし伝説に登場するKKKは強力な組織であり、この組織に一度でも加わったことのある人はむろんのこと、そのような経験のない人も多数ふくんでいた。一九九三年というつい最近のこと、民俗学者のパトリシア・ターナーは黒人の多くは急進的な犯罪ならほぼなんであれKKKの仕業と考えがちであることを発見した。多くの企業がKKKと関連があるとされ、とりわけチャーチズ・チキンはKKKの前線であるのみならず、黒人男性を不妊にするようなチキン料理をつくっていると噂された。「アメリカ食品医薬品局（FDA）がKKKによるチキンへの薬品混入を止めさせるのではないか、と黒人のある女子大生に尋ねたところ」、とターナーは思い返す。「いえ、KKKはFDAをいとも簡単に支配するでしょうと彼女は答えました[★66]」。

チャーチズ・チキンの巷説はばかばかしい限りだし、アメリカの黒人のあいだで語られる噂の他の陰謀説にしても同様である（夜の医者の別バージョンでは、マンホールが「人を捕まえるようにつくられており」、夜になると開いて通行人を呑みこんでしまう[★67]）。とはいえ、取るに足らぬような話でも実際の経験にもとづいているものだ。「夜の医者」伝説が実際の医療関係者の悪辣な行為を反映しているように、チキン伝説も現実から生まれたのだ。ほんの数十年前、多くの州では低収入の黒人に対してときには同意なく避妊手術が行なわれた（ある有名なケースでは、医師たちが出産したばかりの黒人女性の卵管を焼灼した。彼女がこの事実を知ったのは何年もたってからのことだった[★68]）。ノースカロライナ州のソーシャルワーカーは、一九七三年という最近までアフリカ系アメリカ人に精管切除術や卵管結紮《けっさつ》を強制していたし、ヴァージニア州とカリフォルニア州は一九七九年まで彼らの不妊法を無効にしなかった。ほんとうの虐待の話は偽りの虐待の話をより真実らしく聞こえさせる。

この意味において一九六〇年代の人種暴動がとりわけ興味深いのは、黒人と白人それぞれが抱えていたパラノイアの物語を比較できるからである。「一九六七年六月にボストンで起きたある暴動では」とメディア論者のテリー・アン・クノップは述べた。「地元の黒人自助団体は謄写版刷りの『緊急備蓄キット』を地域一帯に配布した。キットには水や食糧の保存法のメモも添えられており、これは警察が黒人社会を『抹殺する』つもりだと信じての措置だった」[★69]。相互に恐怖を煽る結果になっていることに留意いただきたい。ジョン・バーチ協会の一員がそのキットを見れば、ゲイリー・アレンやサム・ヨーティが警告していたように、警察に対する疑念を生じさせようとする陰謀の匂いを嗅ぎ取るだろう。ヨーティ市長が警官による暴力の報告を軽視する談話をブラックパンサー党員が耳にしたなら、それはゲットーでの戦争を隠蔽しようとするへたくそな試みにしか聞こえないだろう。

クノップとその仲間は一九六〇年代から七〇年代初期までの暴動の噂を収集し、そのうち一八一件が黒人からの聞き取りで、一七八件が白人からの聞き取りだった。黒人による噂のうち三三件、白人の場合は四八件が陰謀がらみだった。「白人は現在の秩序が危機にさらされていると強く恐れている」とクノップは指摘した。「黒人がさまざまな策謀を謀っているとされ、そうした策謀には、ダウンタウンの商業地区を破壊し、郊外のショッピングセンターを略奪し、白人居住地区を襲撃し、ライフライン（電気、ガス、電話など）を止め、街全体を燃やす計画などがあった」。一方、黒人は残虐な行為、侮辱的な行為、あるいは不公平な行為に目を向けていた。たとえば、ペンシルヴェニアでの暴動の前に、「黒人学生は若い白人が反ニグロ協会（ＡＮＡ）という組織を立ち上げたという報告を聞いて怒った」。ルイヴィルでは、民兵の指導者ストークリー・カーマイケルが集会に姿を見せなかったとき、「黒人の多くは彼の飛行機が着陸できないように白人が手を打ったと確信し、この未確認の噂によって暴動が起きたのだった」[★70]。

グループ双方は恐怖と戸惑いで睨みあい、片方は上層の敵を、もう片方は下層の敵を目にしていた。町は炎に包まれた。

「上層の敵」論は権力にかかわる地下文芸であり、毒々しく歪められていることが多く、専横的な機関がある限り避けられない。そうした機関がより大きく、強く、見えづらいほど、上層の敵の噂は頻繁に聞かれるようになる。

これらの噂は陰謀説のなかでももっとも不名誉なものである。それはこれらの噂が社会秩序を強固なものにするのではなく崩壊させるからだ。メディアでは、「陰謀」という言葉は上層の敵のみを指して用いられているかの感がある。権力者に対する疑惑を漏らせば、陰謀説をもち出すまでもなく陰謀論者になれる。政治的パラノイアにかかわる自著で、新保守派の歴史家ダニエル・パイプスはアメリカの権力に対する批判をほぼすべて陰謀として扱った。あるとき、ある外交政策分析家が「こんにちアメリカにグローバルなリーダーシップを発揮せよと望む人は、この国が世界の盟主たる役割を果たすことを望んでいる」[★71]と書いたとき、パイプスはこの分析家を痛烈に批判した。パイプスにしてみれば、この穏健なコメントすら陰謀説だったのである。

ところが、「上層の敵」論をそしる同じ体制派はときにそうした議論を自ら広めることがある。自分はしがない反抗分子で、敵は体制側だと考えるのがアメリカの長きにわたる伝統なのだ。つまるところ、ジェファーソン派と連邦主義者間の争いでは、どちらも相手を自由を踏みにじる敵として描いているのだ。アンドリュー・ジャクソンが第二アメリカ合衆国銀行を批判したとき、これと似たようなことが起きた。彼を批判する人びとは、銀行に対する彼の批判は大統領により大きな権力を集中させるための口実だと論じた。ヘンリー・クレイ上院議員は、ジャクソンが「ヨーロッパのどの王より強大な権力」[72]を欲しがっていると明言した（それは廷臣の陰謀だと考える人もいた。クレイの言葉を借りるなら、「それは執念深く、陰鬱で、無責任な悪党集団であり、もっとも親密で賢明な友人を押しのけて、大統領を取り囲んで自分たちの意のままにしようとする、ひょろりと痩せ細り、下顎が突き出て、心が空ろで、無一文の人間たちから成る集団である」[73]。かつてのジョージ王〔ジョージ・ワシントン初代大統領を指す〕と同じく、アンドリュー王〔アンドリュー・ジャクソンを指す〕は交互に影の政府の味方または敵と見なされた）。

同じことは南北戦争でも起きた。奴隷権力にかんする共和党の見解によれば、白人もまた奴隷の身に落ちるとされ、この考えは明らかに上層の敵のアイデアに負うところが大きい。しかし民主党員も、徴兵制、人身保護令状の停止、メリーランドとケンタッキーでの選挙への軍事介入に反対するにあたって同じ理論を振り回し、アメリカ人の自由の侵害のみならず、この国における自由を消し去る組織的な計略を見届けたと主張した。「目的はなにか？」と『シカゴ・タイムズ』紙は問いかけた。「一瞬でも疑問に思う人がいるだろうか？　メリーランドとケンタッキーを見るがいい。これらの州で起きている専制政治がすべての州に広がろうとしていることを読者にとっくりと考えさせよう」[74]。

二一世紀では、一般の共和党員は敵を億万長者ジョージ・ソロスの手先と非難し、一般の民主党員は敵を億万長者チャールズとデイヴィッド・コッホ兄弟の傀儡と非難する。上層の敵を信じるのは少数派だと言われてきたが、こうした策謀はもはや政党政治の一部となった。悪魔のいちばん悪賢いトリックはほとんど誰も悪魔の存在を信じない点にある。

第6章　天使の策謀

私は逆の意味でパラノイアかもしれない。どうもみんなで私を幸せにしようと企んでいるように思える。

――J・D・サリンジャー★01

こんな話がある。

その昔、賢人の一団がこの国にやって来た。旧世界では利己主義と迷信がはびこり、もはや蛮行の波を押しとどめられないと知った彼らは、北米大陸に開かれた帝国、公益を追求する新国家を樹立するべく計画を立てた。

数世紀にわたって、これらの賢人は薔薇十字団、イルミナティ、聖杯騎士団などの秘密結社をつくり、仲間を権力の中枢に送りこんできた。「中世におけるヨーロッパ中の王子にはマーリンという老賢者が侍り、多くの場合には事実上彼らが国を治めた」。すべての賢者は「知られざる哲人の秘密組織を構成し、ヨーロッパの王座を強力なチェス盤の上で駒のごとく動かした★02」。これらの錬金術師やカバラ主義者、予言者、密偵の背後にはクエスト教団があった。この教団はすべての秘密結社のうち最大規模のもので、英知の炎を絶やさぬよう努め、世界のために「完璧な社会秩序……哲人の王による政府[★03]」を用意した。彼らはときおりこの社会秩序の仕組みを広く世に知らしめた。プラトンの『国家』、トマス・モアの『ユートピア』、フランシス・ベーコンの『ニュー・アトランティス』はいずれもやがて来るはずの社会を予告していた。

しかし闇の勢力もまた活動しており、賢人たちの仕事を阻もうとしていた。クエスト教団の密使はかつてギリシャの黄金時代に南北両アメリカ大陸を訪れ、彼らに続く人びとがインディアンを支配する秘密結社と結びついていた。完璧な国家を樹立し、彼らが夢見る世界連邦を実現するにはもっと土地が必要だと知った彼らは、ここで目を西に向けた。

クエスト教団は謎の相談役を遣わし、クリストファー・コロンブスをアメリカへの初の旅へ導いた。新たな土地を調べた探検者たちは教団の信奉者やときにはメンバーに支えられ、「総合計画にもとづいてはたらき、発見というより再発見を可能にした[★04]」。教団の指導者だったフランシス・ベーコンは、イギリス人のアメリカ移住を指揮した。人びとは「西半球が約束された未来の地であると秘密の経路をたどって伝えられ」、秘密結社の入植者たちがアメリカは「自由世界を指揮するという使命を果たす用意ができている[★05]」と請け合った。時が満ちると、教団の者たちがイギリスに対する革命に火をつけた。イギリスと戦った信奉者のなかには、ベンジャミン・フランクリンやトマス・ペインなどの著名人もいた。しかし多くの場合彼らは無名のままはたらき、出来事に影響を与えるのに絶好のタイミングで姿を現わし、やがてどこへともなく姿を消した。

たとえば、こんなことが一七七六年七月四日に起きている。このとき、愛国者たちがフィラデルフィアに集い、独立宣言に署名する是非について迷いはじめた。もちろん、自由をかけた闘いに敗れれば、反逆罪によって処刑されることはわかっていた。断頭台、斧、絞首刑といった言葉が恐怖とともにに語られた。突然、見知らぬ人が話しはじめた。
「縛り首だ！」と彼は叫んだ。

この国にあるすべての絞首台にわれらが首をかけ、岩という岩を断頭台にし、木という木を絞首門にし、家という家を墓に変えるがよい。それでも、あの書に書かれた言葉はけっして死にはしない！　……その書に署名するのだ！　署名せよ。いままさに絞首台の綱がおまえの首にかけられるのだとしても！　署名するのだ。いまこのときに斧が振り下ろされる音が響くのだとしても！　署名せよ。おまえのためだけでなく、あらゆる人びとのために。なんとなれば、この書こそ自由の書であり、永久《とわ》に人の権利の聖典であるがゆえに……

記録天使が王座に震えながらやって来て、恐ろしい言葉を伝えるだろう。「主よ、旧世界は血の洗礼を受けています。主よ、あなたのその永遠《とわ》の目をいっときなりともこちらに向け、これほどまでにおぞましい光景を見届けてほしいのです。迫害者の足に踏みつけられる人、血と殺人と迷信にまみれて失われていく祖国、それらがともに手を携えて犠牲者の墓に進む姿。そして人にはただ一筋の光明さえ残されていないさまを！」

人間の罪状の記録を手にし、天使は震えながら佇む。しかし、耳をすますのだ！　神の声が恐ろしげな雲間から聞こえてくるではないか。「ふたたび光をあらしめよ！　迫害された貧しきわが僕たちよ、旧世界を去り、迫害と流血の世界から抜け出し、わたしのために新たな祭壇をつくるがよい★06」

男が話し終えると、代議員たちは急いで独立宣言に署名した。しかし言葉をかけてくれた人に感謝しようとすると、謎の男はすでに姿を消していた。その男の正体は誰一人知らなかったし、鍵をかけて外部から遮断されていた部屋にその男がどのようにして入ってきて、出ていったのかを知る者も誰一人いなかった。

この教団は南北戦争やファシズムとの闘いを通じて私たちに針路を示し、いまだに世界を裏側から導いている。それはその力が魔術でしか説明のつかない「見えざる政府」だからである。この聖白色同胞団は、チベット山中、不毛のゴビ砂漠、あるいはカリフォルニアのシャスタ山の山腹などの地上界にあると言う人もいる。あるいは、それは天上界にあると言う人もいる。見知らぬ人は誰であれこの教団のメンバーかもしれず、私たちの人生に人知れずかかわり、おそらくあなたを陰で見守っている。

とまあ、そんな話だった。

自分が壮大な計画の駒にすぎないと考えることがいつでも恐ろしいとは限らない。それは安らぎをもたらしてくれることもある。「こうなる運命だった」、「こうなったのにはそれなりの理由がある」、「それは神様の思し召しだ」と言うのはその人を慰めるためで、怖じ気づかせるためではない。人生の落とし穴は過ちや行き詰まりではなく、やがて神様の思し召しが知れると考えるのは心が休まる。

ここまで来れば、壮大な目的を遂行するのは神自身ではなく善意の陰謀であるという世界観に到達するにはあと一歩だ。悪党は主と結託しているとか、全能者だとか言われることがある。いずれにしてもそれは同じ話に落ち着く。高度に発達した少数の人びとが、地上界を改善するために手を貸しているというのである。それは本質的にはパラノイアの反語であるプロノイアの極端な例であり、ロックバンド「グレイトフル・デッド」の作詞家でインターネット・グルのジョン・ペリー・バーロウは、この状態を「この宇宙はあなたのためにつくられた陰謀であるという疑惑」★07と定義する。

アメリカで聞かれる話の多くと同じく、それは旧世界に起源をもつ。一六一四年、ドイツのカッセルで、「十字団の名声」と題する匿名のパンフレットが出現した。一年後にそれに続いて本が出版され、さらに一年後にも別の出版社から本が出版された。この一連のシリーズは薔薇十字団の物語を語っていた。薔薇十字団は、新たな啓蒙時代を実現するために人知れずはたらいている錬金術師と哲学者の見えざる団体だった。創立者のクリスチャン・ローゼンクロイツは二世紀前に東方に巡礼に出て、そこで魔術師たちに神秘主義の智恵を授かったという。そこで彼は一〇六歳になるまで生きたと伝えられる。彼の墓が死後一二〇年して開かれたとき、彼の遺体は「腐食もせず、死んだときのままで発見された」★08。パンフレットは地元の伝説と偉大な秘密のヒントを呼び覚まし、ヨーロッパのインテリを夢中にさせた。これを読んだ人の多くが薔薇十字団を探そうとする一方で、十字団が現われるのを熱心に待つ人もいた。

ところが、薔薇十字団は一度も現われず、歴史家の多くはこの団体の存在を疑問視している。魔女狩りと三〇年戦争の恐怖とともに、薔薇十字団はヨーロッパを引き払ってインドかチベットで再生しようとしているという噂が飛び交いはじめた。また薔薇十字団をイルミナティと結びつける風説もあった。一七九五年、薔薇十字団に似通った団体がカール・フォン・エックハルトシャウゼンの本に出現した。エックハルトシャウゼンは実際にバイエルン・イルミナティの会員だったことがあるが、のちに脱会している。彼はただの秘密結社ではなく、あらゆる秘密結社の頂点にある「内なる光明の世界」としてはたらく、「選ばれし者の秘められた団体」[09]について書いている。

ヨーロッパとアメリカ双方において、さまざまな予言者や詐欺師が薔薇十字団の会員であると主張した。[10]ウティカ出身の霊媒師P・B・ランドルフは南北戦争後に自分は薔薇十字団の会員で奇跡を起こすことができると喧伝し、のちにそうした嘘をついた理由について率直に述べている。黒人の血が混じったランドルフは、この出自が自分の「権威と影響力」を損なうと知っていたので、「薔薇十字団員と名乗り、自分の考えを薔薇十字のものとして世界に与えた。すると、見よ！ 世界はP・B・ランドルフの魂から生まれたもの以外の何ものでもない考えを大きな拍手で迎えた」[11]。

こうした種々の物語や社会の流れは、ロシア生まれで諸国を遍歴した神秘主義者ヘレナ・ペトローナ・ブラヴァツキーの神話によって結びつけられた。ブラヴァツキーは一八七三年に四二歳でニューヨークに移り住み、二年後に神智学協会を設立した。当時のアメリカは心霊主義が流行している最中であり、神智学はそれを東洋思想、薔薇十字思想、独特の進化論、エドワード・ジョージ・ブルワー＝リットンその他多くの思想と組みあわせた。そうしてでき上がった世界観は一九世紀末から二〇世紀はじめにかけて大きな影響力をもち、L・フランク・ボームからヘンリー・ウォレス副大統領[12]まで無数の人を引きつけ、その考え方はこんにちのニューエイジ思想にまで影響を与えている。神智学のおもな教義の一つによれば、ブラヴァツキーはチベットで七年間過ごし、そこでヒマラヤ山中に隠れ住む強力な魔術師団に出会ったという。

神智学者は聖白色同胞団を「世界の影の政府」と呼んだ。その構成員は驚嘆すべき力をもつとされ、意のままに姿を現わしたり消えたりできるという。ブラヴァツキーは彼らが超自然的な手段によって自分と連絡を取ってきたと主張し、前触れもなく部屋に手紙が届けられていたこともあったという。

神智学が広まるにつれ、同胞団員のリストにはブッダ、キリスト、モーセ、プラトン、カリオストロ伯爵、そして謎めいたサンジェルマン伯爵まで挙げられるようになった。サンジェルマン伯爵は一八世紀の音楽家で魔術師であり、自分は不死身であると言いふらした。ブラヴァツキーの信奉者は伯爵が実際に不死身であると考え、さまざまな神智学者によれば、彼は長いあいだに自分は聖オールバンズ、クリスチャン・ローゼンクロイツ、さらにロジャー・ベーコンとフランシス・ベーコン双方になったと主張した。

これに疑念を抱いた人びとは、ブラヴァツキーがチベットに七年間滞在したことはきわめて考えにくいし、秘密の首領に出会ったことにいたっては論外だと指摘した。歴史家のK・ポール・ジョンソンが示唆したように、ブラヴァツキーが言うところのアセンディッド・マスター（大師）は、彼女の周囲にいる実在の人物で、正体を明かしたくない人物（肉体をもつ普通の人間で、非現実的な不死身の者ではない）に着想を得たものだろう。彼女が自分の主張から派生した幻想的な神話について遺憾と考えているのは確かだ。「私は人びとが誤った方向に突き進んでいくのを恐怖と怒りの思いで見ています」と彼女は一八八六年に仲間への書簡にしたためている。「みなさんが『大師』と考えている者は全知全能で遍在であらねばなりません……大師が死すべき身であり、その偉大な力にも限りがあるとは誰も考えつきませんでしたが、彼らはこのことを幾度も述べているのです」[★13]。

いずれにしても、遠い場所に影のマスター（大師）がいるという考えは神秘主義者にとって普遍的なテーマとなった。神智学伝説によれば、集会所の主が世界の主であり、彼は永遠に一六歳の超人であって、神々がおわす秘密の町シャンバラのあるゴビ砂漠に住んでいる[★14]。イギリスで当時もっともよく知られていた神秘主義集団「黄金の夜明け団」が、秘密の首領と接触したと主張した（すかさず彼らの分派が自分たちこそ神聖であると宣言した)。アメリカでは、さまざまな秘教を唱える人びとがそれぞれに同様の物語を発表した。アリス・ベイリーは善意の策謀家を「古代の知恵の大師」、マックス・ハインデルは「薔薇十字の長老」と呼んだ。「薔薇十字協会」という組織を創立したとき、ハインデルは自分は秘密の首領の教えを広めていると主張した。[★15]

H・スペンサー・ルイス(薔薇十字団からさらに派生した「薔薇十字の古代神秘結社」の創立者)は、有名な神秘主義者という名声を勝ち取る一方で、ブラヴァツキーが創立した組織を貶めようとしてもいる。彼によれば、「聖白色同胞団に見守られている」神の化身は「人びとがいる時代と発展状態にふさわしい運動を組織する」ことを許された。さらに、ブラヴァツキーはそうした化身の一人であり、彼女の「著作や教義は首領との接触の記念として後世に残されるであろう」と彼は述べた。しかし彼女の組織は「その確固とした使命を果たしたので、彼女が使った名称や形態を継続していくいわれはない」。[★16]つまり、どうかルイスの結社にお入りください、ということである。

神秘主義者たちは運動を続けており、自分たちの使命が終わったとはまったく考えていなかった。ロサンゼルスのある神智学者マンリー・パーマー・ホールは、善意の策謀にもっともアメリカらしい形態を与えた。二冊の著書『アメリカの秘密の運命(*The Secret Destiny of America*)』(一九四四年)と『アメリカに与えられた運命(*America's Assignment with Destiny*)』(一九五一年)で彼は、本章の冒頭で紹介した物語を綴っている。すなわち、アメリカは啓蒙された帝国となるべくつくられた国であり、古からのクエスト教団によって導かれているというのである。ホールは、コロンブスの相談役、ベーコンの壮大な計画、独立宣言を署名した人びとの心を動かした演説すべてに触れていた。[★17]

ホールの著作は、自由への頌歌と理想の政府とは啓蒙された寡頭制であるとも取れる記述のあいだを揺れ動いた。彼は世界の民主主義を幾度となく呼びかけたとはいえ、読者は彼の世界がじつのところどれほど自由で民主的であるかを疑いたくなってしまうのだ。プラトンの『国家』にかんする彼の解釈もことをよけいに悪くした。ホールは賢明なエリートによる支配を「哲学的民主主義」と呼び、その理由は「あらゆる人は自制と自助努力によって賢明になる権利を有するため」[★18]というものだった。

薔薇十字団員であったとされる人物の多くは、プラトンからフランシス・ベーコンまで、独裁主義に傾いていた。[★19]薔薇十字の諸派は人びとに内なる光を見出すよう勧めはするが、啓蒙された者が啓蒙されていない者を支配すべきであるという考えにしばしば囚われてもいる。彼らはまたやや権威主義的な運営法を採用している。ヴァイスハウプトの呪いとでも言えばいいだろうか。なにしろ、人心を自由にせんと立ち上げられた組織であるにもかかわらず、古い組織を越える複雑な階層構造をもっていたのだ。

本書では、ある神話が別の神話と入り混じるのがどれほどたやすいか見てきた。下層の敵が外敵の手段であったり、外敵が上層の敵の前線であったりするのだ。善意の策謀にもさまざまな顔がある。友愛的な秘密の政府を想像できるなら、悪しきものを想像するのはわけもない。一八九〇年代のポピュリストたちには神智学の多大な影響が見られ、アセンディッド・マスター（大師）の無害な支局と東海岸の悪辣な銀行家に対する愚痴が同居していた。[★20]ブラヴァツキー本人も、聖白色同胞団は邪悪な闇の魔王と長きにわたって戦ってきていると述べた。彼女の信奉者の多くは反イエズス、反ユダヤの陰謀論を説き、ロシアの神智学者ユリアナ・グリンカは、悪名高き反ユダヤの捏造本『シオン賢者の議定書』を、それが編まれたフランスから出版されたロシアへ持ちこんだ可能性がある。[★21]

一九三三年に結成された準軍事組織の銀シャツ党は、キリスト教、神智学、薔薇十字、神秘主義、ナチズムなどのアイデアを節操なく一括りにしている。創立者のウィリアム・ダドリー・ペリーは、一九二八年に幽体離脱を経験したと主張した。物質世界から精神世界にある「ある種の大理石のタイルが敷き詰められた柱廊」に移動したというのである。そこで彼は霊的な存在と言葉を交わし、超越的な真実を知るにいたった。[★22] やがてペリーは、自分が大師とつねに接触していると主張するようになった。ペリーによると、これらの大師たちはアドルフ・ヒトラーとも接触があり、ヒトラーがバイエルンの山中を訪れると、「最高位の大師が彼に会って指示を与える」のだという[★23]（ペリーはこれを良いことと考えた）。しかし銀シャツ党は、ペリーと独裁者ヒトラーに考えを吹き込む善意の策謀のみを信じていたわけではなかった。彼らは闘いを挑むべき善意の策謀も想定しており、そうした策謀には共産主義者、銀行家、イルミナティ、そしてもちろんユダヤ人がいた。

これと似たような「人類統合体」という運動が一九三四年にサンフランシスコで、アーサー・L・ベルという人物によって創出された。この運動はスポンサーという慈悲深い一団と、「世界の秘密の支配者」という邪悪な少数の独裁者とのあいだに目に見えない闘いがあることを想定していた。ベルは一九一九年にスポンサーの秘密軍の一つである国際自警軍団に入団し、以降ずっとスポンサーのために隠密裏に活動してきたと主張した。

一方で、キリスト教の陰謀論者はこうした文献は基本的に真実であるが話が逆だと言う。古代の秘密結社はたしかに存在するとキリスト教徒は認めるが、それは悪魔と通じていると論じる。神智学はこんにちにいたるまで反陰謀論者による文献では批判されてきた。マンリー・P・ホールにしても同様であり、彼の著作を引用するのは、クエスト教団は現実に存在するけれども卑劣な団体だと考える人びとである。マリリン・ファーガソンのベストセラーで、比較的新しいニューエイジ本『アクエリアン革命――80年代を変革する「透明の知性」』は、実際には陰謀にはまったくかかわりがない。著者はこの本で、自分が崇める科学と協会がもつさまざまな傾向の隠喩としてこの言葉を使っている。それでもこの本は悪魔を叩きのめすための指針を示していると考えられることがあった。[★24] キリスト教陰謀論者のコンスタンス・カンベイはファーガソンの著作を頻繁に引用した。ファーガソンがアクエリアンは真の陰謀ではないとカンベイの愛読者に指摘すると、カンベイは反撃に出た。「マリリン・ファーガソンたちはこの運動には指導も構造もないと主張する」とカンベイは注意をうながした。「彼らの見解はネットワーク会議組織の図表、母型、使命の言明、連絡先リスト（いずれも指導と構造が高度に発達していることを示している）と矛盾している」[★25]。ファーガソンが分散されたネットワークについて語ったとき、カンベイは頭の中に秘密の階層を思い描いた（またカンベイは草の根犯罪防止隊である守護天使を「ニューエイジ運動とかかわりのある準軍事組織」[★26]と形容した。そこで当然ながら彼女は懸念を抱いたのだった）。

ニューエイジ運動に敵対する宗教組織は、この運動が悪魔的な陰謀にかかわっていると考えたわけではなかった。政治の中枢はとかく「神秘主義」の活動に警戒するものであり、大師とつながりがあると主張した宗派もまた一九世紀にモルモンやシェーカーと同じ懸念を生じさせている。ベルもペリーもファシスト狩りの時代には煽動の科で獄につながれた。ほぼ同時期に、政府は一九三〇年代のニューエイジにおけるもっとも奇妙な分派、アイ・アム運動という神秘主義運動を取り締まった。

この分派の背後にいたのはガイ・バラードという人物で、彼はアイオワ生まれの採鉱技師だったが、ジョージ・ワシントンの生まれ変わりと自称していた。自分の教義をまとめるにあたり、彼はブラヴァツキー、ルイス、ペリーその他の神秘主義者の考えを勝手気ままに借用した。バラードは、シャスタ山は「人類がこの地上に誕生して以来、その自由のために活動してきた聖白色同胞団のもっとも古い焦点具の一つ[★27]」であると信じていたか、少なくともそう信じていると主張した。一九三四年に出版した著書『明かされた秘密（*Unveiled Mysteries*）』でバラードは、その四年前にシャスタ山を訪れたときの経験を述べている。ある日山を登っていると、山中の泉でサンジェルマン伯爵に出会った。不死身の伯爵は時空を越えて彼を天上界、古代文明、彼自身の過去、金星からの訪問者のいる場所、山中奥深くにある大師の隠れ家に案内してくれた。バラードが興奮冷めやらぬ様子で述べたところによると、そこには「ホールのいちばん奥の、床から一〇メートルほどの高さの壁に、少なくとも幅が六〇センチはある大きな目があった。これは『神の全能の目』が自分の創造物を見守っていることを示しており、その目からは誰も逃れることができないのだ[★28]」。

ホールが『アメリカの秘密の運命』を出版する一〇年前、バラードはサンジェルマン伯爵をとおして新世界の目的と未来にかかわる、似たような伝言を伝えた。「アメリカは地上の他の国にとってきわめて重要な運命をもっており、この国を数世紀にわたって見守ってきた存在はいまだに見守りつづけている」。伯爵はアメリカは「完璧な政府」を樹立するが、それは「のちの世のことになり、カビのごとくはびこり、吸血鬼のごとくわれらの力を吸い取る一部の運動を阻止したときに実現する。アメリカの愛する者たちよ、暗い雲が空に立ちこめても憂うことはない。その雲のひとひらひとひらが、いつの日か金色に染まることであろう[★29]」。

それは魅力的な発言だった。なにしろ当時は恐慌の時代だったのだ。さらにバラードが、信奉者は限りない富、健康、美、権力を手に入れると約束したことから運動の魅力は倍加した。この運動は何万人ものメンバーを引きつけ、相当数の批判者をも引きつけた。もっとも顕著な批判者はジェラルド・ブライアンで、アイ・アム運動の元運動員だった。一九四〇年の著書『アメリカの心霊独裁制(*Psychic Dictatorship in America*)』でブライアンは、バラードと彼の妻を独裁主義のカルトを運営していると非難した。

ブライアンの著書によって、バラードが詐欺師であることは明らかとなり、『明かされた秘密』の少なからぬ部分が他の作家による著作の剽窃であることも確認された。しかしブライアンは、バラードの運動がファシスト的な内なる敵であると論じ切ることには失敗している。下院非米活動委員会(HUAC)はその前年に極右グループをいくつか捜査しており、これらのグループが破壊活動家、詐欺師、「小粒のヒトラー」であると結論づけていた。[★30] ブライアンはバラード夫妻も同類と考えていた。銀シャツ党のペリーもけっきょくのところ、「各州に『突撃隊員』または軍団兵を配した政治指導者になる前は「もともと心霊主義者あるいは形而上学的な指導者だった」のである。[★31]

ブライアンは、バラード夫妻が「銀シャツ党のよく知られる反ユダヤ人感情」を避けたことは指摘している。だが彼らは、「『他の敵』を非難し」、ペリーの支持を得ようと不毛な努力をし、好ましからぬ銀シャツ党員を招き入れることにより大きな成功を収めた。[★32] このことは、バラードが敵対する組織からメンバーを横取りしようとする自分勝手な人物だったと解釈できるだろう。ブライアンはこのことをバラードがペリーの独裁主義的な傾向を共有する徴候と見なし、なぜ下院非米活動委員会がアイ・アム運動の捜査に乗り出さないのか不思議に思った。「その『宗教的』な仮面が楯になっている」とブライアンは結論づけた。「宗教を隠れ蓑にする詐欺師は、仮に現在でないにしても、将来もっとも危険できわどい問題になるだろう。それは裏切り者の『第五列』に対する守りの穴になる」。[★33]

その年末までには、政府はアイ・アム運動の捜査に乗り出していたが、嫌疑は破壊活動ではなく郵便詐欺だった。大陪審の裁定は、運動の指導者は病人を治したり、神と連絡したりできるという自分たちの主張が嘘であることを「十分に承知しており」、したがって彼らに金を送ってきた信奉者に対して詐欺をはたらいたというものであった。この裁定は宗教の教義が有効であると判事が決定するか否かにかかっており、これは憲法解釈にかかわる難しい決定であった。案の定、判決は後日翻されたものの、それまでにガイ・バラードはすでに死亡しており、運動の規模は以前の数分の一に縮小していた。[★34]

アイ・アム運動の話を終える前に、金星からバラード夫妻を尋ねてきたという訪問者についてひと言。これは宗教的なグルが宇宙人に出会ったと主張した最初のケースではなかった。エマヌエル・スヴェーデンボリは一七五八年にいくつかの天体に旅したと主張しており[★35]、ブラヴァツキーの大師には金星からやって来た「炎の主」が何人か含まれていた。また、このような主張がそれで最後になったわけでもない。第二次世界大戦の翌年には、宇宙人との遭遇の報告が相次ぎ、そうした人の一部は宇宙人を恐れるべき存在としてとらえたが、宇宙からやって来た、どちらかと言えば大師のような存在に出会ったと主張する人びともいた。[★36]

サイケデリックな傾向のある物理学者のニック・ハーバートは、ドラッグでハイになって頭の中に声が聞こえはじめた夜のことを覚えている（もう、おわかりのように、これは彼が六〇代になってからの話である）。「彼らは古くからの銀河テレパシー能力者の一団であり、お粗末な金属製の宇宙船ではなく心の宇宙を旅しているのだという」。彼はのちにこう思い返した。

彼らは私にも銀河テレパシーの陰謀に加わるように誘いました。私の友人の何人かはすでにメンバーだと言うのです……最初、私はほんとうに彼らのような社会が存在するのであれば、人類の目的が魚のものと異なるくらい、彼らの目的は人類のものと異なるだろうと思いました。なんと言っても、彼らは人類ではないのですから。ということは、彼らのグループに加わることはある意味において人類への裏切りになります。

宇宙人は私が誤解していることがわかったようで、私は彼らのグループに参加する資格はあるけれども、参加しなければいけないわけではないと言いました。そこで彼らは私の頭の中から消え去り、私は一人に戻りました。

それからの数日間というもの、私は頭がこの宇宙人との遭遇のことで一杯になり、このグループの他のメンバーを探そうとしました。スタンフォード大学心理学部で私とサイケデリック実験をしている仲間がまず頭に浮かびましたが、彼らはいずれも銀河テレパシー能力者であることを強く否定しました。★37

最終行が示唆するように、ハーバートはこの体験についてユーモアを交えて語っており、自分のマインドメルド宇宙同胞団教会を創立したりはしなかった。だがドラッグをやり、宇宙を好むヒッピーが、誰でも彼ほど控え目とは限らない。

善意の陰謀というアイデアはいつでも天使を信じる心と深く結びついている。エリザベス朝の手品師ジョン・ディー（薔薇十字団員をリストアップしていくとたいてい出てくる名前）は、自分は天使との接触があり、天使に大切な知識を与えられたと信じていた。彼が述べた霊的存在と、のちに神秘主義者が

「秘密の首領[38]」と名づけた存在のあいだには大きな違いがある。

二〇世紀なかば、UFOによって天使のイメージが変わった。「古代の宇宙飛行士」にかかわる本によると、地上の神話に登場する天使や神は実際には人間に影響をおよぼしている宇宙人であるという[39]。しかし天使そのものを信じる傾向は消え去らず、一九九〇年代には大々的な天使ブームが訪れた。これらの天使は善意の陰謀であるとともに大師でもあった。ある自称超能力者の言葉を借りれば、天使は「この世界の霊的ネットワーク[40]」なのである。

天使ブームは、ソフィー・バーナムが書いた『天使の本』によって一九九〇年に火がついた。この本は、数世紀にわたる天使の民間伝承を広く収集したものだった。それは一般大衆向けに書かれた最初の天使にかんする本ではなかった。過去にも、グスタフ・デイヴィッドソンの『天使辞典』（一九六七年）、ピーター・ランボーン・ウィルソンの『天使――神々の使者――』（一九八〇年）、ホープ・マクドナルドの『天使が現われるとき（*When Angels Appear*）』（一九八二年）がある[41]。しかし、これらの本のどれもバーナムの本ほど大きな反響を呼ぶことはなかった。バーナムの本は異なる心霊主義派閥における天使の歴史から、神との遭遇へと自由に筆を進め、ときおり亡霊、予知、前世など超常現象にも触れる。スーパーマーケットに置いてあるペーパーバックに載っているような、説明のつかない話がふんだんに紹介されている一方で、そのまるで魔法のような内容のなかには、たまたま見知らぬ人が絶妙なタイミングで手を差し伸べてくれたと思われる話もある。「ただの想像ではなかったと気づくと背中がぞくぞくする」とバーナムは書く。「何者かが私たちを見守っているのだ[42]」。この二つの文は恐ろしいパラノイアに陥った人の文章に聞こえそうだが、この場合の「何者か」は天の恵みだった。

この本は私的な企画として始まった。バーナムは何度か奇妙で霊的な出来事を体験したので、「それをただ自分のためだけに書いておこうと思った。出版しようとはかならずしも考えてはおらず、ただ世界のありようを知りたかった」★43。だんだん本がかたちになってくると、バーナムはそれに『私が出会った天使と霊』という仮題をつけた。天使がこの本の中心の話題であるべきだとバーナムが気づいたのはずっとあとのことで、初稿が書き上がり、二つの出版社が出版に意欲を見せたあとだった。彼女がこの本のまさに中核となる部分を書いたのはそれからだった。この部分で彼女は自身の体験談は脇に置いて、天使論の歴史を探っていく。

バーナムは読み手を引きつける名文家であり、巧みな語り手でもある。したがって彼女の本が商業的な成功を収め、最終的に一〇〇万部を売り上げたのも驚くには当たらない。驚くべきは、彼女が宗教や宗派の違いを軽々と越えた点にある。聖書を頻繁に引用する本の中で、ゾロアスター教が「古のバビロニアやアッシリアの神々を大天使に変えたために、大天使がユダヤ教やキリスト教にもたらされた」とさりげなく言ってのけるのである★44。バーナムはある古い書物にもとづいて論じていた。キリスト教徒ではないピーター・ランボーン・ウィルソンが、著書『天使』で天使の原型がほぼすべての宗教に現われると述べていたのだ★45。バーナムはまた自身が方々で経験した心霊経験にも依っていた。たとえば、仏教徒だった期間や、世界のさまざまな宗教に対する長きにわたる興味などが助けとなったのだ。「私は生涯をかけてさまざまな宗教を見てきました」と現在の彼女は語る。「そして、あらゆる宗教は同じことをほんの少し違った言葉で言っているだけだと気づいたのです」。

バーナムはこの本で、自分は地獄は信じないと明言している。「オプラ・ウィンフリー・ショー」と自己啓発書の時代にふさわしい、寛容でポジティブなものの見方と言えるだろう。やがてバーナムは実際にこのショーに出演し、一部の書店は彼女の本を自己啓発書の棚に置いた。しかし彼女の本はキリスト教関連の棚に置かれることもあり、バーナムはそのことを嫌う様子でもない。ある牧師が信徒にみんな二冊の本をベッドの側に置いておくべきであって、それは聖書と『天使の本』だと述べたと耳にしたとき、彼女はそのことについてこの本ののちの版で誇らしげに報告した。

バーナムがベストセラーリストの順位を上げていくと、商人たちはそのことに気づいた。天使のがらくたが市場に山のように出回った。天使の人形、天使の像、天使をあしらった時計、天使の香水。もちろん、天使にかんする本もさらに出版された。これらの本はおもに天使を扱っているので、多くのキリスト教徒が顧客になった。保守的なキリスト教徒によって書かれた本もあったし、バーナムよりも正統派のキリスト教からさらに離れた本もあった。ある本は、「キリスト教放送ネットワーク（CBN）調査部、アッセンブリーズ・オブ・ゴッド教団の理事会本部、『ガイドポスト』誌[46]」に謝辞を献じている。別の本は、天使の階位には「天使の生まれ変わり」があって、それは「小妖精、精霊、ブラウニー、小人[47]」を意味すると書いていた。どちらの本もバーンズ&ノーブルでは同じ棚に収まるかもしれない。

当然、キリスト教徒の多くがこうした風潮に憤りを感じ、なかにはこれを悪魔の所業と考える人もいた。外敵が天使の仮面をかぶっているというのである。「大学を出たばかりの若造のころ」と宗教書著作家のビル・マイヤーズが語る。彼は天使の伝言を伝えてくれるという霊媒師に会った。「天使」は、

超自然的な方法でしか知り得ない私の個人的なことについて話した。実際、ある声は私が著作家として成功し、著作を通じて神のために良いことを成すだろうと言った。もちろん、それは私

が聞きたいことだった！「天使」はことさらに私の虚栄心をくすぐり、栄光の影をちらつかせて焦れさせた。私を褒め上げ、特別な人物であるかのように感じさせた。

彼らはまた「神の愛のより深い謎」を解き明かす本を書くのを手伝うことで、私が名声を得るのを手助けしたいようだった。

私は嫌な気持ちになった。当時の私は天使について多くを知らなかったが、これらの存在の意図がかならずしも良いとは限らないのではないかと考えはじめた。あまりに饒舌すぎると感じたのだ。謙虚で愛情深くなるよううながすより、私の虚栄心と成功への渇望をかき立てようとしているかに思えた。

ついに私は、一人の天使にもっとも重要な質問をした。「イエス・キリストはあなたの主ですか？」

「もちろんですとも！」と彼は答えた。しかし私が安堵の息を漏らす間もなく、彼はこう付け加えた。「じつのところ、彼は私の主であるだけでなく、私の兄弟です」。

私は身の毛がよだつ思いだった。

なぜって？　サタンや仲間の悪魔はいつでも神と同等に見られたいという望みをもっているのを私は知っていたからだ[★48]。

テレビシリーズ『天使に触れて（*Touched by an Angel*）』を観ていたと思ったら、それははじめから『エクソシスト』だったのだ。

マイヤーズの体験談は彼と同じような宗教観をもっているのでなければあまり説得力はない。神学はさておき、天使ブームのはじめに悪魔がいたという少なくとも一つの解釈が成り立つ。ピーター・ランボーン・ウィルソンが『天使』を書いてブームの基盤をつくる前、彼の本を出した出版社は彼に悪魔にかんする本の執筆について打診した。しかしウィルソンは悪魔は退屈と感じた。天使について書き、「それをセクシーなもの」[★49]にすればもっと楽しいだろうと考えたのである。

　天使本は書店を賑わし、宇宙人や大師にかんする大著も売れた。善意の陰謀にかかわる他の本も登場した。サブカルチャーの一角は、特定のデジタル時間表示、とりわけ11:11が私たちの世界とは異なる平面からのメッセージかもしれないという考えに染まった。典型的な記事は次のようなものだった。

> 世界中で、人びとが夜に目覚めて目覚まし時計に目をやると、午後一一時一一分だったと言っている。同じことが次の夜にも、そしてまた次の夜にも起きる。やがて、どこを見ても11:11が見えるようになる。コンピュータ画面、デジタル時計、アドレス、ラベル、メニュー、看板、広告。この繰り返しはただの偶然だろうか？　はじめは、たまたまそうなったのだろう（ただ苛立たしいだけのもの）と考えて忘れ去る。けれども、こうした謎めいた時間表示は、実際には目を覚まして注意を払えと言っているのだ。
>
> 　だが、一体なにに注意を払えと言うのだ？　そして、なぜ？[★50]

　これらの問いに対する答えはいろいろだが、11:11現象を信じる人びとは、この数字が友愛的な天上界による策謀だと考えている。「デジタル時計、携帯電話、VCR、電子レンジに現われるこれらの11:11表示は、ちょうど一一一一人いるお茶目な霊的守護者、すなわち天使を表わす『トレードマーク』なのだ」とあるウェブサイトに説明がある。「11:11の表示は私たちに備わった能力を使って彼らが自分の存在を伝える方法なのだ[★51]」。ある本によると、「11:11緊急部隊」は「地上における霊性を高めるためにわれわれ死すべき者に遣わされた[★52]」のだという。

もしあなた《いい》が11:11（あるいは記憶に残る2:22から12:12までの時刻）を目にするようになったら、どうぞ自由に天上界からの部隊と話してください。さきほど触れたウェブサイトによれば、ただその表示が現われるのを待って、「それを見たと大声で叫ぶだけでいいのです。わかりました、あなたの声が聞こえます、どうして欲しいのですか？　そう言えばいいのです[★53]」。

隠れた大師と対話した者は、自分の教会を創立することができるとされた時代があった。つまり、私が「高度な知性をもつ者」と接触したのであれば、私はこの高度な知性をもつ者の発言を自分の信奉者に伝えることができるというのである。多くの宗派はいまだにこのモデルを踏襲している。しかし、11:11サイトのような、こんにちの典型的な天使本はDIYマニュアルになっている。霊的存在と戯れたグルは、あなた《いい》も目に見えない世界に入ることができると伝えたいのだ。誰もが預言者になれる時代なのである。

善意の策謀のさらに別のバージョンは、パワーのテーマをさらに一段掘り下げる。ニック・ハーバートのサイケデリック実験仲間の一人であるジャック・サルファッティは、このアイデアを「高度な知性をもつ者は未来の私たちだと言う。私たちはもうすぐ過去にタイムトラベルできるようになり、原初のスープに時間をさかのぼって自分のDNAをそこに植えつけられるのだ！　私たちは自分たちの進化にとってもっとも重要なときに干渉する。私たちは時を越えて自分たちを創造するのである[★54]」。

私たちは古代の宇宙飛行士に出会った、するとそれは私たちだった。

善意の策謀の民間伝承を探っていくと、偽歴史や推測の中に真の歴史を見出す。ルネサンス期と初期近代ヨーロッパ史にかんする著名な歴史家の故フランシス・イェイツは、一六世紀末と一七世紀はじめには薔薇十字風の「思想家」がいたが、パンフレットを作成したとされる秘密結社は存在しなかったというもっともな説を繰り広げた。イェイツの薔薇十字思想家はより古い神秘主義をまだ信じてはいたものの、科学革命の最初の一歩を踏み出してもいた。彼女の説によれば、典型的な薔薇十字思想家はジョン・ディーであり、「薔薇十字思想の痕跡はフランシス・ベーコン、そしてアイザック・ニュートンにすら見ることができる」★55という。換言すれば、見えざる大学は実際に存在したが、それは見えない場所で人類を導いた秘密結社ではなかった。それは公然と仕事をしている発明家たちであり、やがて虚構の秘密結社と関連づけられることになるアイデアに影響を受けていた。

またアメリカ建国の父の一部（ジョージ・ワシントン、ベンジャミン・フランクリン、ジョン・ハンコック、ポール・リヴィア）はフリーメイソンであったが、そのこと自体はまったく陰謀とは言えない。歴史として見ると、『アメリカの秘密の運命』にはまだまだ物足りない部分がある。しかし神話として見るならば、それは影響力の大きな作品であり、薔薇十字団や神智学とは違って人を感化することができる。

一九五七年、映画俳優でGEのスポークスマン、ロナルド・レーガンがイリノイ州に戻り、母校のユリーカ・カレッジの卒業式で演説した。「アメリカが、ことさらに勇気があり知略に富む人に対するただの褒美とは思えません」と聴衆に語った。「この国は運命であり、われわれの先人は、この地にある神聖な選択制によって、沼地から這い出し、人として一歩なりとも成長するという使命を果たしたのです」。そこで彼は、見知らぬ人が独立宣言に署名せよと演説したというマンリー・ホールの物語に触れた。ホール同様、レーガンはこの話を最初にしたのはトーマス・ジェファーソンだったとした。

この物語は一八四七年にさかのぼることができ、当時のものとホールが語った物語のあいだにはいくつかのバージョンがある。しかし、レーガンが語った物語には神智学以前にはなかった詳細が含まれていた。すなわち、独立宣言に署名したあと、「人びとが演説者の時宜を得た言葉に感謝しようと見回すと、もうその人物はそこにおらず、こんにちまでそれが誰だったのか、どのようにしてこの守られた部屋に出入りしたのか誰一人知らない★56」というのである。レーガンはこの物語を一九八一年の『パレード』誌の記事でふたたび語っている。このとき彼はそれを伝説と呼び、オカルト歴史家のミッチ・ホロウィッツが指摘したように、「ホールの物語★57」にきわめて近い言葉遣いをした。大統領がこの物語を『アメリカの秘密の運命』から直接または間接に得たと推測することはできる。しかし、類似点が単に偶然であったにしても、レーガンとホールはこの国に神聖な使命があるという奥深い考えを共有していた。

この考えはレーガンやホールよりずっと古くから存在する。事実、それはアメリカで語られる物語のなかで最古の部類に入る。清教徒がニューイングランドにたどり着いたとき、彼らは新しいエルサレムをつくる使命をもっていると信じていた。彼らはときにはアメリカを中継地点、イギリスに戻ってそこに自分たちのユートピアをつくるまでのあいだ留まる場所と考えた。しかし、新しいエルサレムをつくるべきは、この新世界、ヨーロッパの腐敗と邪神崇拝とは訣別したこの国であると考えたときもあった。使命に命を吹き込むアイデアは大きく異なっていたにしても、この考えはホールがクエスト教団の使命と考えたものとたいして違わない。

一六三〇年、マサチューセッツ沖の船上で、ジョン・ウィンスロップは入植者たちの植民地は丘の上で世界を見守る目をもつ町になると述べた。一九七九年、大統領候補への立候補を発表するとき、レーガンはウィンスロープの言葉を引いて、こう続けた。「問題と苦難を抱えた人類が私たちに期待を寄せている、運命を引き寄せよと懇願している」[★58]。初期の大統領フランクリン・ルーズヴェルトは、彼の世代は運命を引き寄せたと宣言した。レーガンはこのアイデアをアメリカ合衆国全体に拡張し、清教徒が実験を始めたときの使命と結びつけたのだ。

善意の者がわれわれを導いてくれるという考えはパラノイアの特効薬になる。「私たちは現在極度の恐怖を抱えた文化に生きています」とバーナムは述べた。「9・11後に敷かれた警備体制のばかばかしさを考えるといいでしょう。どのオフィスに行くにも、磁気読取機を通らねばなりません。それで、誰かがヴァージニア州リーズバーグの裁判所を爆弾で吹っ飛ばすとでもいうのでしょうか？　ありえません。図書館？　正気ですか？」彼女は天使たち、すなわち「私たちの味方であり、私たちが想像する以上に私たちにとって良きことが起きるように願っている心霊的な存在」を信じるほうがましだと考えている。

しかし、善の陰謀と悪の陰謀は表裏一体の関係にある。神聖な運命を希求していると考えているなら、そこにある他の目には見えないもの（その神聖な運命が果たされるのを望まない闇の危険な力）を見ることは難しくはない。清教徒は彼らの町を荒野にある悪魔に魅入られた丘の上に見た。一九五七年にユリーカ・カレッジで建国の父たちに独立宣言に署名するよう求めた謎の男について話したあと、レーガンは共産主義者の脅威について話しはじめた。「私たちのなかにはこの敵、邪悪な力とハリウッド社会で間近に接した人がいる」と彼は卒業生に語った。「ここで間違わないでもらいたいのだが、これは邪悪な力なのだ。弾丸の音が聞こえないからといって騙されないでほしい。それでも、君たちは命をかけて戦っているのだから」。

第II部

現代の恐怖

第7章　ウォーターゲート事件

アメリカの信義は、あのウォーターゲートというクソ溜めで溺れかけている。★01
——ギル・スコット＝ヘロン

　ＦＢＩサンディエゴ支局長にはある考えがあった。地元の徴兵制反対活動家に、ＦＢＩが自分を監視していると信じて疑わない人物がいた。電話が傍受され、自宅に盗聴マイクが仕掛けられ、自分の一挙手一投足が見張られていると周辺の人びとに話しつづけた。「少し脅せば」、その活動家は「妄想《パラノイア》に取り憑かれ、指導者としての資格を完全に失う」と捜査官は考えていた。「この男をこれ見よがしに見張ってはどうか」と捜査官は申請書で提案した。自転車の部品と古いトランジスタ・ラジオで不気味な装置をつくり、夜に玄関の階段近くに置いてくるのはどうだろう？「その人物が装置を誰かに見せたとしたら」と捜査官は述べた。「そのお粗末なつくりからして、それがＦＢＩのものだとか、ＦＢＩがやつを監視しているとか信じる者は誰一人いないはずだ。それが盗聴器だとでも言おうものなら、あいつはコケにされるのがオチだ★02」。

　本部はこの計画に乗らなかった。それが人道に反するとか、違憲だとか、ばかばかしいとかいうわけではない。その活動家が「情報活動の対象」になるほどの重要人物ではないからだった。この人物を引き続き調査し、「新左翼運動にとって重要人物と判明したなら、改めて計画を申請するように[03]」と本部は回答した。つまり、自分が見張られていると誰かに信じさせる前に、そいつを見張れというわけだ。

それは一九六八年一一月のことで、この計画はＦＢＩ捜査官がコインテルプロの一環として国内の反体制派に仕かけて実行する何百という作戦のひとつに過ぎなかった。コインテルプロとは、ＦＢＩが破壊活動分子と見なす政治運動家を阻止し制圧するための対情報プログラムである。一九五六年にこのプログラムが始まったとき、その対象は共産党の残党と彼らが潜り込んだと思われる組織だった。だが次第に対象範囲が拡大していった。コインテルプロ作戦には、対社会主義労働者党コインテルプロ、対白人至上主義団体コインテルプロ、対黒人国家主義者／黒人至上主義団体コインテルプロ、対新左翼コインテルプロなどが加わっていった。

白人至上主義団体に対する作戦は岐路に立っていた。それまでのコインテルプロ作戦は標的に外敵を想定していた。ソ連の破壊工作とはなんら関係がないとおぼしくとも、関係があるという可能性さえあればそれでよかった。しかし共産主義を毛嫌いしていることで有名なＦＢＩのＪ・エドガー・フーヴァー長官でも、共産主義者がＫＫＫに関与していると主張するのは無理があるだろう。対白人至上主義団体作戦が一九六四年に始まると、社会学者のデイヴィッド・カニンガムはこう指摘した。「『破壊的』と見なされて防諜作戦の対象となる団体は今後増えるだろう。破壊分子はもはや敵対する外国勢力の支配下にあったり、そうした勢力と密接なつながりがあったりする必要はない[04]」。ＦＢＩはターゲットを極右に絞っていたため、有力なリベラル派はこうした作戦の合法化に喜んで手を貸した。こうしてFBIがのちの反戦運動やブラックパンサー党を抑え込むための素地ができ上がった。
コインテルプロ作戦では、FBI捜査官が政治団体に潜り込み、忠実なメンバーがじつはスパイであるという噂を広めた。標的が職を失い、結婚生活が破綻するよう仕向けた。信用を失墜させたい組織の名で過激な檄文を意図的に発表し、互いに手を結びそうな団体のあいだにくさびを打ちこんだ。ボルティモアでブラックパンサー党に潜入したあるFBI捜査官は、民主社会学生同盟（SDS）がパンサー党員に「汚い仕事」を全部押しつけ、彼らを利用しようとする「卑怯な白んぼ」だと非難するように指示された。[★05] どうやら作戦は成功したらしかった。指示からわずか五か月後の一九六九年八月一日、FBIボルティモア支局は、地元のパンサー党員に民主社会学生同盟の連中とかかわりをもったり、同盟のイベントに出たりしないようにというお達しを出した。[★06]
FBIのやり方にはいかにも奇抜なものもあった。一九六八年の終わりごろ、FBIフィラデルフィア支局はオカルトに走るカウンターカルチャーの流れにどう対処したものかと思案していた。「新左翼、その支持者、ヒッピーやイッピーの指導者のなかにはビーズやお守りを身につけている者がいる」とある捜査官が指摘した。「ヴェトナム反戦運動にかかわる新左翼の若者は、シンボルにギリシャ文字の『オメガ』を採用した。自らヨガ行者と称する者たちは新左翼運動の熱心な支持者となった」。こうした「状況」下では、「新左翼のトップ数人に奇怪なメッセージを匿名で送りつけて混乱させるのが有効かもしれない」というのであった。
そのようなメッセージの例として、捜査官は二枚のスケッチを同封した。「気をつけろ！　シベリアのゴミムシだ！」と書かれたゴミムシの絵、「気をつけろ！　アジアのヒキガエルだ！」と書かれたヒキガエルの絵。この捜査官は次のように主張した。

このメッセージを受け取った人は、シンボルがもつ意味とメッセージを送った人物の正体について自分なりの解釈をする。

用いるシンボルには特別な意味がなくてもいいが、怪しげで悪意に満ちた解釈が可能なものでなければならない。[★07]

もしコインテルプロ作戦がどれもシベリアのゴミムシ作戦のようなものだったなら、歴史の中に埋もれてしまっただろう。違憲であるとはいえ、手がかりがなく、けっきょく無害で、ＦＢＩがサルの動向について書いた報告書と変わらないただのヘマで終わったに違いない（ロサンゼルス支局はサルの群れが左翼の「潜在意識メッセージ」を送っていると主張した）[★08]。しかしＦＢＩの活動はより陰険で危険であることが多かった。上院がコインテルプロについて調査したとき、ＦＢＩの人種情報部部長はＦＢＩが誤ってある人物を泥棒と決めつけるには決めつけたが、「誰かが死んだわけではない」と主張した。ある議員がそれは計画どおりなのか、あるいはただ幸運だっただけなのかと糾した。「いやあ、それはたまたまそうなったに違いありません」[★09]と捜査官は答えたのだ。

ここで陰謀論の調査は「鏡の間」のごとくなる。ＦＢＩ捜査官は反体制派団体に潜入し破壊工作をするばかりでなく、相手が潜入と破壊工作に気づいて互いを警察官ではないかと疑うよう仕向けた。結果としてコインテルプロは、反体制派に自分たちが嵌められたと信じ込ませることによって、反体制派による陰謀を封じ込めるための陰謀の役目を果たした。

ＦＢＩがこうした作戦に血道を上げる一方で、ＣＩＡは独自に国内政治の監視作戦を進めていた。

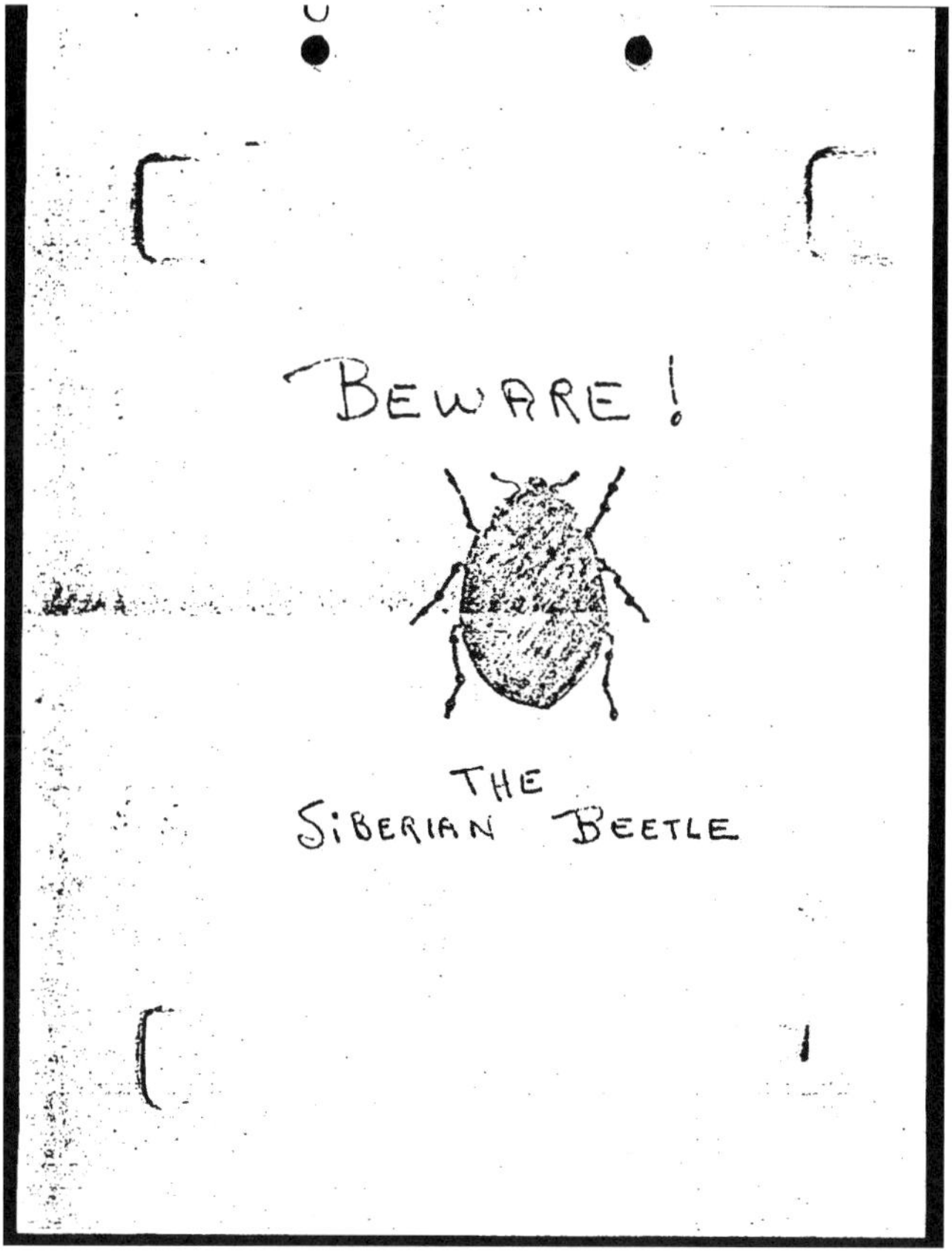

fbi.gov

ジェームス・ボンド映画さながらに、彼らはこの監視を「ケイオス作戦」と呼んだ。ニクソンが住むホワイトハウスでは、トム・チャールズ・ヒューストン補佐官がさらに別の反体制派計画の構想を練っていた。その目的は、フーヴァーが一九六六年に定めた規則を反故にするとともに、民間人を監視するためのCIAと軍部の権限を強化しようというものだった。ヒューストンは「黒いバッグ」侵入を復活させたかった。FBI捜査官が電話を盗聴し郵便物を開封するのを容易にしたかった。FBIの密告者をどんどん大学に送り込み、海外にいる学生の監視により多くのCIAの人員を充てたかった。FBI、CIA、アメリカ国家安全保障局、そして軍部の情報機関を、ホワイトハウスの人員で固めた国内安全保障統合機関の指揮下に置きたかったのだ。

ヒューストンの計画は阻止されたが、それは自由党員がなんらかの疑念を抱いたからではなかった。計画は、部局間委員会の指揮下に入ることを潔しとしなかったJ・エドガー・フーヴァーによって阻まれたのである。

ここで「少なくとも、表向きはそういうことになっている」という言葉を期待したかもしれない。だが、いま私が述べたことはひとつ残らず事実である。コインテルプロ、ケイオス作戦、ヒューストン計画はいずれも実際に存在し、一九七〇年代に暴かれた公職者による犯罪にこれらの違法行為はまったく含まれていない。

一九七〇年代は上層の敵にかかわる陰謀説の黄金時代だった。こうした類いの陰謀説は本来いちばん信用ならないものだが、報道や公的調査によって政府の長きにわたる腐敗が暴露されるにしたがい、政府が主体の陰謀説の多くが真実であることが明白になった。そしてこれらの実在する陰謀の報道がメディアを賑わすようになると、いちだんと大がかりで悪意に満ちた陰謀が隠されていると想像するのはそう難しくなくなった。

言い換えるなら、人びとはずっとカウンターカルチャーや新左翼の専売特許だった考え方に染まりはじめたのだ。政府に対する根深い不信感をつくり上げるのに、コインテルプロやケイオス作戦、地元の赤狩り軍団の行動に直接さらされるほど効果的なことはない。FBIが政治に対する抗議行動にかかわる団体のオフィスに何度も侵入したことを知っていれば、大統領が民主党全国委員会のオフィスへの侵入を指示したと想像するのは簡単だ。またシカゴ警察やFBIがブラックパンサー党のフレッド・ハンプトンやマーク・クラークを襲撃し殺害したことを知っていれば、政府がマーティン・ルーサー・キングやマルコムXを殺したかもしれないと考えるのはたやすい[★10]。不正行為が大衆の目にさらされることによって、まだ人びとの目にさらされていない不正行為があるのではないかという疑念が生じた。

ヴェトナム戦争が泥沼化し、国内政治がますます憎悪と暴力に満ちてくると、主要メディアは連邦政府に対してより批判的な報道をするようになった。たとえば、コインテルプロの存在がはじめて暴露されたのは、「FBIを調査する市民委員会」が一九七一年にペンシルヴェニア州メディアにあるFBI支局に押し入り、新左翼に潜入して攪乱しようとするFBIの計画を詳しく述べる一〇〇〇以上の文書を手に入れたときだった。匿名の市民たちがこの文書をメディアに託し、『ニューヨーク・タイムズ』紙、『ワシントン・ポスト』紙、その他各紙がその内容を伝えた。FBIはすぐにプログラムを中止したが、このプログラムの活動をすべて終わらせたわけではなかった。

しかし反体制派がとかく抱きがちな恐怖心が大きく膨れ上がったのは、一九七二年六月一七日にワシントンＤＣのウォーターゲートホテルに五人のこそ泥が忍び込んで逮捕されたときだった。その後二年にわたって、リチャード・ニクソン大統領による違法行為を示す一連の証拠が発見され、大統領はこのスキャンダルの重みに耐え切れずに一九七四年八月九日に辞職した。そのころまでには、大統領指揮下にあった不正工作チームによる奇怪な行動の多くは白日の下にさらされ、ニクソンが大統領の椅子を追われたあとも暴露は続いた。

たとえば、ニクソンの息のかかった者たちが、一九七二年にニクソンにとって最大の脅威となる候補者の選挙運動を妨害したことが発覚した。検察がウォーターゲート侵入事件の捜査を始めると、これらの参謀たちは捜査を妨害するためにありとあらゆる手を使った。軍事アナリストのダニエル・エルズバーグが国防総省の文書（ヴェトナム戦争にかかわる政府の欺瞞を暴いた機密文書）を暴露したとき、ニクソンの命を受けた工作員はエルズバーグを診る精神科医のオフィスに侵入し、彼に不利な情報を入手しようとした。さらにニクソンの側近は大統領の政敵リストを作成していた。リストには、労働運動家のレナード・ウッドコックから俳優のポール・ニューマンまで挙げられていたという。ホワイトハウス法律顧問のジョン・ディーンは、このリストの目的は「我々の政敵を叩きつぶすために連邦機関の人員を充てることにある」[★11]と極秘文書で明かしている。アメリカ合衆国内国歳入庁（ＩＲＳ）内では、標的となった人に嫌がらせをするために「サービス・スタッフ」と呼ばれる特別な人員がたえず動員された。ＩＲＳの新長官がこの習慣を打ち切ったとき、ニクソン大統領は即座に長官を免職しようとした。

こうした事実に加えて、ウォーターゲート事件にかかわった人びとのなかには、新聞記者のジャック・アンダーソンの暗殺計画を真剣に検討していた者もいた。

こうして、新左翼に対する警告が突如として真実味を帯びてきた。アトランタの地下新聞はニクソン・スキャンダルを次のような見出しで伝えた。「ウォーターゲート：自慢ではないが我々が言ったとおりだ！」[★12]あるコインテルプロ覚書には、「こういった連中に譫妄症《パラノイア》にかかってもらう」[★13]必要があると言明されている。現在では、「パラノイア」は「こういった連中」以外にも広まっている。わずか一〇年後、歴史家のキャスリン・オルムステッドは次のように指摘した。

政府を信用しない人の割合は二二パーセントから六二パーセントに増えた。調査対象となったアメリカ人の四五パーセントは、政府内に「きわめて多数の」悪党がいると考えている。この数字は一九六四年には二九パーセントだった。アメリカの指導者が「日常的に国民に嘘をついている」と考える人の割合は、一九七二年の三八パーセントから一九七五年には六八パーセントに増加し……。

ＦＢＩに対して「きわめて良い」印象を持つアメリカ人の割合は、一九六五年の八四パーセントから一九七三年には五二パーセントに減少した。この数字は一九七五年にはさらに三七パーセントに下がった。ギャロップ社はやや認知度が低いＣＩＡについてはアメリカ人に質問していないものの、当時のＣＩＡの評判はＦＢＩを下回っていた。ＣＩＡに「きわめて良い」印象をもつアメリカ人はたったの二三パーセントだったのである。この数字も一九七五年には一四パーセントに下がっている。大学生のみを対象にすれば、ＣＩＡを高く評価するのは七パーセントにすぎない。[★14]

ボストン虐殺事件が起きた一七七〇年代には、多くのアメリカ人が「公民権をすべて奪うための帝国主義的な専制政治を敷こうとする謀略が地下深くで進行している」と信じていた。アメリカ独立二〇〇周年が近づくにつれ、同じような疑惑が生まれていた。

ニクソン辞任から三か月、こうした疑惑を胸に抱いた投票者は改革を目指すべく新議会を選出した。こうしてワシントンには安全保障国家の捜査に積極的な議員がいつもより多くなり、FBIやCIAはいずれも過去に前例のない追及を議会で受けた。アイダホ州選出のフランク・チャーチ上院議員率いるチャーチ委員会は、多くの行政部門による違法行為にかかわる報告書を提出した。コインテルプロ、政治的意図が見え隠れするIRS監査、CIAの暗殺計画、アメリカ国民の郵便物開封、そしてとりわけ不気味なMKウルトラ計画などの存在が報告された。

MKウルトラ計画は、戦争捕虜の洗脳に成功したという朝鮮共産党の主張に対抗してCIAが立案したものだった。計画にかかわった研究者たちは、「人間の行動を人知れず操作するために使える化学的、生物学的、放射性」物質について研究していた。[★15] なかでもチャーチ委員会によれば、「日常的な環境にいる、なにも知らない一般人に」LSDを「秘かに盛る」作戦があった。[★16] 歯に衣着せずに言えば、CIAは本人の許可を得ずに国民にLSDをのませたのである。

下院ではニューヨーク州選出のオーティス・パイク下院議員を長とする委員会が立ち上げられ、情報機関の予算にかかわる秘密や、海外危機を予測するこれらの機関の不安定な能力を事細かに調べた。行政部門では、ネルソン・ロックフェラー副大統領率いる委員会がチャーチ委員会と同様の調査をしたが、彼らの調査はチャーチ委員会に比べておざなりで不明瞭だった。

左派は地歩を固めたと確信した。中央は足元が揺らぐのを感じた。右派の多くは矢面に立たされた国家安全保障局を擁護することでスキャンダルに対処したが、共和党員は過去の政権の不正を調べ上げ、民主党員にそれを突きつけて楽しんだ。当時刊行された保守派による本、ヴィクター・ラスキー著『大統領たちの犯罪』（一九七七年）は、ニクソン大統領を彼にかけられた嫌疑から救い出そうとしているものの成功してはいない。しかし、この本はニクソン以前の歴代大統領にかかわる醜悪な事実を包み隠さず次のように逐一報告している。フランクリン・ルーズヴェルトは、自らの外交政策に批判的な人物をFBIに監視させた。そもそもハリー・トルーマンが政権を握ることができたのは、腐敗し切ったトム・ペンダーガストが選挙を舞台裏で操作したからだ。ジョン・ケネディとロバート・ケネディ兄弟は、チームスターのジミー・ホッファ会長追及に際して人権を踏みにじった。リンドン・ジョンソンは、バリー・ゴールドウォーターの選挙戦を監視する目的で、CIA（後日ウォーターゲート事件に関与することになるE・ハワード・ハントもいた）を駆り出した（残念ながら、ラスキーはこれらの主張のほかにややその真偽が疑わしい指摘も加えた★17）。

こうした右派の主張は、結果的にはノーム・チョムスキーその他の急進的左派の主張と大差なかった。すなわち、政治的迫害は二大政党による共同計画であり、リチャード・ニクソンが窮地に陥ったのは外部の人間ではなく権力の中枢にある人びとに迫害の矛先を向けたからだったのだ。したがって、ニクソンがいなくなればすべては元通りになる。ケネディとジョンソンによる違法なFBI作戦は、ニクソンが「議会で弾劾された件とは比較にならぬほど重大であり」、それゆえにニクソンの弁護側の主張にも「一理ある」、とチョムスキーは歴代大統領が犯した罪状の類似性について述べている。ラスキーはチョムスキーの主張を自著で引用した★18。

だが主要メディアでは、より簡単な説明がまかり通っていた。ウォーターゲート事件は遺憾な出来事ではあるが、ニクソンの失脚は政治がまともに機能している証拠であるというのだ。ＦＢＩやＣＩＡにかんする暴露にも同様の感覚がつきまとった。むろん、彼らは犯罪を犯してはいる。だが、と話は続く。それはＣＩＡが腐り切っており、Ｊ・エドガー・フーヴァーが常軌を逸したというだけのことだ。スキャンダルが起きたからといってシステムに問題があるわけではない。

チョムスキーとラスキーの主張のほうがより真実に近かった。コインテルプロとして正式に知られる計画が終了してわずか一〇年後、ＦＢＩは左翼の抗議団体（エルサルバドルの人びととの連帯委員会）に対して、電話の盗聴、郵便物の開封、そして（おそらく）オフィスへの侵入という、昔ながらの作戦を一部実行するようになっていた。同様に、イラン・コントラ事件（レーガン政権がイランの独裁者に秘密裏に武器を売却し、その利益をニカラグアのゲリラ資金に違法に流用した）が一九八六年に一大スキャンダルとなり、ウォーターゲート後の捜査によって海外における違法な極秘作戦に終止符が打たれたわけではないことが明白になった。話は少し逸れるが、人類学者のニコラス・ダークスがかつてスキャンダルを次のように定義している。「それは一人または多数の個人の名声を犠牲にすることによって、より多くの個人が違法な所業を継続できるようにする儀礼的通過点であり、場合によっては、同じ不正が度を越して繰り返されないようにするために最低限の安全策とプロトコルが定められることもある」[★19]。ダークスの定義は的を射ていた。

ずっと後になって、ウォーターゲート事件にかかわる情報を『ワシントン・ポスト』紙のボブ・ウッドワード記者に漏らしたディープスロートが、じつはＦＢＩのマーク・フェルト副長官だったことを国民は知るにおよんだ。後日フェルトは、アメリカ人の憲法上の権利を侵したとして有罪判決を受けている。コインテルプロにかかわる犯罪で訴追されたＦＢＩ職員はたったの二人だが、彼はそのうちの一人となったのである。フェルトがウッドワードに情報を提供したのは、政府上層部における不正を糾したかったからではなく、自分がＦＢＩ長官に就任したかったからだ（ＦＢＩ捜査の情報があまりに大量に漏れたことにニクソンが腹を立ててパトリック・グレイＦＢＩ長官を免職にし、自分を後釜に据えることをフェルトは期待していた）[★20]。保身のためにヒューストン計画を阻止しようとするフーヴァーの動機とフェルトの件を考えあわせると、一九七〇年代の醜聞騒ぎを欲得にまみれた政府高官たちが互いに散らした火花だったと結論づけるのはそう難しくない。

しかし、チョムスキーやラスキーの主張は体制派にとって不都合だった。支配層の陰謀がふたたび非難の的となっており、それが一政党に限られていない場合はとくに問題であった。メディアの重鎮は報道の過熱を示唆した。行政部門は攻勢に転じ、マッカーシズムというものがあるにしても、検察は国家の守護者を骨抜きにし、海外駐留のアメリカ人捜査官の生命を脅かしていると反論した[★21]（マッカーシズムが重要だったのは、ジョゼフ・マッカーシーが信条や過去のつながりを理由に人びとのキャリアを潰したいと考えていたからではなく、マッカーシーが国務省にまで捜査の手を伸ばしている点にあった）[★22]。議会による情報機関の捜査はジミー・カーター政権発足までにはそれなりの成果を上げたが、おもな例外は下院暗殺事件特別委員会だった。この委員会はジョン・Ｆ・ケネディやマーティン・ルーサー・キングの死について調査したものの、さしたる成果も出せなかった。

ただし下院暗殺事件特別委員会は、音響学的証拠にもとづいて、一九六三年に二人めの狙撃犯がケネディ大統領を狙撃し、このことは「その日おそらく陰謀が存在した可能性[★23]」を指し示していると結論づけ、人びとを驚愕に陥れた。委員会は後日同じ証拠を分析したときにこれと異なる結論を出してはいるが、すでに彼らの見解はケネディ暗殺にかんする体制派の見方にさほど大きな影響を与えていなかった。あるフリーのコラムニストは委員会の報告書に対してこうコメントしている。二人めの狙撃犯が「存在したこと自体は陰謀の証拠にはならない。それは単に、オズワルド以外の人物もケネディの死を望んでいたかもしれないという証拠にすぎない[★24]」。調査全盛の時代は終わりを告げようとしていた。

しかしこの時代はある傾向を置き土産として残した。『ワシントン・ポスト』紙や『ニューヨーク・タイムズ』紙は記事の内容に慎重になる一方で、オルタナティブメディア（『ローリング・ストーン』誌、『マザー・ジョーンズ』誌、『インクアイアリー』誌）や、大都市圏の多数の週刊誌（『ハスラー』誌や『ペントハウス』誌）は疑惑を追いつづけた。堅実な調査報道への扉が開かれた。しかしその扉はまた信憑性の薄い記事にも開かれていた。

暗殺本出版の新たな波が生まれた。あまりありそうもない内容のマイケル・キャンフィールドとA・J・ウェーバーマン著『アメリカのクーデター（*Coup d'État in America: The CIA and then Assassination of John F. Kennedy*）』は、JFKが狙撃された同じ日にダラスで逮捕された浮浪者グループのなかに、後日ウォーターゲートの陰謀を謀ることになるE・ハワード・ハントとフランク・スタージスがいたことを示す証拠写真を掲載していると主張した。しかし写真に収まっている人物たちはハントとスタージスに似ているとはお世辞にも言えなかった（ボブ・ディランの狂信的ファンであることですでに悪名高かったウェーバーマンは自ら「ゴミ学者」と称し、ディランの家から出たゴミを漁ることでディランの暮らしぶりと歌詞を見つけられると信じていた。つまり、彼はデータからありもしない意味を読み取るのを得意としていたのである）。

「ジェムストーン・ファイルの合い鍵（*A Skeleton Key to the Gemstone File*）」は、ドラッグの密輸、ケネディ大統領暗殺、催眠術、マフィア、ハワード・ヒューズの運命などを綴りあわせた手の込んだ陰謀論の物語である。この文書はときおりオルタナティブメディアに転載され、やがてインターネット上で有名なサイトとなった[★25]。フリーランス作家で（のちにＦＢＩ工作員となった）ロバート・エリンガーはこの文書を発表したメディアに電話をしたときに、この文書が多くの偏執狂患者を生み出すとともに、すでにいる多数の偏執狂患者の興味を引いていることを知ったという。

電話に出た「記者」は、「ジェムストーン」と言っただけでヒステリー気味になった……いったいなにをしようって言うんです？　皆殺しになっていいとでも？　あなた、頭をやられてるんですか？

「どういうことです？」と私は尋ねた。

「やつらはもう六人殺しているんです！」

「やつらとは誰なんです？」

「や、やつらですよ！」と彼が叫んだ。「わかりませんか？」

「ちょっと説明してくれませんかね？」

「なんですって？　電話でですか？　あなた、気はたしかですか？」彼は泣き叫んだ。「この電話だってやつらは聞いているんですよ[★26]！」

コインテルプロ作戦の目的は人びとに不安感を植えつけることにあったが、すでにその必要もなくなっていた。

もう少し探っていくと、カリフォルニア州の主婦メイ・ブラッセルのような人物に出くわす。彼女の友人ポール・クラスナーは、かつてブラッセルをこう形容した。「ぽっちゃりして、エネルギーに満ちて、小難しい言葉を縫いつけた農民風の長いドレスを着て、子どもたちのセーターを編みながら、ひっきりなしに影の政府の話をする」[★27]。ジョン・F・ケネディの死に対する思い入れの深いブラッセルは、アメリカのもうひとつの戦後史を紡ぎだした。彼女の戦後史では、ナチ残党が国家安全保障の懐深く入りこみ、左翼の信用を失墜させる目的で（シンバイオニーズ解放軍のような）暴力的な左翼集団が政府上層部に結成され、アメリカの影の内閣がケネディ兄弟、マルコムX、マーティン・ルーサー・キング、ジミー・ホッファ、ジョン・レノン、さらに「チコ・アンド・ザ・マン」のフレディ・プリンゼまでも暗殺した（「ジミ・ヘンドリクス、ママ・キャス・エリオット、スティーヴ・ペロンが自分の吐瀉物で窒息した？」と彼女は一九七六年に書いている。「私は信じない！」[★28]）。彼女は週に一度の番組を担当しており、それはラジオ番組であることも、希望者に送られてくるカセットテープであることもあった。そんな彼女にはブラッセルスプラウッツと呼ばれる少数のファンがいて、彼らはブラッセルの仕事を手伝ったり、互いに情報を交換したりした。ブラッセルの信奉者ジョン・ジャッジは、つねに「人に語りかけるよう心がけるべきです」と言った。「一九六八年の大統領選挙でニクソンが副大統領候補にアグニューを指名するにあたってトム・パパスが果たした役割と、彼とギリシャのヘロインとのかかわりについて、ヒッチハイカーに話していたときでした。なんとその人物がパパスの遠縁であることがわかったのですから」[★29]。

　ブラッセルが興味を抱いた話題のひとつが洗脳だった。ＭＫウルトラ計画の発覚を機に、彼女は『影なき狙撃者』で共産党が果たした役どころをＣＩＡに塗り替え、洗脳された暗殺者の物語をよみがえらせた。折りも折り、カウンターカルチャーでは耳慣れない新興宗教がブームになっており、第二次大覚醒時にプロテスタントの多くが抱いたようなカルト恐怖症が人びとの心に呼び覚まされた。ブラッセルはこうした不安感につけ込み、これを南米で起きた悲劇と組みあわせて彼女なりのMKウルトラ物語をつくり上げたのである。

一九七八年一一月にガイアナのジョーンズタウン、すなわち、ジム・ジョーンズ牧師を開祖とする人民寺院という宗教施設で大量虐殺・自殺が起きて九一八人が死亡した。犠牲者のなかにはカリフォルニア州選出のレオ・ライアン下院議員もふくまれていた。家族が己の意志に反して幽閉されているという訴えを有権者から聞いたライアン議員は、教団の視察に訪れていたのだった。

主要メディアは当時の新興宗教に対して根深い猜疑心を抱いており、魅惑的な預言者とゾンビのような信者が彼らの固定観念になっていた。一方で大量虐殺にかかわった者たちの家族は、事件に対して自分の血族が犯した罪を最小限度にとどめたかった。したがって、『サンフランシスコ・クロニクル』紙が、ボディ・スナッチャーに似た「ライアン殺害容疑者の『ロボット』のような行動」という見出しの記事を掲載したのも驚くには当たらない。

［親］族によれば、ラリー［レイトン］は、一九六八年に入信した人民寺院へあたかも「催眠術にでもかかったように」入っていった……「ぼくが疑問に感じるのは」と狙撃容疑をかけられたラリーの三六歳になる兄トム・レイトンは語る。「人民寺院がラリーにそれを命令したか否かだ。弟は人民寺院の忠実な信徒だったのだから、人民寺院が裁判で弟を弁護するかどうかを知りたい……」。

「彼はロボットだった」と父親のローレンス・レイトンは抑揚に乏しい冷ややかな調子で言った。[★30]

事件報道に乗じて、ブラッセルは人民寺院の虐殺について自分なりの議論を展開した。彼女が出した結論によれば、ジョーンズタウンは実際に存在したが、それは影の内閣が「黒人、洗脳、電極、禁欲、恐怖、大量自殺」の実験を行なうためのものだったという。「ジム・ジョーンズのロボットになり下がった」レイトンは、真実が発覚しないようにライアンを暗殺し、その後の大量虐殺は暗殺の隠蔽工作だったというのである。[★31]

陰謀論者が例外なくブラッセルほど洗脳に興味をもっていたわけではなかった。一九七五年、JFK暗殺に詳しいマーク・レインは、「あなたと公共の場で同席するつもりは毛頭ありません。あなたが常軌を逸しているのは周知の事実です。アメリカで洗脳が行なわれている証拠などないのですから」とブラッセルに明言したとされる。[★32]しかしレイン自身、ジョーンズタウンと関連がなかったわけではない。彼は人民寺院の弁護団の一員であったし、大量虐殺が起きるしばらく前に「アメリカの情報機関が、人民寺院、ジム・ジョーンズ、ジョーンズタウンを崩壊させようと企んでいる」と発言していた。[★33]やがてブラッセルは、ガイアナの教団施設を称賛するレインの発言(「人間の精神とこの国の魂の限りなき可能性を秘めたすばらしい体験が、わが国の諜報部員の行為によって無残にも潰えるのをこの目にするのは涙が出るほど口惜しい」)を引用し、因縁の論敵を大がかりな陰謀の片棒を担ぐ人物と名指しした。「私は彼とは反りが合わなかったのですが、ずっと彼の正体を暴こうとしてきたことを非常に誇りに思います」と聴衆に話した。[★34]

コインテルプロ、ケイオス、その他の作戦が政府に対する左翼の恐怖心を煽ったいまとなっては、こうした発言が飛び出るのも不思議ではない。しかし背景にあったのはそれだけではなかった。とかくサブカルチャーには怪物の類いが潜むものだが、一九七〇年代の終わりごろまでには新左翼やカウンターカルチャーはそうした邪悪な存在にあふれていた。「六〇年代」を一九七八年の出来事と関連させて考えることが可能であるなら（文化的側面から見れば可能だと私は思う）、崩壊する以前には多民族から構成された社会主義的ユートピアと世界に喧伝されたジョーンズタウンにおける大勢の人の死は、六〇年代の終焉を告げる役目を果たしたのである。それはチャールズ・マンソンによる殺人や、オルタモントで行なわれたローリングストーンズのコンサートでの悲劇に比べても、さらに無残に希望を打ち砕く瞬間であった。虐殺が起きたとき、サンフランシスコのリベラルなジョージ・モスコーン市長と、自ら同性愛者であると公表していた同市の市政執行委員のハーヴェイ・ミルクが暗殺されてからまだ一月と経っていなかった。仮にカリフォルニアのカウンターカルチャーを暗い影が覆った時代があったとすれば、それはまさにこの時期だった。

ブラッセルによる壮大な陰謀論はジョーンズタウンとサンフランシスコの銃撃をつなぎ合わせ、シンバイオニーズ解放軍、マンソンの殺人、ゾディアック事件の殺人犯、そして六〇年代の暗殺をも組みあわせた。歴史として見れば、それは事実、事実らしく思えるもの、風聞、推測をどうにかうまく結びつけたにすぎない。それでもこの陰謀論は、衝撃的な歴史上の瞬間の神話的解釈として強烈な魅力を放っていた。ブラッセルは、人びとが抱いた漠然とした不安感を名前をもつ外敵に変えたのだ。進行中の崩壊について話す言葉を人びとに与えたのである。

もちろん、主要メディアではメイ・ブラッセルのような人物を取り上げるわけにはいかない。[★35] けれども、ハリウッドならそれが可能だ。そして彼女がせっせと人びとの不安を煽っていたころ、一連の映画によってアメリカの邪悪なエリートの姿が描かれた。実際、そうした映画があまりにたくさん制作されたため、批評家の語彙に「一九七〇年代の陰謀スリラー」が付け加えられたほどだった。

映画制作者の手足を縛る旧来のヘイズ・コードは、一九六〇年代後半についに廃止された。[★36] 緩やかなつながりをもつ新進気鋭の映画制作者たちはこの開放的な環境に恵まれ、ニューハリウッドと呼ばれる時代がめぐってきた。新しい映画人たちはカウンターカルチャーと深いつながりをもつことが多く、彼らが制作した映画は特権階級に対する疑惑にあふれていた。

古株の映画脚本家や映画監督は若手の斬新な手法を模倣した。そしてウォーターゲート事件のおかげで、大衆は映画に描かれた疑惑をたやすく受け入れるようになっていた。

アーサー・ペンの『ミッキー・ワン』(一九六五年)やジョン・フランケンハイマーの『セコンド／アーサー・ハミルトンからトニー・ウィルソンへの転身』(一九六六年)などの六〇年代の映画は、七〇年代映画の多くに見られる恐怖の先がけとも言えるが、この二作はいずれも七〇年代映画に見られる企業や政府内の悪党を描いているわけではない。フランケンハイマーは『セコンド』の制作時にはすでにベテランの陰謀映画監督であり、『影なき狙撃者』(一九六二年)や退屈だが商業的には成功を収めた『五月の七日間』(一九六四年)などの作品を制作していた。後者の映画は、ときに重苦しい台詞が続くきわめて退屈な映画である。しかし優れた作品ではないにしても、『五月の七日間』は政治を描いているという面において興味を引く。それは右翼軍団が、アメリカ国民によって選出された政府を国外に追放しようとするファシスト狩りの物語である。脚本を書いたのは、TVシリーズ『トワイライト・ゾーン』で「メイプル通りの怪」という一話を担当したロッド・サーリングで、フランケンハイマーはのちにケネディ大統領がこの物語の制作を切望していたと語っている。彼によれば、JFKは「撮影にできるかぎりの便宜を図ってくれ」と言い、ホワイトハウス以外の場所での撮影が滞りなくすむようにハイアニス・ポートへの旅行の日時も調整してくれたという。★37

このほかにも、一九七〇年代の陰謀を題材にした作品の先がけとなった映画はたくさんある。映画制作者は風刺的な映画（『大統領のアナリスト』〔一九六七年〕）、警察に対する皮肉が込められた、犯罪映画の手法を多用する映画（『北北西に進路を取れ』〔一九五九年〕、『蜃気楼』〔一九六五年〕）、疑惑に満ちた憂国のスパイ小説にもとづいた映画（『寒い国から帰ったスパイ』〔一九六五年〕）などによって情報機関の恥部を思うさま描いた。しかし一九六〇年代を代表するスパイ映画は、ジェームス・ボンド風のエージェントがあり得ないような大悪党に立ち向かうといった趣向のものだった。ひるがえって一九七〇年代のスパイ映画は、情報機関による非道な殺人や好人物の思考操作などを描いた。ドン・シーゲルの『テレフォン』（一九七七年）のようなごく一般的な娯楽映画では、ソ連の悪漢がアメリカ国内に散らばった『影なき狙撃者』のような暗殺者たちに殺人を犯させようとするのを主人公が阻止しようとするのだが、この主人公をCIAではなくKGBの工作員に変えて物語にひねりを加えている。物語が終わるまでには、米ソ両政府ともに似たような好ましからざる理由からこの主人公の死を望むようになる。こうして、冷戦の両陣営がひとつの巨大で非情な組織のように見えてくる。

フランケンハイマーが一九六〇年代を代表する陰謀物の映画制作者であるとすれば、七〇年代のそれはアラン・J・パクラだ。パクラは『コールガール』（一九七一年）で表面では政治的側面を排しながらも、監視と腐敗にまみれた警察を描いてパラノイドの世界に足を踏み入れ、さらに『パララックス・ビュー』（一九七四年）を制作した。フレドリック・ジェイムソンは『パララックス・ビュー』を

「あらゆる暗殺物のなかで最高だ」と述べている。[★38]そこまで言わないにしても、この映画が模範的な暗殺映画であることは間違いなく、それは「一九七〇年代の陰謀スリラー」と言って映画オタクが最初に頭に思い浮かべる映画である。

『パララックス・ビュー』は、シアトルのスペースニードルのてっぺんで大統領候補者が暗殺される場面で幕を開ける。やがてこの暗殺の証人たちが不可思議な状況で次々と死を遂げる。主人公の記者は、最初は陰謀の存在を信じようとはしない。しかし昔のガールフレンドが証人の一人であったが彼女が死亡するにおよんで、この件を調べるようになり、やがてパララックス・コーポレーションという謎の会社に潜入する。この会社は暗殺者を育成する組織であることが判明し、潜入した主人公は自分に迫りくる危険に気づかない。本人は陰謀を暴こうとしていると考えているのだが、じつは陰謀によって彼は次なる暗殺犯に仕立て上げられようとしていた。映画の終盤には、記者も新たな標的も死んでしまい、ウォーレン委員会風の組織によってこの事実は隠蔽される。「当委員会はいかなる陰謀の証拠もまったく存在しないことを強調したいと考えます」と委員会の代表は発表する。「昨今メディアが弄んでいる無責任な推測がこれで終息することを委員会は願っています」。[★39]

パクラのいわゆる三部作の最後を飾る『大統領の陰謀』（一九七六年）は、『ワシントン・ポスト』紙によるウォーターゲート事件の調査のドラマ化である。この映画は濃厚なパラノイア色に染まっており、事件を暴露したボブ・ウッドワードの殺害までもがプロットに組み込まれている。しかし最後にはニクソンが職を追われて国難は避けられ、『パララックス・ビュー』より希望のもてる終わり方をする。リアルで皮肉のきいたこの映画は、ニクソンの例は特殊であってシステムは機能しているというプロットを採用している。すなわち、上層の敵が社会秩序を掌握しているというのである。

とはいえ、陰謀を描く映画がしばしば体制派の見方で終わったにしても、体制派そのものが反体制派に近寄りつつあった。シドニー・ポラックの『コンドル』（一九七五年）は、ハリウッドが原作をはるかに越えて急進的な大衆映画をつくった稀有な例である。映画の原作となったジェイムズ・グレイディの小説と同じく、ポラックの映画ではCIAアナリストがたった一人でCIAの悪党とCIAそのものに立ち向かう。だが『パララックス・ビュー』にも脚本を書いているロレンゾ・センプル・ジュニアが共著で書いた脚本は、原作をかなり改変している。オルムステッドの言葉を借りれば、この映画は「グレイディの小説に登場する主人公に味方する少数のCIA捜査官を省いている。また中心となる陰謀をドラッグの密輸から非正規な極秘工作に変更してもいる……彼らが殺人を犯したのはただの欲得ずくではなく、狂信的で誤った愛国心のためだった」[40]。

一〇年前、ジェームス・ボンド映画の制作陣は政治には倦み疲れており、ボンド小説に出てくるソ連の悪党を政治とはかかわりのないテロ組織「スペクトル」に変更した。だが、一九七〇年代の映画制作者は問題をはらんだ政治をプロットに絡めることが商機を呼び込むと考えた。そして彼らの直感は当たっていた。『コンドル』はその年で七番目のヒットとなり、四一〇〇万ドルの興行収入を稼ぎだした。

『ダラスの熱い日』（一九七三年）の脚本を書いたのは、正式なブラックリストに載っている脚本家のダルトン・トランボであり、原作にはマーク・レインが共著者の一人として名を連ねている。それは基本的には暗殺プロットを描いたものだ。富と権力をもつ者たちがジョン・F・ケネディの殺害を計画し、彼らに雇われた人間がそれを遂行する。この映画の世界観の中心にあるどす黒い闇は、ある登場人物がヴェトナム戦争の秘密の目的を暴露することで明らかになる。それは第三世界の人口を減らして「黒人や褐色人種や黄色人種が自分たちの国からヨーロッパや北米に流れ込まないようにするため」だったというのである。だが、この映画には無垢な部分もある。あるシーンであまり気の進まない共謀者がこう尋ねる。「ほかにもっといい方法がありそうなものじゃないか。［ケネディの］履歴を調べてみたのか？」。歴史的にあり得ない答えはこうだった。「彼の信用を失墜させるための方法があったなら、とっくにそうしてるさ」[★41]。

このような青臭い部分は、リチャード・コンドン原作の小説にもとづいたブラックコメディ『大統領の堕ちた日』（一九七九年）には見られない。この作品もケネディ暗殺に着想を得たものだったが、『ダラスの熱い日』のような単調な生真面目さとは違って、こちらはJFK陰謀にかかわるあらゆる悪党を構想に入れた波乱含みの展開を採用した。ギャングや諜報部員、反カストロキューバ人、ハリウッドそのものすら出てくる。暗殺の黒幕は大統領の実の父親であることが判明するのだ。

マイケル・ウィナーの『スコルピオ』（一九七三年）は、CIAがアメリカの支持者を始末し、地元の反米論者に罪をかぶせる場面で始まる（「こいつの死が重要なんじゃない」と殺害犯は説明する。「誰が殺したように見えるかが重要なんだ」[★42]）。クリント・イーストウッド監督が冷やかし半分で撮った『アイガー・サンクション』（一九七五年）は、吸血鬼のようなナチ残党が運営する極秘暗殺組織の物語だった。『ミッキー・ワン』や『セコンド』の例にならい、他の映画はストーリーに影の内閣を明確に組み込むことなくパラノイアを生み出した。フランシス・フォード・コッポラの『カンバセーション…盗聴…』（一九七四年）では、ジーン・ハックマンが自分に与えられたある仕事の結末について罪の意識に悩む調査専門家の役割を演じている。アーサー・ペンの『ナイト・ムーブス（*Night Moves*）』（一九七五年）では、ハックマンはどうにも解けない謎を追う私立探偵を演じる。どちらの映画でも、彼は自分には理解できない力に振り回される孤独な負け犬として描かれている。

ハックマンは、一九七七年の『ドミノ・ターゲット』でも孤独な負け犬の役どころを演じているが、この映画で彼が演じる主人公は『パララックス・ビュー』のプロットに落とし込まれる。彼は謎だらけで権力絶大に思われる秘密結社によって暗殺者に仕立てられる受刑者なのだ。『パララックス・ビュー』は暗い結末を迎える反面、改革の可能性を秘めてもいる。アメリカは一部の悪党によって堕落したものの、これらの犯罪人が排除されれば元通り高潔な国家になるとほのめかされる。ところが、こうした希望の光が『ドミノ・ターゲット』にはない。この映画の宿命論的な世界観は、最初によくわからない写真がスクリーンに映し出されたときに流れる次のような独白に見て取れる。

> あなたは今日自分の意志でこの劇場に来たと思っているだろうか？　それが自分の考えから出たもので、自由意志だったと？
>
> 気づいているかどうかは別にして、われわれはみな操られている。もう自分で考えたり、自分の意志で行動したりすることはできない。みんな操られている。プログラムされ、洗脳されている。最初から。生まれたときからそうなのだ。家族、メディア、ラジオ、テレビによって叩き込まれている。それでどんどんやつらが何者かがわからなくなる。
>
> いったいやつらは誰なんだ？　職場の上司？　では誰がその上司に命令するのか？　政府？　誰が権力の座にあったにしても、けっきょくは同じことだ。いったい黒幕は誰なんだ？
>
> やつらはごく普通の人間を操って、世界でいちばん重要な人物を消せるまでになっている。★43

ところが、この映画をつくったのはペンやコッポラのような監督ではなかった。この映画を制作したのはスタンリー・クレイマーで、彼は自由主義的な改革を求める、熱心で説教じみたメッセージで知られるベテラン監督だった。『ドミノ・ターゲット』には改革の希望はみじんも感じられず、この映画に描かれた腐敗は世界の隅々まで行き渡り、逃げ場というものがなかった。映画の最後でハックマン演じる主人公が陰謀にかかわる二人を殺したあとも、クレジットロール直前の最後の場面にはライフルを手にした別の人物が映っており、高い位置から主人公を殺すべくライフルを構えている。映画はハックマンが殺害すべき人物が大統領であると強くにじませてはいるが、その人物の名前が最後までわからないという事実は多くを物語る。主人公を殺害せよという命令を受けた人物と同じく、主人公もまた代わりならいくらでもいる歯車のひとつにすぎないのだ。

この映画には欠陥もいくつかある。ハックマンはすばらしい演技を見せるときもあるし、見る者の目を釘付けにするような謎に満ちた場面もある。しかしこの映画の脚本では、プロットの要請から賢明な人物が突然馬鹿な真似をしたり、登場人物が言わずもがなの内容を声を大にしてしゃべりまくったりするのだ。映画は内容的にも商業的にも成功しなかった。批評家はこの映画を『パララックス・ビュー』の二番煎じと評し、大衆は劇場に足を運ばなかった。しかし不器用で独創性に欠けるとはいえ、『ドミノ・ターゲット』はもっとも主流のエンタテイナーも、アメリカ政治にかかわる悲観的でパラノイドに満ちた作品をつくることを実証した。

他のジャンルでも疑惑を扱った作品がつくられた。SF(NASAが月面写真をでっち上げたという内容の『カプリコーン・1』〔一九七七年〕)、コメディ(図書館司書が教皇暗殺計画を発見するという内容の『ファール・

プレイ』（一九七八年））、探偵物（シャーロック・ホームズが、切り裂きジャックの背後に秘密結社が潜んでいるという陰謀を暴くカナダの映画『名探偵ホームズ／黒馬車の影』（一九七九年））などである。『ウエストワールド』（一九七三年）は、陰謀スリラー、SF映画、ウェスタンすべての要素を満たしていた。一九七九年の風刺映画『チャンス』は一般的な「陰謀物」ではないにしても、秘密結社の紋章の下に立つ権力者たちが次期大統領を選ぶ場面がそれとなく挿入されている。もう一篇の風刺映画『ネットワーク』（一九七六年）は、TV局の重鎮たちがある俳優の暗殺を計画する場面で終わる。ナレーションによれば、この俳優は「低迷する視聴率のために殺されるはじめての人物になる」という。[44] 七〇年代には、ホラー映画も息を吹き返した。このジャンルの映画には悪魔が出てくるが、陰謀がかかわる場合もそうでない場合もある。サメが出てくる一般向けのスティーヴン・スピルバーグの『ジョーズ』（一九七五年）ですら、小さな町の首長が市民の安全に対する脅威を隠蔽しようと画策する。[45]

『ボディ・スナッチャー』も復活を遂げた。『ボディ・スナッチャー』のリメイクが一九七八年に制作され、最初の映画でアリのように働かねばならない町に対して抱いていた不安感は、今回はカルトや七〇年代のナルシズムに対する不安感に取って代わられた。フェミニストも、アイラ・レヴィンの一九七二年の小説『ステップフォードの妻たち』とそれに材を取った映画を制作した。レヴィンのスリラーに登場する悪人は宇宙から来たわけではなかった。その悪人はベッドであなたの隣に寝ていた。

小説はジョアンナ・エバーハートが家族とともにコネティカット州の牧歌的な町ステップフォードに引っ越す場面で幕を開けるが、この町の女性たちがどこか変であることはすぐに明らかになる。「ステップフォードの妻はみんな同じだわ」とエバーハートは心中思う。「洗剤や床ワックス、クレンザー、シャンプー、芳香剤に満足したCMに出てくる女優そのもの。胸は大きくても頭は空っぽで、郊外の主婦を演じているけど、あまりにすばらしくて嘘っぽい」[★46]。やがて女性たちの夫は共謀して自分たちの妻を殺し、豊かな胸をもつ忠実なアンドロイドと取り替えたことがわかる。アンドロイドの妻たちは家を掃除し、子どもを育て、男たちをセックスで喜ばせることにしか興味がない。

ここには『ボディ・スナッチャー』のみならず『渓谷の狼児』の影響が見て取れる。しかしアイラ・レヴィンのコネティカット州では、ゼーン・グレイのユタ州とは違って、全体主義の社会から抜け出す術がない。ジェーン・ウィザースティーンは息苦しいモルモン教の父権社会から逃げ出した。しかしジョアンナ・エバーハートは息が詰まる郊外の社会に屈してしまう。彼女もまた、一九五〇年代郊外の理想を体現するようにプログラムされたロボットに取って代わられるのである。

というより、その郊外の理想像には皮肉が込められていて、重要な部分で原作が変更されている。戦後、郊外の典型的な女性はあらゆる活動に参加した。家事や育児がすめば、ＰＴＡやカブスカウト、チャリティにと活躍した。ところがステップフォードの妻たちは社会的な交わりをもたない。男たちは男性協会と呼ばれる建物に集まり、秘密結社の陰謀めいた雰囲気を漂わせる。ところが女たちはどこにも集まるということがない。以前は女性クラブがあり、著名なフェミニストのベティ・フリーダンの話を聞きに五〇人集まることもあった。しかしそれも男性協会が新しい秩序を築くまでのことだった。ステップフォードでなんらかの活動のために集まるのは、ロボットと取り替えるには年を食いすぎた女たちだけだった。

フリーダンが出てくる場面はレヴィンの真意をよく表わしている。一九六三年のベストセラー『新しい女性の創造』でフリーダンは、「新しい種類の女性たち」が郊外にやって来ていると警告している。「行き場のない移民を引きつけたカンザス州のがらんとした原野のように」と彼女は語る。「その新しさと、少なくとも当初はさまざまな便利なものがなかったことから、郊外は教育を受けたアメリカ女性のエネルギーにとって大いなる試練となった」。けれどもこうしたパイオニアがいったん新たなコミュニティを築きあげると、その後やって来る移民たちは「すでに存在する郊外のコミュニティをためらうことなく受け入れ（唯一の問題はどうそこに溶け込むかだ）、細々とした家事を嬉々としてこなすことで日々を過ごす」。男たちが重要なボランティア仕事を受け持ち、家の内外の仕事で「余暇」がつぶれる。★47

『ボディ・スナッチャー』と『新しい女性の創造』を組みあわせると、レヴィンの小説ができ上がる。だがそれが世に出たのは一九六三年ではなく七三年で、フリーダンが語る未来の郊外像が現実のものになる以前のことだった。七〇年代には女性運動がより盛んになり、その運動に対するあからさまな憤りもひとどおりではなかった。結果として、レヴィンはフリーダンによる戦後の郊外像の批判を寓話に仕立て上げ、フェミニズムに対する揺り返しと重ねあわせたのだ。

物語は人びとの心の琴線に触れた。小説はベストセラーとなり、映画はボックス・オフィスで高いランキングを誇った。★48 だが誰もがみなこの物語を好んだわけではない。フリーダンは劇場から飛び出してきて、「女性運動の剽窃だ」と映画を酷評した。★49 誰かが彼女の考えを盗んで、一見似通った大衆受けするハリウッド製模造品とすり替えたというのである。フェミニズム・スナッチャーとでも言おうか。

一九七〇年代のテレビ業界は映画業界に比べて規則や広告ボイコットが厳しく、ラディカルなテーマの番組を放映することはあまりなかった。けれども小さな画面が映し出す内容は銀幕より変化が大きかった。

一九六〇年代のシットコムでは、国家安全保障にかんする話題はそう頻繁には出なかったが、実際に話題になったときには無害な組織として語られた。フレッド・マクマレーがスティーヴ・ダグラスを演じたTV長寿番組『パパ大好き』では、航空エンジニアのダグラスが妻亡きあと三人の息子を育てあげる。一九六三年の「トップシークレット」と題された一話では、ダグラスが自宅で極秘計画の仕事をしている。安全を期して一家が監視下に置かれる。

「これは大きな変化だ」とある見張り役が言う。「公的な敵、スパイ、破壊分子、破壊活動家、誘拐犯から一般家庭なんだからね★50」。仲間が同調する。「ぼくが訓練を受けたときには、一〇歳の子どもの後をつけろなんて誰も言わなかった」。だが上司は聞く耳をもたない。「われわれは、ダグラス一家がニューヨーク市を爆破する計画を練っていると考えて対処する。会話も行動も意味ありげな沈黙も逐一報告せよというのが国防総省上層部の命令だ」。内外の脅威に備えるための手段が、人びとの安全のためと称して一般家庭に導入されるのだ。

この一話では、FBIがダグラス家の電話を盗聴して得た成果は、一〇代の息子がときおりガールフレンドに話をしたことぐらいだ（午後七時。窓から観察すると、チップ・ダグラスが友人のアーニーが白ネズミに餌をやるのを見ている）。スティーヴ・ダグラス本人はなにが起きているのか家族に悟られないよう小細工する。番組の最後でマクマレー演じるダグラスは、自分と観客を隔てる第四の壁を破って観客に直接話しかける。

この安全対策はしばらくのあいだは家族にとって重荷でしたが、まあ、それが必要とされていたのはおわかりでしょう。もちろん、計画は完了しましたから、それがなんであったかお話しすることはできます。つまりですね、私の仕事はある種のミサイル開発でして……

そこで「トップシークレット」という文字がマクマレーの顔に重ねられ、彼の次の発言にスクランブルがかけられる。ダグラス一家を監視していた安全保障システムは他の一般家庭にもあって、テレビで情報が流される前にそれを聞こえなくするということなのだろう。この場面を説明するとかなり気味悪く聞こえるけれども、番組は完全に無害だ。背後に笑いのトラックさえ挿入されている。

このわずか一三年後、黒人カップルが三人の子どもをゲットーで育てる姿を描く、ノーマン・リアのシットコム『グッドタイムズ』が、「ザ・インベスティゲーション」という一話を放映した。「トップシークレット」と同じく、「ザ・インベスティゲーション」はFBIの監視下に置かれた一般のアメリカ家庭の話だが、この物語は少々違ったアプローチを取る。子どもの一人、マイケル・エヴァンスは、キューバ政府に手紙を書いてFBIの網に引っかかる。マイケルはやや軍事オタクではあるけれども、愛国心を持つ少年である。手紙はアメリカ独立二〇〇周年を記念する学校のプロジェクトだった。「ぼくはアメリカの改革とキューバの改革を比較してみようと思ったんだ」と彼は言う。「キューバは独裁主義で、アメリカは民主主義だからね。まあ、シカゴの一部にはそうでない場所もあるけど」[★51]。

マイケルの兄J・Jは鶏肉料理店のデリバリーの仕事をクビになり、弟の手紙が原因ではないかと疑う。聡明な母親のフロリダはこう言ってJ・Jをなだめる。「それは少し考えすぎよ」。番組の中でのJ・Jの役割は馬鹿を演じるというもので、視聴者は普通なら母親の見方に共感するところだ。ところが父親のジェイムズ・シニアが帰宅し、彼もまた仕事をクビになったと告げる。そこで恐怖の色を顔に浮かべた隣人がご注進にやって来る。たった今、ＦＢＩがエヴァンス一家についていろいろ聞いたばかりだという。Ｊ・Ｊは一家のアパートが盗聴されているのではないかと心配しはじめ、大騒ぎをして盗聴器探しをしたあげく、両親と妹のテルマが真剣に小声で話す。

フロリダ：ほんとうにそう思う？
ジェイムズ・シニア：もちろんさ。やつらは前にもやっているからね。
テルマ：そうよ。たくさんの人にね。

ここでＦＢＩ捜査官のロイドが玄関扉をノックする。「正式な訪問ではないんだが」と言いながら、気が乗らない表情を顔に浮かべている。一家はハバナに送った手紙は学校の宿題でと説明しはじめるが、ロイドがそれを遮る。「わかってますよ」と彼は答える。録音スタジオの観客が恐怖心から思わず上げた声が入る。

「申し訳ありませんが」とロイドが続ける。「キューバからのプロパガンダの手紙を受け取っていたのが誰なのかを突き止めよと命令されています。決まりなものですから」。父親が強く抗議すると、捜査官はしどろもどろになって謝罪した。「われわれとしては尋ねないわけにはいかなかったんです。あなたの上司がそんな反応に出るとは思いもしませんでした」。ジェイムズは執拗に責め立てた。「では、あいつがどんな反応を示すと思ったと言うんだい？　ＦＢＩがやって来て質問しはじめたら、問題が起きそうだと考えるはずだ。すでに問題は山ほどあるんだから、ジェイムズ・エヴァンスはクビにしようと考えるだろう」。

ＦＢＩはジェイムズの雇用者に彼の復職を納得させるが、彼はその幸運に満足しなかった。「まあ、私は復職できた。それは結構なことだ」と父親は言う。「けれども、そんな幸運にありつけなかった人はどうなる？　その人たちはどうするんだ？」周りにいた誰かが叫ぶ。「そうだ！」そして割れんばかりの拍手。

番組が終わるまでには、ＦＢＩはジェイムズの上司には話をしたが、Ｊ・Ｊの上司には話をしていないことがわかる。息子はこの件で職を失う。しかし、これで彼の無実が晴れたわけではなかった。父親が事の重大さを考えるそばで、Ｊ・Ｊがコミカルに安心感を与えているだけなのだ。ＦＢＩ捜査官が去っていったあと、ジェイムズは妻の肩に手を回して言う。「フロリダ、どこか知らない場所のファイルにまだ私の名前が載っているような気がするよ」。そこで彼は「トップシークレット」という文字を顔に重ねられたフレッド・マクマレーのようにカメラを正面から見据える。今度は笑いのトラックはない。

一九七五年、別のＴＶ番組でクリフトン・ダニエルによる不思議な『ニューヨーク・タイムズ』紙の記事が話題になった。暴露されたＣＩＡの作戦をいくつかリストアップしたあと、ダニエルはこう述べた。「ＣＩＡが暗殺を実行している疑いがある。昨夜、ＮＢＣが七三年の映画『スコルピオ』を放映したが、その中でＣＩＡ捜査官または彼らに雇われたヒットマンに六人が殺されている」[★52]。ダニエルはこれらの疑惑にかんする情報の他の出所を明らかにはしなかった。ただＴＶ番組を引き合いに出しただけだった。情報が少なすぎた。

だが、これには裏があった。ダニエルと『タイムズ』紙の他の重役は、最近ジェラルド・フォードとのランチミーティングに出席していた。情報捜査に限界を設ける必要があることを説明したいと考えていたフォードは、ＣＩＡには公にできない機密があると明言した。「世界中の人びとのアメリカに対するイメージを損なう」性質のものだという。

「どんな機密ですか？」と記者の一人が訊いた。

「暗殺とかだね」とフォードが答えた。うっかり口をすべらせてしまったことに気づいたフォードは、すぐに付け加えた。「いまのはオフレコだよ[★53]」。『タイムズ』紙は大統領の意向に沿って失言を追及しなかったが、そこにいた人のなかにはそこで耳にしたことを書きたいと考える人がいた。そこでダニエルは『スコルピオ』の例を出して、彼は真実を知っているけれども口には出せないことをほのめかしたのである。

現実の世界における暴露は、ポピュラーカルチャーに暗い疑惑の影を投げかける。現在、ポップカルチャーに見られるパラノイアによって、アメリカ人が現実に起きた出来事を話す枠組みが拡張されている。メイ・ブラッセルによるジョーンズタウンの物語のように、陰謀スリラーはただのフィクションではない。それは神話なのである。

第8章　ジョン・トッドの伝説

……周到で真に迫っていなければ、いかに奇怪な話といえども真の恐怖を生み出すことはできない。

——H・P・ラヴクラフト★01

一九七八年のある日曜の夜、ペンシルヴェニア州チェンバーズバーグのオープンドア教会に講演者が現われた。四〇〇〜五〇〇人が彼の話を聞きに集まってきた。一〇〇〇人以上を収容できる教会を埋めつくすほどではないにしろ、なかなかの盛況だった。

クッションのない信徒席にすわった男女のなかには、ジョン・トッドというカリフォルニア州からやって来た情熱的な若者に興味をもっていた人もいたかもしれない。けれども大半はいつもの日曜の礼拝に来ただけであり、不思議な話を聞くことになるとは考えていなかっただろう。自分が救済された話をする講演者はよくいたからだ。他の講演者と違って、この若者が異常な経験の持ち主だ（キリスト教徒になる前は魔術師だった）と聞いていたかもしれない。しかし登壇した男性は、すぐに自分がそれ以上の存在であったと話した。

「私の話の多くはキリスト教徒の方々には奇異に聞こえるでしょう」とトッドはあらかじめ警告した。

「みなさんの大半はキリスト教徒の家庭に生まれ育ったでしょうし、仮にそうではないにしても私のような経験をした人はいないと思います[★02]」。しかし彼はこの世に邪悪なものがはびこっていることを承知していて、そのことについて話をしにきたというのだった。彼によれば、そのとき魔術師たちはワシントンDCに集っているという。「このことは現地の新聞の第一面に載っていました」と彼は述べた。「アメリカ中のキリスト教徒はこう言います。『魔術師がそれほど組織立っていると信じろというのか』。いえ、そうではありません。上院議員や下院議員、トップクラスの魔術師全員が一堂に会しているというだけの話です。彼らはまるで組織立ってはいないのです！」

そこで彼は自分のこれまでの人生について話しはじめた。

トッド本人によれば、彼はアメリカに魔法をもたらしたコリンズ家の生まれだという。一三歳で魔術師の司祭職について学びはじめ、一四歳でオハイオ州コロンバスの魔女団で秘伝を授けられた（「礼拝がすんだら」と彼は付け加えた。「聴衆の中にフリーメイソンの方がおられたら喜んでその人と語らい、私が授けられた秘伝をその方のものと一言一句比べましょう。まったく同じだとわかると思いますよ」）。彼は一八歳で高位の聖職者になった。そのために兵役を免れたが、いずれにしても徴兵に応じた。「方々の軍事基地で魔術を広めることが大切だったからです」。ところが、シュトゥットガルトのダウンタウンで酒に酔ったあげくにドイツ将校に発砲してしまった。将校は死亡し、トッドはこれで生涯刑務所で暮らすことになると考えていた。

しかしある日、「私の独房の扉が開いたのです。そこには一人の上院議員、一人の下院議員、将官が二人、そして名誉除隊が待っていました」。彼の軍法会議の記録は抹消され、彼のファイルは機密扱いになり、彼はもとの階級を取り戻した。トッドがオハイオ州の自宅に帰ると、二〇〇〇ドルと二ユーヨーク行きのファーストクラスの航空券が入った封筒が彼を待っていた。そこで彼は魔法がただの宗教ではないことを知った。それはイルミナティと呼ばれる強力な政治組織という「宗教」だったのである。

イルミナティを支配していたのは、悪名高い銀行帝国を築きあげたロスチャイルド家だ。ロスチャイルド家を頂点とするイルミナティの階層は、一三人委員会、ロスチャイルド家専属の聖職者、その下にあって世界でもっとも強力なフリーメイソンから成る三三人委員会、さらにその下にロックフェラー家、ケネディ家、デュポン家など超富裕層から成る五〇〇人委員会で構成されている。イルミナティはスタンダードオイル、シェルオイル、チェース・マンハッタン銀行、バンク・オブ・アメリカ、シアーズ、セイフウェイなどを掌中に収めていた。全米キリスト教会協議会、全米大魔王同盟、連邦準備制度、アメリカ自由人権協会、コロンブス騎士会、アメリカ青年商業会議所、ジョン・バーチ協会、そして共産党を牛耳ってもいる。アメリカでは、イルミナティは外交問題評議会と自称する。

トッドは一三人委員会に迎え入れられ、サンアントニオの拠点から一三州の支配を任じられた。さらにゾディアックプロダクションズの経営も任された。この会社はロックバンドのブッキングエージェンシーとしては全米随一の規模を誇る。そこで彼は音楽業界の秘密を知ることになる（たとえば、エルトン・ジョンは「魔術師の言葉以外で歌詞を書いたことはない」）。そして彼は世界全体を支配しようと画策するイルミナティの八年計画について知らされた。計画は一九八〇年一二月に完了予定になっていた。「約一二年前のこと」とトッドが信徒たちに説明する。「フィリップ・ロスチャイルドが、イルミナティをとおして全世界に君臨する方法をすべての魔術師に説く、一一〇〇ページにおよぶ本を書くように愛人の一人に命令しました。その本のタイトルは『肩をすくめるアトラス』です。そこに書かれた内容のひとつが現在アメリカ中の新聞の第一面を飾っています。実際、この本の三分の一は原油価格を高騰させて油田を崩壊させるとともに、石炭採掘を完全に停止させることを論じていました……その唯一の目的は、自分たちが経営する企業をいったん破産に追いこんで世界の通貨制度を破綻させる一方で、それらの企業は破綻を生き延びるほど強力な財政状況を維持することにありました」。

一方で、チャールズ・マンソン（彼いわく「私の古い友人」）はアメリカの刑務所にイルミナティ軍団を形成しつつあった。「彼らは武器供与を約束されていました」とトッドは主張した。「軍隊の武器ですよ！」議会は一般のアメリカ人が所有する銃器の押収法案を準備しており、一般市民はマンソンの軍隊の前に無力になる。「マンソンは」とトッドは注意を喚起した。「来年か再来年には出所します。どちらかはまだ協議中です」。出所したら、彼は支持者たちと全米を掃討して何百万という人を殺し、政府が戒厳令を敷くように仕向ける。

次にイルミナティは東海岸を停電させる。「『肩をすくめるアトラス』はこう結ばれます。『ニューヨーク市最後の灯りが消えたとき、われわれは世界を掌握する』」とトッドは語った。「ということは、彼らは最終的にはどの都市も停電させるでしょう」。

混乱の最中に、イルミナティがルシフェルの息子と信じる男が救世主として姿を現わす。「この男は途方もない力をもち、彼こそ救世主だと人びとに信じさせることができるのです」。こうして、彼らの世界制覇が成る。

トッドはこのような世界から自ら立ち去った。一九七二年、大陰謀の頂点近くにいたとき、彼は『十字架と飛び出しナイフ』という福音主義の映画を観た。茫然自失の体で劇場を立ち去ろうとしていたとき、誰かが彼にパンフレットを渡した。キリスト教カートゥーニストのジャック・T・チックが出版したミニコミック『ビウィッチド（*Bewitched*）』だった。トッドは、バーレスク劇場からバプテスト教会に変わったグリーンゲート・クラブという場所に迷いこんだ。そこで彼は救済され、現在は彼らの陰謀を人びとに知らせるために諸方を巡っているのだという。

それは危険をともなった。トッドの首には賞金がかかっていたのだ。「彼らは一万ドルの報奨金から始めて、数十万ドルに金額を引き上げました」。魔術師がオカルトから手を切るのを恐れるひとつの理由はこれです、と彼は説明した。わずか数年前のこと、カリフォルニア州の女優が魔女の世界から抜けようとした。イルミナティは彼女の喉を掻ききり、一方の足でその体を逆さに吊った。彼女が魔法の世界を裏切ろうとして殺されたことを、魔女なら誰でもそれとわかるタロットカードの絵柄そのままだった。死んだ女優の名前はシャロン・テートだった。

そこでトッドと仲間たちは、キリストに殉教した魔術師が暗殺の恐怖に怯えることなく暮らせる場所に引きこもった。「ぼくたちは五万ドル必要としています」と彼は信徒たちに語った。「そしてお金を集めようとしはじめて一か月半になりますが、まだぼくの司祭は二五ドルしか集めていません」。チェンバーズバーグの信徒は献金し、トッドは一〇〇〇ドルを手にした。[★03]

トッドが話をしたときにオープンドア教会にいたディーノ・ペドローネ牧師は、トッドが話をしてからの数週間にわたって人びとがしきりに噂話にふけったと話した。「私どもの教会ではたくさんの有名な牧師が説教しました」と彼はのちに『クリスチャニティ・トゥデイ』誌に語った。「けれども、どの牧師の説教のあとよりトッドの話のあとのほうがいろいろ噂が飛び交ったのです[★04]」。噂がすべて肯定的だったわけではない。ペドローネの記憶によれば、トッドは人びとの心に信頼感より疑念を生じさせた。「彼が証言し、私たちは彼の話を信じたいと考えます」と彼は最近語った。「でも、時が経つにつれて、なにかが変だと感じるようになりました」[★05]。

それでも、トッドには信奉者を獲得するなにかがあった。信徒の少なくとも一部が発言を信用しないなら、一〇〇〇ドル集めるのは無理だったはずだ。それに彼が人びとの信用を勝ちえたのはチェンバーズバーグだけではなかった。彼は東海岸にある何か所もの大きな教会で講演をしており、数千ものカセットテープが出回っていた。「私の父親がトッドのテープが流された教会のイベントから帰ってきて、イルミナティとロスチャイルドがついにサタンになるというトッドの話を大真面目で事細かく話したのを記憶しています」とラ・シエラ大学の学者であるゲアリー・シャルティエは思い起こす。彼はカリフォルニア州コロナで再臨派の家庭で育った。シャルティエの父親は無教育で愚かな人間ではなかった。修士と経営学修士の学位をもち、米国公認会計士の試験に一度で受かったような人物だった。知性のある専門家がトッドの話を信じたのである[★06]。

チェンバーズバーグやコロナでトッドの話を聞いて、彼や彼の話についてもっとよく知りたいと考えたとしよう。するとトッドの話の影響を受けたジャック・チックのコミック、あるいはトッドのテープに行き当たるかもしれない。

その場合には、彼が『肩をすくめるアトラス』について話すのを耳にしただろう。「その本はアイン・ランドという女性によって書かれたものです」と彼は聴衆の一人に語った。「彼女は以前から有名な作家で、彼女が書く本は国中で売れていました……彼女の本を読むのはたいてい共産主義者でした……共産主義者たちはひどく憤慨しています。この本は今年だけで数百万部売れたのですが、買った人の大半がキリスト教徒でした。そのことが気に入りません。実際、印刷を中止させようとしたぐらいですが、出版社が承知しません。出版社はたいそう儲けていたのですから」。この本にはセックスシーンが五ページほどある、と彼は注意した。けれども「その箇所だけ破って捨ててしまえばいいんです……この場面はキリスト教徒がこの本を手に取ることがないように意図的に挿入されたのです」[★07]。主人公のジョン・ゴールドは、フィリップ・ロスチャイルドのことです、とトッドは付け加えた。トッドの理解では、ゴールドがコロラド山脈に引きこもったのは、バミューダ・トライアングルに匹敵するほどの大きな謎だという。

　これより入手が難しいある本についてトッドが話すのを聞いた人もいることだろう。その本は『ネクロモニコン』と題され、トッドはこれを「真正のオカルト教典」と呼ぶ。彼によれば、この本は三部しか存在せず、グラスゴー、ロンドン、ソ連のイサク聖堂に一冊ずつあるという。しかし彼は実際にそれを見たことがあり、それが魔女の『影の書（*Book of Shadows*）』とモルモン教の『モルモン書（*Book of Mormon*）』の手本となったことを知っていた。

　イルミナティが支配下の企業に用いるロゴについてトッドは次のように説明する。「スノコのロゴは矢に貫かれており、矢は魔法をかけることを意味します。七六という数字を使うのは、イルミナティ設立が一七七六年五月一日だからであり……マラトンの有翼の馬『ペガサス』は神々の使いであって……強い魔女になるために魔女が習得せねばならない八道を表わしているのがデニーズのロゴです」。

　トッドは音楽にも触れる。「ロック音楽はエルヴィス・プレスリーから始まったわけではありません」と彼は話した。「それは数千年の歴史をもっているのです。それがなければ魔女は魔術を使えなくなります」[★08]。彼が音楽業界にいたときには、「魔女たちが歌詞を書き、ぼくたちは歌の旋律を収めた古いドルイドの文書を見つけました」という。[09] クリスチャン・ロックにしても同じだった。歌詞はただのロックよりましに思えるかもしれないが、歌に魔力を与えるのは歌詞ではない。「それは旋律なのです。音楽には魔力があります……彼らはお金が欲しくてロック音楽をつくるわけではありません。お金を必要とはしていないのです。すでになんでも手にしているのですから！　あなたの人生に悪霊の影を落とすために音楽をつくっているのです。音楽は呪いの言葉です」。[10] トッドは、教会でクリスチャン・ロックを歌わせるために、マラナサ・ミュージックのチャック・スミス牧師に四〇〇万ドルの小切手を切ったという。

スミスはカリスマ派のキリスト教を信奉していた。この教派は、信徒の人生に聖霊が果たす役割を強調する、悪魔とかかわりをもつ運動だった。トッドによれば、カリスマ派の教会はイルミナティによって支配されているが、一般信徒はそのことを知らない。カリフォルニア州アナハイムにあるメロディーランドのクリスチャン・センターのラルフ・ウィルカーソン牧師は、「米国で最大規模の独立したカリスマ派聖書学校や大学を運営しています。そして彼らが牧師にすべてを与えているのです。そこにあるものは建物や細々したものにいたるまでみなイルミナティが用意したものです」。

トッドは政治にも立ち入る。ウッドロー・ウィルソン以降の歴代大統領はいずれもイルミナティの一員でした、と彼は主張した。[11] 一九七六年の予備選挙で、イルミナティはフォードの対抗馬だったロナルド・レーガンを汚い手を使って打ち負かした。彼はこう付け加えた。「ぼくたちがレーガンの子息その他の人びとと話したところ、ニュースにならなかったような凶悪な脅迫、賄賂、殺人予告、暗殺予告などを受けたし、そしてそれが共和党が大統領候補を指名する期間中ずっと続いたと聞きました」。[12] レーガンに勝利を収めたフォードの次の仕事は、反キリストのジミー・カーターを破ることでした、とトッドは説明した。

トッドは来たるべき苦難の時に備える方法についても論じている。食糧の備蓄、雨風をしのぐ場所の確保、用意すべき武器などである（「イルミナティは人びとの銃器を押収できないなら、顔が吹き飛んでしまうような粗悪な銃器をつくろうと決めました。最近、彼らはスミス&ウェッソンとウィンチェスター両社を買収しました」）[★13]。メリーランド州エルクトンにあるバプテスト教会のトム・ベリー牧師と、チェンバーズバーグその他東海岸の都市をめぐるトッドの巡業を画策した人物とが共同で出した広告を目にしたことがあるだろう。それは「暴動中と革命後のキリスト教徒」と題され、トッドのサバイバル術に満ちていた。

ここまで読んできて、あなたはトッドの話を真剣に受けとめ、来たるべき大虐殺に備えはじめるかもしれない。

あるいは、こいつはとんでもない嘘つきだと思っただろうか。

トッドの途方もない主張を論破するには相当の努力が必要なのはたしかだ。たとえば、ネクロノミコン――トッドはずっと「ネクロモニコン」と誤って発音している――は、H・P・ラヴクラフトが考えだした架空の書物であり、彼は数篇の小説中でこの書物に言及し、他の作家にもそうするよう勧めている（「どんどん引用されていくことで、このでっち上げの神話が本物らしく聞こえるようになれば楽しいよね」と彼はパルプ・フィクション作家仲間のロバート・E・ハワードに語った）[★14]。もちろん、この書物が現実に存在すると信じているラヴクラフトマニアは実際に存在したし、トッドがチェンバーズバーグにやって来るころには、ネクロノミコンであるとされる本は一巻以上あった。しかし、これで真正な本を自分の目で見たというトッドの主張が正当化されるわけではない。彼がこの書物のアイデアをポップカルチャーから得たのは明らかだ。ヒントとなったのは、ラヴクラフトの作品に感化された一九七〇年の映画『ダンウィッチの怪』と思われる。トッドはこの本を「魔術とそれを信じる心にかんするもっとも強力で真に迫った映画だ」と語っている。[★15]

さらに、さほど大規模な調査をしなくても、シャロン・テートの死体がトッドが述べたような状態で発見されたわけではないことはわかる。またアイン・ランドは自由放任を旨とする資本主義者であって、共産主義者ではなく、無神論者であって魔女ではない（ランドが一九七九年にフィル・ドナヒューのトークショーに出演したとき、聴衆の中にいたトッドかぶれがこう訊いた。「ご著書の『肩をすくめるアトラス』であなたは、イルミナティが世界制覇を計画していると述べませんでしたか？」明らかに質問に戸惑った様子のランドはこう答えた。「誰がですって？」）。[★16] こうなると、「コリンズ家の血筋」にかかわるトッドの主張は、実際の家系というよりTV番組の『ダーク・シャドウズ』から着想を得たものだとあなたは考えはじめるだろう。やがて、時が経つにつれて、トッドの自分にかんする主張の多くを暴くジャーナリストの文章が出るようになる。

そうした文章のなかでもっとも重要と言えるのが、一九七九年二月二日付の『クリスチャニティ・トゥデイ』誌に掲載されたエドワード・プロウマンによる記事、そして同年に福音派の作家ダリル・ヒックスとデイヴィッド・ルイスが出版した本だった。『トッド現象』と題されたヒックスとルイスの本は、トッドが一九七二年から七九年まで次々と暮らした場所で取った行動パターンを明らかにした。

コーヒーハウス――ティーンミニストリー設立を試みる。
ドラッグやオカルトに苦しむ人のためのリハビリセンター設立を試みる。

なんらかのコミューンを設立する。多くはリハビリセンターや、誰かやなにかによる危害から逃れたい人のためのクリスチャン・センターといった形態を取る。

できるだけ多くの人（若いクリスチャンなど）を誘惑し性交渉をもつ。入手可能な報告によれば、対象はかならず異性であるが、年齢は限られていない。

つねに一部の「悪人」を槍玉にあげて「彼ら」を「われわれ」から疎外する。

自分の目的に合う場合をのぞけば、いかなる権威にもおもねらない。

たえず自分に対する「殺人未遂」や「殺害脅迫」の存在があることを知らしめ、「潜伏」が必要であると思わせる（とりわけ共感をもつ信奉者に）。

「有名人への言及」、非難、聖書の知識、そしてこれらを目の前の出来事と組み合わせる驚くべき能力と統率力によって、たえず人びとを煽動する。

現実と想像のあいだの壁が崩れそうになったら……いちばん熱心な信奉者にこう言って共感を得る。「しょうがないじゃないか。オカルトの世界に戻ってもいい。誰もそんなこと気にしちゃいないから。とくにキリスト教徒はね[★17]」。

それでもだめなときは——逃げろ！

この本には、スミス、ウィルカーソンその他の人びとが自分に対するトッドの批判をかわす見解が収められていた。『クリスチャニティ・トゥデイ』誌の記事と同じく、ドイツにおけるトッドの非公開軍事裁判がきわめて現実味に乏しいことをこの本は実証していた。さらにこの記事同様に、トッドの宗教遍歴は本人が主張するよりはるかに複雑であることをも示していた。

一九七二年にバーレスク劇場で救済される前と後に、トッドは何度かキリスト教の世界に出入りを繰り返していたことが判明した。一九七二年の救済後に、彼はヒッピー的なイエス運動と関連のあるキリスト教コーヒーハウスに遭遇した（このコーヒーハウスはカリスマ派キリスト教との類似性もあったが、当時のトッドはカリスマ派キリスト教をまだイルミナティの手先と糾弾してはいなかった）。プロウマンによれば、一九七三年の終わりまでには、ケン・ロング牧師は「トッドがコーヒーハウスの一〇代女性を誘惑しようとしているという知らせを受けるようになった。四人の少女が、トッドが彼女たちに魔女団を形成するよう唆し、彼自身もまだ魔術師であると言った、と明かした。のちにロングは、トッドがコーヒーハウス・ミニストリーに出入りすることを禁止した」[★18]。

トッドがはじめて著名人らしい扱いを受けたのは、フェニックスにあるクリスチャンTV局の『ザ・ギャップ』という番組に出演したときだった。プロウマンによれば、トッドはこのときの次のように主張した。

イルミナティが一部のキリスト教原理主義教会の資金を出しており、彼はケネディ一家の専属魔術師で（「ジョン・F・ケネディは実際には殺害されておらず、私は彼のヨットで本人に会ってきたばかりだ」）、彼はジョージ・マクガヴァンが少女を生け贄として殺傷するのを目撃した。

テレソンで二万五〇〇〇ドルが集まり、局側は九ミリ口径の短銃を携帯していると当時噂されていたトッドの雇用を申し出た。彼は最終的にはこの申し出を断った。ダグ・クラークがトッドの噂を聞きおよび、彼の番組『アメイジング・プロフェシーズ』に出演するよう依頼した。こうして一夜にして、トッドはカリフォルニア州南部で有名なカリスマとなり、彼と［当時の妻だった］

シャロンはサンタアナに引っ越した。
まもなくトッドは毎週若い人たちを自宅に招いて聖書研究会を催すようになった。シャロンによれば、何人かは改宗したが、悲惨な出来事も起きたという。トッドはキリスト教の教えと魔術を混ぜあわせ、一部の少女を誘惑していたが、そのことをメロディーランドのクリスチャン・センターの指導者に告げ口する者が出た。一九七三年のクリスマス近くに、メロディーランドのクリスチャン・センターの指導者たちと醜悪な対決をしたあげく、トッドは自分にかけられた嫌疑を否定してその場を飛び出した。★19
そう、そのメロディーランド・センターこそ、のちにトッドが「建物や細々したものにいたるまでみなイルミナティが用意した」と非難の矛先を向けたセンターだった。その非難の背後にあった動機は容易に想像がつく。
翌年、トッドはオハイオ州デイトンに引っ越し、オカルト専門の書店を経営しながら魔術教室を開いた。トッドの魔術はたくさんの性儀式をふくんでいた。一六歳の学生がトッドにオラルセックスを強要されたと警察に知らせ、トッドは六か月の懲役刑を言い渡された（二か月後には出所した）。彼は異教徒諸派に支持を訴えかけ、チャーチ・アンド・スクール・オブ・ウィッカのギャヴィン・フロストと、アクエリアン・アンチデファメーション・リーグのイサック・ボネウィッツがすぐにデイトンに赴き、自身の信仰ゆえに迫害されているというトッドの主張を調査した。フロストは判明した事実に驚愕し、ウィッカがトッドに与えたウォッチャーズ・チャーチ・オブ・ウィッカ支部の運営資格を剥奪するよう要求した。ボネウィッツは「トッドは違法で不道徳で諜報目的の活動の隠れ蓑として自身の奇妙な魔術を利用している節がある」とし、「可能なかぎり多数の連邦、州、地元の法執行機関」が彼の捜査に乗り出すべきであると進言した[★20]。フロストとボネウィッツは二人して陰謀論を形成しはじめた。FBIの報告書によると、この二人の異教徒はネオナチが「彼らの宗教活動を妨害するためにトッドを送りこんだ」と警察に訴えた[★21]。

ボネウィッツは、トッドが遠からずフロストと彼自身に対して「途方もない言いがかり」をつけるだろうと予測した[★22]。実際にその通りになった。トッドはすぐに詳細な作り話を引っさげてキリスト教の世界に戻ってきた。フロストとボネウィッツは、イルミナティにかんする真実を話すのをやめるなら取引してもいいと申し出たというのである。自分はそれを断ったために、二人が彼に不利な情報を流したというのが彼の主張だった。

一九七八年までには、トッドは相次ぐ講演によってそれまでになく有名になっていた。そこで彼にかんする暴露が相次ぎ、彼の名声は地に堕ちた。ジョン・バーチ協会は、トッドを弾劾する文書を公開した。ジェリー・ファルウェルが創立したトーマスロードバプテスト教会が発行する『ジャーナル・チャンピオン』誌の論説は、トッドの主張は「イエス・キリスト教会からその生き生きとした愉悦、活発な魂の救済、神への帰依を奪おうとする、聖書に反した詐欺行為である」とコメントした[★23]。キリスト教調査研究所は、トッドが「改悛するまでキリスト教から締め出すべきである」と推奨した[★24]。過去に教会にトッドを迎え入れた牧師たちは、今後は講演を依頼しないと決めた。彼に残された唯一の支持者はジャック・チックのみだった。

トッドが語る空恐ろしい話を信じないにしても、あなたは彼がそうした物語を紡ぐ手がかりとした伝承の一部なら信じるかもしれない。トッドを非難した人びとがすべて大陰謀という考えを否定したわけではなかった。ヒックスとルイスの本は、「イルミナティがいまだに存続している可能性は非常に高い」と述べている。[★25]『ジャーナル・チャンピオン』誌は、イルミナティの存在は認めないが、トッドが「諜報活動に従事する魔術師」である可能性を挙げている。[★26]一九八〇年代半ばまでには、トッドのことは忘れ去られたが、魔界の大陰謀というアイデアは生き残り、メディアの多くや警察の一部に浸透している。

トッドを歪んだ鏡、すなわち、話を聞く者の恐怖心を吸収し、奇妙で風変わりな物語を反射する表面と考えてみてはどうだろう。近代性を信用しない教会は、ポップカルチャーからオカルト、新しいキリスト教の信仰形態などあらゆるものにかんする懸念を生じさせるような物語を紡いでいる。経済的苦難のときにあって、この物語は石油会社やデパートにも非難の矛先を向ける。政府や実業界に対する一九七〇年代の疑念は、保守派のキリスト教徒のみならず無宗教のリベラル派にも影響を与え、トッドはそれを利用したのだ。「あらゆる捜査努力にもかかわらず」とトッドの話を聞いたことのある牧師は『ボルティモア・サン』紙に語った。「政府に対する信頼感はほとんどないも同然です。そこでこの男が現われ、はじめて耳を傾ける人にはもっともらしく聞こえる話をしたのです。万歳！やっと真実が見つかった！」[★27]メイ・ブラッセルやジョン・スミス・ダイがしたように、トッドは不安感を神話に変えたのである。

トッドがどれほどのペテン師だったのか、どれほど精神を病んでいたのかはわからない。彼の軍務記録には、「感情的に不安定で虚言癖がある」という診断と、「現実と想像の区別を容易につけられない」という所見が付されていた。[★28]彼が聴衆に話をするときにいかにも真実を述べているように見えたとすれば、それは彼が自分の話は真実だと信じこんでいたせいもあっただろう。いずれにしろ、彼の人生は欺瞞と搾取に彩られ、その結果が刑務所行きだった。

けれども、まだその話で終わるのは早い。もう少し探らねばならない問題がある。まず、イルミナティに対するトッドの興味から始めよう。ほとんど人びとに忘れ去られたような連邦党に潜んでいた怪物が、どのような経緯でジョン・トッドの終末論の元凶となったのだろう?

この変化にもっとも寄与したのがネスタ・ウェブスターだった。ウェブスターは、秘密結社や革命運動などに心惹かれつつ育った二〇世紀初頭イギリスの作家である。ジョン・ロビソンとオーガスティン・バリュエルの伝統にならい、彼女はイルミナティとその関連組織が一七八九年のフランス革命ばかりか、その後ヨーロッパで起きたあらゆる革命の背後にあったと論じた。ウェブスターが語るイルミナティは共産主義であるとともに資本主義でもあり、銀行、ボルシェヴィキ、フリーメイソン、神秘主義者、ドイツ人、ユダヤ人すべてをひっくるめたものだった。

ウェブスターは、ユダヤ人の多くは「ドイツとボルシェヴィズムのどちらに対しても恐れを知らぬ勢力であることを示した」と認めた[★29]。換言すれば、彼女の世界観では「善良な」ユダヤ人がいるということになる。しかし彼女は自身が論じる陰謀にユダヤ人が寄与する部分に取り憑かれており、次のような文章を書くのを常としていた。「ドイツの無神論とキリスト教に対するユダヤ人の敵意が組みあわさって、現代社会に満ちている大いなる反宗教的な勢力が形成されつつある[★30]」。そして『シオン賢者の議定書』が真正であるとまでは言わなかったものの、この文書が「偽書と証明されたためしはない」と主張している[★31]。

ウェブスターの議論に感じ入ったのがウィンストン・チャーチルだった。一九二〇年、彼は自分が崇敬するユダヤ人をウェブスターの本に描かれた邪悪な「国際的ユダヤ人」と対比してみせた。

ユダヤ人による運動というものは新しいものではない。スパルタクス・ヴァイスハウプト集団の時代から、カール・マルクス、そしてトロツキー（ロシア）、クン・ベーラ（ハンガリー）、ローザ・ルクセンブルク（ドイツ）、エマ・ゴールドマン（アメリカ）まで、阻害された発展、嫉妬心にもとづく悪意、不可能な平等がもたらす文明破壊と社会再構成は着々と進められてきた。近代作家のウェブスター夫人が見事に示したように、そうした運動はフランス革命の悲劇に否定しがたい役割を果たしている。それは一九世紀におけるあらゆる抵抗運動のおもな要因であったし、現在では欧米の大都市における地下組織の非凡な人びとが、ロシア人の髪をひっつかみ、実質的に巨大な帝国の主人公となった。[32]

ウェブスターにならって、反ユダヤ主義（あるいは少なくとも反ユダヤ主義に見えること）を避けたいと考える反イルミナティは、『シオン賢者の議定書』を理論に組み立てることに成功する場合があった。カナダの陰謀論者ウィリアム・ギー・カーはこの議定書を文字通り解釈し、この文書は「疑惑がイルミナティの上層部ではなく身代わりのユダヤ人に向けられる」ように陰謀によって変えられたと主張した[33]（とはいえカーは、「国際的なユダヤ人」[34]あるいは「大魔王のユダヤ教会堂」[35]など、反ユダヤ主義者に特徴的な偏見に満ちた表現を避けることはなかった）。

ウェブスターと同じ道を歩こうとした反イルミナティはカーだけではなかった。ウィリアム・ダドリー・ペリーが、イルミナティを銀シャツ党の悪霊学の根源と解釈したことはすでに述べた。第一次世界大戦終結から一九二七年の退役まで米軍監察官だったイーライ・A・ヘルミックは、ヴァイスハウプトからレーニンへの直接の結びつきを示すような演説をした[★36]。クイーンボロ男爵夫人ことエディス・スター・ミラー（ヨーロッパに移住したアメリカ人）は、彼女の死後の一九三三年に出版された『オカルト・テオクラシー』で、バイエルン・イルミナティの背後にはユダヤ人がおり、イルミナティの計画は基本的に「ユダヤフリーメイソン・ロシア・ソヴィエト共産主義」と同じであると述べている[★37]。大恐慌のあいだに信奉者を集めた大衆向きの金融論者で、シカゴ在住のガートルード・クーガンは、一九三五年にこう書いている。「現代の社会主義者が奉じる理論や手法はいずれもイルミナティとして知られる組織からの直接の受け売りである[★38]」。同じ年、カンザス州の反ユダヤ主義者ジェラルド・ウィンロッドは、『アダム・ヴァイスハウプト——人の姿をした悪魔』という、ウェブスター色が濃く、イルミナティがユダヤ人であると主張する小冊子を書いた。またそれほど有名ではない反イルミナティも存在し、彼らは部数の少ない本やパンフレットを書き、そのなかには『赤い影とルーズヴェルトとイルミナティ』と題するものもあった。こうした作家の多くは薔薇十字団やテンプル騎士団など他の秘密結社の要素を自身の理論に盛りこんだ。政治学者のマイケル・バーカンはこうして得られたネットワークを「秘密結社網を通じてはたらく陰謀をはかる者たちのリスト」と呼んだ[★39]。

ウェブスターに追随する作家のなかには、イルミナティが諸悪の根源であると考える人びとがいた。たとえばカーは、売春からドラッグ取引、彼のボートが事故を起こして飼い犬が死んだ件まで、この秘密結社のせいと考えた。他の陰謀論者は比較的冷静だった。ジョン・バーチ協会とかかわりをもつ作家のG・エドワード・グリフィンは、アダム・ヴァイスハウプトの秘密結社がのちの共産主義者や銀行家による策謀に直接つながっているか否かは「私たちにはわからない」という慎重な発言をしながらも、「それが不可能ではなく馬鹿げてもいないことは私たちにもわかっている」と主張した。[40]

ジョン・バーチ協会の人びとがみな、グリフィンのようなどっちつかずの立場を取ったわけではなかった。協会の創立者であるロバート・ウェルチは、近代の大陰謀はバイエルン・イルミナティにさかのぼることができると断言する。しかし協会の公式見解は、陰謀がユダヤ人によるものであるという考えには当初は否定的だった。[41] 協会のもっとも有名な陰謀書（ゲイリー・アレンとラリー・エイブラハム共著の『誰も陰謀とは言わない（*None Dare Call It Conspiracy*）』〈一九七一年〉）は、「ロスチャイルド家の犯罪をすべてのユダヤ人にたどることも、ロックフェラー家の犯罪をすべてのバプテスト派の信徒に背負わせることも不合理で不道徳である」と明言した。[42] この本は裏表紙に、ユダヤ右派という組織を率いるバーニー・フィンケルの次のような推薦文を載せている。「歴史的に見て、ユダヤ教徒は共産主義者による陰謀のいちばんの犠牲者であった」。ラビのマーヴィン・S・アンテルマンは著書『トゥ・エリミネイト・ザ・オピエイト』（一九七四年）で議論を一歩先に進め、「ユダヤ教をおとしめる……陰謀」にイルミナティが重要な役割を果たしていると述べた[43]（ユダヤ人に悪意をもつ人もジョン・バーチ協会に入会したが、協会はこうした人びとをなるべく入会させないよう努めた。一九六〇年代のジョン・バーチ協会でもっとも有名な反ユダヤ主義者だったレヴィロ・オリヴァーは、その主義主張ゆえに協会を追い出され、すぐに極右団体のリバティ・ロビーに入会した）。

反イルミナティのメッセージは印刷物に限られなかった。たとえば、ヴァイスハウプトにかんするグリフィンのコメントは、ジョン・バーチ協会の会議や同様の集まりで映写できるフィルムストリップ「資本家の陰謀」に収められていた。一九六〇年代末には、俳優、映画監督、脚本家、ブラックリストに載った活動家というくつもの顔をもつマイロン・クルヴァル・フェーガンが、「イルミナティと外交問題評議会」という一連のLPレコードを録音した。おもにカーの世界観にもとづいたこれらのレコードを制作したのは、これまた若き俳優、ナイトクラブの芸人、音楽プロデューサー、興行主というくつもの顔をもつアンソニー・J・ヒルダーであり、彼はその数年前にサーフロックのレコードを録音しているが、ゴールドウォーター上院議員の選挙運動をきっかけに政治にかかわるようになり、邪悪な陰謀を暴露するようになった（やがてヒルダーは陰謀論の標的であるのみならず喧伝する側にも回る。ロバート・ケネディがロサンゼルスのアンバサダーホテルで暗殺されたとき、彼はホテルで冊子を配っており、本人によればいっとき狙撃犯のサーハン・サーハンから一、二メートルほどの場所にいたという。その後、多くの陰謀論者がヒルダーが暗殺にかかわっていたと主張した）[44]。

ポピュリスト右派以外の人びとのあいだでは、イルミナティは共産主義の背後にあるのではなく、反共産主義を恐れる愚かな心情の産物と見なされることが多い。一九四〇年に左翼雑誌の『ニュー・マシーズ』がイルミナティに言及したとき、その目的はイルミナティを「恐ろしいコミンテルン」と見なす連邦主義者の「忌まわしい見解」を嘲笑し、実際のコミンテルンの対抗勢力をもついでに小馬鹿にすることだった[45]。共産主義者で映画台本家のジョン・ハワード・ローソンは、一九四七年に同様の趣旨を次のように表現している。「こんにち、古いプロパガンダ団体がふたたび架空の不安感を煽っている。愚かなイルミナティ運動が報道やラジオで繰り返されている」[46]。彼が示唆しているのは一七九〇年代のイルミナティ運動であり、彼と同時代の反イルミナティではなかった。

しかしポピュリスト右派のあいだでは、イルミナティはごく当たり前の悪魔的存在になりつつあった。一九七二年にフェニックスに姿を現わすまでには、トッドは自分の物語をつくるにあたって豊富な情報を手にしていた。たとえば、一三人委員会や三三人委員会はカーの本の受け売りだし、トッドがジャック・チックと共同で描いたコミックブックにはクイーンボロ男爵夫人が登場する。ヒックスとルイスの本によれば、トッドはフェーガンとヒルダーのレコードに注意深く聞き入り、当時トッドの妻だったシャロンが地元の図書館でイルミナティについて調査をしたという。また、トッドはこのあと紹介するマイク・ワーンカの『悪魔売ります（*The Satan Seller*）』の内容も利用している。

他の陰謀論者の言説なども意識して借用しないときでも、トッドの物語はアメリカに根づいた陰謀神話にもとづいている。チャールズ・マンソン率いる軍隊がアメリカを制圧するという彼の考えは、マレルの暴動伝説や、ジェディディア・モールスの警告（モールスはイルミナティがハイチ人軍隊を引き連れてアメリカ南部に攻め寄せ、越境する際に奴隷に暴動を起こすようけしかけると述べた）の匂いがわずかながらする。トッドが語るイルミナティは海外に拠点をもち、米政府の懐深く潜入しており、暴動の波を計画していて、一般アメリカ人がかかわるほとんどすべての組織や団体に工作員を潜入させている。彼らは外からの敵、上層の敵、下層の敵、内なる敵を同時に体現しており、トッドが遭遇するどのようなパラノイアでも対応できる大陰謀だった。一九六〇年代と七〇年代が保守的なキリスト教徒にイルミナティの話をするのに恵まれた時期だったとすれば、これらの時期は文明崩壊を予測するのにさらに好都合であった。終末が近いという漠然とした恐怖が文化に浸透しており、この不安感は信仰をもつ人もたない人の別を問わず共通していた。たとえば、この時代の環境論者は環境問題によって地球の破滅は避けられないと勘違いすることが多かった（一九六九年、『ランパーツ』誌はその表紙でわずか一〇年後には海洋が死滅すると警告した）[★47]。キリスト教国であるアメリカでは、世界の終末に対する興味が涌き上がりつつあった。そうした傾向の恩恵をいちばん受けたのは、大ヒット作となった『地球最後の日』（一九七〇年）をキャロル・カールソンと共著で書いたハル・リンゼイだった。リンゼイの考えはたちまちイエス運動や台頭しつつあった宗教右派に浸透し、世界中で起きる出来事が聖書の預言によって解釈され、ハルマゲドンは近いと論じられた。

この本の影響はジョン・トッドやメイ・ブラッセルの比ではなかった。『地球最後の日』は三五〇〇万部を売り上げ、かのオーソン・ウェルズが一九七九年にこの本を原作とした映画を制作したほどだった。ウェルズは、一九三八年に火星人が侵略してくるという話も、『地球最後の日』のシナリオも信じてはいなかった。彼が映画を制作したのは金儲けのためであり、自分がつくりたい映画のための資金づくりであった。後日、映画の取材資料を書いた人物は、このドキュメンタリーは冗談であって、宣伝文句も「また冗談だった」と語った。[★48] しかしH・G・ウェルズの『宇宙戦争』とは違って、オーソン・ウェルズの『地球最後の日』はすべてが架空の物語だとは主張しておらず、話を真に受ける観客もいることを想定している。リンゼイとカールソンは、一九七二年の『サタン：その正体と最後』、一九七三年の『新世界がやって来る（*There's a New World Coming*）』と続編を制作しつづけた。またハルマゲドンに注目していたのは彼らだけではなかった。ジョン・トッドがチャック・スミスをイルミナティの手先と誹謗していたころ、スミスはトッドがイルミナティの世界制覇を予言したわずか一年後の一九八一年までに終末が訪れると予言した。[★49]

反キリストの登場を予期していないにしても、自分の国の文化や市場に悪魔が影響を与えると言われれば懸念するかもしれない。サタンのシンボルがデニーズやスノコのロゴに隠されているという考えはジョン・トッドの話に耳を傾けた人びとに限られていたかもしれないけれども、一九八〇年ごろにP&Gのロゴに「666」が隠されているという噂が立ち、商品ボイコットや破壊行為が続いたために最終的に一九八五年に同社はロゴを改めた。文化全体を眺めれば、「かくされた説得者」風の潜在意識に訴えかける広告に新たに興味が移っていた。契機となったのはウィルソン・ブライアン・キイが書いたベストセラー『潜在意識の誘惑』だった。キイの評価は定まっていないが、彼のおもな主張はアメリカ国内の主要な機関の一部に認められている[★50]（私がはじめてキイのアイデアに遭遇したのは一九八〇年代初頭の公立小学校でのことで、生徒たちが雑誌の広告に隠された客寄せのメッセージを探す宿題を課せられたときだった）。P&Gに対する撲滅運動がこうした傾向の一環であったのはたしかだ。

キイは、メッセージは広告だけでなくロック音楽にも隠されていると信じていた。ビートルズの「ヘイ、ジュード」はドラッグにかんする歌であるという考え（もとはジョン・バーチ協会のゲイリー・アレンが唱えた）に賛同したし、サイモン&ガーファンクルの「明日に架ける橋」は「注射されたドラッグ（ほぼ間違いなくヘロイン）が起こす幻覚に閉じこもれというドラッグ常習者への指針」であると解釈した[★51]。こうした歌の数々はドラッグ依存症に陥れるための「文化的条件づけ」の一環だというのが彼の説明だった[★52]。

だが音楽界でもっとも有名な潜在意識に訴えるメッセージの噂は、キイよりはトッドの話に近かった。その噂によれば、大流行しているロック音楽の多くは逆回転すればサタンのメッセージが隠されているという。そのような主張をするのは保守的なキリスト教徒に限られていなかった。一九八二年、ミネソタ州でDJをしているクリス・エドモンズがレコードを「逆回転した」音楽をラジオで流し、聴取者にどんな隠されたメッセージが聞こえるかと尋ねた。

ポップ音楽の制作者のなかには逆再生すると隠されたメッセージに聞こえる音をわざと挿入した人もいたが、そうしたメッセージはたいてい悪魔的ではなく無意味だったり滑稽なものだったりした。たとえば、エレクトリック・ライト・オーケストラの「ファイアー・オン・ハイ」は「音楽は逆方向に再生できるが、時間は逆行できない。逆に回せ、逆に回せ、逆に回せ」という逆再生で聞こえるメッセージで起きるパニックのパロディをつくった。たいていの場合、メッセージとされるものは心が暗示によって雑音にパターンを見つけた結果だった。なにが聞こえるか教えてもらわずに、レッド・ツェッペリンの「天国への階段」を逆回転して聞いても、たぶん奇妙な音以外にはなにも聞こえないだろう。ところが、悪魔的なメッセージが込められていると知ると、「愛するサタン」という言葉が聞こえてくる。そして逆回転した音楽が再生されている状態で、話者の背後にある暗号とされるものを見ていると、「愛する悪魔」だけでなく、「では、私の愛するサタンに乾杯。その小径は私を悲しみに突き落とし、その力たるやサタンそのもの。彼は己とともにある者に666を与える。小さな道具小屋があって、そこで私たちは彼に苦しめられた。悲しきサタン[★53]」という、まとまりのない不気味な「ことばのサラダ」を聞いたと思うかもしれない。

一九六九年、ロックファンはポール・マッカートニーが死んでいるという証拠を探した（「レヴォルーション9」を逆再生すると、ビートルズの一人が「おれを元気づけてくれ、死んだ男よ」と歌っているとされる）。だが今では人びとはルシフェルがいる証拠を探す。ビートルズがメッセージを入れてはいないと否定してもそれは関係ない。仮に彼らがほんとうのことを言っているのだとしても、サタンが自分の分身を歌に封じこめたのである。

サタンの証拠をもっと見たければ、サタンを裏切った者たちが喜んでその腹の中から話をしてくれるだろう。いちばん有名なのはトッドではない。それはマイク・ワーンカという男で、イエス運動のコーヒーハウスのスターだ。ワーンカは、一九七二年にサンディエゴでのクリスチャン会議に悪魔的な飾りを施したウィッチカーで駆けつけてはじめてその存在を認められた。公開の場や一九七三年の

『悪魔売ります』でワーンカは、ドラッグ、暴力、性儀式に満ちた、三都市を股にかける、一五〇〇人規模のルシフェル組織で高僧をしていたが、この組織を抜け出してきたと主張した。そして、この組織こそイルミナティの一部なのだという。クリスチャン雑誌『コーナーストーン』のジョン・トロットとマイク・ハーテンステインは、一九九二年にワーンカはペテン師であると暴露し、ワーンカはイルミナティのアイデアをバプテスト牧師のティム・ラヘイから得たのではないかと示唆した。ラヘイはのちに『レフトビハインド』シリーズの本の共著者として有名になる。「私が先にイルミナティという言葉を使ったのです」とラヘイは語った。「私は［ウィリアム・ギー・カーの］著書『ポーンズ・イン・ザ・ゲーム』を読んでいたので、彼がほんとうにイルミナティについてなにかを知っているかどうかを確かめました。彼はその言葉を聞いたこともない様子でした[54]」。

ワーンカはトッドより格段に大きな成功を収めたと言えるが、両者とも嘘をつきとおせる数の聴衆と時間の長さのなかでのことだった。ヒックスとルイスによるトッド本はワーンカの短い序文で始まる。ワーンカは彼のライバルが「ジム・ジョーンズと同類と判明するかもしれない」と述べ、「やたらと神の名を口にする者には気をつけたほうがいい[55]」と読者に用心するよう勧めている。まさか君がそう言うとはね。このあとわかるように、ワーンカはやがて主流派の仲間入りをし、一九八〇年代にはカルト専門家としていくつかの一般テレビ局に出演している[56]。

『アメリカ政治におけるパラノイド・スタイル』のより洞察に満ちた部分でホーフスタッターは、陰謀を広めるのに裏切り者が果たした役割に光を当てている。彼は次のように述べる。「敵対する組織からの変節者には特別な意味合いがある。反フリーメイソン運動はときに元フリーメイソンを正当化するかに思えた。それは彼らの救済に大きな意味合いと否定しがたい真実味を与えるのである。反カトリック主義は背教の尼僧や僧を、反モルモン教は一夫多妻制というハーレムから逃れた元妻を、現代のアヴァンギャルドの反共産主義運動は反共産主義者を利用する」[57]。ワーンカとトッドはこれと同じことをやってのけたのだ。変節者の物語にとりわけ興味を示したのはジャック・チックだった。トッドの証言を支持した上に、チックはジョーンズタウンからホロコーストやイスラムの台頭まですべてをカトリックのせいにした元イエズス会会員アルベルト・リベラの熱心な支持者となった。のちにチックは、悪魔カルトの高僧であったと主張した元医師レベッカ・ブラウンの主張を広めてもいる。だがブラウンは、患者を悪魔に取り憑かれていると診断して悪魔払いを行なおうとすることが多いために、医師免許を剝奪されたことが判明した。

　チックは、ポピュラーカルチャーに出没するサタンにも興味を抱いていた。彼のコミックブックは、ロック音楽（「ヘビメタが多くの人をロックファンに変えた……みんなゾンビになったのだ」[58]）、ダンジョンズ&ドラゴンズ（このゲームをとおして厳しいオカルト訓練を積めば、初心者も魔術師の組織に受け入れられる[59]）、シットコム『ビウィッチド』（このショーのおかげで何百万という人が現在オカルトや吸血鬼の番組を見る扉が開かれた！[60]）を糾弾した。彼の作品は時流には乗らなかったが、彼の主張はかならずしも少数派にしか受け入れられなかったわけではない。

　一九八二年に一六歳の息子が自殺したのは、ダンジョンズ&ドラゴンズのせいだと主張したパット・プリングという母親の例を考えてみよう。彼女は次のように述べた。D&Dは「悪魔学、魔術、ブードゥー、殺人、レイプ、不敬、自殺、暗殺、精神異常、性倒錯、同性愛、売春、悪魔的儀式、ギャンブル、蛮行、食人、サディズム、冒瀆、悪魔召喚、降霊術、占いその他の教義を用いている。ダンジョンズ&ドラゴンズのようなゲームが、成人の自殺や殺人の決定的な要因であったり、そのような悲劇につながった暴力のおもな要因であったりする死亡例が国内の多くの場所で起きている」[61]。彼女はゲームの制作者を訴え、D&D関連の製品を規制または発売禁止とするよう政府にはたらきかけ、多くの有名なTV番組に出演し、国中の警察署にパンフレットを配布した（ゲームをする人にたとえば次のような質問をしてほしいと書いている。「ネクロノミコンを読んだことがあるか、あるいは、それについて知っているか？」）[62]。さらに彼女は、ジャック・チックの反D&D冊子「ダーク・ダンジョンズ」を推奨した。

プリングに賛同した人に、当時上院議員であったアル・ゴアの妻ティッパー・ゴアがいた。ゴア夫人は一九八五年に下品なロック音楽の歌詞に対する反対運動を始め、まもなく運動対象に音楽以外のメディアもふくめるようになった。一九八七年の著書『セックスに満ちた社会で子どもを育てる親たちへの指針（*Raising PG Kids in an X-Rated Society*）』で、のちの副大統領夫人は自分は社会から読み取れる証拠に通じ、フェミニズム問題を危惧する穏健なリベラル派であると述べている。ところが一章を丸々費やしてオカルトの危険性を指摘しており、槍玉に挙げられた一つがD&Dだった。パット・プリングは「ダンジョンズ&ドラゴンズの懸念」という組織を創立し、そのプリングによればゴア夫人はこう記している。「このゲームは五〇人近いティーンエージャーの自殺と他殺にかかわっている」[63]。

一九七八年にトッドの名声がその最盛期を迎えたころ、彼の公の場での発言はどんどん終末論に近づいていった。一〇月一三日の金曜に、メリーランド州エルクトン近くのレストランで、彼は自身にとって最後となる研究会を催した。「私は今回が最後の研究会になるという電話をジョン・トッドからもらいました」と、トム・ベリーは会への招待状で次のように述べている。「トッドはＣＩＡが『ジョン・トッドが死ぬまで追いつめよ』と「命じていることを」元ＣＩＡ捜査官から漏れ聞いたと説明した。そこでトッドは、一〇月一三日以降の研究会をキャンセルし、地下に潜った[64]」。翌年一月までには、トッドはダリル・ヒックスにこう語っている。「暴動はすでに始まった。いったん始まったらもう止められない。すでに暴動は始まっているんだ。数日でジョン・トッドは姿を消すだろう[65]」。同月、トッドの当時の妻シーラは、モンタナ州フローレンスにある一〇エーカーの農場から信奉者に声明を送った。「私たちは多数の噂から信奉者を守るために支援を続けてほしいという手紙を受け取っています」と彼女は述べる。「みなさん、私たちがかならず自分たちを守れるとは限りません。私たちに言えるのは時節を待てということです。いずれ、世の中はジョンが言ったとおりになるでしょう[66]」。

　トッドの名声は暴露と外れた預言によって地に堕ちたものの、まだ少数の信奉者は残っていた。『ジャーナル・チャンピオン』誌がトッドを攻撃したとき、同誌には記事を批判する手紙が多数舞いこんだ[67]。トッドが一九七九年にシカゴ近辺のホリデイ・インで講演したとき、『コーナーストーン』誌の記者が厳しい質問をしたことに聴衆が腹を立てた。トッドの受け答えがどんどん挑発的になり、最後には彼が記者に食ってかかると、聴衆の一人が「鞭を打て！」と叫んだ。部屋を去るとき、記者と四人の仲間は人びとが「あいつらは『反抗の悪魔だ』」とつぶやくのを耳にした[68]。

　一九八二年になっても、トッドはまだアイオワ州のホリデイ・インの半分ほど席の埋まった部屋で講演していた。拳銃を手放さず、話すあいだも肩越しに背後を確認しつづけた。彼をここに呼んだのは、彼のテープを聞いて興味をもったランディとヴィッキー・ヴィーヴァーというカップルだった。けれどもヴィッキーは、トッドと彼の取り巻きの一部に嫌悪感を覚えた。「彼に気をつけたほうがいいわ」と彼女は部屋の中にいるある男性を指して友人に言った。「彼はネオナチよ[69]」。

一方で、トッドの警告を身にしみて感じていたのは、ザレファース・ホレブ・コミュニティ教会であり、オザーク山中にあるこのコミュニティはやがてカヴァナント、ソード、アーム・オブ・ザ・ロード（CSA）と呼ばれる準軍事組織を立ち上げた（CSAというイニシャルは、意図的にアメリカ連合国〔CSA〕と同じにされている）。組織の広報担当ケリー・ノーブルは、トッドのテープを一九七八年にはじめて聞き、すぐに教会の長老たちにも聞かせた。「はじめて聞いたそのトッドのテープで、私たちの教会はトッドの主張をすべて受け入れました」とノーブルはのちに思い出す。「私たちがこの国が道を誤っていると思うことや、未来に起きるであろうと思うことを、彼がすべて知っているように感じられました」。トッドの影響の下に教会は武装した。「一九七八年八月から一九七九年一二月までに、私たちは五万二〇〇〇ドルつぎ込んで武器、弾薬、軍備機器を買い入れ、軍事訓練を開始しました」。彼らは「自宅にも防衛策を採用し、外部からの攻撃に備えました。多くの家屋には地下壕が掘られました。それがない家ではたいてい近くに塹壕を掘りました」[★70]。

この教会はやがてトッドのアイデアを他の陰謀論者の考えと組みあわせた。これらの陰謀論者の多くは、ユダヤ人ではなくアングロサクソン人が古代イスラエルの子孫だと信じる人種差別運動のクリスチャン・アイデンティティとつながりがあった。その結果はノーブルの短い著書『魔術とイルミナティ（*Witchcraft and the Illuminati*）』に収められている。トッドのテープとノーブルの本のおもな違いは、ノーブルが反黒人で反ユダヤであり、同性愛に取り憑かれていることだった。トッドはユダヤ人による国際陰謀の存在は否定したが、ノーブルの本は『シオン賢者の議定書』の中の、ユダヤ人は「地球上でもっとも組織立った人種である」と述べるくだりを引用し、ユダヤ人が「現存するほぼすべての主要な組織を牛耳るかもしれない」と警告し、タルムードを「もっとも邪悪で、反キリスト的な悪魔の書」と呼んだ。さらに、ノーブルの本は「反抗的な黒人」が「神の敵」のなかにいると指摘し、多くの著名人（マイク・ワーンカもふくまれていた）を同性愛者と決めつけた。[★71]

この組織の人びとが抱く恐怖心はどんどん終末論めいてきた。「あまりにひどくなって、親たちが子どもを食べるようになるだろう」と教会の長ジェイムズ・エリソンは予測した。「主要都市では人の死体によって病気や疫病が蔓延する。ウジ虫の湧いた遺体がありとあらゆる場所に転がるようになる。地震、津波、火山噴火その他の自然災害が異常に増える。魔術師や悪魔的なユダヤ人は人びとを公然と誇りをもって神に生け贄として捧げ、黒人が白人女性をレイプして殺し、白人男性を拷問して殺し、同性愛者が誰彼かまわず襲いかかる。アメリカ政府はシオニストの一大共産主義政府の一部となり果てる。選ばれし者以外はみな獣の刻印を押される[★72]」。

CSAはテロ計画を準備しはじめ、ノーブルはカンザスシティにある同性愛者の教会を爆破する一歩手前までいったが、直前になって自分にはそんなことはできないと気づいた。一九八五年四月一九日、この組織はアルコール・タバコ・火器及び爆発物取締局（ATF）の手入れを受けた。四日にわたる膠着状態は、どんどん教会に失望するようになっていたノーブルが降伏するよう説得にあたってようやく終焉を迎えた。

この件は、トッドのような人物がもつ考えが悲惨な結果につながるという教訓として捉えることができる。しかし安易にこの件について判断する前に、ジョン・トッドの世界観に遭遇した別の二人がどのような人生を歩んだかについて考える必要がある。

極右政治にどんどん魅せられたランディとヴィッキー・ウィーヴァーはアイオワ州から太平洋岸北西部の山中に引っ越し、できる限り自給自足の生活をしようとしていた。そこでATFは軽微な武器所持の容疑でランディを逮捕し、取引をもちかけた。地元の白人至上主義運動を探るための情報提供者になってくれれば罪状は見逃すというのである。しかしランディは家族を自然の奥深くにある小屋に移し、裁判に出廷しなかった。裁判をわざとすっぽかした可能性もあるが、いずれにしても彼が姿を現わすことはなかっただろう。じつは、彼には誤った日時が伝えられていたのである。

FBIはランディの家に突入し、一家の飼い犬を撃ち殺した。一家の息子サムは状況がつかめないまま発砲して逃げようとした。そのとき、FBI捜査官がサムの背中を撃った。ちょうど一家を訪ねていた友人のケヴィン・ハリスは攻撃する警官隊めがけて発砲し、連邦捜査官が死んだ。FBIの狙撃者がランディとハリス両名に怪我を負わせ、ある捜査官が一〇か月の娘を抱いたヴィッキーの頭を打ち抜いて彼女を死亡させた。

その後、膠着状態が七日にわたって続いた。ランディが降参すると、彼とハリスは殺人罪には問われなかった。FBIの内部報告書は、FBIがウィーヴァー一家の憲法上の権利を侵害したと結論づけたが、ヴィッキー・ウィーヴァーを殺した捜査官は刑務所行きにはならなかった。

CSAの物語が政府に対する少数派のパラノイアが暴力に発展しかねないことを示すとすれば、[★73]ウィーヴァー一家の物語は少数派に対する政府のパラノイアも暴力に発展しかねないことを示している。FBIは非主流の考え方をもつ一家に注目し、彼らをCSAの再来と考え、そのあげくに一人の女性、一人の少年、一匹の犬、仲間の捜査官一人を死に追いやった。

この事件はルビー・リッジ事件と呼ばれるようになり、一年後、ATFがテキサス州ウェイコのブランチ・ダヴィディアン教会のマウントカーメルセンターに踏みこんだときに同様の悲劇が繰り返された。FBIは教会が厳重に武装していると信じこんでいた（そして、軍事支援要請の書類には、信者がメタンフェタミンを製造していると記載されていた）。それは最初から見当違いの作戦だった。この教会にある武器が違法であるという証拠は皆無で、ドラッグ製造施設の証拠にしても同様だった。いずれにしても、教会の指導者を逮捕するより穏健なやり方があったはずだった。ダヴィディアン教会の信者が踏みこんできた捜査官に発砲して四人を殺し、五〇日におよぶ籠城が始まった。籠城はＦＢＩの突入、火災、ダヴィディアン教会の信者ほぼ全員の死でようやく終わりを告げた。

ＦＢＩがダヴィディアンと対峙したとき、メディアは性的堕落、奇妙な儀式、外部に対する謀略（中世の支配者がユダヤ人や異教徒について述べたような話）を広めたが、これらの話は誇張されていたり、まったくのデタラメだったりした。ダヴィディアン教会が抱いたパラノイアは、彼らの敵が抱いたパラノイアの比ではなかった。

悪魔主義に対する恐怖心が福音派の外に伝わるころには、三つの世俗的な恐怖心が混じりあって内なる敵に新たな顔を与えていた。

最初の恐怖心は、児童失踪に突然取り憑かれたことであり、これは失踪した子どもの顔写真を牛乳カートンに印刷するという新たな習慣に見て取れる。この恐怖心は何件かの衆目を集めた誘拐と殺人（一九七九年から八一年までにアトランタで起きた児童殺人、一九七九年に起きた六歳のエタン・パッツの失踪、一九八一年に起きた六歳のアダム・ウォルシュの誘拐と斬首）に始まり、メディアがしばしば発表した誤った統計によって増幅された。たとえば、失踪児童の推定数には家出した子弟もふくまれており、二四時間以内に戻ってきたティーンエージャーや、親権争いで親に連れ去られた児童がいる。見知らぬ人に誘拐された子どもの数はずっと少ないのだ。しかしニュースで取り上げられる失踪児童の事件、そして映画やTV番組、小説で描かれる児童誘拐は、より珍しく空恐ろしい事件を扱っていた★74。

このパニックは一九八六年四月一五日に、警察がパンクロックバンド、デッド・ケネディーズのジエロ・ビアフラの家に突入し、猥褻罪に当たる証拠品を探し当てたときにもっとも馬鹿げた瞬間を迎えた（この件でビアフラのバンドは窮地に陥ることになる）。同居人の一人が牛乳カートンの写真を集めて飾っており、それが警官の目を引いた。「失踪した子どもたちの写真がなぜお前の台所の壁に貼ってあるんだ?」と警官がビアフラに訊いた。「あの子たちはどこにいる?」★75

二番目の恐怖心は児童虐待の増加だった。そうした犯罪が過去に何度も隠蔽されているのを知りながら、実際に犯罪が起きていると信じている人の多くは、訴えが明らかに想像の産物だったり、セラピストとの長いセッションの末にやっと見えてきたりするような場合でも、その訴えが嘘であると考えようとはしなかった。そうした心情はフェミニスト運動によっていくらか説明できるのだろうが、恐怖心のもう一つの源は反フェミニストの顔をもっていた。多くの人にとって、デイケアセンターは女性がわが子を他人に任せていいと考えていることを意味する。こういう考えがあるから、ひどい虐待がデイケアセンターの扉の中で起きていると容易に想像できるのだ。

なかでも最悪の一話は、カリフォルニア州マンハッタンビーチにあるマクマーティン保育園でのケーススタディだった。この研究は、質問者によって幼い子どもが簡単に操作できることを立証した。この研究で子どもたちは、なにも悪いことをされていないと言うと叱られ、質問する人が聞きたいようなことを言うと誉められた。子どもたちが発言すればするほど、質問者は思ったとおりの答えを得るようになり、子どもたちの話がとんでもない方向に向かっても気にも留めなかった。デビー・ネイサンとマイケル・スネデカーの共著では、ある幼女は最初はなにも秘密はないと言うが、やがてレイプされたと主張するようになる。その後何日も質問されつづけると、「彼女は〔先生の〕尿を無理矢理飲まされ、チョコレートソースのかかった便を食べさせられた」と答えた。さらに時が経つと、少女は「保育園で動物たちが殺されており、『どこかの家』に連れていかれて性的ないたずらをされた」こと、大人たちに「ドラッグをのまされ、動物にフェラチオさせられ、教会と『悪魔の家』へ連れていかれて死人に手を触れさせられた」と話した。★[76]

当初、報道関係者は幼女の主張を信じた。ＡＢＣ放送のホワイトハウス専任首席記者トム・ジャリエルは、一九八四年のＴＶ番組『20／20』でマクマーティン保育園を「恐怖のセックス館」と評した。★[77]虐待容疑が疑わしくなってきてからも、同様の魔女狩りはさほど人びとの反対運動を起こすこともなく他の場所で繰り返された。事実、著名な人物が慎重になるよう求めたり、疑わしい証拠をそれと指摘したりすると、彼らもまたそうした行為に耽っているのだろうという中傷を受けた。

ところが、そうした誹謗中傷に加担したり主導したりすれば、その人は傷つかずにすんだ。二件の悲惨な児童虐待事件を担当した一人の政治家が、ジャネット・レノというマイアミの検察官だった。これらの事件で名を上げたレノは、一九九三年にアメリカ司法長官に就任した。就任後に彼女がなした最初の仕事はＦＢＩによる強行突入の許可を出したことであり、ＦＢＩとブランチ・ダヴィディアンの対峙は陰惨な終わりを迎えた。本人によれば、教会内で「子どもたちが暴行されている」と聞かされたので命令を出したのだという。★[78]

一九八六年九月なかばから一九八七年二月なかばにかけて、ある社会学者は「有名な雑誌が毎週一件のペースで児童虐待、児童へのいたずら、児童失踪を伝えている」と述べた。★[79]これに三番目の恐怖心――一九七〇年代から目に見えて高まっている反カルトの機運――を重ねあわせれば、悪魔主義組織のネットワークが無垢な子どもたちの儀式的虐待と殺害を行なっているという考えに染まりやすい文化ができ上がる。

　主流派がどれほどトッド／ワーンカの世界観を吸収したかを見るには、ＴＶ番組『20／20』が一九八五年にこの問題を特集した放送回を考えるといい。番組のアンカーであるヒュー・ダウンズは、最初からこう主張していた。「これらの行為を捜査するにあたって、警察は懐疑的だったし、われわれ報道する側も同様だった。しかし、なにかが起きていることだけはたしかだった」★80。そしてトム・ジャリエルがそのなにかについて語りはじめた。悪魔崇拝に染まっていたらしい犯人によるドラッグ関連の殺人。国中で起きている「多くは明らかになんらかの奇怪な儀式に使われたと思われる」が「公式な説明はない」動物の虐殺事件。「悪魔の写真をはじめとするさまざまな悪魔崇拝の品々」を用いた「儀式に思える行為」に対するアラバマ州で行なわれた捜査。そして「公的建築物や遺棄された建築物（警察は秘密の会合場所になっていると考えている）に増えている悪魔調の落書き《グラフィティ》」がある。カメラがいくつかのグラフィティにズームインする。ピラミッドに眼が描かれているものがあり、ジャリエルはそれを「悪魔の眼」だと言う。

　そこから悪魔とはなにかというナレーションが始まる。その長い説明には、映画の『ローズマリーの赤ちゃん』（この映画は「近代の悪魔崇拝を衝撃的に描いている」）と、無批判に「元悪魔崇拝者」と紹介されるマイク・ワーンカのインタビューがふくまれる。ワーンカが異様な悪魔崇拝の品々を見せる。あるティーンエージャーが自分の体に「666」、「サタンは生きている」、「私はあなたの元に戻ります。ご主人さま」と書いて首を吊ったことが紹介される。そこで、サンフランシスコのサンディ・ギャラントとオハイオ州ティフィンのデール・グリフィスという二人の警察官の話によって、視聴者は陰謀の世界の奥深くへ導かれる。「子どもたちが殺されている」とグリフィスが憂慮の色を顔に浮かべて言う。「アメリカでは人間が姿を消している。この国では失踪事件が起きているのだ」。ヴェトナム戦争の亡霊を呼び出したくない彼は、こう付け加える。「牛が殺されている。あらゆる悪業が行なわれている」。

ショッピングモールに行けば、「子どもでも大人でも悪魔的な製品を入手するのはとても簡単だ」。ビデオ店にはたくさんのホラー映画がある（ここでワーンカが画面に登場する。「悪魔は映画で広報活動をする」と彼は言う）。ショッピングモールの書店では、アントン・ラヴェイの『サタンの聖書』その他のオカルト本が売られている。ミュージックストアに行くと、ヘビメタのアルバムや逆回転すれば「悪魔の言葉」が入っていると「信じる人がいる」レコードがある（ここでクリス・エドモンドが映し出され、「天国への階段」には「愛するサタン」という言葉が隠されていることを実証する）。

『サタンの聖書』に興味を抱いたティーンエージャーが犯した、身の毛もよだつような殺人について語られる。メイン州の副検事総長がこの本は「危険」だと非難する。悪魔教会にかんする短い説明のあと、ナレーターは警察は宗教と悪魔的犯罪のあいだになんら関連性を見つけてはいないと語る。悪魔教会の礼拝の古い映像が映し出され、「しかしながら」とジャリエルが付け加える。「国中の証人が私たちに語った出来事はこれらの儀式に驚くほど似ています」。

最後に、番組は地下の悪魔的カルトの問題に移る。これらのカルトは犯罪に結びついている……おそらくは。「国内を見渡すと、警察は驚異的に似通った恐ろしい事件に出会う」とジャリエルが語る。彼は「ほんとうに起きたと証明された事件は一つもない」と認めはするが、起きたことが証明されていない事件へ話を進める。事件関係者や親族などがカルトが子どもたちに強いたとされる殺人について話をする。二人の少年が、自分たちが目撃した儀式をナイフと人形で再現する。ジャリエルが、性的虐待から食人や火葬など「注意すべき悪魔的習慣のチェックリスト」について述べる。火葬があるので生け贄の犠牲になった人の遺体が見つからない、とジャリエルが話す。遺体は燃やされたというのである。しかし、「いまのところ警察はその証拠をつかんではいない」。

番組の最後で、バーバラ・ウォルターズはこれらの内容を「空恐ろしい」と形容する。しかし、記者たちがこれらの内容について疑惑を抱く人物に一人も話を聞いていないようであることを考えると、ヒュー・ダウンズが『20／20』のチームは「懐疑的だった」と信じていることのほうが空恐ろしい。この番組の恐怖を煽る内容を検討すれば、番組が実際に見せた内容は以下の何点かに要約される。

・ポップカルチャーの一部はサタンのイメージを弄ぶ。
・乱心して犯罪に走る人は悪魔がどうのこうのと口走る傾向にある。
・国内では未解決の動物殺害が頻繁に起きており、悪魔崇拝者がこれにかかわっていると考える人が一部にいる。
・悪魔教会という組織が存在するが、この組織と儀式的犯罪を結びつけた人は誰一人いない。
・人を殺す悪魔的儀式に参加を強いられたと主張する児童がいる。

番組は、ラヴェイの聖書のようにサタンを崇拝するポップカルチャーと、『エクソシスト』★81のような悪魔を非難するポップカルチャーの区別をしていない。これらの犯罪人を殺人に走らせたのが悪魔主義であったのか、あるいはこちらがより真実に近いと思うのだが、もともと殺人的な傾向をもつ人は悪魔崇拝にも心惹かれるのか、という点について検討していない。さらに番組では、科学者が一九七〇年代から動物殺害について調査しており、大半が自然死だったことを一貫して結論づけていることは指摘されなかった。リストの中で陰謀である可能性のあるのは最後の項目のみで、この場合には子どもがカルトによって殺人者になるわけだが、ほぼ真実ではなかろうと思われる主張にもとづいている点に問題がある。犠牲者とされる人の遺体が発見されたためしはなく、マクマーティン保育園でのケーススタディで、幼児が途方もない主張をするよう仕向けられることが判明している。実際、マクマーティン保育園の話はのちに秘密の悪魔カルトにかんする陰謀論に発展した。

一九七四年はじめから、ジョン・トッドは悪魔崇拝者が幼児を儀式の生け贄にするために誘拐しているというアイデアを広めていた[★82]。やがて、主要なTVネットワークのある信用されているニュース番組が、オープンドア教会の聴衆をはるかに超える大勢の視聴者に悪魔伝説を伝えるようになった。多くの番組がこれに続いた。その後の四年間で、オプラ・ウィンフリー、ラリー・キング、サリー・ジェシー・ラファエルがいずれも悪魔崇拝の脅威を伝えた（ワーンカは何度もこれらの番組に出演した）。ジェラルド・リヴェラはこの内容を少なくとも三度放送した。「悪魔のカルト！」と彼はそのうちの一回で述べた。「一日ごと、一時間ごとに、彼らは勢力を増しています。この国には一〇〇万人以上の悪魔崇拝者がいると推測されているのです。その大半は高度に組織化された、きわめて秘密主義のネットワークに……おそらく、あなたの町でもこの傾向は進行中でしょう」[★83]。別番組でリヴェラは、チャールズ・マンソンは「地下の悪魔崇拝組織とつながりがあったとされています」と断言した[★84]。

警官のなかにも仲間入りする者がいた。一九八九年、あるFBI捜査官が『ポリス・チーフ』誌に次のようにこぼした。オカルト犯罪にかんする「法執行機関のセミナーや会議ばかり続き」、そうした会議ではヘビメタ、ダンジョンズ&ドラゴンズ、さらには「デイケアセンターの乗っ取り、警察への潜入、人間を生け贄にするための犠牲者の取引など、組織立った陰謀にかかわる悪魔崇拝組織の話を聞くことになる」。捜査官はさらにこう付け加えた。話をしにやって来た人は、「アドルフ・ヒトラー、第二次世界大戦、中絶、ポルノ、ウォーターゲート、イランゲートなどは悪魔崇拝者の仕業であり、彼らが司法省、国防総省、ホワイトハウスなどに潜入しているという『大陰謀』論に言及することすらある」[★85]。

大陰謀を唱える人びとのあいだで新しく流行っているのは「The W.I.C.C.A. Letters」といって、一九八一年にメキシコで開催された国際魔女団委員会の会議録とされる代物である。これに似た文書は、サンディエゴ郡保安官部のあるメンバーによって「解釈されて」配布された。それによれば、魔術師たちの計画は「ボーイズクラブやガールズクラブ、ビッグシスター／ビッグブラザー・プログラムに潜入し」、「学校に潜入して、お祈りの時間を省かせ、教師にドラッグやセックス、自由について教えさせ」、「両親やすべての権威に対する反抗を煽動・促進し」、国の法律を変えて「子どもたちを親元から離してわれわれの里親の元で育てる」ことをふくむという[★86]。ジェラルド・リヴェラの一話では、カリフォルニアのある警官がこれらの内容をあたかも真実と証明されたかのように主張した。

ジョン・トッドは堕落したセックスを改めなかった。一九八四年、ケンタッキー州ルイヴィルに住んでいた彼は姪に性的いたずらをして、五年の保護観察処分になった。一九八七年、サウスカロライナ州コロンビアに移り住んでいた彼は、これから立ち上げるという出版社の準備と称して女子大生を募った。ある応募者はトッドとさまざまな状況における「ロールプレイング」をするよう説得され、最後にはフェラチオをするよう強要された。別の女性は年俸五万ドルの仕事に応募したつもりでいた。トッドに会うと、彼はこう言って彼とセックスすることを要求した。「なんのために五万ドル払うと思ったんだい？」[★87] そこで彼はナイフを取り出し、彼女を脅してなにかの薬を三錠飲ませてレイプした。彼女がその場を去るとき、彼は男たちのネットワークが彼を守っていると警告した。「もし俺を傷つけようとしたら、おまえを殺せるんだぞ」と彼は言った。[★88]

　この出来事のためにトッドは逮捕され、性犯罪について起訴された。トッドから空手を習っていた二人のティーンエージャーも性的いたずらをされたことを告白し、二人の告発によって未成年者に対する猥褻行為の罪状が二つ増えた。トッドは裁判を待つあいだに二度自殺を試み、一九八八年一月にレイプ罪で有罪判決を受けたあとにもふたたび自殺しようとした。次に彼は当局に対して訴訟を起こしはじめた。最初の訴訟では、彼は証拠として差し押さえられた所有物の返還を求めた。その中には女性用のパンティがふくまれていた。

　一九九一年、トッドは刑務所内からテープを公開し、その中で自分はストロム・サーモンド上院議員に嵌められたと主張した（トッドの説明ではサーモンドはトッドが彼を「世界でいちばん高位のフリーメイソン」と暴露したために激怒したのだという）[★89]。三年後、イギリスからやって来たキリスト教徒にインタビューされたとき、トッドはふたたび自分は魔術師であると明言した。「魔術崇拝で育て上げられれば、ぜったいに嘘はつかない」と彼は言った。「キリスト教徒は嘘をつく。一八年間見てきたのは嘘つきのキリスト教徒ばかりだ……私はキリスト教徒に助けられるのを五年待った。だが私は悪魔崇拝に戻った」。いまは親イルミナティというわけではなかった。「悪魔崇拝者はイルミナティをユダヤ人とキリスト教徒と考えている」と彼は言った。[★90]

二〇〇五年までには、トッドは自らクリス・サラヤン・コリンズと称し、性同一性障害に対する「医療および心理療法を提供しなかった」として、サウスカロライナ州精神衛生局を相手取って訴訟を起こした。[★91] 二〇〇六年に起こした訴訟では、何人かの州職員を彼の悪魔崇拝信仰を侮辱し、彼が身につけたい女性用の下着を取り上げたと主張した。裁判長は彼の訴えを退け、「プログラムの他の参加者に見える場所で、原告が自作の女性用下着を身につけた半分裸のような状態でいれば重大な警備上の問題となりうる」と述べた。[★92] 二〇〇七年一一月、トッドはついに死亡した。

トッドは、チェンバーズバーグの夜以降、キリスト教によって魂を救済された者から女性の衣服を身につける魔術師まで長い道を歩んだ。しかし、このときすでにトッドという男とトッドの伝説とは完全に乖離していた。彼はまだ生きている、いや、一九七九年に殺された、いや、一九九四年に出所してその日に暗殺されたというような噂が立った。レイプ罪で刑務所に入ったのは身代わりだった、トッドは嵌められたなどの噂もあった。ある人がユーチューブでトッドの犯罪歴について触れたところ、別の人がこう答えた。

でっち上げってものを聞いたことがないのか？　もちろん、レイプとかなんとかいう話はみな嘘っぱちで、イルミナティはそんなことでマジ有名だよ。たとえば、エミネムが偉いやつらといざこざを起こしたら逮捕さ。それにＤＸＭを見てみろよ！　ひどいもんだぜ。だから、目を覚ましなって言うんだよ！[★93]

第9章　マインドファック作戦

怖いもの見たさをエンタテインメントで楽しめる、真の恐怖とは縁遠い文化に生きる私たちは幸せだ。

——グラント・モリソン[★01]

一九六九年、『イースト・ヴィレッジ・アザー（EVO）』紙はニューヨークのアングラ新聞だった。同紙の目を疑うような見出しとサイケデリックなイラストの万華鏡のごとき組み合わせを見れば、『ヴィレッジ・ヴォイス』誌が『ニューヨーク・タイムズ』紙くらい堅苦しく思えるほどだ。実際の記事もかなり常識外れだった。ＬＳＤやＵＦＯ、セックス、革命にかかわる過激な話題。そして陰謀論。

この年の春と夏、『イースト・ヴィレッジ・アザー』紙は極右団体のミニットマンからの離脱者とされる男性の記事を載せた。男性はミニットマンがアメリカの情報機関とつるんでおり、「一九七二年までに」激しい右翼革命が起きると主張した。[★02]さらに同紙には、薔薇十字団と神智学にかんするオカルト相談コーナーがあった。二部構成になったマーク・レインのインタビューも掲載された。六月四日付の紙面には、次のようなダイアグラムが載っていた。[★03]

図にはなんの説明も付されていないが、物知りの読者ならこれが風刺《アイロニー》であると見抜くに違いない。「コンバイン」はケン・キージーの小説『カッコーの巣の上で』、「セント・ヨッサリアン」はジョーゼフ・ヘラーの『キャッチ＝22』、「クトゥルフ協会」はH・P・ラヴクラフトの物語のことだ。これまで見てきたように、ラヴクラフトの空想の世界と現実を見分けられない人もいるが、キージーやヘラーのファンならそんな問題はない。小説への言及に気づかないまでも、無政府主義者が香港銀行を牛耳っているとか、毛沢東主席がイエズス会や民主党、マフィアまで支配しているなどという主張は馬鹿げていると思うだろう。「マーク・レイン、担当捜査官」というのもなかなか笑えるではないか。これは冗談なのだ、明らかに。違うか？

ところが、ジョン・トッドがやがて国中の教会で証明したように、陰謀マニアは奇想天外なつながりを指摘したり、ポップカルチャーを陰謀論に組み入れたりする。この図を風刺と思わずに、風変わりだが誠実な人の仕事と考えるかもしれないのである。ルームメイトのマリファナを一口吸って、すべてを信じようと思うかもしれない。『イースト・ヴィレッジ・アザー』紙はヒッピー紙だった。読者はどんな奇抜な考えでも喜んで受け入れたのだ。ミニットマンの話を真に受けるなら、陰謀帝国にあと一歩足を踏み入れて、この図だって鵜呑みにするのではないか？

実際のところ、このダイアグラムは冗談で、ディスコーディアンといういたずら好きの人びとが思いついたものだった。ディスコーディアン（ことにロバート・アントン・ウィルスンという物静かだが影響力のある作家）は、アメリカの風刺的な陰謀主義のパイオニアだった。陰謀とされるものを、暴露すべき秘密や見破るべき虚偽ではなく、隠喩や笑いぐさ、社会的な洞察と見なす感性をもっていたのだ。「一部の読者は、風変わりでパラノイアに満ちた陰謀論を、まさに風変わりでパラノイアに満ちてい

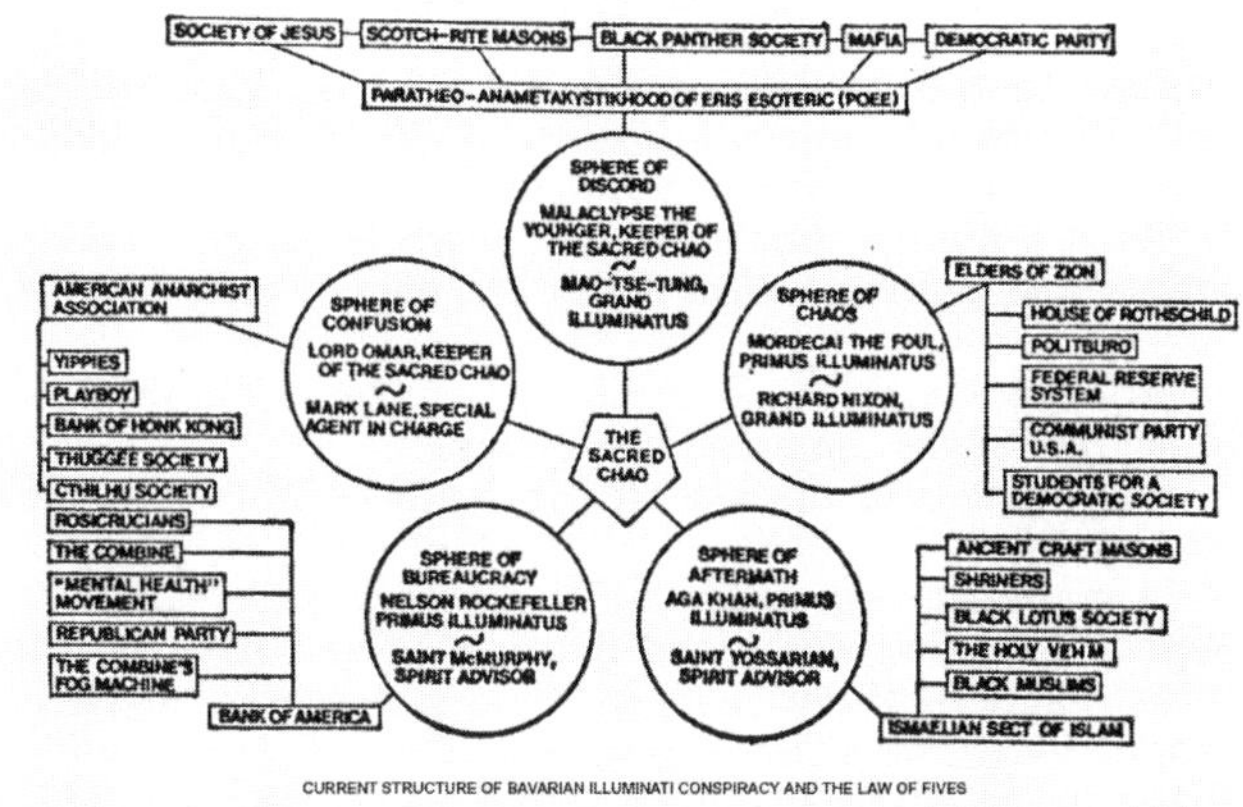

June 4, 1969, *East Village Other*

るゆえに好む」と小説家のトマス・M・ディッシュがかつて述べている。ディッシュは彼らと同じ考えをもつわけではないが、理解はしたのである。「彼らは自分自身を嘘つき、あるいはロマンティストとすら考えてはおらず、詩人と考えている」と彼は書いた[★04]。

スウィフトからオーウェルまで、ディストピアを描く作家は自分が嫌悪する社会的傾向を誇張し、その巧みに歪められた偶像を風刺文学に仕立て上げた。陰謀伝承もまた同じことを同じ理由で行なう。ところが、おおかたのディストピア作家が自分が生み出した世界を信じている一方で、アイロニスト（皮肉屋）の陰謀論者はかならずしも自分がつくり上げた世界を信じてはいない。アイロニストにとって、陰謀論のもっとも面白い部分はそれが真実か否かではなく、うっかり見過ごしがちな日常の細々としたことから物語を紡ぎ出すことにある。文化評論家のマーク・デリーがある種のラヴクラフトファンについて述べたように、アイロニストは「陰謀を批判できるだけの距離感を保ちつつ、それに喰らいつく。他愛なく信じ込むのではなく、それをそれとして信じるのだ[★05]」。

風刺的な陰謀主義が出現したころ、これとは別の感性が生まれた。それまで人びとは、自分のイデオロギーや社会状況に独特の陰謀説を主張した。共産主義者の破壊工作を懸念する人が、わけもなく国防総省を恐れるようにはならない。しかし、一九六〇年代と七〇年代の熱気の中で、なにか新しいものが生まれようとしていた。それは陰謀そのものへの眼差し、一般的な右翼／左翼の別を越えた「陰謀研究」への情熱である。やがてこの興味は豊穣なサブカルチャーになる。そのサブカルチャーは一九九〇年代までは大衆的な現象ではなかったが、一九七〇年代にはすでにその萌芽が見られる。たとえば、『コンスピラシー・アンリミティッド』や『コンスピラシー・ダイジェスト』のようなタイトルの出版物を読むことが可能になったのだ。

一九九五年、マイケル・ケリーはこの考え方を融合《フユージヨン》パラノイアと呼んだ。彼によれば、それは「右翼と左翼の別を認めてこれにならう」けれども「この二極モデルを排して、より原始的な『彼我』の二極モデルを採る」★06。本人はそんなことは考えるだけでも恐ろしいと言うだろうが、融合主義の隠れた父はリチャード・ホーフスタッターであった。いったんこのアイデアが「パラノイド・スタイル」をこの国の陰謀論者につなげる表現手段となったとしたら、これらの陰謀論者の一部が自分に向けられた侮辱を認め、パラノイアに取り憑かれた他の人びとの考えを採るようになるのは時間の問題だった。陰謀論的思考を非難することで、ホーフスタッターはそれを再生させたのである。

アイロニスト（皮肉屋）とは違って、フュージョニスト（融合主義者）は真剣そのものだ。少なくとも、同時にアイロニストでもある場合を除いては。この一方から他方への転身はかなり容易で、一部の人は両方の世界に一本ずつ足を突っ込んでいる。「陰謀物」という分類があれば、陰謀に対する興味は風刺に変わることがあるし、またその逆もあるのだ。

アイロニストは入念な作り話をしがちで、なかにはあまりに奇怪でEVO掲載のダイアグラムがただの円グラフに見えるほどの話もある。彼らの創造物は単なる冗談のときもあり、それ以上のときもあった。特定の宗教に文字通り帰依するというより、未知の宗教儀式に飛びこんで魂の救済を求める人のように、アイロニストは陰謀説を一時的な神話として受け入れることができる。ときにはその神話にすっかり心を奪われ、風刺精神を失ってそれを信じはじめることすらある。

アイロニスト・スタイルは一九六〇年代に生まれたが、そのルーツははるか昔にさかのぼる。アイロニストの考え方に大きな影響を与えた重要な要素は三つある。フォーティアン、政治的なプランクスター（いたずら者）、混沌《カオス》に信仰を捧げる教会である。

まず、フォーティアンから話を始めよう。一八七四年にオールバニーで生まれたチャールズ・フォートは、超常現象に取り憑かれていた。ニューヨークやロンドンの図書館で何年も費やし、さまざまな定説（ポルターガイスト、怪物、空から降ってくる血、虫、魚、カエルなど）を論破する根拠を根気強く探した。彼はこれらを説明する、謎めいてはいても戯れでしかない仮説をたくさん確立した。もっとも有名な仮説が、私たちは「周りの世界にとって鈴付き羊のような役目を果たす」人間から成る「カルトまたは秘密結社」をとおして世界を導く、地球外生命体の所有物であるというものだった。なぜ異星人が私たちを有用と考えたのかについて、フォートは次のように書いている。

ブタ、ガチョウ、ウシ。
まず、彼らが誰かの所有物であることを見抜け。

次にその理由について考えよ。★07

フォートがこの記述をそのまま信じていたと考えるのは見当違いだ。彼の考えはどんなものでも冗談半分であり、荒唐無稽な話をすることも恐れなかった。「私はいかなる宗教、科学、哲学も身につけたほうが良いということ以外は理解しない★08」と彼は説明している。彼の著書の主眼は特定の奇妙な説を唱えることではなかった。それは主流派の説にある穴を見つけ、私たちの信念体系を攪乱しかねない不都合で変則的な出来事をいったん脇に置くことにあった。一見すると、フォートはタブロイド誌『ウィークリー・ワールド・ニューズ』を読むような、少々頭のネジが緩んだ詩人のように思えるかもしれない。しかし、彼の風変わりで叙情的な文章の裏には冗談好きな科学哲学者がいる。

フォートが一九三二年に死去すると、一風変わった作家グループがフォートの伝統を守った。その一人がジョン・キールという記者で、彼は宇宙船や奇妙な生物の話を追いつづけた。キールの著述はおかしみと怖さが綯《な》い交ぜになったような代物で、まるでドタバタ喜劇をH・P・ラヴクラフトのホラー小説とごちゃまぜにしたかのようだった。その世界は人間に理解不能な陰謀に満ちているが、それは陰謀の背後にいるのが人間でないからだった。荒唐無稽な未確認飛行物体（UFO）研究に嵌まる人はいつの世にもいる。異星人にパンケーキをもらったと主張するウィスコンシン州の男性、異星人が自分の植木鉢を盗んだと主張するイタリアの女性。たいていのUFOマニアはそうした非現実的な話には取りあわないが、キールにはそれが命だった。

キールは、人類が私たちには見えない存在の所有物であるというフォートの考えを弄び、ある本では地球はそのタイトルどおり「神々のディズニーランド」であると示唆した。「ほんの少し考えれば、人びとはこのことをずっと何千年も信じてきたことに気づく。これが主要な宗教すべての起源なのだから[★09]」とキールは述べている。彼の著作でもっとも有名なのはおそらく一九七五年の『モスマンの黙示』であり、この本はフォーティアン・ニュー・ジャーナリズムの名に恥じない、説得力のある一冊だった。この本でキールは、一九六六年と六七年にウェストヴァージニア州ポイント・プレザントで起きたとされる不思議な現象（畜牛切断、メン・イン・ブラック、モスマンと呼ばれる翼をもつ巨大な生物）などを調査した。

キールの文章は、ビザロ・ワールドのコインテルプロの話をしているように読めるときがある。人間ではない捜査官が訪問してきたり、おかしな電話がかかってきたり、キールの秘書と名乗る謎めいた偽者が現われたりするのだ。キールによれば、ブラックパンサー党や「民主主義をめざす学生（SDS）」の活動家らは、電話を盗聴され、次のような出来事を経験した。

> 毎晩、五時に仕事から自宅に帰ると電話が鳴り、男の声で彼女に理解できない言葉を早口にしゃべる。「それはスペイン語のように聞こえます……でも私はスペイン語ではないと思っています」と彼女は話した。彼女は電話会社に苦情を申し入れたが、彼女の電話線に問題はないと言われる……。
>
> 最近の受話器は、磁石と振動板のあいだに緩衝剤として綿が少々入れられていることがある。ところが、私がこの女性の受話器を調べると、小さな木片が入っていた。彼女はこれまで修理の人はおろか、誰もこの受話器を解体した人はいないと言った。その木片はマッチ棒のようで、一端が尖って黒鉛のように見える物質が薄く塗られていた。後日、それを電話機のエンジニアに見

せたところ、こんなものは見たこともないという。私はそれをプラスチックの箱に入れて保存した。数年後にニューヨークで手品用品の店で（私の趣味の一つは手品だ）悪ふざけ用の品々を物色していたところ、同じような木片が入ったセロファン袋を見つけた。タバコに入れてちょっとした爆発を起こして驚かす火薬だ！　なぜかタバコ用の火薬がポイント・プレザントの市民の電話機に入っていたのだ！　いったい、誰が、いつ、どのようにして、なぜ入れたのかは謎のままだ。

私がその電話機を調べたとたんに、女性にかかってくる電話は止んだ。ことによると、私は木片を取り除くことで電話機を清めたのかもしれない。★10

いかにもキールらしい文章である。彼はときに大真面目で、ときに読者をかつごうとする。★11また別の人が彼をかつごうとしているように思えるときもある。実際に起きたとされるUFOの話をまとめて出版したグレイ・バーカーは、仲間内では空飛ぶ円盤の目撃談を「嘘のかたまり」★12と呼ぶ一方で、キールがポイント・プレザントにいるときに彼の動向を詮索していた。一九五六年の著書『空飛ぶ円盤ミステリ　3人の黒衣の男』によってメン・イン・ブラック伝説をつくり上げたとも言えるバーカーは、悪ふざけをする性癖があり、どうやら彼の競争相手をからかってやろうと決めたらしい。キールは自著で「UFOマニアにはいたずら電話をする自己顕示欲の強いやつがいる」★13と述べているが、バーカーがそのうちの一人とは思っていなかったようだ。

一九六七年七月一四日金曜の午前一時、ウェストヴァージニア州のグレイ・バーカーと名乗る男から電話があった。男の声はグレイのソフトでなめらかな声音そっくりだったが、彼は私をまったく知らないかのような話しぶりで、私を「ミスター・キール」と丁寧に呼んだ。最初私は、ひょっとするとバーカーは外で飲んでいたのかもしれないと思った。もの静かで耳慣れた話しぶりで、彼は私が新聞に記事を書いたこと、私が調べるべきだと思う事件について耳にしたばかりだと話す。彼はそれがデレンシュタインの件に似ていると言う。グレイと私は一緒にウッドロー・デレンバーグを訪問したことがあったので、彼がこんな間違いを犯すはずはないことを私は知っていた。

ちょうどそのころ、ニューヨークに住む知人たちから、「グレイ・バーカー夫人」と名乗る女性からいたずら電話がかかってくるという苦情が私の元に多数届いていた。グレイが未婚であるのは知っていたが、こうした電話についてこの「グレイ・バーカー」に話すと、彼は一瞬沈黙してからこう言った。「いや、私の妻はそのあたりの知人に電話してはいない」。そこで彼はペンシルヴェニア州ウェスト・ミフリン近辺でUFOを見た人がいるというあまりにつまらない話をしはじめた。長距離電話で話すほどの話題でもない。あとで彼の話を確認してみると、彼が言ったことは全部間違っていた。

私たちは一〇分ほど話したが、そのあいだずっと「グレイ」は脅迫されているかのようだった……彼の声はまるで誰かが彼の頭に銃でも突きつけているかのように聞こえたのだ。意味のない話で何度か彼にかまをかけた末、受話器を置くまでには私はこの男がほんもののグレイ・バーカーではないと確信していた。

一時間後、電話がまた鳴って、若い男がこう言った。「グレイ・ベ、イ、カー、が、あなたと話したがっている……彼がこの番号をあなたに伝えるように、そして彼に電話をくれるようにということでした」。彼は私の電話番号と同じ番号を言ったが、最後の桁だけ違っていた。その夜は、知らない人から何度も電話があり、グレイ・ベイカーがわけのわからない伝言をたくさん残した。

翌日、グレイに長距離電話をかけると、彼はもちろん私に電話していないと言った。[★14]

彼ならやりかねない。そうだろう？

非公式には、キールはバーカーが自分に話すことは少なくとも一部は真実ではないと考えていた。あるいたずら者に書いた手紙で彼は、「もうこんな楽しい嘘はやめにしよう！」と書いた。[★15] 捏造歴のある別のUFOマニアのジェイムズ・モズリーは、のちに友人のバーカーについてこう語っている。「キールがあらゆる『迫害』や『パラノイア』について話していることを喜んでいる」。[★16] あるときバーカーは、モズリー宛てに手紙を書き、それをモズリーではなくキールに送った。あたかも封筒の宛名書きを間違ったかのように装って。手紙の内容はキールがパラノイアになりそうな謎めいたコメントで埋め尽くされていた。[★17]

「空飛ぶ円盤に群がった初期の熱烈なファンはユーモアを解さないやつらだった」とキールは『空飛ぶ円盤ミステリ』[★18] に書いている。「それでグレイのいたずらで彼らは戸惑って怒った。私も怒りを覚えた経験がある」。

バーカーのいたずらっぽい欺瞞は、アイロニスト・スタイルの二番目のタイプのある人物を思い起こさせる。それは、ポール・クラスナーというプランクスター（いたずら者）であり、彼は一九五八年に『リアリスト』というアングラ雑誌を創刊した。

『リアリスト』誌がいたって革新的だったのは、どの記事が真実で、どの記事が冗談であるかを明確にすることを拒み、ときには架空の話にいくらか本物の情報を加え、読者がいったいなにを信じていいかわからなくする事例もあった点にある。[19] やがてクラスナーはそれを雑誌の方針に定める。『リアリスト』誌は記事を風刺かジャーナリズムと決めつけることはけっしてしない」と彼は一九九一年に述べている。「記事がほんとうに真実であるか、あるいは隠喩としてとらえれば真実であるかを区別する楽しみを読者から奪わないためである」[20]。しかし、この習慣は意図的に人びとを混乱に陥れるために始まったわけではなかった。クラスナーは誰でも風刺と真実を区別できると考えていただけだったのだ。多くの読者にとってそれが難しいと悟ったとき、彼は混乱を解消しようとはせず、それで楽しもうと考えた。

University Books, 1956

　その結果が、一九六〇年代でもいちばん悪名高い捏造事件だった。一九六七年に発表された「ケネディ本に書かれていないこと（*The Parts That Were Left Out of the Kennedy Book*）」というクラスナーの一連の記事は、ＪＦＫ暗殺にかんするウィリアム・マンチェスターによる有名な著書『ある大統領の死』の出版時に原稿から省かれた部分という体裁で書かれた。記事は実際に起きた出来事で始まる。リンドン・Ｂ・ジョンソン（ＬＢＪ）が一九六〇年の大統領候補指名でケネディと争っていたとき、彼は相手の父親をナチシンパと呼んだ。記事はさらにケネディの不貞行為にも触れていた。この件について報道各社はよく承知していたが、まだ公にされてはいなかった。大統領の不貞行為の話は着実にその信憑性を失っていき、けっきょくジョンソンは自分の首を絞める結果となった。多くの人がクラスナーに一杯食わされたのは、彼の文才（または平均的な読者の愚かさかＬＢＪの不人気）の証明である。クラスナーがダニエル・エルズバーグに会ったとき、この有名な情報漏洩者はジョンソンの話を信じていたと告白した。「きっと私はその話をどうしても信じたかったのだろう」と彼は言った。[21]

捏造は基本的には陰謀ではないが、さきほど引用した部分の最後から二番目の段落はパラノイドの香りがする。『リアリスト』誌の記事によれば、マンチェスター本の原稿の余白には、次のような走り書きがあった。「これは屍姦か、それともＬＢＪは射入口を広げて射出口にしてしまおうというのか？」[22]

クラスナーによるケネディの記事の完成が近づき、陰謀にかんする彼の興味が膨れ上がるにつれて、秘密の策略が捏造の中心を占めるようになった。彼は自分を「調査アイロニスト」と見なすようになり、社会の深層に存在する真実を暴露せんがために存在してもいない策略の詳細を書き連ねた。

ロバート・ケネディの死後、『リアリスト』誌は「サイエントロジーの階層中でのサーハン・サーハンの台頭」を知らせると発表した。[23] 実際にはまだ記事を書きはじめてもいなかったが、そのタイトルだけでサイエントロジー教会はこの雑誌に対して訴訟を起こした。そこでクラスナーはさらに深く問題を掘り下げ、自分の主張に信憑性を与えるための事実を発見しようとした。まもなく彼はサイエントロジー、暗殺、情報機関にかんする凝った記事を書きはじめ、その物語の中心にはサーハン・サーハンに代えてチャールズ・マンソンが据えられた。

ここでアイロニスト・スタイルが焦点になる。マンソンによる殺人にかんして反体制文化に対抗する文化の陰謀を見て取ったとき、メイ・ブラッセルは神話的な共鳴を呼び覚ます作り話をしたが、本人は信頼できる真実を暴いていると考えていた。クラスナーは信頼できる真実はそれが神話との共鳴を呼び覚ますのに必要でない限り省いた。というより彼の計画は途中でブラッセルに出くわすまではそうだった。この経緯についてはあとで続けよう。

『リアリスト』誌に名を連ねていた調査アイロニストはクラスナーだけではなかった。ジェイムズ・カリーという名の弁護士が「レジナルド・ダンサニー」という匿名で、なにかと問題の多いニューオーリンズ地区検察官ジム・ギャリソンがケネディ大統領暗殺の捜査を指揮していたところ、「オクラナ、国家政治局（GPU）、ゲシュタポを合わせたようなきわめて危険な国際テロ組織（ホミンテルン）」[24]を発見したという記事を書いた。これに国際的な同性愛陰謀の存在を主張する数ページが続いた。それからほぼ四〇年後、そのほかに欠点とてない著書『ラヴェンダー狩り』でデイヴィッド・K・ジョンソンは、カリーの風刺文をパラノイドで真剣なゲイバッシングと誤って解釈した。[25]

『リアリスト』誌以外では、一九六〇年代のもっとも悪名高いパロディ混じりの陰謀は『アイアンマウンテン報告』だった。この本は特別調査グループと称する団体によって出版された。この団体は「全般的な平和」が訪れた場合にワシントンはどうすべきかを論じる秘密会議ということだった。[26]戦争は社会を安定させるはたらきをしているというのが会議の結論とされた。この団体は余剰資産を賢明に散逸させ、「反社会分子」に「無難な役割」を与え、「人民に対する近代国家の基本的な権威」を確立し、「報奨として社会が必要とする貧困の質と程度を維持する」助けをしようとする★27。この本は、全体がランドコーポレーションその他の類似のシンクタンクによる報告書の痛烈なパロディだった。特別調査グループが戦争の非軍事的機能（「仮想の代替敵★28」の創造をふくむ）について考慮するとき、この本の滑稽さはピークに達する。

この冗談につながったのは、「平和の恐怖によって株価下落」という新聞の見出しだった。リベラルなジャーナリストのヴィクター・ナヴァスキーが、この見出しを見てつぶやいた。「平和？ 平和なら株価は上がるだろうに★29」。そこで彼は仲間数人と風刺本を書き、この本はベストセラーリストの仲間入りをしたときにはノンフィクションとして分類された。筆頭著者のレオナルド・レウィンは一九七二年にこの本が捏造であると告白したが、人びとはこの本が実際の出来事を綴っていると信じつづけた。極右団体のリバティ・ロビーは独自にこの本を印刷し（彼らはこの本は政府刊行物なのでパブリックドメインにあると考えた）、レウィンが訴訟を起こすまで販売しつづけた★30。一九九〇年、特別研究グループが会合を開いているとされる、ニューヨーク州内のアイアンマウンテンという場所の歴史にかんする記事をAP通信が配信した。記事は本の中で述べられているこの場所の過去についても軽く触れた。「二一年にわたって会合を続けた結果、委員会は恒久的な平和は望ましくないという結論に達した」と記者は報告し、レウィンによる本の紹介と、この場所のその後の歴史に話題を移した★31。

人びとはいまだに『報告書』を上層の敵を垣間見る貴重な資料と見なしている。なかにはレウィンの告白に気づいていない人もいるし、気づいていても信じない人がいる。DIYドキュメンタリー「アイアンマウンテン：独裁への青写真（*Iron Mountain: Blue Print for Tyranny*）」の制作者ステュワート・ベストは、「政府はこの本が捏造だと主張した」と述べた。「東海岸主流派は、これをでっち上げと断じた。やがて、レオナルド・レウィンという過激《ママ》な作家が、それは政治的揶揄を込めた捏造本であり、戦争と平和、軍備縮小などについて一般大衆の興味をかき立てるために書かれたものだと主張した。残された唯一の問題はそれがノンフィクションとして出版され、刊行時にレーウェン《ママ》およびダイアル出版社の編集長がいずれも本物であると主張した点にある★32」。あなたはベストが捏造の本質を理解していないと感じるかもしれない。

アイロニスト・スタイルの三番目の要素は、グレッグ・ヒルとケリー・ソーンリーというカリフォルニア州在住の二人によって、一九五〇年代後半に設立された新興宗教ディスコーディアンである★33。このパロディ宗教のパロディ聖典『プリンキピア・ディスコーディア』（念のため申し添えると、この聖典に述べられたことはどれも額面どおりに受け取ってはいけない）によれば、この教会はボーリング場で起きた目もくらむような神の顕現によって誕生した。「その夜の議論のおもな話題は不和だった」と『プリンキピア』にはある。ヒルとソーンリーは、

> それぞれ互いの人生で感じている混乱について泣き言を言っていた。「不和の問題を解決すればいい」とどちらかが言った。「そうすれば、あらゆる問題は解決される」。「そうだな」と他方が言った。「混沌と争いがすべての混乱のもとだ」……
>
> **突如として、あたりが真の暗闇に包まれた。完璧な静寂が訪れ、すべてが止まったと感じられた。そこで目もくらむような光が差してきて、まるで彼らの心が超新星にでもなったかのようだ**

った。そして、もとの世界が戻った。

二人は呆然として、どちらもしばらくは動くことも話すこともできなかった。周りを見渡すと、ボーリングをしていた人たちがさまざまな面白いポーズで彫像のように静止しており、ボールがピンから数十センチメートルのところで止まっている。二人は互いに顔を見合わせ、なぜこんなことが起きているのかまったく理解できないでいた。それはある種の停止状態であり、一方が時計が止まっているのに気づいた。

そこでチンパンジーがボーリング場に入ってきた。毛むくじゃらで鼻づらが灰色をしていたものの、一五〇センチメートルほどの体はまっすぐに伸び、自然な威厳を身にまとっていた。チンパンジーは巻物を手にして、二人の若者に近づいてきた。

「若者たちよ」とチンパンジーが話しかけた。「なぜピッカリングの月は軌道上を反対方向に進むのか？　若者たちよ、君たちの胸には乳頭がある。君たちは乳を出すのか？　若者たちよ、教えてはくれまいか？　ハイゼンベルクの法則についてどうしたものだろう？」　間があった。「誰かがこれらすべての混乱を解決せねばならない、い、い、い、い、い、い、い、い！」[★34]

そこでギリシャの混沌の女神エリスが姿を現わし、以後エリスは二人の信仰対象となった。

この物語が信じがたいとすれば、もう一つ別の説明がある。ヒルとソーンリーはカリフォルニア州イースト・ウィティアの高校の同級生で、奇人変人、宗教に対する嫌悪、いたずら趣味という共通項があった（ソーンリーの伝記作家アダム・ゴーライトリーによれば、彼らは「一見普通のラジオ番組」[★35]を制作し、番組で定期的に「ソ連の飛行機がアメリカに押し寄せて爆弾を落としている」というニュースを入れた。彼らはこの当世風の「宇宙戦争」をテープレコーダーにセットし、ただ放送を流しているように見える普通のラジオを教室に置き、ドラマの授業中に流して同級生を震え上がらせた）。ディスコーディアニズムは酔っぱらった腕白者の神学であり、二人の小賢しい若者のいたずらだった。ヒルとソーンリーが六〇年代初期に互いに連絡を取りあって、高校時代の懐かしいギャグをまた始めなければ、この話は二人の一〇代の思い出で終わったことだろう。

ソーンリーは海兵隊でリー・ハーヴェイ・オズワルドという名の兵卒と仲良くなった。オズワルドがソ連に亡命したとき、ソーンリーは友人の決心を理解しようと『怠惰な戦士たち（*The Idle Warriors*）』という小説を書いた。彼がその小説を書き終えたのは一九六二年で、それは間違いなくジョン・F・ケネディが死亡する前である。ソーンリーはこの原稿を出版してくれる出版社を見つけるのに苦労し、実際に出版されたのは一九九一年になってからだった。[★36] ところが一九六五年にケネディが死ぬと、彼は暗殺犯の心を読み解いた『オズワルド』と題されたペーパーバックを出版した。この本には陰謀論はまったく出てこない。当時、ソーンリーはオズワルドが単独犯だと信じていた。

同じ年、ソーンリーは別の本に数ページにわたる文章を寄せたが、ここで私が言うところの「本」とはゆるい意味でのものである。『プリンキピア・ディスコーディアまたは西側はどのようにして失われたか（*The Principia Discordia, or How the West Was Lost*）』は、ヒルが収集した反宗教的で、反国家統制的で、おおむね反権威的であるユーモア談集であり、印刷されたのはわずか五部だった。この文書にはディスコーディアン初期の使命が宣言されている。「なぜ原子の秘密によって人びとのあいだに混沌が生まれたのか？　なぜ人間の最強の動機が奴隷を生みだすことなのか？　頭がおかしいとも思えない人びとが、なぜ日曜になると教会に礼拝に出かけるのか？」とソーンリーの文章は問いかけた。

「ディスコーディアン教会の目的は、こうした類いの問いに、偽りではあるけれども心休まる答えを用意し、私たちの周りにある無秩序を説明する謎めいた理由を挙げ、気の狂《ふ》れた人のためのワークショップを立ち上げ、そうした人びとが大統領や、大使、僧侶、大臣その他の独裁者に害を与えないようにすることにある」[★37]。

徐々に増えていくディスコーディアン教会の帰依者にこの文書や他の文書が配布されるようになり、ヒルとソーンリーや仲間たちはこの新興宗教に神話を付加しつづけた。彼らによれば、ディスコーディアンは祈りを捧げないよううながされ、ホットドッグのパンを食べることを禁止され、ホットドッグのパンを食べないという規則を破ることを期待された。そして、ディスコーディアンはみな教皇だった。少なくとも、男性のディスコーディアンはそうだった。女性の場合は「うすのろ」と呼ばれた。

こうした内容の大半は『プリンキピア』の一九六九年度の改訂版に収められ、このときの副題は『私がどのようにして女神を見出し、見出したときに女神になにをしたか（*How I Found Goddess and What I Did to Her When I Found Her*）』に変更されていた。部数は五部をはるかに超え、その後数十年で数回にわたって再版された。それは馬鹿げた内容のものではあったが、冗談の裏に真剣なアイデアがところどころに隠されていた。ディスコーディアンたちは、秩序は見る人の目の中にあると論じた。「そこにほんとうの現実がある」と『プリンキピア』は説明した。「しかし『それ』にかんしてあなたが知っていることはすべてあなたの頭の中にあって、あなたがいかようにも変えることができる。概念化は芸術であり、あなたは芸術家なのである」[★38]。

ディスコーディアンが陰謀論に魅せられるのは自然な流れであり、陰謀は異様であればあるほど良かった。不合理な世界を説明するのに、変人がおかしなことをしでかしたと考えるより、頭が信号を複雑な架空の教団に変えると考えるほうがどれほどすっきりするだろうか？　あるディスコーディアン教皇はこう述べた。「ネスタ・ウェブスターは頭の中にあらゆる奇妙なアイデアを詰めこんでいました（彼女が夜寝る前にベッドの下を見てイルミナティの捜査官がいないか確かめる姿を、私はいつも想像します）が、彼女は謙虚だったので自分が芸術家であるとはまったく思いませんでした。彼女はそれが自分の外で起きていると考えたのです[★39]」。

この発言をした教皇はロバート・アントン・ウィルスンで、小説家、ジャーナリスト、陰謀についい頻繁に文章を書くエッセイストだった。これらの三つの職業が彼の仕事に投影され、彼はフォーティアンで、ディスコーディアンで、『リアリスト』誌にたびたび記事を寄稿した。彼がゲリラ存在学と呼んだ文芸手法にこれらの影響を見て取ることができるだろう。彼の説明によれば、存在学は存在の学問であるゆえに、「ゲリラ的取り組みとは、それぞれの本の要素をひとまとめにして、読者がどのページを読むときにも『ここに書かれていることのどれが真実で、どれが悪ふざけかを決めなければならなくなる』という性質のものだ」。彼はこれが「私の本すべてに通底する基本的な技法[★40]」であって、それは本が名目上フィクションであるかノンフィクションであるかを問わないと言う。それはアイロニスト・スタイルにとって最高のアプローチだった。

ウィルスンの文章は、懐疑主義の一面と、その懐疑主義を戯れに抑制することもある一面を兼ね備えていた。彼は陰謀とは「標準的な霊長類の政治的性質[★41]」であると信じていたが、ウェブスターにかんする彼のコメントからわかるように、陰謀論はその理論の実際の対象よりも、それを唱えている陰謀論者についてより多くを語ると認識していた。また彼はこと政治になると極端に反権威主義であり、それゆえに権力の中枢にある人が犯罪を企むと聞けば簡単に信じるが、陰謀論者がそうした犯罪を完全に実行すると聞いても容易には信じない。一九七五年、彼とロバート・シェイは『イルミナティ』三部作を出版する。この小説はアイロニスト・スタイルを貫き、イルミナティを現代のポピュラーカルチャーに甦らせるのに大きな役割を果たした。

ロバート・エドワード・ウィルスン（彼は職業的に文章を書くようになってからエドワードからアントンに改名した）は、一九三二年にブルックリンに生まれた。ウィルスンの父親はロバートの生後まもなく職を失い、一家はロングアイランドのアイルランド系カトリック教徒が多く住む、ゲリソンビーチの未舗装道路沿いにある、石炭暖房しかない平屋建ての家に引っ越さざるをえなくなった。その場所とその時代においては、職を失って怒りに燃える人びとは「二つの敵対するグループに分かれた。一方のグループは大恐慌は邪悪なユダヤ人の策謀によって起きたと言い、他方のグループは邪悪な共和党員の自己中心的な策謀によって起きたと言った。両者にはイデオロギー上の違いがあったが、どちらの異教徒もルーズヴェルトに熱心に投票した」。いや、ほぼすべての異教徒がルーズヴェルトに熱心に投票したと言ったほうが良かろうか。ただし反ユダヤ系ラジオ司祭のチャールズ・カフリンの侍祭をしていた、ウィルスンのおじミックのような数人の変わり者がいるにはいた。ミック・ウィルスンは、大統領が「ほんとうは裕福なユダヤ人で、ローゼンフェルトから名前を変えた」と考えていたことを、彼の甥はのちに思い起こした。★42ウィルスンの父親が左派の産業別労働組合会議（ＣＩＯ）に入会したとき、おじはこんな歌を歌った。「ハイホー、ハイホー／ＣＩＯに入ったぞ／ユダヤ人に金は払ったぞ／ハイホー、ハイホー」。★43

ウィルスンの父親とおじはある一点において意見を同じくしていた。どちらも第二次世界大戦が始まるのは真っ平だと考えていた。ミックはこの前の戦争で兵隊だったときに襲われた毒ガスの後遺症にいまだに苦しんでおり、彼も彼の兄もアメリカ人がふたたび戦地に送られるのを見たくはなかった。

　ウィルスンは幼児期にポリオにかかっており、医師は彼には生涯麻痺が残るだろうと両親に告げた。しかし、現在は理学療法の先駆者と考えられているオーストラリアの看護師によって開発された、物議を醸したケニー法のおかげで快癒していた。その結果、「私の子ども時代の主要な出来事は、犠牲者の多くが生涯車椅子で過ごすことになる、重い障害を残しかねない病気から、あらゆる著名な専門家が非科学的で無益であると見なした方法によって快復したことだった。このことによって、私の中に専門家に対する一種の疑念が生じた[★44]」。やがて彼の疑念は、近所で大勢を占めるカトリック信仰に向けられた。ブルックリン工業高校に入学し、そこで市政学を教えるリベラルな人びとに出会うと、彼はリベラルにも疑念を抱いた。とりわけ、フランクリン・ルーズヴェルトが始めた戦争を彼らが支持することに違和感をもった。教師たちが快く思わないのを知りながら、彼は反戦の歴史家たちの著書を読みはじめた。

　一七歳で、彼はトロツキー主義者になった。トロツキーを信奉する人びとは「資本主義者が戦争を始めたことについてぼくと同じ意見だけれど、彼らはミックおじとは違って反ユダヤに凝り固まってはいなかった[★45]」。この時期はさほど長くは続かなかった。彼は党支部でただ一人の労働者階級出身だったが、他のメンバーは彼に「ブルジョワ趣味」があると批判しつづけた。いいかげん飽き飽きした彼は組織を脱退し、アイン・ランドに傾倒した。だがランドの教えもすぐに捨て去った[★46]。

　ウィルスンはさまざまなイデオロギーを学びながら自分好みのアイデアを吸収していったが、遠大な信念体系にはますます疑惑を抱くようになっていった（のちのことになるが、彼は信念体系〔belief system」は b.s. と略記できると頻繁に述べるようになった）。ミックおじの偏狭さやイデオロギー上の頑迷さには閉口したものの、自分が銀行や政府に対するおじの不信感を受け継いでいることに気づいた。[★47]二〇世紀なかばのアメリカで支配的な資本主義も、東側の社会主義も自分は同程度に嫌悪していることを知っていた。そこでこれらに代わる体制、「独占主義的な資本主義と全体主義的な社会主義が闘っている陳腐な論争を超越する」[★48]ようなアイデアを探し求めた。彼が好んだのはベンジャミン・タッカーその他の一九世紀リバタリアンが提唱した個人主義的無政府主義だった。

さらに彼は、戦後のパラノイアにのみ込まれた急進的な精神分析家ヴィルヘルム・ライヒの理論にも興味をもった。ウィルスンの賛辞によれば、ライヒは「国際精神分析学会からはマルクス主義すぎるという理由で、共産党からはフロイト主義だという理由で、社会党からは無政府主義すぎるという理由で追放された」[★49]。一九三九年にアメリカに渡ると、彼は開放されたセックスを主導したこと、本人が発見した宇宙エネルギー「オルゴン」が治癒効果をもつと主張したことから、メディアにセンセーションを巻き起こした。ほどなくアメリカ食品医薬品局（FDA）が彼の調査を開始し、裁判所の命令が下った。ライヒのオルゴン蓄積器（FDAが注目した装置）のみならず、オルゴンエネルギーや「類似物質」にかんするライヒの著書すべてを遺棄せよというのであった。ライヒが命令に従わないと見ると、彼は侮辱罪で起訴され、二年の刑を言い渡されて獄中で死亡した。

ライヒが法的な問題に苦しんだことについて、歴史家はマッカーシズムが吹き荒れた時代の魔女狩り的な雰囲気を原因に挙げることが多い。この考えにも一理ある。赤狩りとライヒ狩りにつながりがあると想像するのはけっして難しくはない。しかしフレデリック・ワーサムによるコミック撲滅運動と同じように、ライヒに対する敵意は左翼からのものだった。ワーサムも一九四六年の『ニュー・リパブリック』誌の記事で、ライヒの著作を「まさにファシストそのもの」[50]と書いて彼を非難している。翌年、著名な消費者主義者のミルドレッド・エディ・ブレイディが同誌で、精神分析家は「自分たちの職業的責任を国家によって律せられないなら自ら律すべきである」[51]と、ライヒと「彼の少なからぬ影響力をもつカルト」を卑近な例に挙げて説いた。この記事によってFDAが調査を開始した。

ブレイディは一九四一年には審問にかけられる側にいた。彼女が勤務する価格管理局の代表者マーティン・ディーズが共産主義者をかくまっている罪に問われ、彼女も失職した。[52]ところが今度は、彼女が書いた記事によって、ライヒはルイスバーグ連邦刑務所に投獄され、彼の著書は焼却炉に放り込まれた。まさに国家によって律されたのである。[53]

ウィルスンが目を留めたのは著書の焼却だった。アメリカ政府による焚書という考えに身の毛もよだつような思いをした彼は、禁じられたライヒの著作を探し当て、彼のアイデアの是非を自身で確かめようと決心した。ウィルスンはライヒの著作を読んで彼に魅せられた。ライヒの政治観はウィルスンの反権威主義的な考えとたやすく融合し、ライヒのオルゴンというアイデアはウィルスンの仏教、道教、その他の神秘主義に対する、高まるばかりの興味と呼応し、ライヒの性の開放という考えが両者をつなげてくれた。こうしてウィルスンは政治的迫害と心理的迫害を結びつけることができた。

このころまでには、ウィルスンは戯曲家のアーレン・ライリーと結婚し、二人の子どもを養子に迎え、妻とのあいだにも二人の子をもうけた。一家を養うため、彼はいくつもの仕事を掛け持ちし、それを終えてから『リアリスト』誌その他のオルタナティブメディアのために文章を書いた。ときには、文筆家としての仕事にありつくこともあったものの、依頼される内容は雇用者によってかなり異なった。ニュージャージー州パセーイクでは、ポピュラー・クラブ・プランという企業のために広告コピーを書いた。オハイオ州レーンズエンドでは農場で暮らし、『バランスト・リビング』という地方分権をうたう雑誌を編集した（彼はこの雑誌を『ウェイアウト』と改名し、無政府主義とライヒ的内容を増やし、アレン・ギンズバーグやノーマン・メイラーの詩を掲載しはじめて多くの読者の不評を買った）。ニューヨークに戻った彼は、『ファクト』誌のスタッフとなり、『マッドマガジン』誌と『ナショナル・エンクワイラー』誌の沿革を書いた。

その後、三か月にわたって自身が「国内でも指折りの三流出版社」と評する会社に勤め、ここで三種のパルプマガジンを編集し、あるタブロイド紙のESP欄を担当した。彼はのちにこう書いている。「私は過去数か月に出た予言を読み、ただそれだけにもとづいて自分で予言を書くようになりました。それは驚くほど簡単でした。なかでも、私は次のような予言をしました。リンドン・ジョンソンが暗殺され、別のラテンアメリカ国家で対米暴動が起き、『オカルトの世界』では聖職を剝奪された有名な牧師率いる集団によって、大きな公立図書館の閉架に保存してあった一五〇〇万ドル相当のポルノグラフィーのコレクションが盗まれ、空飛ぶ円盤がふたたびニュースになり、ストーンヘンジで衝撃的な発見がなされて、古代エジプトに新たな光を当てて、人類が地上に出現した経緯を明らかにし（ESPに夢中になる人は、人類は空飛ぶ円盤によって地球に連れてこられ、エジプトにはたくさんの謎があると信じるだろうと私は考えた）、ピーナツバターに放射性物質がふくまれると判明し、あるハリウッドスターがセックスとLSDのからんだ騒ぎを起こすだろう、と」。そのうち、彼の元にはファンレターが舞い込むようになった。「手紙の多くは予言が当たったことを褒めそやす内容でしたが、実際にはどの予言も当たってはいませんでした。ただの一つも、当たってはいませんでした」[★54]。

彼の快進撃は一九六六年に始まった。ウィルスンがその数年前に書いたヒュー・ヘフナーに対する痛烈な批判に『プレイボーイ』誌が目を留め、彼が書いたものに感服したので職を提供したいと申し出た（少なくとも、ウィルスンは仕事を得た経緯についてこのようにポール・クラスナーに話している）。ウィルスンはシカゴに移り住み、『プレイボーイ』誌は彼を「プレイボーイフォーラム」という個人の権利と権力濫用が頻繁に話題になる投稿欄の担当とした。彼がアメリカの郵便局によるスパイ行為にかんする文章を発表すると、リバタリアン系のニュースレター「イノベーター」が郵便局の私的代替法にかかわる記事を載せた号を送ってきた[55]。しばらくして「イノベーター」は「サイモン・ムーン」という人物から私的警察と調停機関にかんする書簡を受け取り、それを掲載した[56]。ムーンはじつはウィルスンであり、「イノベーター」の編集部にはケリー・ソーンリーがいた。両者は書簡を交換しはじめ、ソーンリーが新しい友人にディスコーディアンを紹介し、ウィルスンはたちまちディスコーディアンの虜になった。

一方で、パラノイアになった警察とウィルスンの衝突は近かった。彼は反戦デモに出かけ、地下新聞に記事を書き、ブラックパンサー党員を自宅に招き、公的に望ましくないと思われる振る舞いにおよんだ。彼のアパートには相当な量のマリファナと幻覚剤があり、警察に対する恐怖が膨れ上がった。「電話を盗聴している人が聞きたい内容を話してはいけないということを私は学びました」と彼の娘のクリスティーナがのちに回想した。「玄関に誰かが来ても出ません。FBIかもしれないからです[57]」。

しかし警察の目や耳があらゆる場所にあると用心に用心を重ねていたにしても、ウィルスンはつねになにかに怯えて暮らすのは馬鹿げているということも知っていた。「きっとそれが小説を書くきっかけになったのだと私は思います」と彼はインタビュアーにずっと後になって話した。「私はパラノイアにはならないで、その状態のまま生きる術を学びました[58]」。ウィルスン、ソーンリー、そして彼らの仲間たちがマインドファック作戦を始めたとき、作戦には悪ふざけを旨とするディスコーディアン的精神と一九六〇年代のパラノイア精神が混じりあっていた。それはなかば警察に対する抵抗であり、なかば冗談だった。奇妙なことに、それはもっと奇妙奇天烈なコインテルプロ作戦に似通っていた。ＦＢＩによるシベリアのゴミムシ作戦について知った人が、それを考え出した捜査官が直感的に思いつきそうな非現実的な手法を真似しようと思ったときに実行しそうな作戦である。

ウィルスンはマインドファック作戦の基本的な指示を覚書にして数人の友人（クラスナーもふくまれていた）宛てに送った。それには、各自「他のメンバーから回ってきたあらゆる噂を広め、すべての国難、暗殺、陰謀を他のメンバーが属するグループのせいにするように」とあった。次のような大きなリスクがあるかもしれないと彼は警告した。「われわれの誰かが流したとんでもない伝説を体制側が信じこみ、われわれをエイブラハム・リンカーン殺しで一斉検挙することだ[★59]」。

手始めに彼らは、バイエルン・イルミナティの便箋を使って、次のような内容の手紙をキリスト教反共十字軍に送りつけた。「われわれはロック音楽業界を乗っ取った。だが貴様たちはまだ気づいてはいまい。われわれは一九世紀はじめにはすでに音楽業界を牛耳っていたのだ。ベートーヴェンがわれわれの最初の信奉者だった[★60]」。ジョン・バーチ協会のロバート・ウェルチは、ゲイリー・アレンがイルミナティの一員であると知らせる手紙を受け取った。ニューオーリンズの陪審がＪＦＫ暗殺の容疑者の一人であるジム・ギャリソンを不起訴にしたとき、ギャリソンを支持する左派の地下新聞『ロサンゼルス・フリー・プレス』のアート・クンキンは、不死鳥の騎士団から陪審員は全員イルミナティであると明かす信書を受け取った。信書によれば、それと知れるのは全員左の乳頭がないからだというのである。

ディスコーディアンは左翼、リバタリアン、ヒッピー組織など種々の団体による出版物をとおしてイルミナティにかかわる噂をばらまき、この秘密結社の存在をカウンターカルチャーに浸透させた。「われわれは誰彼かまわずみなイルミナティだと糾弾した」とウィルスンは語る。「ニクソン、ジョンソン、ウィリアム・バックリー・ジュニア、われわれ自身、空からやって来る火星人、すべての陰謀論者、全員だ」。しかし彼らは、

> これをいわゆる悪ふざけやいたずらとは考えなかった。われわれはいまだにこれをゲリラ存在学だと思っている。
> 私個人の立場は、もし新左翼が切実なパラノイアの世界にある特定のトンネルの現実に生きたいのであれば、そうした神経学的選択をする絶対的な権利を有するというものだ。私はディスコーディアニズムをありとあらゆるオルタナティブ・パラノイアを提供する大規模なギャグ問屋《コスミック・ギグル・ファクター》と考えており、誰でもその気になれば好みのパラノイアを選ぶことができるようにしたかった。これらの選択肢があまりに多岐にわたっていて信用ならないという向きには、このパラノイアゲーム全体を眺めて、より広範で、笑えて、希望のもてる現実地図に目覚めてほしい。★61

彼らは『イースト・ヴィレッジ・アザー（EVO）』紙に例のダイアグラムを挿入し、ニュースレター「イノベーター」にわけのわからない広告を打った。彼らはシカゴの『ロジャースパーク』紙を乗っ取ったが、この新聞はかつて四九区市民の独立政治活動とつながっているかなり正統派の新左翼ア

ウトレットだったことがある。[62] ディスコーディアンはこの新聞に無政府主義の政治議論や超現実的な風刺文を載せた。たとえば、広告欄を見ていると、こんなものがあった。「悩める者たちよ、来るがよい。君たちはお互い以外になにも恐れるものはない！　『自分の陰謀論を唱える方法』という小冊子を請求しよう。ニューオーリンズ地区検察局から無償で送られてくるだろう」[63]。一九六九年夏、この新聞はシカゴ市長デイリーを「タコの手」と非難し、第一面の見出しは「デイリーはイルミナティの手先」[64] だった。

『プレイボーイ』誌の一九六九年四月号に掲載の相談コーナーでは、性病にかんする相談のすぐあとに、次のような書状が掲載された。

最近のことだが、ある右派の老人（私の祖父母の友人）から、現在アメリカで続々と起きている暗殺がイルミナティという秘密結社の仕業であると私は漏れ聞いた。その老人によれば、イルミナティは人類の歴史をとおしてずっと存在してきたもので、国際的な銀行カルテルを所有し、メンバーはすべて三二階級あるフリーメイソンのいずれかに属し、ジェームス・ボンド本に彼らをスペクターの一員として描いたイアン・フレミングはその存在を知ったために彼らに消された。最初、老人の話は妄想《パラノイア》に思えた。ところが『ニュー・ヨーカー』誌を読んでいたときのこと、ジョン・ケネディ暗殺を捜査中の、ニューオーリンズのジム・ギャリソン率いる捜査官の一人アラン・チャップマンが、イルミナティはほんとうに存在していると信じていると述べていた。イルミナティの存在をにわかに信じるようになったもう一つのきっかけは、中東問題を専攻しているある友人にこのことを話しているときに起きた。この友人によると、イルミナティはじつはアラブ系であり、創立者は伝説の「山の老人」であって、この老人はマリファナを使って残忍な騒動を起こしたり、十字軍とも正統派イスラム教とも戦ったりしたという。また現在の支配者はアーガー・ハーンだが、すでにこの組織はイスマーイール派と呼ばれる無害な宗教組織になったと語った。

そこで私はこの件について真剣に考えるようになった。バークレーに住む友人に話してみた。彼は学内にイルミナティと自称するグループがあり、このグループが国際金融からマスメディアまで支配していると即座に答えた。では（『プレイボーイ』誌がイルミナティ陰謀の片棒をかついでいるのでなければ）、教えてくれまいか。イルミナティはフリーメイソンの一部なのか？　アーガー・ハーンが彼らの指導者なのか？　彼らはほんとうにすべての銀行やTV局を統制しているのか？最近誰を殺したのか？[★65]

その書状は「ミズーリー州カンザスシティ、R・S」と署名されていたが、じつはウィルスンとソーンリーの捏造だった。ウィルスンの答えは『プレイボーイ』誌の相談コーナー担当にふさわしい軽妙で中立的な書きぶりで、書状にある歴史上の混乱をほぼ取り除いた（ただし、ヴァイスハウプトのイルミナティが「山の老人」の組織に「緩やかにもとづいている」という確証のない新たな主張をイルミナティ伝説に加えた）。バークレーのイルミナティは「地元の無政府主義者によるパロディ」であると彼は付け加えた。

どこまでがマインドファック作戦で、どこからが本物のパラノイアかを見分けるのはかならずしも簡単ではなかった。「ディスコーディアンによるすっぱ抜きは魔法のボタンを押したかのようだった」とウィルスンはのちに述べている。「イルミナティにかかわる新たな暴露が、極右から極左まであらゆる方面から出現しはじめた。一部は『われらディスコーディアン』が発信者ではなかった」。それに、「われらディスコーディアン」が誰を指すのかもかならずしも明らかではなかった。バークレー・イルミナティの一部のメンバーはソーンリーと知り合いではあったが、彼らは彼らでいまとなっては時代物の陰謀論を冗談で繰り広げた[★66]。ウィルスンの記憶によれば、あるとき『ロサンゼルス・フリー・プレス』紙が、「私たちが耳にしたこともないブラック・マスという黒人によるディスコーディアン陰謀にかかわる黒人の電話インタビューを掲載した。彼は、ウェザー・アンダーグラウンドの仕業と考えられているすべての爆破事件は、ブラック・マスとディスコーディアンによるものだと認めた[★67]」。

　当時ウィルスンとソーンリーが実際に会ったのは一度きりで、それは一九六八年にウィルスンがタンパにあるソーンリー宅を訪ねたときだった。二人はマリファナを吸いながら今後を話しあった。「ほんとうにイルミナティが存在するのだろうか?」とウィルスンが訊いた。「きっとぼくらに気づいて、怒るに違いない」。

「あるとは思わないね」とソーンリーが答えた。「万が一あるとすれば、ぼくらみたいな馬鹿者がおかしな理論を広めて彼らの存在を曖昧にしていることを喜ぶだろう[★68]」。

　一九六九年、ウィルスンと『プレイボーイ』誌の別の編集者のロバート・シェイが、マインドファック作戦でもっとも影響力をもつことになる計画に着手した。同誌によく舞いこんでくるおかしな手紙にヒントを得て、二人は小説を書こうと決めた。「風刺文学とメロドラマの真ん中あたりに属するようなもので、たくさんの陰謀の『暴露』と『証拠』隠滅の絶妙なバランスを取るものにしようと考えていた[★69]」。その成果が『イルミナティ』だった。草稿は基本的には一九七一年に完成していたが、それから四年後に大幅な省略と三巻構成への変更を経て出版された[70]（一巻での出版はようやく一九八四年に実現した）。

『イルミナティ』はアイロニスト・スタイルの元祖（コミック作家のアラン・ムーアの言葉を借りれば、「パラノイアを病気から啓発的なゲームに変えた」本）[71]だった。それは世界中の陰謀説すべてが真実と判明する物語だと言われることが多いが、陰謀か否かの別を問わず、世界のあらゆる解釈を同等に可能で、かつ同等に馬鹿げていると捉える本と言うほうが正確だろう。

この小説は陰謀を幾重にも重ねたもので、一つの筋のとおった物語にはどうしてもなりえない寄せ集めなのだ。小説の冒頭近くで、さまざまな登場人物がイルミナティは世界のエリートを操る最大の陰謀であると示唆し、やがて彼らに対抗するためにゆるやかな同盟を築いた無政府主義組織群（リージョン・オブ・ダイナミック・ディスコード、エリシアン・リベレーション・フロント、ジャスティファイド・エインシャンツ・オブ・ムームー、人の言葉を話すゴリラの一団まで）が登場する。ところが、どの新たな暴露も読者が知っていると思っている情報に反している。それはジョン・F・ケネディを殺そうといういくつかの陰謀が別々に同じ日にダラスで実行に移され、暗殺者たちも大統領を実際に殺した弾丸が誰の銃から出たものかわからないような物語なのだ。終盤までには、最高権力をもつイルミナティも余人と同じようにこの世界に惑わされるという仕掛けになっている。

あらゆる原始的な神話（上層の敵、下層の敵、外なる敵、内なる敵、善意の陰謀さえも）が『イルミナティ』では述べられている。この小説の迷路のようなあらすじをここで紹介するつもりはないが、それが一九六〇年代と七〇年代に一世を風靡した終末論フィーバーの最高の道案内、すなわちそれ自体が深刻なパラノイアに陥っているがために、ますますその鋭さを増したパラノイア論評であると言っておこう。

陰謀を発見して白日の下に曝そうという人びとは、『イルミナティ』をどうしたものか見当をつけられないでいた。ミシガンを根拠地とするニュースレター「コンスピラシー・ダイジェスト」で、編集者のピーター・マカルピンがウィルソンのインタビューを紹介した。その中でマカルピンは、読者の多くが「ウィルソンその人が陰謀論を愚弄し信憑性を失わせようとするイルミナティの人間である」と信じているとコメントした。しかし、「ウィルソンは真実を面白いパロディに見せかけることによって、体制側の目をごまかして真実を伝えようと最善を尽くしていると確信する」人びともいた。またウィルソンの「オカルト、グノーシス主義、サイケ文化への傾倒」を知る読者は、『イルミナティ』は「陰謀を画策する秘密結社の隠された世界の教義にかかわる信頼のおける指針」だと考えた。

その後の会話は誠意がこもってはいたが議論に満ちていた。次のやり取りを読めばよくわかるだろう。

マカルピン：ネスタ・ウェブスターは著書『秘密結社と破壊運動（*Secret Societies and Subversive Movement*）』において、イルミナティの教義は反権威主義的な無政府主義であり、教会と国家の破壊を目論むものだった（である？）と主張する。一方で、『イルミナティ』やその他のイルミナティの秘密の記録（ロビソンの『陰謀の証明』）は、ヴァイスハウプトの真の目的は新たな絶対主義的独裁国家の建設だった（である？）（すでに達成されている？）と示唆している。無政府主義はイルミナティの真の目的を隠蔽するためのものだったのか？　あるいは、イルミナティの無政府主義は、古代の王朝支配が破壊されるまでは国際的な銀行家によって支持され、結果的に銀行家による独裁への道を開こうとするものだったのか？

ウィルスン：さあな。ヴァイスハウプト博士とその仲間たちにかんして唯一確証のもてる結論は、秘密を保とうとする彼らの努力がすばらしくうまくいったことだ。イルミナティを調査して、教団の真の目的について同じ結論に達した人は二人といないんだからね。ぼくが書いた『コスミック・トリガー――イリュミナティ最後の秘密』では、イルミナティの真の内部秘密は彼らが二重星シリウス系に住む高度な知性をもつ者と接触があることだと主張した。ぼくはイルミナティにかんするどの理論に比べてもこの主張が荒唐無稽だとは思わないし、たくさんの読者がこの説を信じると思う。もしぼくが偉大な芸術家であって、どんなおかしな事実を与えられても奇怪だけれど筋のとおった説明を簡単に思いつけることを読者が知らなくても、証拠は出そろっているんだからぼく自身が信じるよ。★72

ウィルスンはマカルピンに次のように警告した。「ある現実のトンネルは別の現実のトンネルと同じくらい狭い。われわれはみなゾウを触っている盲《めし》いた人なのさ。スーフィーの言葉を借りれば、『ゾウのほんとうの姿を見るには』、ある現実地図と別の現実地図のあいだを何度も行き来せねばならず、この地上のドラマがどれほど複雑で滑稽であるか気づかねばならない」。

マカルピンはウィルスンと同じユーモアの感覚をもってはいなかったが、それでも複数の視点を探ることの大切さについては同意した。マカルピンには彼独自の世界観があった。あるとき「私が認めるのは自己利益を最高の私的価値として認める哲学のみだ」と書いているが、[73] 政治の異なるシーンに見られる主張をも考慮してみようと努力した。ニュースレターのある号で彼は、メイ・ブラッセルにインタビューした。別の号では、極右に変節しようとしている新左翼の古株リンドン・ララッチにインタビューしている（ララッチは、ヘンリー・キッシンジャーと英国女王が登場することが多い手の込んだ陰謀、カルトと呼ばれることの多かった彼の政治組織内の権威主義、掃討作戦と彼が呼んだ一連の襲撃事件［ララッチの信奉者たちが他の左翼団体のメンバーをバット、鎖その他の武器で襲った］で世に知られていた。[74]『コンスピラシー・ダイジェスト』はララッチの理論をかなり頻繁に引用したとはいえ、やはり頻繁に編集サイドの但し書きがついていた）。

このニュースレターへのデビュー作は、反ユダヤ関連文書にかんする四ページにわたるエッセイであり、その序文でマカルピンは「情報提供者の意見にどれほど反対であろうとも「提供者の情報を無視することはしない（しなかった）」と述べている。[75] マカルピンですらアイロニスト・スタイルで遊ぶという証拠に、彼はあるとき『我々は月に行っていない』という本について語ったことがある。「われわれはこの本を真面目に受け取ってはいない」と彼は説明した。「だが、陰謀本のコレクターはいずれにしても欲しがるだろう」[76]。

マカルピンの読者なら、『カバーアップ・ローダウン』というカートゥーンを楽しめるかもしれない。このカートゥーンは地下メディアや大学新聞などに一九七六年の半年間ほど掲載されたもので、陰謀オタクにとって『リプリーズ・ビリーブ・イット・オア・ノット』のようなものだ。しかし、このコミックのエンタテインメントに徹したアプローチは、『ダイジェスト』のさりげない真面目さに似た部分がある。ジェイ・キニーとポール・マヴリデスが描いたこのカートゥーンは、上層の敵にかかわる陰謀をめぐる一コマ漫画で、出典は脚注に付されている。たとえば、ある回ではこんな報告がなされる。「致死傷を与えた弾丸軌跡を確定するために保存されていたJFKの脳と関連のスライドが、一九七二年にアメリカ国立公文書記録管理局から消えていることが判明した。誰がこれらの証拠品を持ち出し、いまどこにあるのかについて手がかりはまったくない」[★77]。この報告の出典はロバート・サム・アンソン著『彼らは大統領を撃った』（一九七五年）とされており、そのイラストでは脳と数枚のスライドが親ガモと子ガモのように連れ立って管理局を歩いて出る姿が描かれている。

このカートゥーン・シリーズは、ほかにも盗聴、環境汚染、CIAとマフィアの癒着、ジョージ・ウォレスの暗殺未遂、そしてロバート・ケネディ、マーティン・ルーサー・キング、核反対運動活動家のカレン・シルクウッド、そして北米先住民で活動家のアニー・マエ・アクアッシュの死を取り扱った。滑稽な絵面ながら、カートゥーニストは本気で描いていたのである。「それはおそらく調査ジャーナリズムが最盛期を迎えていたころでした」とキニーが思い返す。「ウォーターゲート事件や情報機関の違法行為などあらゆることが明るみに出ました。ですから、描く内容には困りませんでしたよ。われわれの方針はこうです。よし、これらの内容を新聞や正統派のジャーナリズムに毎日接しない人びとに届けよう、でもきちんと内容を細分して、ジョークも織り交ぜようと考えたのです」[★78]。

アンダーグラウンド・コミックス出版社のリップ・オフ・プレス社がカートゥーンを一冊の本にまとめたとき、キニーとマウリデスはアイロニスト・スタイルのカートゥーンを何本か寄せた。最初の一本では、「世界制覇を目指すシオニストの策謀と、ワシントンに巣食う畜牛切断をする輩を暴露しようとする」右派のキャスターのバド・タトルが一ドル札を使うと、それはバーバーブラックシープからソーマ・ブロードキャスティング・システムなどが率いるカルト、クトゥルフ社の支配下にあるメディアコンバインなど邪悪な秘密結社の手に次々と渡る[★79]。また「ソーラー・ツァーリ・オブ・コルヌトピア」にかんする八ページにわたる不条理主義のクイズ、「おまえがケネディを殺した！　そして証拠はこれだ……」というタイトルのついたクイズ、牛が死んだ仲間を喰らう畜牛切断のコミック、ハサミで切り取ればメビウスの帯をつくれるという手の込んだ陰謀図などがあった。最後のカートゥーンでは、ローマ教皇庁、共産党、神智学のグレート・ホワイト・ブラザーフッド、その他の有象無象がダイアグラムの上に描かれており、そのダイアグラムにはサイエントロジー創立者のL・ロン・ハバードからビッグ・ブラザー（ジョージ・オーウェルとジャニス・ジョップリンを直接支配している）までそろっている。

「われわれは当時ある陰謀に反応していた。その陰謀とはこの世にあるものはみな一つの大陰謀の支配下にあるというものだが、われわれはこの考えはいささか馬鹿げているし大げさだと考えている」とキニーはのちに説明した。「この種の風刺主義は物事を極端に戯画化して自分の重みで崩壊する」。要するに、このコミック本はアイロニストであると同時にフュージョニストでもあり、ギャグと真剣な暴露を織り交ぜて、読者にはその違いがわかると考えているのである。

　一九八二年、タルサ生まれでオースティン在住のゲーム・デザイナー、スティーヴ・ジャクソンがイルミナティ・カード・ゲームを制作した。彼は『イルミナティ』に感化されていたが、その入り組んだ物語をそのまま採用しようとは思わなかった。「仮に誰がどちら側の人間かわかったにしても（ぼくはわからないと思う）、それでどうすればゲームになるだろう？」彼は自分自身でウィルスンとシェイの本を実際の出典ではなく「精神的な指針と考えて」シナリオを書いた。★80　でき上がったゲームでは、数種の競合する陰謀（バイエルン・イルミナティ、ディスコーディアン教会、クトゥルフの下僕など）が、マフ

CORNUTOPIA IS JUST THE FIRST STEP IN OUR MASTER PLAN! IF WE SUCCEED HERE WE PLAN TO TURN THE WHOLE U.S.A. INTO ONE GIANT ROOFED-OVER SHOPPING MALL — RUN BY SOLAR ENERGY UNDER OUR CONTROL!!! WHAT EFFICIENCY! WHAT VISION! WHAT PROFITS!
SAY, WHO ARE YOU GUYS?
WHY WE'RE A GROUP OF DECENT, RESPONSIBLE CHRISTIAN MEN, DEVOTED TO OUR FAMILIES & OUR FLAG--WHO JUST HAPPEN TO REPRESENT A CONSORTIUM OF BIG BANKS, OIL COMPANIES, DEVELOPERS & POLITICIANS.
IT'S A POWER GRAB, YI YI, AND YOU CAN'T STOP US!!!
GEE... AND I THOT THE ELVES WERE NUTS...
BUT THE CITIZENS WILL NEVER STAND FOR YOUR PLOT!
OH NO? TO BE ELIGIBLE FOR THE GRAND DOOR PRIZE -- A COMPLETE SET OF TUPPERWARE - ALL CITIZENS MUST WEAR THESE PARTY HATS, IN WHICH WE'VE CONCEALED SUBLIMINAL TRANSMITTERS.
HA HA!
AT HIGH NOON WE'LL BROADCAST SIGNALS TO THE HATS, IMPLANTING HYPNOTIC COMMANDS WHICH GUARANTEE A DOCILE CITIZENRY!
SO THAT WAS THEIR FIENDISH PLAN... EVERYTHING WAS BEGINNING TO FALL INTO PLACE -- YET I WAS HELPLESS TO STOP THEM...
WE'LL LET YOU WITNESS OUR MOMENT OF VICTORY, YI YI... ...THE BIGGEST TUPPERWARE PARTY IN HISTORY!!
SHEESH
OAK LAND
BANK
MELCO
ANDYMAT
SOLARKAR
SA

ィア、CIA、国際共産主義陰謀からトレッキー、歯医者、そしてもちろん陰謀論者など小悪党をめぐって戦って戦利品を交換する。

それは楽しい時間を過ごせるゲームであり、効果的な風刺文学でもある。ジャクソンの言葉を借りれば、「カードはなんにでも小馬鹿にしたような態度を取る」。というのも、「ゲームの世界では、無垢な人間などいないからだ。いかなる組織もただの操り人形かそれを操る傀儡師のどちらかであり、たいていはその両方なのだ」[★81]。シェイはジャクソンの仕事が気に入ったとみえ、最初の輸入版に序文を寄せた。ウィルスンはさほど感銘を受けた様子ではなく、ゲームが自分の知的所有権を侵害しているとエージェントに漏らした[★82]。彼のエージェントはそうは考えず、係争事件にはいたらなかった。実際のところ、ゲームはウィルスンの金回りを悪化させるというより改善した。『イルミナティ』の広告塔になってくれたからだった。

またゲームのファンはゲームとその続編の自作版をつくったため、さらなる創造をうながす結果となった。「オフィスから町までイルミナティとの関連で再定義するゲームオタクがいました」とジャクソンは語った。ゲームは真面目な陰謀説をもいくつか生み出す原動力となった。これについては、第12章で述べることにする。

いずれにしても、少なくともアイロニストとの関連において一九八〇年代最大の出来事は、亜天才教会の設立であった。この団体はディスコーディアン教会に似通っていたとはいえ、ディスコーディアンが古典神話の女神を借用する一方で、亜天才教会はUFOカルトからセールスマニュアルにいたる近代的な情報源から神話を紡ぎ出した。それらの神話は、J・R・「ボブ」・ドブズという、パイプをくわえた救世主に対する信仰が中心にあった。亜天才教会には、本物の歴史と信奉者が広めたでっち上げの歴史の二系統があった。教会の広報担当に任命されたジェイ・キニーは、『ホール・アース・レビューと変人たち』ででっち上げの歴史を暴露した。「ダラスのアイヴァン・スタング牧師などの古いメンバーは、一九五〇年代後半からこのカルトにかかわっている」と彼は述べた。ドブズは元はアルミニウム羽目板のセールスマンで「C級映画の端役」をしていたところ、異星人や「エホバ1、宇宙の神」の声が聞こえると信じるようになって亜天才教会を創立した。ドブズの初期の教えはキニーが継続しているジョン・バーチ協会の政治観を反映していたが、一九六〇年代末と七〇年代はじめにLSDにすっかり魂を奪われると、彼の運動は「教会に変化した」。やがて、教会は個々のメンバーがそれぞれの神や悪魔から神殿まで選ぶことを許すようになり、「一神論的な新UFOカルト」は「多神論的な寄り合い所帯のカルト」に変わった。

亜天才教会は「ジャック・ルビーとリンドン・ジョンソンがどちらも出身地と呼ぶ明るい太陽の光に満ちた環境から生まれた、風変わりで無害な教団に思えるかもしれない」とキニーは述べた。「しかし、元の地味なルーツからはみ出して、どんどん大きな目的を掲げるようになっている。この教団を単なる冗談と考えるならご自分の責任でどうぞ[★83]」。キニーの発言を読んだ少なくとも一人の学者がそれを悪ふざけと見抜けず、「教会の絶対的シニシズムはファシズムに等しいとキニーは憂えている」と真顔で報告した。「この恐怖を共有する私たちは、ボブの世界は白人男性至上主義を目指していることを指摘しておきたい[★84]」。

しかし、じつはJ・R・「ボブ」・ドブズという人物は実在しない。一九七〇年代末に教会を立ち上げたのは、ダグ・スミスとスティーヴ・ウィルコックス、あるいは教会内ではアイヴァン・スタングとフィロ・ドラモンドでとおっているテキサス州出身の小利口な二人だった。

スタングはダラス／フォートワース地域で育ち、怪物映画を観て、自身のアマチュア映画を制作し、SFファン雑誌を出した。長じてフリーの映画編集者兼監督となり、産業映画、ドキュメンタリー映画、非営利団体のための資金集め映画、ミュージックビデオを制作した。ドラモンドがオースティンからダラスに引っ越したとき、スタングが彼に電話し、互いに「一風変わった小冊子や過激な文書[★85]」（ジャック・チックのコミック、ジョン・バーチ協会の小冊子、サイエントロジーのアンケート）が好きだとわかって意気投合した。二人は古い雑誌でよく見るある顔に注目した。「このパイプをくわえた四角い顔の男はいつも笑っている」。その男の顔が「ボブ」になり、二人が読んでいた小冊子や観ていたSF映画が教会の神話になった。

一九七六年から七九年ごろ、教会のアイデアが産声を上げた。二人で宗教を発明していたとき、「われわれには敵が必要だ」とドラモンドがスタングに言った。「ただ『陰謀』と呼ぼうじゃないか」。それはありがちな秘密結社ではなかった。「この組織はJFKを撃った男、エリア51に墜落した空飛ぶ円盤、ロズウェルレベルの話じゃない」とスタングはのちに説明した。「それは全員なんだ。正常な人すべてが異常な人すべてを発見する。直感を頼りに。考えたりはしない。わかるよな、学校でネクラといじめられ、職場では高校生のガキのようにつま弾きになったことを思い出してみろよ」（「それに」と彼は付け加えた。「それは亜天才教会でも続くんだぜ[★86]」）。

彼らの最初の小冊子は一九八〇年一月二日に刷り上がった。表紙にはこうある。「悔い改めよ！　仕事を辞めろ！　すべてを放り出せ！　世界は明日終わる。お前は死ぬかもしれないのだ！」（そこから文字が小さくなる。「いや、たぶん、それはない……まあ、とにかく、これを読みつづけろ！[★87]」）。これにさらなる亜天才小冊子、亜天才映画、『スターク・フィスト・オブ・リムーバル』という亜天才雑誌が続いた。

この教会のユーモアのセンスと、そのユーモアの背後にある視点の手がかりは、次に掲げる一九八三年の『ザ・ブック・オブ・サブジーニアス』の一節にある。

やつらは世界支配を虎視眈々と狙っているわけではない。それはすでに完了している。世界を牛耳るただ一つの政府は存在する。ただ目に見えないだけだ。しかし、いつメディアが人びとにこの事実を告げ、受け入れさせようとしてもおかしくない。世界で唯一の政府は「かっこいい」。……

そんな話はおかしいって？　それはやつらがいつでもわれわれの一歩前を行っているからなのさ。やつらがおかしな陰謀説を広めるんだ。というのも、陰謀論の多くはほんとうだが、それでも現実離れして聞こえる。ロックフェラー家の陰謀、外交問題評議会（C・F・R）、アーサー王伝説の円卓、ビルダーバーグ会議、JFK暗殺の後始末、すべてだ。

C・F・Rと日米欧三極委員会。おお、あいつらは極悪人だ。けれども、真の支配者に比べたら、あいつらなんてただの下っ端の走り使いだ。あいつらはもっともっと大きな「会社」の販売会社に過ぎない。もちろん、あいつらはどんな正気のアメリカ人が夢見たより大きな権力を手にしてはいるが、あいつら自身もまた自分が夢見たこともないほど支配されている。「ボブ」によれば、あいつらのトップにいる人のなかには、アメリカはまだ二大政党制を維持していると信じている連中がいるんだそうだ……

だから、亜天才教会があいつらのいたって巧妙な策略だと考えないのは馬鹿げている……われわれはそれほど愚かじゃない。それに誰がそれを信じるかどうかも気にしていない。けれど、こ

れがあいつらのやり口なんだ。[★88]

古株のアイロニストは新しい教会を好んだ。ロバート・アントン・ウィルスンが入信した。ポール・マヴリデスは初期から活動に参加し、その後数十年にわたって教会と深いかかわりをもった。ケリー・ソーンリーは、『亜天才の書』に補足を書き、のちに「ボブ」のカルトをディスコーディアンの「姉妹／兄弟宗教」――「あるいは少なくとも海兵隊版の神学」と評した。[★89] スタングによれば、年老いたUFO研究家のジョン・キールは、あるとき亜天才教会主催のパーティーにやって来て酔っぱらい、自分の著作は捏造だと告白した。「私はサーカス団出身ということになっているが、そんなこと信じるかね？」

一九八〇年代なかばまでには、亜天才教会の影響力は文化全体に浸透していった。「ボブ」の顔がテレビの児童番組『ピーウィーのプレイハウス』のクレジット画面に使われた。スティーヴ・ジャクソンと教会は、ジャクソンのイルミナティゲームのボブ版「ＩＮＷＯ：亜天才」を制作した。ポップバンドのトーキングヘッドでリードシンガーをするデイヴィッド・バーンが亜天才教会の一員になった。別のロックバンド、ディーヴォのメンバーたちも同様だった（亜天才教会のビデオ「アライズ！」の中で、ディーヴォのメンバーであるマーク・マザーズボウは陰謀は「人類が置かれた状況を示している。それは崩壊しつつある。スーパーマーケットチェーンのクローガーで、ダブルニットのジャンプスーツを着た太った女が自分の子どもを叩いている……それはペニスのないキリストだ」）。[★90] リチャード・リンクレイターが一九九一年に制作した映画『スラッカー』では、オースティンは陰謀論者その他の芸術家や変人だらけの町として描かれており、このプロットは亜天才伝説に直接材を取っていた。

『スラッカー』が劇場で公開されていたころ、よりアイロニスト・スタイル色の濃い別の映画が公開された。『トリビュレーション99：エイリアン・アノマリーズ・アンダー・アメリカ』と題されたこの映画は、クレイグ・ボールドウィンというカード好きの亜天才が脚本を書き、メガホンを取った。★91 この映画はB級映画、ニュース解説その他の情報を組みあわせた俗にファウンド・フッテージと呼ばれる作品で、西側世界の秘密の世界を描いていた。それは独創的な独立系映画であり、初期のファウンド・フッテージ映画制作者から現在のユーチューブを賑わすマッシュアップ・アーティストへの変遷における重要な一歩となった。しかし、われわれが共有する文化のあれこれを高速で重ねあわせるボールドウィンの手法（彼は自身の映画を観ることを「割れた鏡」を眺めることに例えた）★92 は見事であるとはいえ、『トリビュレーション99』最大の特徴はボールドウィンが丁寧に練った入り組んだ物語にあり、そのために彼は『イルミナティ』や『亜天才の書』のように奇妙で滑稽な陰謀論を描く一方で、アメリカの外交政策を正面から批評することに成功している。

『トリビュレーション99』の表面的な物語は、地中に住む地球外生物と、これらの異星人の陰謀から地球を救おうとするワシントンの英雄を描く。熱のこもったナレーションは、主としてボールドウィンがスタングの一九八八年の著書『ハイ・ウィアードネス・バイ・メール』で見つけた奇妙な内容にもとづいており、支配層が犯す酷い犯罪を正当化するかのような卓越したシナリオになっている。しかし、物語はまともに取りあうにはあまりに現実味に乏しいため、映画は権力濫用を許すというよりは暴露する結果となっている。たとえば、ＣＩＡがグアテマラのハコボ・アルベンス大統領の政権を倒したとき、じつは「うまく人間に化けた異星人」に入れ替わったのだというのである。★93 私たちはアルベンスによる土地改革は隠蔽工作だったと知らされる。「彼は未開墾地を一〇万世帯で分けよと主張するが、実際［には］人間に化けた異星人の血の飢えを満たすために生け贄を捧げるピラミッドの建設を計画していた」。ＣＩＡによって政権を倒されたもう一人の指導者であるチリのサルバドール・アジェンデ大統領は、「地球の極軸を変え」ようとする「サイバネティックコピー」として描かれる。「ウォーターゲート殉教者」は「地元での窃盗容疑という軽微な犯罪で捕らえられたときには、おそらく民主党本部への異星人用のパイプラインを掘っていたと思われる」とされた。

映画をとおしてテロップが画面に現われる。あらすじをタブロイド並みの露骨さで叫ぶかと思うと、別の活字で隠蔽事実を皮肉抜きに伝える。ワシントンがパナマ共和国の独裁者マヌエル・ノリエガ支持から彼の政権打倒に路線変更した理由を、ナレーターが語る（「我らが友人ノリエガは突然おぞましいヴードゥーに取り憑かれた変人に取って代わられた」）一方で、画面上のテロップは実際の説明を提供する。「ノリエガはサンディニスタが武器を隠匿しているというデマにかかわることを拒否した」。

メビウスの帯を完成したこれらのテロップには、この映画ならではの陰謀論がふくまれている。ナレーターは、ＪＦＫの死についてあまりにばかばかしい単独犯説を繰り広げる。「彼の暗殺を遂行したのはオズワルドのようなアンドロイドだったに相違ない。なぜなら、人間であれば一・八秒以内に遠くにいる標的を二度撃つことはできないからだ」。そこで、画面上のテロップがこう教えてくれる。「アレン・ダレス元ＣＩＡ長官がウォーレン委員会の一員であり、単独犯説を支持している」。こうしてボールドウィンは、内なる敵、外からの敵、下層の敵のイメージを使って上層の敵を糾弾しているのである。

真面目な陰謀論と風刺的な陰謀論を区別できない人もいる。クラスナーの悪ふざけや『アイアンマ

© 1991, 2013, Craig Baldwin

ウンテン報告』が実際に陰謀が存在する証拠と誤って解釈されたことはすでに見てきた。同じことはロバート・アントン・ウィルスンにも起きた。彼の小説はありとあらゆる陰謀論に引用され、そもそも彼の皮肉のおもな対象であるキリスト教原理主義の人びとにすら引用される始末だった。[★94]「こうした人びとの多くは、私の著作の特定のくだりを文脈なしに引用すればきわめて彼らに都合がいいと気づいた」と彼はあるインタビュアーに話している。「しかし私はまったく気に病んではいない」と彼は付け加えた。「それは絶妙なジョークに思えるからね」[★95]。

　亜天才教会にすら本気で入信する信者がいた。「じつは、それがぼくのいちばん大きな後悔の種でね」とスタングは二〇一二年に語った。われわれはただ［サイケデリック・コメディ・グループの］ファイア・サイン・シアターやアングラ・コミックス、みんなの英雄になろうと思っていただけだった。ところがある意味、奇人変人のハエ取り紙みたいになってしまった。いや、なにも知らない一杯食わされやすい人のね。と言うより、このタイプの人はこういう内容のものにはじめて出会っただけなのかもしれない。だから彼らはそれがわれわれであって、ヘヴンズ・ゲイトやジョーンズタウン……でなかったことを喜ぶべきだと思う。「見えざる大学」などが私をとおしてこうした内容に触れていると大勢の人から聞かされた。ぼくはこう答える。「いや、そうじゃない。ぼくと仲間はただハイになって、ふざけた話を書くだけだ[★96]」。教会の中では、真面目な信奉者は「ボビーズ」と呼ばれて残酷なほどに嘲られる。「亜天才の多くは子ども時代になんらかの宗教で痛い目にあっている」とスタングは指摘する。「正統派ユダヤ教とか、キリスト教原理主義とか、カトリック系学校とかでね。彼らには言いたいことがある。怒りを抱えているんだ」。

　それは、無宗教のヒューマニストに育てられたスタングには当てはまらなかった。「ぼくにとって宗教に対する興味は怪物映画に対する興味ときわめて似通っている」と彼は言う。「子どものころにギリシャ神話や北欧神話を読むと、神話にはキュクロプスやドラゴン、怪物がいっぱい登場して、とても格好いい。その意味では、『ヨハネの黙示録』にもなかなか格好いい怪物が出てくる。ぼくのお気に入りは大淫婦バビロンで……ぼくの怪物熱はずっと冷めていない。どこかの宗教や政党に怪物らしきものがいれば、ぼくは興味をもつだろうね」。

「ぼくらにとって『ボブ』は究極の怪物だ」と彼は付け足した。「なぜなら、彼は典型的なマインドコントロール・グルだからだ。彼は人をスウェット・ロッジで火傷して死にかけるまですわらせておける男みたいなものだ。そしてその人は死んでしまう。ところが、彼はそれはその人のせいだとでも言わんばかりに振る舞うんだ」。

　アイロニストが提供する真の陰謀の証拠を現実と勘違いするのは外部の人間に限られなかった。ときにはアイロニスト自身が、ウサギの巣穴に落ちて自分の創造物を真に受けはじめる。これを経験したのがクラスナーで、やがて元いた場所、そしてそうした勘違いを経験しなかったソーンリーのいる場所に戻ってきた。

　クラスナーが道を誤ったのはサイエントロジーの調査を始めたときだった。「『サイエントロジーのヒエラルキーにおけるサーハン・サーハンの台頭』という記事を書きはじめたときのことだ」と彼はのちに思い出す。「調査中に不思議なことが起きた。チャールズ・マンソンがほんとうにサイエントロジーとかかわりがあったことを知ったのだ」。たしかに、マンソンは自分がグルになろうとする前に、ハバードの教会に足を踏み入れていた。「突如として、ぼくはサーハンを自分の記事の主役にする理由を失った。現実はいつだって小説を越えるんだ[★97]」。そのころ、クラスナーにメイ・ブラッセルから電話がかかってきた。ブラッセルはサイエントロジストが『リアリスト』誌を相手取って訴訟を起こしたことを知り、サイエントロジー教会がケネディ家の誰をも殺していないことを知らせようと思ったというのだった。「ええ、そのことなら知っていますよ」と彼は答えた。「しかし、記事はただの風刺だったのに、彼らがそれを真に受けただけです。ぼくはいま別の記事を書いています。お尋ねしてよろしければ、マンソンの件についてなにかご存知ですか?」

「もちろんですとも」と彼女は言った。「いわゆるマンソン殺人事件というのは、じつは、カウンターカルチャー運動を破壊するために軍諜報部がでっち上げたものです。それはヴェトコンの立場を悪くするために、ヴェトコンに扮したヴェトナムの特殊部隊が殺戮を繰り返したのと同じです[★98]」。

　クラスナーはブラッセルの世界観に引き込まれていった。マンソンに教唆されて殺人を犯した三人の女性信者にやっと会えたとき、彼女たちはこの国を実際に支配しているのは誰かと尋ねた。ポケットからピラミッドのかたちをした貝殻を取り出すと、彼は秘密結社、組織犯罪、軍諜報部、財界について話した。彼の深刻な陰謀論は『リアリスト』誌の風刺記事とどんどん似通ってきた。そのなかにはウォーターゲート事件にかんする一九七二年のブラッセルによる記事もあった。

クラスナーは自分が誰かにあとをつけられていると思うようになった。あるときバスに乗っていると、彼は自分の前にすわっている人物がＣＩＡだと確信した。尾行に気づいていると相手に知らせるため、クラスナーはボールペンを取り出し、電文のようにノックし始めた。何度も「ポール・クラスナーからアビー・ホフマンへの電話です」と繰り返した（クラスナーはあとで有名なイッピーのホフマンにこのときの出来事について話した。「ああ、そうだな」とホフマンは答えた。「君から電話はあった。だが、コレクトコールだったから出られなかった」[★99]）。

「ぼくはチャールズ・マンソン事件を調べたかった」とクラスナーは後日述べている。「ところが、けっきょくぼくは自分自身がもつ不思議な闇の世界と向きあわねばなりませんでした。当初の目的はサイエントロジーの危険性を暴露することだったのに、陰謀カルトに手を染める結果になってしまったのです……ぼくは自分が書くものは重要だと考えていた。だからそれを証明するために迫害されたかった。その過程で、ぼくは陰謀にしてやられたんだ」[★100]。

クラスナーはパラノイアから解放されたが、陰謀論に対する彼の興味は消えなかった。それは彼の中にしっかり根を張っていた。「ぼくは陰謀らしきものと、誤って陰謀と解釈されそうなものをより細かく見分けられるようになった」と彼は説明した。「陰謀を語る人はどうしてもある前提――『これは暗殺だ、自殺ではない』――から始め、どんどん過去の事実にさかのぼっていき、すでにある結論と辻褄が合うように事実を曲げる」。彼はそうではなく「意識して無垢」の精神を強化し、謎に対して「できる限り先入観を排する」ように心がけた。[101]

一方で、彼は陰謀がテーマのジョークを飛ばしつづけた。ケーブルテレビ放送局のＨＢＯが一九八〇年にコメディ特集の脚本家にクラスナーを雇ったところ、放送にこぎ着けたのは、シークレット・サービスの男が「リー・ハーヴェイ・ウォールバンガー」と彼が呼ぶ酒を注文するというギャグ一本のみだった。バーテンダーが「わかりました。ワンショット（一発）になさいますか？　それとも、ツーショット（二発）？」と尋ねる台詞は検閲で削除された。[102]

一方、ソーンリーはＪＦＫ暗殺事件に巻き込まれた。ジム・ギャリソンがソーンリーをケネディ暗殺の調査に取りこもうとしたときに彼が断ると、ギャリソンはソーンリーが暗殺計画にかかわっているとほのめかし始めた。ギャリソンは記者会見で、ディスコーディアンは「リー・オズワルドと密接な関係にあり」、[103] それは海兵隊のみならず、一九六三年九月に「ニューオーリンズの多数の場所」で起きたと主張した。ソーンリーは一九六八年はじめにニューオーリンズの大陪審を前に証言するはめになり、この経験からギャリソンのチームは正義を追求しているわけではないと確信した。さまざまなことから、チームメンバーは彼をジョン・バーチ協会寄りの保守派だと決めつけようとしているように思われた。「ぼくは伝統主義者でも国家主義者でも人種主義者でもない、自分はジョン・バーチ協会やこのごろ政治的保守主義と言われているものには反対だと何度も説明した」とソーンリーはしばらくして書いている。「さらに自分は個人主義を旨とするという意味において『右派』であるけれども、ぼくの右寄りは権威主義というより無政府主義だと述べた。彼らはぼんやりこちらを見つめるだけで、ぼくの発言が耳に入らないようだった[104]」。

ギャリソンの主張がアングラメディアをとおして広がるにつれ、ソーンリーは見つけられるメディアすべてで自分の主張を発表した（ソーンリーが編集にかかわる購読者数の少ない『オーシャン・リビング』誌の読者は、自分たちが読み慣れている記事〔プランクトンを「網で集めて栄養価の高い食品材料にすることができることを読者に知らせる典型的な記事」[★105]〕が、ソーンリーを追及するギャリソンを批判する暗殺論者デイヴィッド・Ｌ・リフトンやシルヴィア・ミーガーの主張と、いまでは十把一絡げにされていることに驚きを隠せなかった）。ほどなくギャリソンは、海兵隊の友人に容貌の似たソーンリーが暗殺者オズワルドの「身代わり」となり、大統領殺害以前にオズワルドになりすまして彼のアリバイ工作をしたという話を広めるようになった。

ギャリソンの攻撃をかわす一方で、ソーンリーはオズワルドがダラスで単独で動いた可能性を再検証してみた。一九七三年、のちにキャンフィールドとウェーバーマン著『アメリカのクーデター』を生み出すことになる、イッピータブロイド紙『イップスター・タイムズ』に掲載されたある記事に彼は目を留めた。ソーンリーは不安になった。ことによると自分でも気づかぬうちに暗殺にかかわっていたのかもしれないと考えはじめたのだ。自分はオズワルドによる計画が頓挫したときの二番手として催眠術をかけられ、ゾンビになっていたのではないかと考えた。自分に起きたと信じていることの「記憶」をたぐって自分の考えを原稿にし、彼はそれを知人たちに配布した。その後、この文書に対する影の政府の反応と思われる、おかしな出来事が起きるようになった。

そのなかには、誰でも恐怖を覚えるようなものがあった。あるときには、スキーマスクをかぶった賊が彼が出席していたパーティーに現われ、ソーンリーの身分証と他の全員の金銭を奪った。そのとき彼のガールフレンドが陰謀に加担していることが露呈した。彼はグレッグ・ヒルにこう書いている。「ぼくは文字通り情報機関に取り囲まれている。ところが私を殺そうという試みが三度失敗してからは、周辺は落ち着いてきており、現在スパイの大半はぼくの味方になったようだ」[★106]。あるとき彼は、サンシャイン・フローラル社の同僚がじつはロバート・アントン・ウィルスンだと確信し、「ウィルスンは彼にも説明のつかない理由から［ティモシー・］リアリーとともに隠棲している」のではないかと考えた[★107]。新左翼の崩壊がじつは「外国の情報機関によって起こされたのではないか……指導者に心臓病を起こす物質を与え、一瞬にしてペースメーカーを止めることのできるマイクロ波装置を使って彼らを支配した」のではないかと疑うようになった[★108]。一九九〇年代までには、彼は自分は「ブリル協会の繁殖／環境操作実験の産物[★109]」と信じるようになった。

そんなとき、本物のウィルスンはソーンリーとの文通を中止した。のちに彼はゴーライトリーにこう話している。「相手が自分を悪魔のようなマインドコントロール力をもった者であると考えており、あなたはその相手がパラノイア気味だと確信しているのであれば、その人物と文通するのは難しい[★110]」。ソーンリーはウィルスンに手紙を書きつづけた。その手紙はウィットと自意識にあふれているときも、そうでないときもあった。最後の数年間、彼はアトランタでごく普通の仕事に就き、路上でジュエリーやエッセイを売って暮らした。それはエリスを神と崇めた男の、混沌とした人生の、混沌とした最期、暗く詩的な運命だったと私は思う。「あのな」とソーンリーはまだ頭がやられていなかったころにこうヒルに漏らしている。「こうなると知ってたら、ヴィーナスを選んでおくんだった[★111]」。

第10章　ランボーの亡霊

水曜になったら愛国の歌を歌い、
いま言ったことなど口にしなかったふりをしよう。[★01]
――『暗黒殺人指令』

一九八〇年代、アメリカは指導者に対する信頼感を取り戻した。いや、少なくともそれが時代の空気であり、それにはそれなりのわけがあった。一九七〇年代を代表する政治スキャンダルがリチャード・ニクソン辞任であったとすれば、一九八〇年代は全国ネットのテレビでアメリカの夜明けを宣言するロナルド・レーガンに象徴された。

しかしレーガンが大統領になれたのは、一九七〇年代に左翼の大きな原動力だった政府に対するシニシズムのおかげだった。だから、候補者が大統領になってもシニシズムが和らぐことはなかった。レーガンはウォーターゲート事件にかんしてニクソンを批判することを拒み、第三七代大統領を追い落とした捜査を「リンチ」や「魔女狩り」と呼んだ。[★02]だがリベラルな評論家のトーマス・フランクが後日ぼやいたように、ニクソン・スキャンダルは「政府に対する国民感情を悪化させ、六年後にロナルド・レーガンをホワイトハウスに送り込み、対政府シニシズムをアメリカ政治の常態にした[★03]」。レーガンはシニシズムに対処したが鎮めるにはいたらなかった。懐疑的な一九七〇年代の空気は消え去らず、新たなかたちに変化して表から見えない場所に潜っていった。

その一つが、袖をまくり上げてマシンガンをぶっ放すシルヴェスタ・スタローンだった。スタローンのランボー・シリーズが公開されると、この映画が一九六〇年代が終わって新たな愛国の時代がやって来た象徴であるかのように評論家の多くは酷評した。そこに描かれたものが、筋肉と血に姿を変えた『パララックス・ビュー』の派生物だと気づいた評論家はほとんどいなかった。

ランボー・シリーズについて人びとが忘れていることが三つある。まず、その原型となった小説である。ランボーが映画になる前、デイヴィッド・マレルという若き文学者が一九七二年に発表した『一人だけの軍隊』という小説があった。[★04]この小説はランボーという名（リンゴの品種のランボー・アップルとフランスの詩人アルチュール・ランボー双方にちなむ）のグリーンベレーが主人公で、彼はヴェトナム帰還兵でアメリカ中を旅していた。同時にこの小説は、長髪で髭ぼうぼうの若者に、ケンタッキーの自分の町に面倒を持ち込まれたくないウィル・ティーズル保安官の話でもある。二人の対立がやがて町全体を包み込み、無数の人がわけもなく死んでいく。小説は二人の視点から交互に描かれ、双方がついに融けあうまで行ったり来たりする。最後には二人とも死んでしまう。

それは不道徳な文学ではなく、知性に訴えるスリラーだった。ときには学校の読書本になるほど高く評価されたが、「一九八〇年代なかばまでには」とマレルは書く。「映画が生み出した化け物によって教師たちはこの本から遠ざかった」[★05]。マレルのランボーはスタローンのそれより多弁だ。また平気で人殺しをする男であり、敵でもない警官を撃ったり、戦いのスリルを楽しんだりする。彼はのちにメディアが頻発するおなじみの物語（故郷の町になじむことができず最後にぶち切れてしまう、深い心の傷を負ったヴェトナム帰還兵）のはじめての例なのである。現実の世界では、ヴェトナム戦争を生き延びたアメリカ兵の多くは結婚し、大学に通い、同世代の人より職場で厚遇されている[06]。しかしポピュラーカルチャーやメディアでは、ヴェトナム帰還兵はいつ爆発するかわからない時限爆弾のように扱われた。

これはマレルのせいではない。彼が描いたランボーは温和な人物で、彼がしていることにはきちんとそれなりの動機があり、映画の主人公とは異なる。マレルは自分の物語を地元では文化が崩壊し、東南アジアでは別の戦争が戦われているという事実の隠喩としたかったのである。「ランボーとティーズルのあいだの最後の対決は」と彼は書く。「ヴェトナム戦争とそれに対してアメリカ人が取った態度の小宇宙であって、どんどん酷さを増す暴力は悲劇で終わる。この戦いに勝者はいない[07]」。『一人だけの軍隊』が一九八二年に映画になったとき、物語も隠喩もどちらも変化した。ランボーはより思いやりに満ちた男になり、映画の全編をとおして一度しか人を殺さない。それも偶発的な自己防衛だった。こうしてティーズルが魅力を失っていく。ブライアン・デネヒーの粗野な演技は完璧に薄っぺらとは言えずとも、それでもやはり戦争の英雄を意味なく迫害する偏狭な保安官という印象は拭えない。彼の部下は留置場でランボーを乱暴に扱い、この映画は彼らの虐待を兵士が戦争捕虜として受けた拷問に直接例える。ランボーがいくらか常軌を逸しているのは明らかだ（映画が終わるまでには常軌を逸しているどころではなくなる）が、観客は彼に味方すべきであるのもまた明らかだ。「『私の』意図はヴェトナム戦争をアメリカにもって来ることだった」とマレルは苦言を呈した。「ところが、『映画』の意図は観客に負け犬の応援をさせることにある[08]」。

しかし、映画にはそれ以上のものがあった。それが人びとがランボー・シリーズの映画について忘れている二番目のことだ。最初の作品は明らかに反戦的であり、おどろくほど急進的だ。監督のテッド・コッチェフには、すでにプロフットボールにかんする偏った『ノースダラス40』、中流の物質主義と財界を物笑いにする『おかしな泥棒ディック&ジェーン』という作品があった。『ランボー』はその反体制的世界観を受け継いでいた。

映画は、戦友の一人が枯れ葉剤のせいで死んだとランボーが知る場面で幕を開ける。小さな町にふらりと立ち寄ると、保安官が待ち構えていたかのように彼を目の敵にする。「ジャケットにその旗をつけて、そのなりでこの町に入ってくるなら、問題が起きても知らんぞ」とティーズルが言う。旗に触れたのは帰還兵には我慢ならないという気持ちの表われらしいが、次に口をついて出た言葉はランボーの身なりがヒッピーみたいで気に食わないと言っているようだ。ランボーがインドシナで活躍したグリーンベレーだったと知ると、保安官の部下の一人がこう叫ぶ。「何だって！　あの変態野郎たちか？」★09

ランボーがカウンターカルチャーに属するという部分はマレルの小説のままであり、これはあるニュースの影響かもしれない。「アメリカ南西部では」とマレルが回想する。「ヒッチハイクするヒッピーは地元警察に連行され、裸にされ、ホースで水をかけられ、毛を剃られた——髭のみならず頭髪までも。そこで着ていたものを返され、砂漠のど真ん中で下ろされる。そこから五〇キロメートルほどある次の町まで歩かねばならない……国のために命をかけて戦ったあげくにこれらのヒッピーと同じ目にあったとしたら、ランボーならどうしただろうかと私は考えた★10」。

この映画でもっとも衝撃的な政治的シーンはもっとあとの方で出てくる。映画の最後にランボーがつぶやく言葉はよく引用されたので、誰もが覚えているだろう。彼はこう言う。「やっと空港にたどり着くと、下衆野郎どもがおれに言いがかりをつけ、つばを吐き、『赤ん坊殺し』と罵る」。だがそれほど引用されないのが、ティーズルが、特殊部隊でランボーの上官だったサム・トラウトマン大佐と交わした会話だ。トラウトマンはかつて部下だったランボーはとてつもなく強いから、いったん彼を逃がして事を丸く収め、数日待ってから全国指名手配して捕まえればいいと教えた。ティーズルは承知しなかった。

トラウトマン：勝てっこない戦争を始めるのか？
ティーズル：あんたの部下一人で二〇〇人に勝てるとでも？
トラウトマン：そんなに大勢送り込むつもりなら、一つ忘れないでくれ。
ティーズル：なんだ？
トラウトマン：死体袋がいっぱいいるよ。

少人数だが強い団結力をもつゲリラ軍が、戦いの理由をわかっていない大規模な軍隊を翻弄する。これがヴェトナム戦争の例えであるのは明白だ。それはいくらか不快でもある。ランボーがヴェトコンの立場に置かれるからだ。マレルは間違っていた。映画はやはりヴェトナム戦争をアメリカ国内に持ち込むのである。しかし、そのやり方も意味も小説とは大きく異なっている。映画はゲリラの英雄に喝采せよと観客に言っているのだ。

それは、一見して右派に思える一九八〇年代のカルト映画に驚くほどよく見られる手法だった。ジョン・ミリアスの『若き勇者たち』では、コロラド高校の少数の生徒たちがソ連による占領を食い止めようと戦い、自分たちを「ウルヴァリン」と呼ぶ。この映画はリベラルな評論家の怒りを買ったものの、左派には好評だった。社会主義作家のアンドリュー・コプキンドは『ザ・ネーション』誌に寄せたウィットに富み洞察力に勝れた記事で、この映画は「帝国による迫害に対する人民の抵抗を描く秀逸な『アルジェの戦い』以来もっとも真実味がある」と述べたが、「自分が想像しうるいかなる革命的な状況においても、私ならハーヴァード・スクエアの少数の友人より、コロラド州のウルヴァリンを選ぶだろう」と付け加えた。★11 占領軍で唯一アメリカに味方する人物はキューバ人の大佐で、彼にはゲリラ戦の経験があった。あるとき彼はソ連軍将校に嫌悪に満ちた声でこう言う。私はかつて反政府ゲリラだったが、いまは「あなたと同じ警察官だ」★12。キューバ人の大佐はコロラドの反抗分子にどんどん肩入れしていき、大事な局面で二人のウルヴァリンを逃がしてやる。

映画『ランボー』は他のジャンル（レッドネックもの、復讐劇もの、戦争映画、ウェスタン）を組み入れてもいる。ある場面では、保安官の部下たちが逃亡兵士を探して森の中へ入るが、兵士を追っていたはずが、逆に兵士に追われていると気づく。このシーンはスラッシャー映画のようで、ランボーがジェイソンであり、フレディであり、マイケル・マイヤーズなのだ。両者の違いは（その差はかなり大きいが）『13日の金曜日』や『ハロウィン』の悪役の場合とは違って、観客がランボーに同情している点だ。その意味において彼は、ユニバーサル映画の『フランケンシュタイン』の怪物に似ている。実際、『フランケンシュタイン』が脚本のヒントの一つだったという。一九九九年の著書『スティッフト（*Stiffed*）』を書くために、ランボー・シリーズにかかわった数人にインタビューしたスーザン・ファルディによると、スタローンは「ドラマを『怪物フランケンシュタインとその創造者の物語』と見なし、この創造者が『自分の創造物を理解し』、そのことに『罪悪感をもっている』と考えたという」★13（彼はランボー・シリーズの四本すべての脚本を書き、少なくとも一本、ことによると二本を監督した。『ランボー／怒りの脱出』の監督とされているジョージ・P・コスマトスは名前を貸しただけとも言われている)。[14]

『ランボー』は、同情を買うランボーと、彼の創造者であるトラウトマン大佐の対決で終わる。最初の筋書きでは、スタローン演じるランボーが自殺して映画は終わることになっていたが、試写版を観た観客は英雄の死を嫌悪した。そこで制作側は終わり方を変えた。帰還兵のランボーは刑務所に入れられ、一連の続編制作が可能になった。

『フランケンシュタインの花嫁』の冒頭で、燃え盛る風車小屋の下にある洞窟から出てくる怪物のように、『ランボー／怒りの脱出』では、主人公はトラウトマンが「地獄の穴」と呼ぶ刑務所から解放される。特赦をちらつかせながら、トラウトマンが共産主義ヴェトナムで行方不明兵士を捜索する極秘ミッションをもちかける。[15]ランボーはたった一つの質問をしただけでこの誘いに乗る。「今度はわれわれが勝つのですか？」

こうして誰もが記憶している映画、いや、誰もが記憶していると思っている映画が始まる。残酷な仕打ちを受けた帰還兵にかんするスタローンの言葉が、シリーズの最初の映画に込められた、より急進的で言外の意味を見えないようにする役目を果たしたのだとしても、シリーズのその後の映画に見られる誇大広告と病的興奮は『ランボー／怒りの脱出』のために同じような役目を果たしてはいない。そう、それはヴェトナム戦争をもう一度戦うスーパーソルジャーの超暴力的な物語になっている。そして、国内のリベラル派が邪魔さえしなければ、ヴェトナム戦争の勝利は一度目でつかめたことを意味してもいる。ロナルド・レーガンにしてもそうだった。ある人質事件を解決したとき、彼はこんな冗談を言った。「昨晩『ランボー』を観たから、次に同じことが起きたらどうすればいいかわかった」[16]。

こうして「ランボー」という言葉が「ランボー外交政策」のように日常会話に出てくるようになった。帰還兵のなかには懸念をもつ者もいた。ある帰還兵（映画『フルメタル・ジャケット』の原作となった小説を書いたグスタフ・ハスフォード）は、この風潮をアメリカ・ナチ党の『意志の勝利』と言った。★17

こうした背景のために、この映画が一九七〇年代のあらゆる陰謀映画と同じく政府に対してシニカルであることは忘れられがちだ。事実、戦争捕虜／行方不明兵士（POW／MIA）救出の映画ジャンルでは『ランボー』は有名であるとはいえ、このジャンルはポスト・ウォーターゲート映画から直接進化した。

この変化の契機となったのがテッド・ポストの『暗黒殺人指令』（一九七八年）であり、この陰謀映画にはPOW／MIA映画の萌芽が垣間見える。物語は主人公が戦争捕虜を救出しようとする場面で始まるが、その努力は無駄に終わることになる。映画は哀れな男の『パララックス・ビュー』となり、チャック・ノリスとアン・アーチャーが使命を妨害した人間を突き止めようとする。それはヴェトナム戦争賛成派の喉に刺さった骨なのだ。映画のはじめのほうで、ノリス演じる教師がヴェトナム戦争を「そもそもこれは始めてはならなかった戦争であり、われわれはその国に足を踏み入れてはならなかったのだ」と言い、「戦争を始めた理由は理性では説明がつかない」と付け加えた（ちょうどそのときにクラスの終わりを知らせるベルが鳴る。ノリスがこんな冗談を飛ばす。「水曜になったら愛国の歌を歌い、いま言ったことなど口にしなかったふりをしよう」）。しかしここには、古くからある別の物語と、一九七〇年代の上層の敵の物語双方の要素がある。ヴェトナム和平協定の一環として、北ヴェトナムの交渉人がアメリカ兵の殺害という「生け贄」を要求したことが判明するのだ。これはインディアン戦争で植民地兵が「ニューイングランドのエドムンド・アンドロス総督は仲間を異教徒への生け贄にした」とささやいた話を思い起こさせる。この映画にはインディアン戦争の亡霊がまとわりついており、ときにはその意味するところは明白だ。アメリカ本土で、われらが英雄は二人のヴェトナム人暗殺者に尾行されていた。暗殺者の一人は男で、もう一人は女だ。女が元CIA捜査官を撃ったのは、スコーバレー［訳注「スコー」は北米先住民の女性を意味する］にあるスキーリゾートだった。[★18]

換言すれば、この映画は上層の敵と外からの敵を重ねあわせたのである。[★18]ノリス演じる主人公がようやく陰謀の首謀者と対峙したとき、その首謀者は国務長官に就任する直前であり、主人公はヴェトナム人暗殺者の一人を名指ししてこう言う。「最初私は、彼がそれが誰であれやつらに雇われているのだと思った。だが、もちろんやつらとはお前たちであって、お前たちはみな同じ穴の狢なのだ」。

それは、ノリスが国務長官となるべき人物を殺すところで終わるという物悲しい映画だ。CIAの友人がその殺人に加担し、後始末してくれる。物語が終わったとき、それが革命の暴力あるいは別の違法な極秘作戦のどちらを正当化しようとするものだったのか観ている人にはわからなくなる。しかし、この国の体制側に対して映画が言わんとすることは明らかだ。ノリスと陰謀の首謀者がはじめて長い会話を交わしたとき、警察官が外敵にかかわる多数の物語によく見られる荒野の隠喩をもち出し、それを新たな場所に移し替える。「ブッカーさん、あなたはジャングルの戦士でした」と彼はノリスに語る。「でも、ここが私のジャングルなのです[★19]」。

『暗黒殺人指令』と同じように、『ランボー／怒りの脱出』では、ランボーは戦争捕虜は一人も見つけられない手筈になっていた。しかし当局の計画に背き、自身で計画を立てることで捕虜を助ける（マレルによる映画のノベライゼーションでは政府に対する疑惑はさらに大きくなっており、あるシーンではロナルド・レーガンが大統領になったと言っても捕虜は誰一人信じず、ランボーは陰気にクスリと笑う。彼は「ヴェトナムがニカラグアに国名を変更しようとしているとは捕虜たちにどうしても伝えられなかった」）[★20]。スタローンはノリスと同じことはしないで、アメリカの役人を暗殺する。しかしランボーは映画のクライマックスでコンピュータ化された指令センターに戻り、自分には縁のない機器にたっぷり弾丸を撃ち込む。それは一九六〇年代によく叫ばれたスローガンの暴力的で胸がすくような再現だ。おれは兵士だ。おれを折るな。曲げるな。延ばすな。切るな。

シリーズの最初の映画と同じく、『ランボー／怒りの脱出』はウェスタンの要素を頻繁に用いる[★21]。ところが最初の映画が腐敗した未開の町に足を踏み入れる外部の人間にかんする実存的な物語であるのに対して、『怒りの脱出』は荒野の懐深く入りこんで野蛮なインディアンに捕まった人たちを救うカウボーイの物語である。人種問題を複雑にするのは、ランボーが未開人と文明人の狭間にいる点だ。彼には北米先住民の血が流れており（なんとグスタフ・ハスフォードの名も出す！　ドイツ人の血も流れているとされる）、そしてヴェトナム女性とつかの間の恋に落ちる。それでも、中心のプロットはインディアンに囚われる物語であり、この筋書きは一七世紀ニューイングランドではじめて流行し、以降アメリカ史に数え切れぬほど登場する。

映画にはより近代的な原型があった可能性がある。一九七〇年代後半、ボー・グリッツという元米軍大佐がインドシナからアメリカ人戦争捕虜を何度か救出しようと試みたが、いずれも失敗に終わっている。グリッツの行為が『ランボー／怒りの脱出』制作のヒントとなったとよく言われる。その真偽は別にして、ランボー・シリーズはまぎれもなくグリッツに影響を与えており、映画がヒットするとグリッツは自身を「現実世界のランボー」と称するようになった。

このことを念頭に置いて、二人の男（ハリウッドのランボーと現実世界のランボー）が映画から立ち去る姿を想像することができる。ハリウッドのランボーは一九八〇年代に有名だったという残光を身にまとっている。彼は単純で愛国的な殺人者、または私たちが信頼できる戦争英雄のどちらかであり、それがどちらであるかはレーガン政権時代を好むか否かで変わってくる。現実世界のランボーはこれとは似ても似つかぬ人物であり、ウォーターゲート事件が起きた一九七〇年代と、民兵隊の一九九〇年代をつなぐ橋渡し役である。

ハリウッド版のランボーはさらに『ランボー3／怒りのアフガン』にも登場し、この映画ではアフガニスタンのムジャヒディンとともに戦う。それはやはりヴェトナムを国に持ち込む映画だが、今度のスタローンはそれをソ連に持ち込む。この映画では、トラウトマン（ティーズル保安官に死体袋につって注意したのと同じ男）はロシア人にこう警告する。「この戦争はお前のヴェトナムだぞ。お前には勝てっこない！」[★22] ハリウッド版のランボーはTVアニメ『ランボー／ザ・フォーシーズ・オブ・フリーダム』にもなった。彼はこのアニメでは和平軍に属し、S・A・V・A・G・Eと呼ばれる地球規模の陰謀に戦いを挑む。これは「ランボー外交政策」のランボー、人びとが記憶しているランボーである。その記憶は、レーガンによるリビア爆撃と、ニカラグアのコントラに手を貸すオリヴァー・ノースの違法行為とに対する賛成派と反対派双方によって呼び覚まされる。

では現実世界のランボーはどうだろう？　一九八〇年代後半、グリッツは例の怪しげなポスト・ウォーターゲートムードに乗じ、情報機関がドラッグ取引にかかわっていると非難し、極左と極右にはたらきかけつづけた。一九九二年、彼は大統領に立候補し、のちに極右の過激派運動にかかわるようになる人びとから支持を集めた。中心となる支持者は怒りを胸に抱えた愛国者で、その多くは帰還兵だった。彼らはこの国を愛しているが、政府を恐れていると言った。一九九〇年代には、彼らの集会での争点はウェイコのブランチ・ダヴィディアンと連邦警察の対決になり、この対決には二つのきわめて異なる解釈があった。当局とメディアの大半にとって、それはもう一つの捕囚の物語であり、ATFとFBIが性的に腐敗した死のカルトから子どもたちを救おうとして失敗したというものだった。もう一つの物語では、警察が悪役であって、対決はミ・ライの虐殺事件あるいはウーンデッド・ニーの虐殺にも似た大量虐殺につながった。一九世紀のモルモン教徒のように、ポピュリストの右派は自分たちを北米先住民の立場に置き換えてアメリカ史を書き換えた。[★23]

片方のランボー支持を止めて他方のランボーに乗り換えた人びと（本物の人間であって原型の方ではない）もいた。トム・ポージーは、一九八〇年代にニカラグアのコントラに訓練と武器を提供した準軍事組織シビリアン・マテリアル・アシスタンスの代表だった。CIAとアメリカ国家安全保障会議（NSC）はいずれもポージーの活動を承知しており奨励すらしていた。しかし冷戦の終結とともに、ポージーの怒りはマナグアにある政府からワシントンにある政府に移り、国内で革命を起こす準備に入った。彼は一九九〇年代のはじめにすでにこの考えにいたっていたが、ウェイコで大勢の人が死んだことで彼の怒りはいやが上にも高まった。[★24]

一方で、一九九七年に制作されたドキュメンタリー映画『ウェイコ——戦いの規則（*Waco: The Rules of Engagement*）』には、連邦警察が最終的に突入する前にブランチ・ダヴィディアンの建物の外に集結した迷彩服の警官隊が映し出される場面がある。あるKKKの男が膠着状態となった場所に現われ、カルト指導者の説得を申し出る。「やつに最後通牒を与えろ、期限を切ればいいんだ」と彼は提案した。ある警官が自分は「殺す準備ができている」と言った。その友人が彼をランボーに例えた。[★25]

二人のランボーのどちらが優勢だったか？　冷戦終結とともに、スタローンの映画は文化とのつながりを失い一九八〇年代の駄作になった。一方で政府に対する疑惑が高まり、かつてはイデオロギー的に越せなかった線を越えてしまった。9・11の傷が生々しいころには、中核となるポピュリストはふたたび目を外に向けた。ハリウッドのランボーには好都合な時代だった。しかしイラク侵攻が失敗に終わると、彼らの多くが反政府の立場を取った。現実世界のランボーがまたしても支配的になった。そしてオバマ政権では……

いや、ちょっと先走りしてしまった。まだオバマ政権の話には早い。だがせっかく二一世紀に触れたのだから、二〇〇八年に公開されたランボー・シリーズの四作目について少し述べておこう。評論家はおおむねこの映画には否定的だった。「キプリングが誇れるほどの愛国的な帝国主義は見られなかった」[26]とか、「『シンドラーのリスト』のB級コピー」[27]などと味噌糞に言われた（ナチ関連の映画に例えるなら『意志の勝利』よりは『シンドラーのリスト』だろう）。だがデイヴィッド・マレルは四作目を高く評価し、こう述べた。「私の小説『一人だけの軍隊』の論調がはじめて映画に投影された」[28]。

私はそうは考えない部類に入る。この映画は、その寡黙な主人公と同じく、主張と言えるほどのもののない平凡なアクション映画だ。それでも、素っ気ない台詞とCGの流血シーンの裏になんらかの意図が見え隠れするのもたしかだ。

フランケンシュタイン・シリーズの四作目は『フランケンシュタインの幽霊』だった。ランボー・シリーズの四作目も幽霊めいていた。二〇年を経て、シリーズも主人公も不死身じみてきた。初期の脚本ではスタローンの分身がアメリカの極右過激派と戦う、一種のランボー対ランボーの構図になっていた。しかし、最終的にでき上がった映画はやはり東南アジアが舞台だった。スタローン演じる人物に戻れば、彼はタイでヘビの捕獲を生業とするうすぼんやりした男だ。彼にとってヴェトナムは遠い過去の話であり、彼はこの国がより最近経験した悲劇にも心を煩わせてはいない。イラクという言葉は映画のどこを見ても出てこないし、アルカイダも9・11もビンラディンも登場しない。主演、脚本、監督すべてを務めたスタローンは、ニュースサイトのエイント・イット・クール・ニューズにこう語っている。「ランボーがアルカイダ相手に戦うというアイデアは、この世界のガンと命懸けで戦っているアメリカ軍に対する侮辱だ。九〇分の映画の最後に、ランボーがオサマ・ビンラディンの首根っこを捕まえて大統領執務室に引きずり出し、大統領の膝元に放り投げて『これで世界は安全です、大統領』と言うのはおこがましい気がします[★29]」。スタローンが誠実であるのは認めるが、スーパーマンやキャプテン・アメリカなどのヒーローたちがコミック本でともに戦っていても[★30]、第二次世界大戦の退役軍人は気にする様子はない。

映画では、ビルマでキリスト教徒の村人に伝道する宣教師を捕らえた残忍な兵士たちに、人道的理由から男がたった一人で戦いを挑む。ランボーが彼らを救うために村に向かい、レイプされかけたうら若い女性（女主人公らしき存在）をすんでのところで救い出す。

悪魔に囚われた一人の人間、多くの場合は女性がなす術もなく立ち尽くし、神のご加護で救われるのを待つ……インディアンの呪わしい魔手に捕らえられた人は、インディアンとの結婚か「共食い」聖餐を受け入れるか否かを選ばねばならない。インディアンの愛あるいはそのパンとワインを受け入れることは、魂をイギリス人でないものに売り渡すことになる[★31]。

この物語の底流に潜む人種と性にかかわる不安を知的に探ろうとする映画は存在する。もっとも有名なのが、ジョン・フォードによる一九五六年の『捜索者』である。この映画で囚われの身になった女性はインディアン社会を去りたいとは思っていない。ジョン・ウェイン演ずる複雑なアンチヒーローは彼女を救うべく現われるが、彼女がインディアンになるのを見過ごすよりは殺すほうがましと考えている。[★32] 一方、二〇〇八年の『ランボー』は昔ながらの不安をまだ引きずっている。囚われた女性は滑稽なほど純真そのもので、白人で、ブロンドであり、アジア系の女性はただ一人（明らかにアメリカで生まれ育ったと思われる、完璧に西洋人じみた傭兵）を除けばすべて犠牲者か野蛮人として描かれる。元々のインディアンによる捕囚の物語がもっとも人気を博したころ、スロトキンがこう述べている。「ニューイングランドの読者が受け入れるインディアンとのかかわりの経験は、囚われの身になること（そして伝道師になること）しかないようだ[★33]」。『ランボー』はこの両方の要素をふくんではいるが、ほかにはなにもない。この映画はアメリカがヴェトナムや中東で負った傷跡について語る言葉をなにももたないのだ。というより、最後のシーンまでは、と言ったほうがいいのかもしれない。最後でスタローンは思いもかけぬ行動に出る。

『捜索者』はジョン・ウェイン演じる主人公が故郷と家族に背を向け、文明社会になじめずに西部に歩み去るところで終わる。スタローンの映画はこの正反対を行く。ランボーは文明社会に戻り、自分が生まれ育った家を目指してアリゾナの道路を歩くのだ。老兵が生家のドライブウェイに足を踏み入れるところでようやく、映画は占領と帝国の時代に人びとの心を揺さぶるなにごとかを語る。

あの暴力に満ちた未知の荒野から戻ってこいとそれは告げる。戻っておいで、と。

第11章　悪魔のカフェテリア

冷戦は核戦争による人類全滅で終わるはずだった。ただ煙のごとく霧散するはずではなかった。そして先延ばしになった終末は桁外れの力を秘めている。文化的には、私たちは人類はいずれ全滅すると何十年も信じてきた。終末が先延ばしになったからといって、誰もが悲観論を捨て去ったわけではない。悲観論は内向きになったのだ。

――フィリップ・サンディファー★01

一九九四年六月、アンソニー・J・ヒルダーは新世界秩序の集会でカセットテープを売っていた。ロバート・ケネディが撃たれた夜に右翼の小冊子を配布していたヒルダーは、そのころ二つのトークショー『ラジオ・フリー・アメリカ』と『ラジオ・フリー・ワールド』の司会をしていた。これらのトークショーは、彼が一九六〇年代に制作した反イルミナティのレコードと同趣旨のものだった。スタジオでは、彼の頭の上にある二個のオーバーヘッド・プロジェクターが、煙が充満した部屋の壁にフリーメイソンの陰謀を暴く本の表紙を映し出していた。

それは外国人を忌み嫌う右翼の集会のように聞こえるかもしれない。実際には、それはロサンゼルスのダウンタウンで行なわれている、多人種ラップ／ロック・コンサートで、出演者にはフィッシュボーン、アイス・キューブ、アイス－T、ボディ・カウントなどがいた。このイベントは迷彩服の白人ではなく、アフリカ・イスラムという黒人ＤＪが企画し、辺りを漂う煙は煙草ではなくマリファナだった。

一九九〇年代には、世界各地の文化やサブカルチャーが前例を見ないほど融けあったため、それぞれの文化が抱える恐怖心もまた伝染した。民兵、ヒッピー、黒人の国家主義者、UFO研究家それぞれのグループの伝説が他のグループの人びとに自由に伝わった。右翼は役人の犯罪や隠蔽工作の話に空飛ぶ円盤の話題を盛り込んだ。ドラッグ戦争の悪用に反対する活動家は怒りをウェイコに向けた。疎外された黒人は陰謀論や主権者の奇妙な法的原則を発見したが、このサブカルチャーは白人至上主義の世界とも重なりあっていた[★02]。

一九九〇年代には七〇年代にも増して上層の敵による陰謀論がブームとなった。しかしパラノイアは七〇年代には下院委員会や国内有数の新聞による調査など正面玄関から大衆の目に届いたが、二〇年後には横の窓から入ってきた。それはブロードキャスティング（広域放送）ではなくナローキャスティング（限定地域の放送）になったのである。最大のエンジンはインターネットであり、これによって主流から外れた理論も多くの人の目にさらされるし、他の理論と融合する新たな機会も与えられるようになった。ニクソン時代から成熟してきた陰謀のサブカルチャーはいまやその最盛期を迎えていた。マイケル・ケリーがフュージョン・パラノイア（融合パラノイア）という造語をつくったのは一九九〇年代だったし、マイケル・バーカンが新世界につながる現在の世界の崩壊を意味するインプロビゼーショナル・ミレニアムという現象を指摘したのも一九九〇年代だった。バーカンによれば、かつて陰謀論や終末論はそれぞれの文化に特異なものだったが、新たな折衷派の人びとは「東西の宗教、ニューエイジのアイデアや秘伝、急進的な政治要素をごた混ぜにし、得られた成果物に矛盾があっても気にしない[★03]」。

すでに数十年にわたって宗教指導者たちは、「カフェテリア精神」なるものについて不平を述べてきた。カフェテリア精神とは、自分に合わない教義は捨て去り、他の宗教要素を取り入れ、自分自身の信仰をカスタマイズする傾向である。一九九〇年代の到来とともに、カフェテリア悪魔教の時代が到来した。

そのころ、一方のランボーから他方のランボーへの転換が起きた。冷戦終結によって、強力な外敵がこの国の心的風景から姿を消し、アメリカ人の多くが恐怖心を上層の敵に向けるようになった。ルビー・リッジやウェイコでの対立によってこの構図が明確になり、過去には海外の共産主義者や彼らが送りこんだとされる国内の工作員に向けられていた疑念が、ふたたび連邦警察に向けられるようになった。外敵が消えたわけではなかったとはいえ、それはより捉えがたく、亡霊のようで、姿形を変え、特定の外国に対する恐怖というよりグローバリゼーションに対する全般的な危惧になった。

民兵にかんしてよく聞かれる陰謀論は、ウェイコは独立したアメリカ人に対する将来の攻撃を見据えた実験だった、国境近くの国内に強制収容所の建設が進められている、新たな独裁体制を築くために外国人部隊が投入されている、連邦軍による地元政府の破壊がグローバル軍による連邦政府の破壊と連動している、などというものであった。ジョージ・H・W・ブッシュ大統領が冷戦後の世界を「新世界秩序」という言葉で言い表わしたとき、この言葉は多くの陰謀論者によって一つの世界政府を樹立する陰謀との関連で長きにわたって考えられてきたため、疑惑をもったポピュリストは大統領の言葉を個人の自由とアメリカの独立が大きな危機にさらされている証拠と考えた。仮に陰謀論がそれを信じる人の不安や経験を反映するのなら、これらの理論は自由と主権を失うことを恐れるアメリカ人にとって当然の反応だった。

こうして高まっていく上層の敵に対する恐怖心は、内なる敵と下層の敵に対する増していくばかりの懸念と呼応し、中道を行く体制派は民兵その他の過激派にかかわる独自の陰謀論を唱えた。これらの懸念が膨れ上がったのは、砂漠の嵐作戦に参加した元軍人ティモシー・マクヴェイが、一九九五年にウェイコで起きた惨事に怒りを覚え、オクラホマ市のアルフレッド・P・マラー連邦ビルを爆破し、その結果として保育園にいた一九人の幼児をふくむ一六八人が死亡したときだった。

一般に民兵運動は、マクヴェイのように攻撃を企む、パラノイアに満ちた人種主義者の集団であると考えられている。歴史家のロバート・チャーチルはこれを「一九九五年の物語」と呼ぶ。この物語では、「民兵と愛国運動が人種主義に染まった完璧な『他者』を装い、彼らの脅威は『迫りくる嵐』のモリス・ディーズの終末論にもっともよく表わされていた[★04]」。

この終末論は、とりわけ名誉毀損防止同盟（ＡＤＬ）やディーズの南部貧困法律センター（ＳＰＬＣ）などの極右団体に注視するさまざまな集団によって唱えられた。彼らが流す風説がメディアにあふれた。「ニュース、流行りの小説、ＴＶ番組『ロー＆オーダー』の各話、『隣人は静かに笑う』などの映画によって」とチャーチルは述べた。「大衆は民兵の原型とも言えるものに慣れ親しむようになり、その原型はたいてい多人種に対する憎悪に満ち、奇怪な陰謀論に取り憑かれ、激しい仕返しをしようと手ぐすね引いて待っている[★05]」。メディアが民兵をどう報じているかにかかわる「悪魔をさがして（*Searching for a Demon*）」と題する二〇〇二年の研究論文で、社会学者のスティーヴン・チャーマックが民兵のイメージをこう評している。彼らは「不合理なテロリスト、すなわち増大しつつある危険なはみ出し者の脅威であって、根絶すべきものである[★06]」。

こうしたイメージを広めた人びとは、民兵運動を一九九二年のある週末にコロラド州で催された極右団体の集会にたどることが多い。この集会を主催したのは、クリスチャン・アイデンティティ運動にかかわり、反ユダヤを掲げる説教者ピーター・J・ピーターズだった。集会には約一六〇人が参加したとされており、そのなかにその後の民兵運動に重要な役割を果たしたジョン・トロッチマンがいた（トロッチマン本人はその集会に出席したことを否定している）。これらの人びとの考えによれば、民兵は一九八〇年代のアーリアン・ネイションズやオーダーなど、人種主義を奉じる狂暴な地下組織の当然の帰着点であり、それは銀行を襲い、偽札をつくり、ユダヤ人のトークショー司会者を殺したテロリスト・ギャングなのであった。シアトルを拠点とするジャーナリストのデイヴィッド・ナイワートのような人びとにとって民兵は、「［人種主義的右翼がもつ］世界観を成す基本的信条の一部を主流派のものとすべく動いている」★07。民兵がこれらの先行集団と同じ懸念をかき立てないにしても、それは単に表向きの話であるというのだ。

チャーチルは、民兵の起源についてより説得力のある説明をしている。彼は民兵がより古く広範なポピュリスト右派（ボー・グリッツの大統領選挙運動に参加したような人びと）と信条の上で重なることは認めるけれども、民兵をこれらの先行集団とは区別する。民兵運動は一九九二年ではなく、一九九四年はじめにそのかたちを取りはじめたというのである。このころ活動家たちは、ブランチ・ダヴィディアンで連邦警察が強行突入したために大量の死者が出たことに反応していた。この現象の起源をオーダーなどのグループに求める代わりに、チャーチルは国民生活に介入する政府に武装抵抗するアメリカの古くからの伝統を一連の事例研究によって探ろうとした。

一九九〇年代の民兵は、おもに準軍事的警察の戦略に反応していたというのが彼の考えだ。彼らが問題にする有名な裁判事件（ウェイコやルビー・リッジでの睨み合い）は、警察官が自分を保安官ではなく兵士と見なしたときに起きる最悪の事態のわかりやすい事例に過ぎないのだ。チャーチルの主張によれば、民兵が形成され成長したのは、彼らが「法執行機関の連邦化と軍隊化によって準軍事組織に暴力的な文化がもたらされたという結論に達した」からであった。[★08] 彼は自身の解釈の証拠に民兵の発言を多数引用しており、そのなかにはロサンゼルスでロドニー・キングが暴行を受けた件、一九九七年にハイチ人のアブナー・ルイマがニューヨーク警察にほうきの柄でレイプされた件の告発などがある。さらにチャーチルは、失敗に終わった準軍事的警察の手入れにかかわる民兵の出版物も引用した。オハイオ州の民兵組織イ・ポルイーブス・ユニムは、警察の手入れが一五回失敗し、そのうちの三回で市民に死者が出たと報告している。見出しは「いったいどちらがテロリストか？」[★09] だった。

一方で、マクヴェイと共犯のテリー・ニコルズはどちらも民兵でないと判明した。オクラホマ市の爆破事件後、ミシガン・ミリシアの広報官は、彼らのグループが爆破犯ともったいちばん密接な接触は、テリーの兄ジェイムズ・ニコルズがある集会のオープンフォーラムで話をしたことくらいだということ。その広報官によると、ニコルズ兄弟はある小冊子を配布しようとし、参加者に運転免許証を切り刻むよう要求したため、最後には会場から出ていくように求められた（マクヴェイがミシガン・ミリシアの集会に一度でも参加したか否かについては両論があり、参加していたと信じる人もマクヴェイはゲストとしてそこにいたのであってメンバーではなかったと語っている。また一部のメディア・アウトレットは、マクヴェイがミシガン・ミリシアの指導者マーク・コーンキーのボディガードだったことがあると報じているが、それは別人だったことが確認されており、それはマッケイという人物だった[★10]）。

オクラホマ爆破事件と9・11のあいだに、民兵に近いテロリスト予備軍たちが攻撃を計画しているとして検挙された（民兵をもっとも広く解釈した場合、彼らによる計画が一〇件あまりあるとわかった）[★11]。こうした出来事によって一九九五年の物語が強化されたが、計画の詳細を見てみると事態はもっと複雑であることがわかる。計画のうちいくつかは政府が送り込んだ潜入者によって立案されていたのである。攻撃計画にかかわった「民兵」の多くは、より大きな民兵グループからのけ者にされた、激昂しやすい人間が主宰している小規模な集団だった。少なくとも三件（ミシガン州にある一連の政府機関や反民兵グループに対する攻撃計画、オクラホマ市内にあるゲイバー、中絶医院、反民兵グループに爆弾攻撃をしかける計画、テキサス州フォードフードを攻撃して中国侵略を防ぐという奇想天外な計画）では、民兵たち自身が計画に憤激して警察に通報したために首謀者が逮捕された。

民兵と極右の関係も完全に明確ではない。一九八〇年代の準軍事的映画で見られた右翼と左翼の交流は、その後マイケル・ケリーが定義したフュージョン・パラノイアが民兵により広く受け入れられるようになってどんどん進んだ。「われわれは右や左だの、保守やリベラルだの、そういうくだらないレッテルは好まない」とミリシア・オブ・モンタナ（MOM）の活動家ボブ・フレッチャーはケリーに語った。「善人と悪人、正義を任ずる政府（われわれ全員がそうであると信じ込まされてきた、正直で、公正で、適切なアメリカ政府）に戻ろうじゃないか[★12]」。

これ以前にも、フュージョニスト・スタイルは多くの人が独自のものを加えることによって発展してきた。『クリティック』という新しい雑誌が一九八〇年に創刊され、陰謀や社会統制にかかわる記事、神秘主義や超常現象にかかわるエッセイを一緒に掲載するようになったとき、陰謀文化がどれほど折衷できるかが見えてきた。

『クリティック』誌を生み出したのはボブ・バナーという若い男性で、彼がはじめて陰謀の世界に触れたのは一九七〇年代なかばのサンタ・ローザ短期大学在学中のことだった。彼はまだ二〇代前半で、人生の目的は明瞭なかたちを取ってはいなかった。「私はビールをがぶ飲みし、できる限りたくさんの女性と寝て、精神的かつ心理的な危機に陥っていた[★13]」。そのころ彼は、ノーマン・リヴァーグッドという講師による比較宗教学の講義を受けた。リヴァーグッドが自身の小規模なセンター（それは秘密結社あるいは秘教学校のようなものだった）を運営していると知ると、彼は自分も参加していいだろうかと尋ねた。センターでは、髪を切り、髭を剃り、スーツを買い、どこかの会社の正社員になるようにと言われた。彼がすべての要求を満たすと、リヴァーグッドは彼をグループに入れてくれた。グループには一〇人あまりのメンバーがいて、一軒の家に全員で住んで秘密のアイデアについて研究した。

バナーによれば、リヴァーグッドの秘教に対する興味はG・I・グルジエフの神秘主義からリンドン・ラルーチの政治論にまでおよび、彼の書棚はホロコーストは実際には起きていないと主張する歴史修正研究所の出版物で埋まっていた。バナーはさらに、リヴァーグッドはUFOやウィルヘルム・ライヒのセックスにかんする考えに惹かれていたと付け加えた。あるとき、「性的な魅力を利用して人をグループに勧誘する」話が出たという。ここでバナーが間を置いた。「私がいたこの集団はカルトのように聞こえますよね。そうですね、それはある程度正しいと思います。私たちはいったい自分がどういう存在なのか手探りしていたのです[★14]」。

リヴァーグッドは最終的にバナーをグループから追い出すことになるが、彼はその時点でこの元弟子にすでに影響を与えていた。バナーの雑誌の創刊号に掲載された論説はリヴァーグッドの社会批判を反映するようでもあり、その矛先がリヴァーグッドに向けられているようでもあった。

一九六〇年代には、アメリカ文化と政治に浸透するさまざまな「運動」があった。私たちは感情的な争いに満ちた時代に生きていたのだ。そこでは人種主義、性差別主義、年齢差別主義、帝国主義、精神分析主義、愛国主義、そして核家族主義が無残にかつ無責任に誹謗された。私たちの文化的精神に宿ったいかなる新たな「病気」であっても、これを退治するための運動が一夜のうちに立ち上げられた。指導者となるべき資質をまったく備えていない人が、自分にとって意味のある目的のために、疎外され孤絶された人びとに時間、怒り、金、エネルギーをつぎ込ませた。

私たちは自分が利用されているとは考えもしなかった。自分たちの新しい信条は自分で見つけたものと信じていた。私たちは失われた財宝が眠る洞穴で見つけた遺物のようにこれらの信条を大切にした。私たちはそれを身にまとい、「敵」(自分と信条を同じくしない人)と区別できるようにした。自分が反対側にいると決めつけている人びとと同じように、私たちは自分が特定のものの見方や信念体系にしがみついていることに気づかなかった。私たちにそれがわからなかったのは、わかりたくなかったからだった。「確立された現実」と相容れない考えに耽るのはあまりに心地よくあまりに心が休まった。

『クリティック』誌によって、「往々にして目には見えないけれども影響力を有するものをよりよく理解し、自分がいったい何者か、どんな人間になろうとしているのか知るために思考し、省察し、創造し、行動する心構え」を生み出すのが彼の望みだった。[★15]

現在のバナーが当時の自分を振り返るとき、彼は若き日の自分を懐疑的であると同時に未熟な人間として描く。一方ではアメリカ社会の一般的な前提のみならず、もっとも人気のあるオルタナティブな社会像についても疑義を差し挟む。同時に、自分がカルトと見なすようになったグループと同じ道を歩むことを厭わないようでもある。彼は二つのグループをカルトと見なすようになっていた。『クリティック』誌を発行するようになって一〇年後の一九九〇年代はじめ、バナーはふたたび目的意識を失い、ロバート・オーガスタス・マスターズというグルが、ヴァンクーヴァーで設立した精神修養所ザンティロスに入会した。『クリティック』誌は『セイクリッド・ファイア』誌というニューエイジ雑誌に刷新され、マスターズが新社主となり、バナーは修養所を去るまで植字工程度の仕事しかしていなかった。

『クリティック』誌には懐疑主義と愚直さが混じりあっていた。「『クリティック』誌がとても新鮮に思えるのは」とジェイ・キニーが二〇一二年に述べている。「彼がある意味でまったくタブーを知らない赤ん坊のようだったにもかかわらず、みなが当たり前の現実と考えているものに疑いの眼差しを向けるような文章を出版したことだ。彼はホロコースト修正主義の記事さえ掲載した。私から見ればいくらか大人げないやり方ではあるけれども、彼は『もし自分が知っていると思っていることが真実でないなら?』と真剣に考えていたのだ」。バナーはより奇妙な内容の記事もその新規性や荒唐無稽さが与える安堵感ゆえに掲載している。つまり、あり得るか少なくとも理論上は可能な新たな陰謀論をまとめるにあたって、「カーターがゾンビっぽいロボットに見えるのは、彼が七八年七月に殺されて『替え玉』と入れ替わったからだ」[★16]というような誰かの主張を紹介するとき、バナーは真剣にそれを信じているわけではないのだ。

自宅近くで開いたイベントで『クリティック』誌のブースをセットアップしたとき、バナーは自分のやり方はまずいと気づいた。「ある男がやって来て」とバナーが私に話した。「彼は『クリティック』誌を読むととても興奮すると話した。私の雑誌をすっかり気に入っている、と。そして、彼には精神的な問題があった」。その男性はドラッグや異星人、陰謀論やパラレルワールドについてしゃべりまくり、地面にすわって過去の号を読みながらこの雑誌を褒めちぎる。「私が恐怖感に襲われたのはそれがはじめてだった」とバナーは思い起こす。「サイコパスや頭のいかれた連中、あるいは掲載記事の内容を真に受けるような人を私が引き寄せているのだとしたら、いったい私はなにをしているのだろう？　私は色々な考えと戯れ、これらの曖昧模糊としたものを頭の中に吸収するという知的な行為をしているだけであって……実際に注目している人がいるのなら慎重になる必要があると考えた」。

バナーはマカルピンと大きく異なっていたし、『クリティック』誌にしても『コンスピラシー・ダイジェスト』誌とは大きく違っていた。しかしこの二人は互いの書いているものを読んで高く評価してもいたし、明らかに同じサブカルチャーの一部を成していた。それはリバタリアン活動家のサミュエル・エドワード・コンキン三世が一九八七年に、「コンスピラシー・ファンダム」★17と呼んだ世界だった。『クリティック』誌が『セイクリッド・ファイア』誌に変わるまでには、新たな陰謀論者が生まれており、それぞれに主張も論調も異なっていた。『スチームショベル・プレス』が一九八八年に創刊され、『ザ・エクスクルーディッド・ミドル』誌と『パラノイア』誌はいずれも一九九二年が創刊だった。『フラットランド』誌とそれを生み出した書籍カタログは少々古臭かったが、徐々に陰謀文化に歩み寄ってきた。これらの雑誌は左派に属し、一九八〇年代なかばに無政府主義者の合同出版事業に付随して始まった。『フラットランド』誌はその後一〇年にわたってまだ無政府主義にかんする本を販売してはいたが、それまでには暗殺、マインドコントロール、UFO、ウィルヘルム・ライヒ、「隠された科学（suppressed science）」、主権運動にかかわる本もたくさん揃えていた。ボブ・フレッチャーの民兵ビデオまで販売していたのだ。編集者のジム・マーティンは、自身を「ペローを支持する無政府主義者」[18]と呼び、同誌を完璧にフュージョニストに分類した。

ファンがいれば、当然のようにコンベンションが催される。一九九一年と九二年には、誰でもアトランタ州でフェノミコンに参加できた。この大会では『青白い馬を見よ』を書いたウィリアム・クーパーといった熱心なUFO研究家が、ロバート・アントン・ウィルスンや亜天才の人びとのようなアイロニストと一堂に会していた。最初の大会には、ジョージア・スケプティックスの代表団が参加し、奇妙な信念について他の参加者と議論したがった。この団体のニュースレターによれば、一人のスケプティックが「一九四〇年代末から政府によって抑圧された通信技術の『原子ラジオ』について議論し」[19]、予期していた以上の成果を上げたということだった。このスケプティックがこの技術は物理法則を破っていると話していたとき、捜査官が講演に割って入り、そこにいる全員を殺害しようとしているかに見えた。しかし、このスケプティックはライブでロールプレイングゲームをしていたと判明した。講演会場にいた人はみな「原子ラジオ」なるものをまったく信じてはいなかったのだ[20]。

ファンはインターネット上で活発に交流する。オルト・コンスピラシー（alt.conspiracy）というオンライン・フォーラムは、八〇年代末にはユースネット上にあった。一九九三年には、イリノイ州シャンペーンのブライアン・レッドマンが運営するコンスピラシー・フォー・ザ・デイ（本日の陰謀）という電子メール版ニュースレターを購読することもできた（このタイトルはさまざまなオンラインサイトで得られるメッセージ「ソート・フォー・ザ・デイ（本日の箴言）」のパロディになっている）。レッドマンから送られてくる電子メールは、ミステリーサークルにかんする『サイエンス・ニュース』の記事の一部や、CIAの洗脳実験にかんする本の抜粋、アビー・ホフマンによるドラッグ戦争の批判の転載であったりする。ニュースレターを受け取った人がどう感じたかをまとめるのは難しい。このニュースレターに購読を申しこんだ私の友人たちは、それが少なくとも部分的には冷やかし半分と考え、とくに滑稽なものや奇妙なものを別の人に転送するのを習慣にしていた。しかしレッドマンがすべての話を信じなかったにしても（のちに彼は「自分で記事の信憑性は決めつけることはせずに、受け取った人が自身で判断できるようにしたかった」と語った）[21] 陰謀に対する彼の興味は真摯なものだったのである。

レッドマンは四〇歳になるまで世界の動きにさほど目を向けていなかったが、ウェイコの事件を伝えるオルタナティブニュースを知ってから変化が起きた。しばらくデイリー電子メール（すぐに「コンスピラシー・ネイション」と改名した）を配信したあと、一九六〇年代から陰謀を追っているシカゴのシャーマン・スコルニックに連絡を取った。インターネットが普及する以前、スコルニックはある番号に電話すると録音メッセージが聞ける仕組みを利用して自分の主義主張を広めてきており、その彼がレッドマンの師となった。スコルニックのキャリアは二人の判事が腐敗しているというかなり根拠のある議論から始まり、だんだん奇怪な主張をするようになってきた。[22] やがてこれらの主張はレッドマンには奇抜すぎるようになった。ほんの一例を挙げれば、ハリケーン「カトリーナ」は邪悪な力によってニューオーリンズに意図的に向けられたなどと主張するのだ。ここにいたってレッドマンは彼と袂を分かった。

スコルニックはもともと極左だったが、自分の文章を載せてくれるならどんな出版物にでも寄稿し、そのなかにリバティ・ロビーの新聞『ザ・スポットライト』があった。レッドマンは元民主党員で、一九九〇年代にリバタリアンに転向した。「コンスピラシー・フォー・ザ・デイ」や「コンスピラシー・ネイション」に掲載された彼の記事は、リベラルな醜聞専門のジャーナリストからリンドン・ララッチの信奉者まで広範囲の読者を想定していた。こうした傾向は一九九〇年代の陰謀論の世界ではけっして珍しいことではなかった。

このような状況だったことから、かつて「地元警察を応援しよう」というバンパーステッカーを売るグループに属していたアンソニー・ヒルダーが、「警官キラー」などという歌でその悪名をとどろかせているアイス－Tやボディ・カウントが出演するイベントでテープを売っているのも驚くことではなかった。

ヒルダーとコンサート主催者はきわめて異なる政治的背景をもっていたとはいえ、同じ陰謀説をいくつか共有していた。これが不思議でないのは、両者とも同じ恐怖心を抱いていたからだった。どちらも政府が警察の権力をどんどん拡大していることに懸念をもっていたのである。二人ともドラッグ戦争とともに始まった人権蹂躙に憤慨していたし、政府役人がドラッグ取引に関与していると非難していた。フィラデルフィアでのムーヴ爆破事件やロサンゼルスでのロドニー・キング殴打事件によって、ルビー・リッジでの衝突が白人に与えたのと同様の憤激が黒人のあいだに生まれた。マスメディアでは、ウェイコでの銃撃に怒っているのはKKKの人たちだった。しかし、カーメル山で殺されたブランチ・ダヴィディアンの半分近くは少数民族（黒人が二八人、ヒスパニックが六人、アジア人が五人）だった。[★23]「状況がさらに悪化すれば」とボブ・フレッチャーが結論づけた。「黒人も白人も同じゴミ箱行きになる」[★24]。

こうした黒人と白人が交差する場所で重要な役割を果たした二つの組織があった。ネイション・オブ・イスラムとズールー・ネイションである。ネイション・オブ・イスラムが一九三〇年代にまでさかのぼる一方で、ズールー・ネイションはヒップホップ時代のはじめに産声を上げた。アフリカ・バンバータは、一九七〇年代からニューヨークでDJをしながら地域社会のまとめ役をしてきた。グランドマスター・フラッシュ、クール・ハークその他とともに、彼はラップ音楽の父祖の一人と目される。彼はギャングに代わる別の選択肢としてズールー・ネイションを創設し、ラップ音楽、ブレークダンス、グラフィティというズールーの世界に若者を呼び寄せようとした。一九九〇年代までには、このグループにはフランス、日本、アフリカをふくむ世界中から、ミュージシャン、映画制作者、その他の人びとが集ってきた。アフリカ・イスラムによれば、「参加のおもな機能の一つは新世界秩序にかんする理論を共有することにある[★25]」。

一九九四年、イスラムの友人であるヒルダーが、ロサンゼルスの黒人系ラジオ局KJLHの有名なトークショー『ザ・フロント・ページ』に出演した。そこでヒルダーは愛国運動にかかわる人のあいだで人気ある陰謀論を、失業と犯罪に満ちた黒人向けのメッセージとともに発信した。その日ラジオを聞いていた中にラスール・アル・イフラースがいた。彼は、地元のパブリックアクセスTV番組『ザ・ストーリー・オブ・ソウル』の司会者だった。アル・イフラースはヒルダーに自分のTVショーへの出演を依頼し、ヒルダーの提案でフレッチャーも一緒に招いた。

黒人社会により広く浸透したいヒルダーは、ラッパーの才を駆使してビートのきいた音楽に終末論を乗せた。

フリーメイソンのマインドコントロールが
暴動を煽り、その危機が生み出すのは
バイオチップの埋めこみ
UNに身元が知れるように子どもにワクチンを打て★26

ヒルダーが人種のみならず性的嗜好にも注目していると期待しているなら、あなたは落胆することになるだろう。なにしろ彼は、「アルバート・パイク」と「ジャネット・リノ、ダイク」と韻を踏むのだから。

陰謀の世界に新人が現われたという噂は、ズールー・ネイションをとおして広まった（ヒルダーの黒人のガールフレンドは、ベリーズのある村を訪れたときに、ラジオで彼女が話すのを聞いたことのある地元民に会うという楽しい体験をしていた）。イスラムはヒルダーをマイケル・ムーアに紹介した。ムーアはネイショネイション・オブ・イスラムが出している新聞『ザ・ファイナル・コール』の記者で、ほどなくしてムーアがヒルダーのラジオ番組に出演した。そこで彼らは当局がアメリカを人種戦争に導いており、あらゆる民族は男女の別を問わず協力して戦争が始まる前になんとか防ぐべきだと論じた。この筋書きはジョン・バーチ協会が一九六〇年代に主張したものだが、今度は白人より黒人に向けて発信されていた。セドリック・X・ウェルチのような『ザ・ファイナル・コール』の他のムスリムが、民兵／愛国者の世界観に興味を示しはじめた。

ブラックムスリムや民兵が人種戦争の回避に協力したいと知った読者の多くは、彼らはどちらも偏狭な連中だと考えるだろう。なんと言っても、いずれのグループも反ユダヤ的であると非難されてきたのだ。たしかにブラックムスリム（ヒルダーは悪名高いハリド・アブドゥル・ムハンマドと不愉快な対決をしたことがあり、その後ムハンマドを白人とりわけユダヤ人を皆殺しにしたい「狂人」と呼んだ）のあいだには少なからぬ反ユダヤ感情があるが、それが黒人と白人の交わりに大きな影響をおよぼしそうではなかった。「反ユダヤの黒人は私とかかわりたいとは思っていない」とヒルダーは当時語っていた。「彼らは反白人でもあったからだ」[★27]。セドリック・X・ウェルチは反ユダヤ的な発言を繰り返してきたことで知られており、ヒルダーは一度スティーヴ・コークリーと対談したことがある。コークリーは『シオン賢者の議定書』を引用したり、「ジューボーイ」というような言葉を無頓着に使ったりする黒人活動家である。二人の組みあわせはうまくいかなかった。番組終了後、コークリーと仲間たちはヒルダーを彼の人種ゆえに冷遇した（ヒルダーはキリスト教徒ではあるけれども、ユダヤ防衛同盟〔JDL〕の一員でもあった）。

コークリーのような人びとが起こす問題を無視するにしても、ヒルダーとムーアの関係は不安定だった。一九九五年にある雑誌に記事を書くため、私はムーアにインタビューを申し入れた。すると彼は白人と黒人の協力関係、あるいは白人と黒人間の交流という考えは諦めたと言う。「私はもう白人メディアには話さない」と彼は声を荒らげた。「白人に話すたびに、なにかが起きるんだ」。民兵は「誠実に見える」けれども、「彼らの隠された目的がなんなのか、誰が背後で糸を引いているのか勘ぐりたくなる」。「閉ざされた扉の向こうで、私たちはみないまだに彼らにとってニガーなのかもしれない。私はアンソニー［・ヒルダー］のことを言っているわけではないが、ときには彼のほんとうの気持ちがわからなくなる」。けっきょく、「彼らは白人メディアから注目を浴びすぎている……自分たちを支配する者を倒したら、今度は黒人支配に乗り出すかもしれない」[★28]。

しかし民兵を必要としなくても、黒人が民兵の一部が信じる陰謀論に惹かれることはあり得る。コロンビア大学でアフリカ系アメリカ人の研究をしているマーク・ラモント・ヒル教授は、「ヒップホップ音楽や黒人文化における国家主義の伝統」が一九九〇年代以降の時代におよぼした影響について述べる。「みんな西フィラデルフィアのハキムやダウンタウンにあるロビンスのような黒人専門書店に行って」と、彼は『フィラデルフィア・ウィークリー』紙に語った。「『青白い馬を見よ』のような本」や民兵運動に影響力をもっていたウィリアム・クーパーのUFOにかんする記事などを買い求めていた。「彼らはイルミナティやロスチャイルド家、ビルダーバーグ会議などについて噂していた」[29]。ヒップホップグループのパブリックエネミーの一員であるプロフェッサー・グリフ（リチャード・グリフィン）はクーパーの言葉を引用するようになった。あるMC兼プロデューサーなどは「ウィリアム・クーパー」を自分の芸名にした。

PBS局の番組『トニー・ブラウンのジャーナル』で司会する黒人のトニー・ブラウンは、愛国運動は「不機嫌で武装した白人至上主義者たちの危険な民兵運動」[30]と考えている。けれども、アンソニー・ヒルダーやゲイリー・アレンと同じく、支配階級が人種戦争を起こそうとしていたとも考えている。ブラウンによると、民兵は「アメリカの『影なき狙撃者』であり、催眠術によってプログラムされていないかもしれないが」、「適切な合図さえ与えられれば、黒人、褐色人種、黄色人種、北米インディアン、ユダヤ人、アングロサクソン系でプロテスタントではない白人移民を殺す心理的準備が整っている」[31]。では、誰がその合図を出すというのだろう？　それは「裏で糸を引く邪悪なエリートや財界の大物だという。つまり彼らが主張しているのはイルミナティ支配階級の陰謀」である[32]。

あるアフリカ系アメリカ人民兵（オハイオ州コロンバスのジェイムズ・ジョンソン）が人びとから注目を浴びたが、それは運動に果たす彼の役割が大きかったためだった。だが彼は特殊な例、あるいはさらにひどいことには、名目上運動に加わっているのみと見なされた（ある人は彼を「ＫＫＫの集会に出席して『人種隔離』を是認しているように見える、珍しいタイプの黒人国家主義者」と表現した）。[33] 報道機関は、民兵運動を一九八〇年代の人種差別的な地下運動の流れと見なすことが多かった。ところが古いグループの指導者は、新しいグループを自分たちと同質であるとは容易に認めようとはしなかった。「彼らは白人人種を維持しようとしていない」とアーリアン・ネイションズの主宰者リチャード・バットラーは、『ニューヨーク・ポスト』紙の記者ジョナサン・カールに述べている。「彼らは白人にとって裏切り者なんだ。黒人やユダヤ人と仲良くしようというのだからね[34]」。

とはいえ人種差別的な右翼が民兵になったり、民兵を組織に受け入れたり、民兵の人気を利用しなかったわけではない。彼らは一九九〇年代にはグループ名に「民兵」という言葉を用い、主流の民兵運動から追い出された、反ユダヤの人物が率いるオクラホマ・コンスティテューショナル・ミリシアなどという組織が誕生した。とはいえ、偏狭な人間は民兵にもいるし、ヒスパニックやユダヤ人にもいる。チャーチルは、ときどき重なることはあっても、互いに明確に区別のつく二つの流れに運動を分けた。立憲論と千年王国論である。前者の人びとはおおっぴらに組織を設立し、銃の所有権その他の公民権を主張し、自分たちを迫害と職権濫用に対する抑止力と考えていた。後者の人びとは組織を秘密裏に設立し、手の込んだ陰謀論を強調し、自分たちを迫りくる終末の生存者と見なしていた。千年王国論者は人種差別主義者により寛容である一方で、立憲論者は白人至上主義者と政治論争を繰り広げることもたびたびだった。

民兵にかんする話がどれほど単純化されているかを知るには、オクラホマ爆破事件と同じ年に起きた、ほぼ忘れ去られているスキャンダルを思い出すといい。連邦、州、地元各レベルの法執行機関の捜査官たちが、テネシー州で主催されるグッド・オールド・ボーイ・ラウンドアップというイベントに一五年にわたって出席していたことが判明した件である。司法省の調査によると、この集会では「驚くほど人種差別的で、独善的で、幼稚な行動の証拠がたくさん」発見され、そのなかには「ニガー、お断り」という看板や、走行中の車を止めて「ニガーはいるか？」と尋ねる自警団などがあった。[★35]

こうした行動のなにが民兵運動と関連しているのだろう？　このイベントについて知り、潜入し、報道機関に知らせ、結果的に公式な捜査に結びつけたのは、アラバマ州を根拠地とするガズデン民兵だった。人種差別的な警官に遭ったときにこれらの民兵が見たのは、窮地に追い込まれた仲間の姿ではなく、暴露すべき政府による職権乱用だった。

それでも民兵に批判的な人びとは運動が基本的に偏っていると主張した。代表的なのが、弁護士のケネス・スターンによる一九九六年の著書『戦場の武力（*A Force upon the Plain*）』である。スターンの主張は基本的に、民兵が人種差別的であるわけではなく、彼らは人種差別主義者に貶められているというものであった。民兵にかかわる陰謀論者がフリーメイソンやイルミナティ、日米欧三極委員会などに操られる国際的悪人について懸念していたとき、彼らがほんとうに頭に描いていたのはユダヤ人に支配された悪人だったというのがスターンの理論だった。そうした陰謀論は「『シオン賢者の議定書』に根差しているが」、それは両者の世界観が似通っているからだという。「こんにちの民兵は『議定書』に書かれた陰謀論を奉じており、たとえ一部の人がそれを別の名で呼んでユダヤ人には一度も触れなくともその信条を変えることはない」とスターンは結論づけた。[★36]

この論理はウディ・アレンの三段論法に似ている。「ソクラテスは人間である。すべての人間は死すべきに運命にある。ゆえに、すべての人間はソクラテスである」。そしてスターンの歴史観は彼の論理に負けず劣らず弱かった。『議定書』は一九世紀末にようやく登場し、広く知られるようになったのは一九〇三年だった。すでに見てきたように、反フリーメイソン論は一八世紀と一九世紀をとおして人気があり、英語圏ではじめて反イルミナティ・パニックが起きたのは一七九七年だった。

民兵がゲートウェイドラッグだという珍妙な説もあった。この説を唱えたのはモンタナ人権ネットワークのケン・トゥールであり、彼は運動をじょうごに例えた。人びとはさまざまな理由でじょうごに入っていくと彼は言う。しかし、じょうごに吸い込まれると陰謀論や革命論を奉ずるようになり、じょうごから出るころにはすっかり偏屈者になっているというのである。スターンは民兵すべてがじょうごの出口にいるわけではないと認めてはいる。しかし、運動に参加している限り、いずれそうなると考えている。

この理論が意味をなすのは、白人の優位性がこれに対抗するグローバリズム、連邦の権力、そして準軍事的警察の論理的な帰結である場合のみだ。しかし、こうした運動のもっとも急進的な構成員であれば、人種差別主義というより急進的な地方分権に傾くと普通なら考えるだろう。この反論を予期してか、スターンは地方分権という考え方自体が人種差別的であると論じた。

「民兵運動を強く煽る『国家権力』および『州の優位』という考え方は、偏狭さを覆い隠すための隠れ蓑である」と彼は述べている。「前者は差別行為に対する地元政府からの批判を逃れるためにつねに使われてきた」[★37]（そう、彼は「つねに」と書いた。国家の役人が医療用のマリファナクラブへの手入れに反対するとき、スターンは彼らには公にはできない人種差別的な理由があるはずだと考える）。それに、「ある政治運動がアメリカ人が共有する価値観を否定し、『好きなようにやらせてくれ』と言うとき、それはたいていあまり誉められたものではないことをしたいときであり、誰にも邪魔されず監視されずに、それをしたいときであることを意味する」。「連邦による介入、馬鹿げた規則、形式主義」にかんする一般的な議論によって、「アメリカが好き勝手に振る舞う強力な州から成る弱い国になるわけではない」[★38]とスターンは認めている。しかし「たいてい……を意味する」という語句を用いることによって彼は、地方分権論で無害なものはほんの一部に限られると示唆しているのだ。このことをトゥールのじょうご論と考えあわせると、中央集権に反対する者は資金非交付義務に反対する州知事からエコにうるさい地産地消論者にいたるまで、いずれ問題になる可能性がある。

身代わりとなって批判にさらされたグループの境界があいまいになったとき、そこに利点が生まれる。主流派と急進的な政治上の敵対者双方の信用を落とすことができるのである。一九九〇年代なかばに民主党のビル・クリントンと共和党のニュート・ギンガリッチ下院議員が対立した際、転換点となったある瞬間があった。そのとき、ホワイトハウス側は対話条件を定めることができたため、古き良き共和党は守勢に回らざるを得なかった。おおかたの人によれば、この流れは一九九五年末の予算合戦で共和党が連邦政府を「閉鎖」してよいと認めたことが裏目に出た結果だった。しかし、少なくともオクラホマ市で四月に起きた爆破事件や、その後の民兵パニックも、両者の立場を変えた重要な要素だった。これらの出来事のおかげで、クリントン支持者は、右派のトークショー番組でギンガリッチ支持者がした「いたって」反政府的な発言を、マクヴェイや民兵の「急進主義」と同列に扱うことができたのである。

ホワイトハウスは事態を十分に把握していた。爆破事件の八日後、クリントン顧問のディック・モリスは事件を利用することを大統領に提案していた。モリスが回顧録で述べたように、共和党指導者は「急進的」ではなかったので、彼らが過激派に共感を抱いていると直接非難すれば逆効果になる。しかしモリスは、大統領には「右翼の憎悪集団を統制し、彼らに武器がわたるのを制限する立法および司法対策を取る」選択肢があると考えた。「政治的基盤を部分的に失うことを恐れて、共和党はかならずこの対策に反対を表明するだろう」。そうすれば共和党は過激派に連なることになる。そのときの書簡では、この作戦は「跳ね返り」策と呼ばれている。★39

この奇策が過去の赤狩りやファシスト狩りを思い起こさせるとしたら、それはこの作戦が意図的にこれらの過去のやり方を真似ていたからだった。モリスの書簡は前例にマッカーシズムを直接挙げており、一九五二年に共和党は、民主党が「過激派と連座している」（リベラル派が共産主義者の公民権を擁護している）と指摘することによって「共産党問題を民主党批判」に利用できたと述べている。さらに書簡は、ジョン・バーチ協会やミニットマンなどの団体に対する大衆の恐怖心が、一九六四年にゴールドウォーターを追い落とすのに利用された件、黒人暴動や学生デモ隊に対する恐怖心が一九六八年に民主党を不利に導いた件にも触れていた。モリスの助言は、右翼の諸団体の「奇妙な暮らしぶり、パラノイア、異様な行動」を強調し、その構成員や寄付者の開示を求めるべき「危険な組織」の「大統領のリスト」を作成し、そうした過激派の「予防的監視」を要請すれば、クリントンも同じ手を使えるというものだった。★40

こうしたシナリオは、全部ではないが少なくとも一部はその後一年半くらいにわたって効果があった。クリントンが公民権を大きく制限する反テロ法案を提案し、共和党指導者たちはその法案のもっとも制限的な部分を指摘して大々的な批判を繰り広げた。それでもモリスは自分が示唆したほどクリントンは「右寄りの過激派の危険性を強調しなかった」と感じた★41。

ハリウッドに比べれば大統領が手ぬるかったのは間違いない。内なる敵を描いた一九九九年のスリラー映画『隣人は静かに笑う』では、郊外に暮らす教授が隣人が連邦ビル爆破を計画していることを知る。この映画は一九五〇年代の赤狩り映画とほとんど違わないように思えるが、その終わり方はより『パララックス・ビュー』風だ。主人公は爆破計画を防げなかっただけでなく、罪を着せられるという貧乏くじを引き、真犯人たちはさらなる犯罪を企てる。『隣人は静かに笑う』の世界では、ごく普通に見える隣人がテロリストで、テロ犯とされた人物が反テロの英雄で、アメリカの中流階級が住む一見すると平穏な地域で破壊が静かに醸成されているのかもしれないのだ。

一九九〇年代でもっともパラノイア的ともされるSFシリーズの『Xファイル』では、民兵はこれとは異なる描かれ方をする。というより、二つの異なる民兵像が存在した。一九九七年の「P・O・W」という一話では、番組の主人公たち（地球外生命体とか陰謀を信じやすい一匹狼のFBI捜査官フォックス・モルダーと、そうしたことにはより懐疑的なパートナーのダナ・スカリー）が、ライトハンドという準軍事組織を率いるボー・グリッツに出会う。グリッツははじめは悪人かもしれないことになっているが、話が終わるまでには彼が主張する戦争捕虜／行方不明兵の隠蔽が真実であったことが判明する。一九九八年の「アンダーカバー」は一九九五年の物語により近かった。ニュースパルタンという民兵組織がアメリカ人に生物兵器を使うことを企んでおり、モルダーはそれを阻止するために組織に潜入せねばならない。ところが、この話は単純なファシスト狩りの物語ではない。モルダーが潜入する前に、連邦捜査官がすでにこの民兵組織に潜入して彼らを操っていたのである。彼らが使おうとする生物兵器は、番組の最初に言われたようなロシアからではなくアメリカの秘密兵器器庫から届いた。ニュース・パルタンは銀行の紙幣に病原体をまいて病気を広め、アメリカ内の重要な組織の一つである銀行をテロの手段に使おうとしていた。

さらに、モルダーは民兵の手法は好まないとはいえ、彼らがもつ懸念を共有してもいる。そもそも彼がこの組織に潜りこめたのもそのおかげだった。「彼はボストンで行なわれたUFO会議で講演をしました」と役人が語る。「そこで政府と彼らがアメリカ国民相手に企んでいる陰謀について自分の考えを話したのです」。ある民兵が彼なら味方になってくれるかもしれないと思い、モルダーに助けを求めた。★42

人びとが不安感を抱いていれば、それが陰謀であれ、もっと広い意味でのパラノイアであれ、おそらくは『Xファイル』に出てきただろう（この番組はときどきほんとうに恐怖心が広まる前につかんでいることもあった。9・11の半年前、短期間で終了した『Xファイル』のスピンオフ『ローン・ガンメン』の初回放送は、ジェット機が世界貿易センタービルに突っ込む計画を描いた）。このシリーズでは悪人は軍部、アメリカの実業界、そして宇宙にいた。ヒーローたちは、ハッカーや吸血鬼、霊媒師や憂さを晴らしたい郵便局員、監視カメラやこの国中に浸透している影の内閣（町内会と約款、約定、規定）に出会う。物語の多くはグローバリゼーションと穴だらけの国境に対する漠然とした不安を反映しており、外敵の新たな広がりを示唆していた。「冷戦中の脅威を象徴するイメージは核戦争（明確な中心点から外側に広がる崩壊）だった」と批評家のポール・キャンターは述べている。「『Xファイル』で脅威を象徴するイメージは感染（地球上のどこか一点から広がりはじめて周辺諸国に広がる）だ」★43。

この番組の各回の放送では「その週の怪物」のような構成を取ったため、こうした脅威の数々を一

371　第11章　悪魔のカフェテリア

つの大きな物語に織り込むことなく同じ枠内に収めることができた。同時に、番組はともかく物語をつくり上げようとした。これが破綻のもとだった。もともと背景にあった大陰謀（ほかのどんなものよりも魅力的な暗示）がどんどん邪魔になってきて、巧みな物語性は新たな発見があるごとにその魅力を失う計画に堕してしまった。シリーズが二〇〇二年に終了したとき、最終話の前半は裁判所（当然、非公開の軍事裁判だった）で起きた。裁判の中で主要な登場人物は自分たちが発見した壮大な陰謀について述べる。これがしばらく続くと、裁判長が怒って尋ねる。「だから、この先どうなると言うんだね？」『Xファイル』を長く愛した視聴者が一度も口にしなかった問いだった。[44]

これよりましな一話（私はこれが『Xファイル』で最高の出来だと思う）は、ダリン・モーガン脚本ので一九九六年にはじめて放送された。このシリーズでは主人公が真実の暴露に大きな力点を置いているが、モーガンの脚本は単一の真実（あるいは少なくとも中心の物語で捉えられる真実）が存在するという考えそのものに疑いを差し挟む。この一話は、ホセ・チャンという作家（ジョン・キールにリチャード・コンドンを少し足したような男）[45]が、ワシントン州で起きたとされる異星人誘拐事件をしらみつぶしに調べ上げようとする内容になっている。結果は、同じ出来事に対し互いに矛盾する説明が入り混じる『羅生門』スタイルであり、話は次々と異星人とのコンタクト、CIA作戦、地底探検におよぶ。前年にネットワーク・テレビで放送された作り話から生まれた「異星人解剖」ビデオがあり、その放送では省略された部分で、異星人がゴム製の皮を着た人間だったことがわかっていたと知らされる。モルダーはメン・イン・ブラックに会い、彼らがクイズ番組の司会をするアレックス・トレベックとプロレスラーのジェシー・ベンチュラ、あるいは少なくとも彼らのように見えると知る。[46]別の登場人物は、モルダーとスカリーがじつはメン・イン・ブラックだと考えている。ある空軍将校は空飛ぶ円盤の目撃談をでっち上げるが、異星人とのコンタクトを実際に目の当たりにして、なにを信じていいかわからなくなっている。誰もがみなモルダーでさえも信用ならないという設定であり、誘拐が起きたという夜になにが起きたのかは番組の最後になってもわからない。放送の最後でチャンはこう言う。「地球外生命体を信じないで、他人に物事の意味を見出そうとする人がいる。これに成功する人は稀であるし幸運でもある。宇宙に人間以外の生物はいるのだろうが、この地上に暮らす私たちはそれぞれに違った意味で孤独なのだ[★47]」。『Xファイル』にこのような一話があるのはわかる気がする。この番組が、民兵が抱く恐怖心や人びとが民兵に対して抱く恐怖心まで、アメリカ人がもつあらゆる恐怖心を探ろうとするなら、こうしたアイロニスト・スタイルが出てくるのも当然と言える。

実際、アイロニスト・スタイルはそれまでになく盛んだった。一九九〇年代までには、陰謀を伝える主流のニュース番組までもがアイロニスト・スタイル風になり、視聴者はある程度の距離を置きながらも、奇抜な世界観を覗き見ることができるようになった[★48]。主流の新聞各紙はほんの少しこの風潮に乗ったのみだったが、『ザ・ノーズ』や『モンド2000』のようなオルタナティブ・アウトレットはこの風潮にどっぷりと浸かった。

サイバーパンク・サブカルチャー誌『モンド』は、次々と奇妙な陰謀を暴露する「ザンドー・コルジブスキー」と称する人物から編集部に届いた一連の手紙を掲載した。典型的な内容は次のようなものだった。「人の血を吸う異星人の大陰謀が進行中であり、彼らはアメリカの砂漠にある巨大な空洞から世界を乗っ取り、私たち人類を一九九四年までに宇宙船建造のための奴隷にしようと画策している。陰謀には米ソの政府役人が加担しており、役人たちは一九九九年に世界が終わる直前に火星に逃げる手筈になっている」[★49]。その後の手紙はもっとおかしな内容のものになる。コルジブスキーの話があまりに人気を集めたため、『モンド』は彼にある欄を任せた。

彼は冗談を飛ばしていたのだろうか？　あるいは気でも狂れていたのだろうか？　あなたは彼の話を真に受けたか？　あるいは頭がいかれたやつだと思っただけだったか？　それは読者次第だった。R・U・シリウスの偽名で雑誌を共同編集したケン・ゴフマンは、コルジブスキーは「これらの話を信じていると同時に、それが馬鹿げていることを承知してもいたか、ことによると、それはそのときの彼の気分次第だったのかもしれない」と考えている[★50]。だが、これは臆測に過ぎない。「彼が自分の書く内容を信じているか否かについて私たちが話したことは一度もない。それが『モンド』の当時の気風だった」と彼は思い起こす[★51]。

ゴフマンは編集方針を説明するにあたって、中世のムスリム秘密結社「暗殺教団」の創設者のものとされることの多い次のような言葉を引用する。「真実と言えるものは一つもない。あらゆることが可能なのだ」。それは、歴史上、冷戦終結と対テロ戦のあいだに挟まれた一九九〇年代におあつらえ向きの言葉だった。やがてこれとは大きく異なるムスリムによる陰謀によって、ニューヨークにある二棟の高層ビルが破壊され、今度は以前と違った陰謀探しが始まった。それは面白味に欠け、より差し迫っており、より危険でもあった。

第12章　すべてがそれを示している

彼は私になにかを伝えたかったようだ。
まるで、そのなにかに意味があるみたいにね。
――ジョージ・コスタンザ★01

二〇〇一年一〇月七日、9・11からまだ一か月も経たないころ。メリーランド州の警察が、インターステート二七〇号線を走行中のトラック二台が爆薬を積んでいると断定した。厳戒態勢に入った警官たちは、一時間にわたって交通を遮断してトラックの爆弾を探した。発見された積み荷は、9・11で死亡した消防署員の葬儀に使うための機器類だった。

当時の状況を考えれば無理もないだろうか？　たぶん。

この数日前、テキサス州タイラーでは、連邦捜査官、地元の警官、遠方から駆けつけた爆弾処理班が、ある家庭の郵便受けに入っていた導線、乾電池、緑の粘着テープでできた幼稚な装置を処理した。道路が封鎖され、周辺の住民は避難した。装置は八歳の児童が学校の宿題でつくった懐中電灯で、壊れないように郵便受けに入れていたのだった。

まあ、これも致し方ないだろうか。そうかもしれない。しかし、よく考えてみると、世界貿易センタービルと国防総省の攻撃を計画した犯人たちが、次の標的にテキサス州東部の町を選ぶだろうか？また爆弾がじつは懐中電灯だったとわかったあとで、当局はなぜそれを押収したのか？

ジョージ・W・ブッシュが大統領だったころ、政治的パラノイアの象徴としてもっとも頻繁に引き合いに出されたのは、トゥルーサー（truther）と呼ばれた「9・11トゥルース運動」にかかわる人びとだった。彼らはアメリカ政府内の悪人が9・11を計画したか、それを防止する手立てをわざと取らなかったと信じていた。★02 しかし、トゥルーサーはしょせん脇役に過ぎなかった。9・11後にいちばんよく見られたパラノイアは、無害な学校の宿題を聖戦の証拠と見誤るような心理状態だったのだ。アメリカ人は次なる恐ろしい攻撃に神経を尖らせていた。しかもどのような攻撃になるのかを少なくとも知っていた冷戦時代とは違って、いまやありとあらゆる活動や物体が脅威に思えた。

それは、スパイや破壊活動家を探した過去に人びとが覚えた不安と同質のものだった。だが現在では、陰謀者を発見できなかった場合の結果は昔とは比較にならぬほど大きかった。なにが武器であってもおかしくないし、なににどのような意味があるのかわからないのだ。

ずさんなアルカイダという組織が、高度に中央集権化された組織と考えられていたことを私たちは見てきたし、このことを初期のアメリカ人が散発的な北米先住民の攻撃を緻密に計画された陰謀と見誤ったことに例えた。けれどもアルカイダのイメージにはもう一つ別の前例がある。それはジェームス・ボンド映画とその二番煎じの映画に見られる世界規模のネットワークである。ボンドを気取る悪人のイメージが聖戦士の現実とどれほど一致するかを示そうと、マイケル・バーカンは次のように指摘する。

アフガニスタンのタリバンとアルカイダに対するアメリカによる攻撃の最終段階で、オサマ・ビンラディンはトラ・ボラの洞穴にいると推測された。ビンラディンの地下要塞の神話は、二〇〇一年一一月二七日付のロンドン『インディペンデント』紙の記事によって生まれた。記事によれば、山中には縦横にトンネルが掘られ、鉄製の扉の奥は二〇〇〇人を収容できる「空調システムと水力発電機を備えたホテルのようだった」。この記事はたちどころにアメリカのメディアの目に留まって粉飾された。一一月二九日付の『ロンドン・タイムズ』紙が掲載した、内部が上から見えるように描かれた図は「ビンラディンの山中要塞」と題され、車が通れるほど広いトンネルや人の出入りを検知する熱検知器が描かれ……一二月二日放送の『ミート・ザ・プレス』では、ティム・ラサートがドナルド・ラムズフェルド国防長官にこの図を見せ、ラムズフェルドはこのような高度な要塞がほかにもたくさんあるかもしれず、しかもそれがある場所はアフガニスタンに限られてはいないと示唆した。★03

アメリカ軍が実際にビンラディンの潜伏場所を発見すると、そこは考えられていたよりずっと簡素なつくりだった。いくつか洞穴があるだけなのだ。

「とかく人はこう考える。『まず世界貿易センタービルで、次が国防総省なら、そのあとは自分の近所だ』」と社会学者のジョエル・ベストは9・11後に語っている。★04 たしかに、9・11とそれに続く小規模な炭疽菌騒ぎのあと、わが国はテロに対する恐怖に凝り固まっていた。★05 ある人がコーヒー用のクリームパウダーを炭疽菌と間違えたとき、ボルティモア－ワシントン国際空港はコンコースを全面的に閉鎖した。ネヴァダ州では、妙に膨らんだ小荷物を受け取った男性が警察に通報したが、開封すると中に入っていたのはレースのパンティとラブレターだった。ある男性が「不審」ではあるけれども脅威を感じるほどではないメモをスチュワーデスに手渡したとき、ロサンゼルス行きの航空便は目的地をルイジアナ州シュリーヴポートに変更した（「メモは意味不明でした」と彼女はのちに話した。「でも、そのときには危険を感じたのです」）[★06]。別の航空便は、一部の乗客が飛行機の後方で外国語を話していることから警戒され、目的地がニュージャージー州に変更になった。よく調べてみると、男たちはお祈りを捧げていた二人のユダヤ人だった。

　当時、人びとが慎重になったのも無理はないが、あとで思い返すとこれらの出来事のうちいくつかは馬鹿げている。また常軌を逸しているとしか言いようがないものもある。二二歳のニール・ゴッドフリーが、フィラデルフィアでフェニックス行きの航空便に搭乗しようとすると、空港警備員に身柄を拘束された。この件にいたっては、もっとも理解ある第三者でも納得できかねるだろう。『フィラデルフィア・シティ・ペーパー』紙に掲載されたグウェン・シェイファーの記事によれば、州兵がゴッドフリーを怪しんだのは、彼が読んでいた小説（エドワード・アビーの『ヘイデューク・リブス！』）の表紙にダイナマイトが写っていたからだという[★07]。ユナイテッド・エアラインはゴッドフリーの搭乗を認めず、次の飛行機に乗ろうとしたときにもこれを阻止した。

　9・11から時が経つにつれて、こうした騒ぎが起きることは稀になっていった。とはいえ、皆無になったわけでもない。二〇〇七年一月、あるケーブルテレビ局が全米一〇都市に電光掲示板を無断で設置するという「ゲリラ広告」事件があった。掲示板は「アクア・ティーン・ハンガー・フォース」という、TVアニメに登場する宇宙人キャラのムーニナイトを表示していた。一〇都市のうち九都市までは問題は起きなかったが、ボストン警察は掲示板を爆弾と勘違いして市内に厳戒態勢が敷かれた。

掲示板が爆弾でないとわかると、役人たちはこれを「いたずら事件」と呼び、広告主は人びとがムーニナイトを爆弾と間違えることを予期できたはずだと主張した。「それは、とても危険に見えました」とマサチューセッツ地方検事マーサ・コークリーは掲示板の一枚についてコメントした。「電池と電線がついていたのですからね[★08]」。

歴史家のリチャード・ランデスによれば、人が終末論を信じる心理状態にあると、「万事が息づき、教え、一つのことを指し示すように思われ、すべてが記号論的になる。あらゆることに意味があり、パターンがあるように見える[★09]」。9・11後の数か月、こうした心理状態は避けようもなかった。事件後にネット上に出現した意味不明な発言の一部を考えるといい。よく転送された電子メールの中に、

二〇ドル札を折る方法を教えるものがあった。そのとおりに折ると、飛行機がタワーに突っ込むようなイメージが現われるのである。

別のメッセージはマイクロソフトのワードを開いて、NYCと入力し、フォントをWindingsに変えるよう指示していた。すると、文字が次のように変わる。

これを興味深い偶然と考える人がいる一方で、マイクロソフト社が陰謀に加担していた証拠と考える人もいるだろう[10]。しかしもっとも妥当な解釈からもっともイカれた解釈まで、どんな解釈でも読者はまずその情報を吟味することを迫られる。世界は予期せぬ関係と不規則な詳細に満ちているのである。ただし、手がかりがないでもない。

9・11後、アメリカ政府は独自の手がかりと解釈を収集する組織を拡大した。議会は連邦レベルで国土安全保障省を立ち上げた。二〇〇一年一〇月に急遽制定された米国愛国者法によって、極秘捜索や令状なしのインターネット監視が可能になり、警察はテロリストとおぼしき人物の記録を（またしても令状なしで）閲覧可能で、小売店は怪しい買い物をした顧客について財務省に知らせる義務を負い、国には他の権力も与えられた[11]。

さまざまな背景をもつムスリム専門家たちが、イスラム教徒によるテロ計画を発見する方法について法執行機関にプレゼンテーションをした。最悪の場合には、これらの専門家は一九八〇年代にパラノイアにまみれた偽情報を警察に押しつけた悪魔主義の専門家に似通っていた（「ヘッドバンドをしているムスリムは、肌の色や記章にかかわらず、『私は喜んで殉教者になる』という意味である」と対テロ作戦センターの創立者サム・カローバは、ある講義で生徒の警官たちに述べた）。[★12]法執行機関は、国内各地に情報融合センターという組織を設立した。これらのセンターは国土安全保障省がおもな出資者で、州および市町村レベルで運営される情報共有組織だった。情報融合センターや国土安全保障省傘下の機関には不穏な反テロ論を主張するものもあった。ミズーリ州情報分析センターの報告書は、まだ活動中の民兵運動組織や、これらの組織とつながりがあるとセンターが見なす他の反体制派多数にページを割いた。州内全域の警察に配布されたデータ表には、こう明言されている。「民兵が立憲党、自由のための運動、あるいはリバタリアン的傾向を示すことは珍しくない。これらの民兵はたいてい元大統領候補のロン・ポール、チャック・ボールドウィン、ボブ・バーの支持者である」。

この報告書はさらに、ガズデンの旗（とぐろを巻くガラガラヘビの下に「おれを踏むな」というスローガンが書いてある有名なバナー）は「民兵や民兵隊がもっとも一般的に用いる象徴である」と注意をうながした。[★13]ハイウェーをパトロールする警官諸君、気をつけたまえ。バンパーにその旗をつけている歴史オタクはテロリストかもしれない！

ヴァージニア州情報融合センターの「テロ脅威アセスメント」は、真のテロリストのみならず、ガーベッジ・リベレーション・フロントというような団体までを調査の対象にしていた。アセスメントによれば、この団体は「ゴミ箱漁り、不法侵入、トレイン・サーフィン」のような活動をするエコ団体であるという。[★14]テキサス州のある情報融合センターは、「中東テロリスト集団と彼らを支持する組織」が「アメリカ国内でイスラムの目的を果たすための支持を得ており、テロ組織がはびこる環境を提供している」と警告した。彼らはその例として、ムスリムの生徒がお祈りのために休み時間を取るのを許している公立学校、イスラム世界で金融サービスにかかわっている財務省委員会、「ヒップホップブティック」での「マーケティング手法」を挙げた。[★15] 国土安全保障省ペンシルヴェニア州支局の傘下にあるテロ追跡企業、ザ・インスティテュート・オブ・テロリズム・リサーチ・アンド・リスポンス（ITRR）は、反体制派がキャンドルライト・ビジルを計画し、ゲイおよびレズビアン祭を組織し、反水圧破砕法の映画『ガスランド』を上映しようとしていると警告した。彼らのある報告書によると、

反政府団体は、アメリカ政府が彼らをアメリカ合衆国連邦緊急事態管理庁（FEMA）の刑務所に収容し、インフルエンザワクチンと一緒にマイクロチップを埋めこみ、彼らの武器を押収しようとしていると確信し、二〇〇九年一一月二一、二二日の週末に開催される「連邦準備制度は破綻する（Fed is Dead）」と銘打った抗議行動を全面的に支援するだろう。

もっとも、TAM－C［ターゲティッド・アクショナブル・モニタリング・センター、ITRRの一部門］の分析官は、連邦準備制度に対して抗議デモをする全員がテロリストではないと指摘している。しかし、多くのデモ参加者はテロリストに近い理論をもっているため、デモ参加者の一部はおおかたの一般人とは異なる世界観をもつと法執行機関の人びとに警告した。[★16]

テロを封じこめる目的のためなら、政治団体が常人と「異なる世界観」をもつ人間ではなく、「暴力に訴える人間」を含むか否かを調べるべきだと考えるのが自然である。

二〇一二年、上院調査委員会は情報融合センターの報告について痛烈な判断を下した。一三か月におよぶ期間にセンターが作成した報告書を検討した結果、委員会はこれらの文書が「粗雑で、タイミングが悪く、ときには国民の公民権やプライバシー保護法をないがしろにし、既刊の公文書の写し書きが頻繁で、たいていの場合テロとかかわりがない」と結論づけた。報告書のほぼ三分の一は作成後も配布されておらず、それはこれらの報告書に有用な情報がなく、上院調査委員会によれば、報告書が「法の下に許された限界を越えている」ことが懸念されるからだという。たとえば、暴力や犯罪とはかかわりのない、憲法修正第一条によって保護された活動にかんする報告、明らかに暴力的であったり犯罪的であったりする、政治的、宗教的、イデオロギー的発言の報告あるいは不適切な判断、あるグループの一員または一部の構成員による暴力的または犯罪的行為をそのグループ全体のものとする報告があった。国土安全保障省は問題のあるこれらの報告書の発表をたいてい控えたが、それでも「無期限に」保存した。[17]

一方で、融合センターの使命に変化が見られはじめた。上院調査委員会が調査を始めたころには、センターの多くは「あらゆる犯罪、あらゆる危険に対処する」方針を採用しており、テロ予防からより広範な脅威に焦点を合わせ直していた。

本来、これは公的資源の賢明な利用法と言えるかもしれない。つまるところ、テロは稀にしか起きないし、テロ攻撃の実質的な影響は自然災害や技術的災害のそれとさほど変わらない。不幸なことに、情報融合センターがテロ以外に目を向けたとき、ドラッグや移民問題に比べてそうした広域災害にはさほど関心を示さなかった。

災害研究者カスリーン・ティアニーの言葉を借りれば、あらゆる災害計画（伝統的な非常事態管理）

の目的は、「非常事態の種類にかかわらず全般的な対策にまず焦点を合わせ、その上で個々のリスクの被害推測にもとづいて災害に備える計画を策定することにある」。国土安全保障省は名目上すべての災害に対処するアプローチを取っているとしているが、実際にはより特定の脅威に焦点を絞っている。しかもこの組織はFEMAを統合したため、テロリストによる陰謀より大きな問題のある地域では、そうした脅威が優先される。ティアニーによれば、「国土安全保障に関する大統領指令第八号」の下では、リスクや弱点の推測を完了している地域は、「異なる一五のシナリオに対する計画とプログラムを立案することを求められ、そのうちの一三のシナリオはテロ、［大量破壊兵器、］伝染病を含まねばならない」。さらにひどいことに、「ハリケーン・カトリーナ襲来時にはからずも露呈したように、政府の立場は、災害に見舞われた地域の住民は、主として、必要とあらば武力を行使してでも管理下に置くべき対象であり、警察や消防隊員などに対する脅威となりうる」というものだった。[★18]

　災害研究に携わる人びとはパニックという言葉をあまり使いたがらない。現実に災害が起きると、第3章で見たように、純粋なパニックが出来することは稀であり、たいてい人は自然に助けあう。しかし二〇〇八年、ラトガーズ大学の社会学者リー・クラークとカロン・チェスは、カトリーナのような場合には彼らが言うところのエリート・パニックが起きることもあると示唆した。カトリーナがニューオーリンズを襲ったとき、さまざまな噂が飛び交った。たとえば、避難民を収容している集会所に数十体の遺体が積み上げられている、救出に来ているヘリコプターを男たちが銃撃している、レイプ犯が集団でうろついて手当たりしだいに女性を襲っている、ハリケーンを生き延びた人が食人に走っている、など。[★19]「被災地の状況を誤認し、略奪を過度に恐れたため」とクラークとチェスは述べた。「役人たちはニューオーリンズに物資や救援隊を送らなかった。カトリーナ災害の対処にあたったエリートは、非エリートとのつながりを失い、明らかに彼らを恐れていた。さらに、彼らのしたこと、しなかったことによって、他の人びとにさらなる危難がおよんだ[★20]」。

パニックという言葉はここでは適切ではないかもしれない。どちらかと言えば、パラノイアがふさわしいだろう。エリートたちが抱いた恐怖心は、当局が意図的にニューオーリンズの堤防を爆破し、黒人住民を追い出そうとしているという巷説以上の影響をもっていた。災害時におけるパラノイアの議論で取り沙汰されがちなのは、まさにこうした巷説であるというのに。

二一世紀の最初の一〇年間で、とりわけ注目すべきエリート・パラノイアは三度起きている。最初のものは9・11に対する反応だった。二番目がカトリーナ襲来時の反応で、支配階級の恐怖心は災害救援の中央集権化と軍事化をもたらし、それゆえに恐怖心はさらに膨れ上がった。三番目はバラク・オバマが大統領になったときに始まり、このころ批評家たちが互いに関連のない犯罪どうしを一つの壮大で邪悪な運動と見なした。パラノイア的なものの見方ではよくあることだが、散発的な出来事を関連づけるこうしたやり方は、世界に実際に生まれつつある秩序よりも、それについて述べている人自体について多くを語ってくれる。

三番目の恐怖心は、二〇〇八年に行なわれた大統領選の最後の数か月にはすでにその徴候が見えていたとはいえ、ワシントンDCのアメリカ合衆国ホロコースト記念博物館で初夏に銃撃事件が起きたあとに爆発的に高まった。

二〇〇九年六月一〇日、ある老人がホロコースト記念博物館に入ってきて、ライフルを手にして発砲し、スティーヴン・タイロン・ジョーンズという名の警備員を死亡させた。二人の別の警備員が応戦して狙撃者は負傷したため、他の人はさらなる銃撃を免れた。
殺人犯は、ジェイムズ・ウェネカー・フォン・ブランという八八歳のネオナチであるとすぐにわかった。フォン・ブランは単独犯だったものの、彼の罪を別の犯罪と結びつけようとする人は大勢いた。批評家はすかさず、この殺人を一〇日前にカンザス州の中絶医ジョージ・ティラーが暗殺された事件と自由に結びつけた。これは「右翼による暴力増大」の「パターン」を示すというのである。より想像力に富む批評家たちは、これらの二つの殺人事件を、四月にピッツバーグで三人の警官が銃撃された事件や、前年にノックスヴィルにあるユニテリアン教会で二人が殺害された事件とも関連づけようとした。なかでもいちばん多くの事件を挙げたのはブロガーのサラ・ロビンソンで、彼女のリストに入っていた事件はいずれもパラノイアに取り憑かれたいずれかの右翼組織に属する人によって引き起こされたものだった。その中のある事件では、精神を病んだ反ユダヤ主義者が元クラスメートを二年にわたってストーキングし、五月についに殺害した。「これがテロの始まりだ」とロビンソンは警告した。[21]
こうして犯罪の種が見えてきたところで、分析者たちは背後にいる扇動者を非難しはじめた。彼らによれば、これらの犯罪人はただの殺人者というより、扇動者に焚きつけられた殺人者だった。『USニューズ&ワールド・レポート』誌は、記念博物館での殺人を「憎悪を支援する者」の仕業と断じ、こう付け加えた。「もし昨日起きたホロコースト記念博物館の警備員で、国民的ヒーローのスティーヴン・タイロン・ジョーンズの惨殺が、憎悪発言の禁止を求める声につながらないのなら、それ以上なにが必要だというのだろうか?」[22]『ニューヨーク・タイムズ』紙のコラムニスト、ポール・クルーグマンは、「極右思想は保守系メディアや政治組織によって意図的に煽動されている」[23]と警告した。『タイムズ』紙の彼の同僚は、犯罪の波は「まだ始まったばかりで、もっと悪いことがこれから起きる」と「つい考えてしまう」のは、「全米ライフル協会の異様な発言[★24]」にも一因があると述べた。別の同僚のフランク・リッチは、「リンボーを好む人のあいだでは殺人にかんする発言が日常茶飯事だ」と指摘した。リッチによれば、記念博物館での事件後、グレン・ベックが「FOXニュースに駆けこみ、オバマを嫌悪する殺戮者を『気の狂れた単独犯』と呼んだ。ところが同じ番組内で、ベックはフォン・ブランの行為は『アメリカのるつぼが沸騰している』証拠だと述べ、あたかもベック自身が沸騰するるつぼであって、盛んにやかんを焚きつけているのではないかと思わせる口ぶりだった[★25]」。

批評家たちがジョージ・ティラーの死について中絶反対派に矛先を向けたとき、中絶禁止論と犠牲者のあいだにはすくなくとも明確なつながりがあった。しかしグレン・ベックやラッシュ・リンボーについてなにを言おうと勝手だが、どちらもホロコースト記念博物館に対する否定的な発言をしたことはない。リッチの怪しげな隠喩のとおり、ベックがやかんを焚きつけているのだとしても、ジェイムズ・ウェネカー・フォン・ブランを生み出したのはやかんではなかった。

こうした類いの関連を見ようとするのはパラノイアの一種であり、それはコーヒーのパウダークリームや児童が宿題でつくった懐中電灯に対する反応と同質のものである。これらの初期の騒ぎと同様に、今回の事件も国家安全保障省に持ち込まれた。二〇〇九年、同省の分析官ダリル・ジョンソンが「極右思想」の脅威にかかわる報告書を作成した。彼は広範囲の現象を対象にしていたようだ。「アメリカの極右思想は」と彼は書く。「基本的に（特定の宗教、人種、民族にかかわる）憎悪に根差したグループ、運動、信奉者と、主として反政府的で、州や地方の権威より連邦の権威を軽視するか、連邦の権威を全面的に否定するグループ、運動、信奉者との二種に分けられる。さらに中絶や移民など単一の問題に反対を表明するグループや個人も含む場合がある」[★26]。

この一文を好意的に読んだにしても、それは主要な右派思想家の考えを羅列するのみで、中絶に反対したり、「連邦の権威を否定」したりする傾向にある「誰か」が脅威になると主張してはいない[★27]。しかし仮にそう解釈したにしても、報告書はきわめてあいまいだ。報告書は暴力より右派思想そのものに着目しているが、その「右派思想」の定義が暴力的な個人に限定されると考える理由はなにもない（国土安全保障省による「左派思想」にかかわる報告書は、クライムシンクやラカス協会のような非暴力的なグループを挙げている）[★28]。FBI捜査官からアメリカ自由人権協会の方針カウンセラーに転身したマイケル・ジャーマンの言葉を借りれば、この報告書は「犯罪というより思想」に重きを置いている。彼によれば、この結果として、この文書は「右派らしい『言説』の増大を指摘していながらも、前年の一二月に白人至上主義者と目されるメイン州のある人物の自宅で核汚染を引き起こす爆弾が発見された一件についてはなにも触れてはいない。そうした状況でなにに留意すべきかを学ぶのは警官にとって現実問題として有益だろう。しかし犯罪活動ではなくイデオロギーに焦点を合わせた報告書は公民権に対する脅威であり、連邦レベルで安全保障にかかわる諸資源の無駄遣いとなる」[★29]。

リベラル派は一九三八年に下院非米活動委員会（HUAC）を再認可することを議決したものの、一〇年後には左翼に同じ手法が使われていることに気づいたが、これと同じく、テロ戦争でスパイ行為を支持した保守派は、その行為が自分たちの想定範囲を越えて使われることに思いいたった。共和党指導者はダリル・ジョンソンの報告書に断固として抗議し、すみやかに対応を引き出した。国土安全保障省は公民権およびプライバシー調査プロセスを採用し、スタッフを国内の右翼に対応するのに必要なだけの人員に減らした。まもなく同省を離れたジョンソンは、批判に直面した上司は雲隠れしてしまい、彼のチームは「まともな仕事を任されることもなく毎日を苦悩のうちに過ごした」とのちに語った。[★30]

それは市民リバタリアンにとって大きな勝利と言えたが、その成果を過度に認めないことが重要だ。調査プロセスによって情報融合センターが無用の報告書を出版する例はかなり減ったとはいえ、作成自体を止めたわけではなかった。ジョンソンは連邦レベルにおける国土安全保障の世界からは身を引いたかもしれないが、その後も国土安全保障関連の仕事を続けていた。DTアナリティックスというコンサルティング会社を創立し、各地の警察、融合センターその他の組織の仕事を請け負っていたのである。メディアではまたしてもファシスト狩りが盛んになり、政治的言説が政治的暴力を生む証拠としてさまざまな出来事が理不尽にも挙げられた。

二〇〇九年九月、ビル・スパークマンというケンタッキー州の国勢調査員が体を縛られ、胸に「連邦捜査官（FED）」と書かれた状態で死んでいるのが発見されたとき、『ハフィントン・ポスト』紙のアリソン・キルケニーは彼の死を「パラノイアと、いわれのない攻撃との文化から生まれる類いの暴力」[★31]と呼んだ。「遺体をグレン・ベックに送れ」という見出しの記事で、フォーブス傘下のトゥルー・スラント社のリック・アンガーは「公共のメディアでどういう発言が許されないかについて米連邦通信委員会（FCC）はきちんと考える時期」[★32]に来ていると訴えた。二か月後、警察はスパークマンの死を自殺と断定した。彼らによれば、スパークマンは抵抗の意味を込めて自分の死を殺人に見せかけたというのだった。

ソフトウェア・エンジニアのジョー・スタックが二〇一〇年はじめにアメリカ合衆国内国歳入庁

（ＩＲＳ）のオースティン支局に飛行機で突っこんだとき、批評家たちは相も変わらずイデオロギーに偏った説明に終始した。スタック自身のマニフェストは、実際にはいずれの既存の政治イデオロギーにも一致しなかった。それは左派らしい憤慨、右派らしい怨嗟、スタック個人の人生における特定の恨みが混じったものだったのである。けれども有名なブロガーのジョシュ・マーシャルは、スタックが「ミスター・ビッグ・ブラザー・ＩＲＳ野郎」と言ったことに注目し、マニフェストに対して「思想には結果がついて回る」という見出しの記事で応えた。まるで共和党の反税金論がなければ、税吏に恨みをもつアメリカ人などいないとでも言うかのように。[★33]

メディアに危機を示唆するような統計が回ってきた。よく調べると、これらの統計は思われたほど危機的な状況を示してはいなかった。

•二〇〇九年八月二八日、ＣＮＮのリック・サンチェスが述べたところによると、シークレット・サービスに近いある人物が「アメリカ大統領の生命に対する脅迫が就任時の四〇〇パーセントにまで上昇していると本日サンチェスに認め」、「これまでどの大統領のときでもこれほど大きな数字になったことはない」と述べた。[★34]その後の数週間で、この数字は他のニュース・アウトレットでも広く伝えられた。また、それに反する見解も多く、サンチェスは最後には自身の見解を引っこめた。

この統計は、サンチェスの放送の数週間前に出版されたロナルド・ケスラーの著書『シークレット・サービス』からの受け売りだった。[★35]二〇一〇年はじめ、私はシークレット・サービスの広報担当マルコム・ワイリーに統計について尋ねてみた。彼は正確な数字は教えてくれなかったが、ケスラーの数字が正しいということについては否定した。ワイリーによれば、オバマが大統領候補だったころ、現職の大統領より多くの脅迫を受けた時期があったことは事実だという。「しかし、大統領就任後になると上昇傾向は落ち着いた」と彼は続けた。「脅迫の数はブッシュ、クリントン、レーガン、その他の大統領たちと同程度になった」[★36]。シークレット・サービスのマーク・サリヴァン長官も、二〇〇九年末に下院の安全保障委員会で同様の見解を述べており、「脅迫は増えていない」[★37]と証言している。

• ジョー・スタックがIRSのビルに飛行機で突っこんだあと、メディアはIRS職員に対する脅迫が二〇〇八年から二〇〇九年のあいだに二一・五パーセント増えたと報じた。今回の数字は正しかった。財務省職員が二〇一〇年はじめに『ウォール・ストリート・ジャーナル』紙に語ったように、そうした脅迫は「ますます増える傾向」にあった[★38]。しかしこの傾向が始まったのは二〇〇六年であり、それは共和党の大統領がホワイトハウスの住人で、歳入にかんするもっとも怒りに満ちた言説が増税ではなく減税だった時代の話だった。

より詳細なデータがないため、脅迫が増えた要因は明らかではない。しかし、ある政府職員によれば、誰かがIRS職員を襲撃しようと考えたとすると、その「きっかけとなったのはおそらく個人的な出来事でしょう」という[★39]。

• 二〇〇一年はじめ、ポール・クルーグマンがこう述べた。「昨春、議員に対する脅迫がすでに三〇〇パーセント上昇しているにもかかわらず、さらに急上昇しているとポリティコ・コムが報じた。こうした脅迫をしている人物の多くは精神病歴があるものの、アメリカの現状のなにかが、以前より多くの情緒不安定な人の病気が悪化して、人を脅迫したり、実際に政治的暴力に訴えたりする要因となっているようだ」。クルーグマンは「毒気をおびた言説」が彼らを行動に走らせた原因だったと明言した。[40]

政治メディアのポリティコは実際に三〇〇パーセントの上昇を報じており、脅迫件数がすでに増えていたというクルーグマンの言葉は、その数値が彼の記事が出るまでにはさらに上昇していたことを示唆している。実際、この数値が増加したのはオバマの医療保険改革法が議論されていたころの話で、法案の通過後にこの数値が高いまま留まったとは考えにくい。ポリティコは論争を招く他の法案が議会で議論されたときに比べて、この数値がどれほど違うかについては明らかにしておらず、殺害予告が異常に高かったのか、通過しそうな法案について人口の一定の割合の人が強く反対している場合にありがちな程度の高さだったのか読者には判断できない。国会警察は残念ながらこうした統計についてはシークレット・サービス並みに口が堅く、参考になる数値を教えてはくれない。私たちにできるのは過去のメディア報道を調べることくらいで、これによって、たとえば、少なくとも三人の議員が北米自由貿易協定（NAFTA）に賛成したために殺害予告を受けたことがわかった。だが、こうした情報はせいぜい散発的なものでしかない。

・南部貧困法律センター（SPLC）は、さまざまな「過激」派を網羅する報告書を毎年新たに作成し発表している。たとえば二〇一〇年には、SPLCのマーク・ポトックが、「二〇〇九年に三六三という驚くべき数の新たな愛国者団体が誕生し、総計は一四九（四二の民兵隊を含む）から五一二（一二七の民兵隊を含む）に二四四パーセント増加した」と報告した。政治的暴力を懸念するのであれば、この増加は「その大きな理由になる」と彼は述べた。[41]

愛国主義者が二〇〇九年に激増したことを説明する十分な理由は存在するが、SPLCが挙げた数字は当初考えられたほど決定的なものではなかった（あるグループが二つ以上に分派すると、このことは勢力が弱まったことを意味しそうだが、もし組織数しか見ていないのであれば、分派どうしの争いは数字上は成長として現われる）。SPLC最大の問題は、きわめて異なる種類の組織を十把ひとからげにしまうために、攻撃的な暴力に訴えかねない人と、暴力にはかかわりたくない人の区別をうやむやにしてしまう点にある。「一般的に」とこのセンターは述べる。愛国主義者のリストに載ったグループは「『新世界秩序』に反対し、根拠のない陰謀説を持ち出し、過激な反政府主義を主張または支持する」[★42]。これに当てはまる団体は多いはずだ。このようなリストを用いて右翼テロの脅威を調べるのは、ある国に存在するモスクを数えて聖戦テロの脅威を評価するのに等しい。

SPLCは、リスト上のグループすべてが暴力その他の犯罪行為を支持または実行するわけではないと認めてはいる[★43]。しかしセンターの広報はどこかで歯止めをかけるべきだと繰り返し述べてもいる。たとえば、ポトックは『ラスヴェガス・レビュー・ジャーナル』紙に、二〇一〇年のブラックリストに五三項目で挙げられているオース・キーパーズの一員が「ティモシー・マクヴェイ」のようになるとは考えていないと漏らした。しかし、と彼は続ける。オース・キーパーズはパラノイアを広めており、「そうした種類の陰謀説が少数の人を暴力的犯罪に導くのである」[★44]。この記事では、オース・キーパーズがそのような考えをもつ人びとを暴力的犯罪から「遠ざける」可能性については触れられなかった。つまるところオース・キーパーズは、このグループが違憲と見なす命令には背くよう政府役人に教唆しているのだ。これはテロではなく非暴力的な抵抗運動の重要な戦略である。

SPLCが挙げた数字がどれほど誤解を招くかを知るには、二〇一〇年に手入れを受け、警官の大量殺戮を企てたという容疑をかけられた、ミシガン州のキリスト教聖戦士組織フタリーの例を考えてみるといいだろう。被告らは最終的には大半の罪状について不起訴となったが、ここで彼らが実際に暴力的な脅威であったと仮定してみよう。

ロバート・チャーチルによる民兵分類によれば、フタリーは熱心な千年王国論者の集団だという。フタリーと、地元で主流の民兵組織であり護憲派でもあるサウスイースト・ミシガン・ボランティア・ミリティア（SMVM）との関係はもともと険悪だった。SMVMは、フタリーメンバーの逮捕について彼らを宗教的カルトだと批判した。SMVMのマイク・ラコマーは、フタリーは手入れのときに救援を求めて連絡を寄こしたが自分たちは断ったとまで『デトロイト・ニューズ』紙に語っている。「あいつらはわれわれ民兵仲間ではない」と彼は言った[★45]。

懐疑的な読者は、昔の仲間が連邦機関の手入れを受けているのであれば、普通の組織ならまず支援するはずだと言うかもしれない（ラコマーの主張に対してデイヴィッド・ネイワートは、民兵は「フタリーのメンバーをバスの車輪の下に放りこんでいるようなものだ」と応酬した[★46]）。しかし、ラコマーが属するSMVMとフタリーのあいだに緊張関係があったことを私たちは独自に確認している。ミシガン大学の社会学博士課程にいるエイミー・クーターは、フタリーの逮捕劇があったとき、この州の民兵運動について二年にわたってフィールドワークをしてきていた。彼女がフタリーの存在を知ったのは逮捕が起きるずっと前で、ラコマーの組織のメンバーたちが「彼らと一緒に訓練しようとやって来たおかしな連中の話」をしたときだった。彼らは自分たちの安全を確保できなかったので、「今後は合同訓練しないと告げられた」という。クーターはさらに、イスラム教に改宗した人もいる非宗教的組織のSMVMは、フタリーのメンバーから感じ取った「強力な反ムスリム感情」に不信感を抱いた。ラコマーの民兵組織はフタリーとの「連絡を途切れさせることはなかった」が、「それは彼らを監視するためだった」[47]。「彼らを監視する」とはなにを意味するのだろう？　ラコマーも別の民兵のリー・ミラクルも、自分たちは逮捕劇の一年前にフタリーについてＦＢＩに情報を提供したと『デトロイト・ニューズ』紙に語っている。ミラクルは捜査官らにこの組織のウェブサイトを確認するよう薦めた。「私はあれを見るとぞっとする。あなた方もあれを見てどう感じるか自分で確かめるといい」[48]と捜査官に言った。

フタリーもサウスイースト・ミシガン・ボランティア・ミリティアも、両方ともＳＰＬＣのリストに載っている。言い換えれば、そのリストにはテロリストになりかねない人物と、そうではない人物双方が混じっていたのみならず、テロリストになりかねない人物と、そういう人物を見つけたら警察を呼ぶ人物双方が混じっていたのだ。リストの多さを暴徒になる可能性の指標にした場合に、こうした区別がつけられなくなるのである。

- 二〇一三年はじめまでには、右翼の暴力行為に対する恐怖は三年前ほど強くはなくなっていた。だがウェストポイントのコンバッティング・テロリズム・センターでテロリズムを研究するアリー・ペリジャー所長の論文が発表されると、右翼の暴力行為がふたたび注目されるようになった。ペリジャーの論文によれば、毎年報告される右翼による暴挙（破壊行為から大量虐殺まで）の件数は、一九九〇年代はじめから四〇〇パーセント以上増えている。

ペリジャーのデータは実際にこの増加傾向を示していたものの、彼は重要な但し書きを付け加えていた。「憎悪犯罪や極右勢力による暴力にかんするデータの質や入手しやすさはこの二〇年で改善している」と彼は述べている。「したがって私たちは暴力件数の変化にかかわる発見を解釈する際には慎重にならねばならない」[49]。換言すれば、一九九〇年から二〇一一年における増加傾向が実際の増加をどれほど反映しているか、あるいはそれが私たちの測定法がどれほど正確になってきたかを意味するのか定かではないのである。

ペリジャーの数字を用いて現在と二〇年前を比較するのが賢明でないにしても、短期間にのみ注目するならさほど神経質にならずともいいだろう。そして、実際にこれを試してみると、驚くべき事実に行き当たる。

二〇〇九年と二〇一〇年（「右翼による暴力行為が増加している」という話がメディアにあふれていた時期）には、右翼による暴力行為は実際には減少していた。もう一度繰り返すが、批評家たちが熱狂の嵐の中で獣が暴れていると声高に叫んでいたころ、暴力沙汰は減っていたのである。

ところが、オバマ政権下ではなくブッシュ政権下にはこうした暴挙の件数は増えており、二〇〇七年から二〇〇八年にかけての選挙運動期間中には最大レベルに達している。ペリジャーは、これは「大統領選挙の年とその直前の年には極右組織による暴力行為が増える」という一般的なパターンを示しており、二〇一一年の場合もこのサイクルが繰り返されているだけかもしれないと示唆した[50]。

では白人至上主義者、中絶反対論者などを除外して、ペリジャーが言うところの「反政府運動家」（民兵、市民主権運動家、ワシントンへの権力集中に反対するその他の人びと）に注目するとどうなるだろう？ すると、彼のデータからは二〇一〇年に短期間ながら増加が読み取れる。彼は一年に一～四件の反連邦運動家による事件が起きると報告する。ところが二〇一〇年には、この数字が一三件に増えるのである。翌年、数字はふたたび二件に減る。これらの数字を愛国主義団体の数が二〇〇八年から増加傾向にあるという南部貧困法律センターの警告と比較すれば、ＳＰＬＣのデータを政治的暴力の指標に

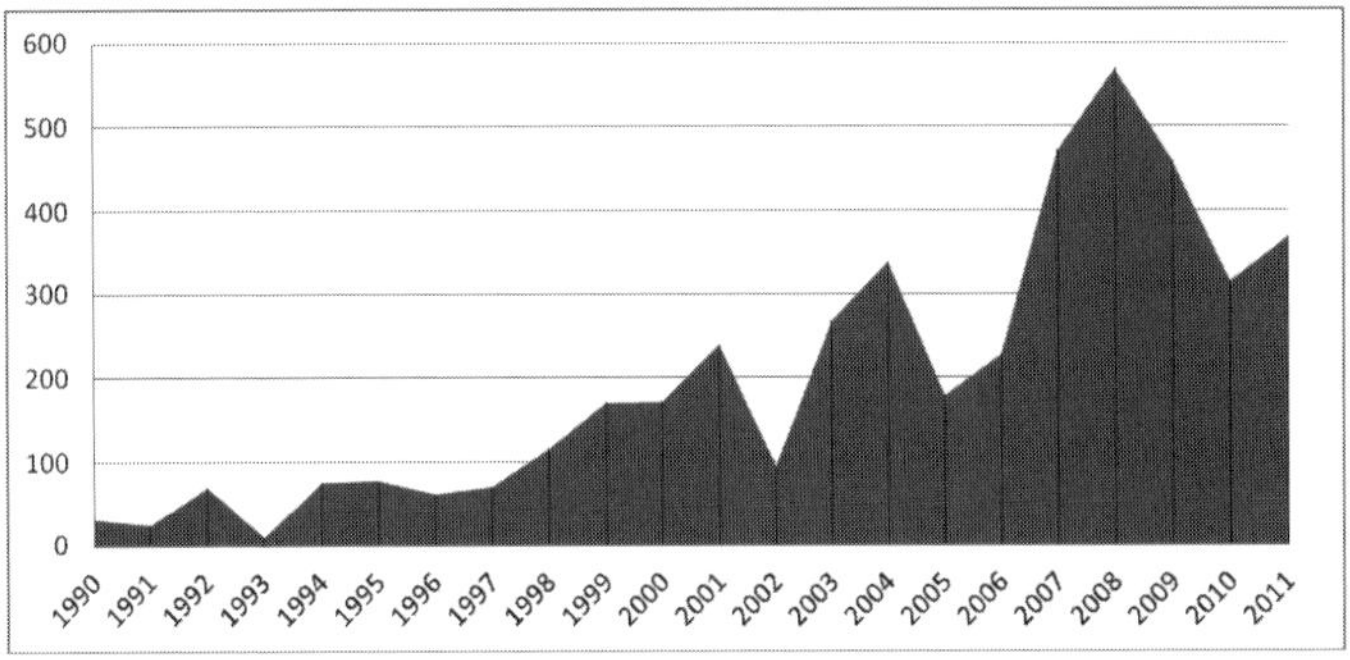

使えないもう一つの理由が見えてくる。

　こうした右翼に対する恐怖の背景にあったのはティーパーティー運動だった。この運動は連邦が新たに経済に介入しようとしていることに対する保守派やリバタリアンの反応であった。この運動にかかわる一部の人は独自の陰謀説を展開した。そのなかには、オバマの医療保険改革法が「死の委員会（death panel）」につながるというものから、ＦＥＭＡが強制収容所をつくろうとしているというよく聞かれるものまであった。ティーパーティー運動の議論ではそうした陰謀説が頻繁に注目の的となり、これが民主党がホワイトハウスに入って右翼が「正気を失った」証拠とされた。

　一見すると、これはおかしな論法に思われる。ジョージ・Ｗ・ブッシュが大統領職にあったとき、右翼による陰謀説が少なかったわけではない。ただ当時の陰謀説はホワイトハウスというより、外国人やムスリム、敵対する左翼陣営に向けられていた。ブッシュ政権下では、右翼の準軍事組織のあいだでは、かつて政府を恐れる民兵運動が占めていた社会空間を、不法移民を恐れるミニットマン運動（メキシコとの国境を見張った）が占めた（ここで言う「ミニットマン」は、一九六〇年代の反共産主義のミニットマンとは別組織）。ティーパーティー運動が台頭するにつれ、もともとその傾向にあるミニットマンは分派しつづけ、民兵が増えはじめた。[51]大雑把に言えば、二〇〇九年の草の根右翼は五年前よりリバタリアン寄りになり、彼らの陰謀説は上層の敵にかかわるものが多くなった。しかし、これはかならずしも右翼が一般に陰謀説に巻き込まれやすいことを示すわけではないかもしれない。彼らにかかわる陰謀説の多くが一般論とは別方向に向いていたというだけのことである。

とはいえ、この時期もっとも有名だった右翼の陰謀説はさほどリバタリアン寄りではない。ここで、バラク・オバマと彼の陣営が大統領の真の出自を隠蔽しようとしているという噂について触れておきたい。この噂の詳細は人によって異なるが、大筋ではオバマはハワイではなくケニヤで生まれたので、アメリカ大統領になれないという趣旨だった。

二〇〇九年半ばまでには、こうした主張をする人びとは「バーサー（birther）」として知られるようになり、メディアが好んで話題にする政治的パラノイアの象徴としての地位をトゥルーサーから奪いかねない勢いだった。[52]ラジオやテレビの司会者ルー・ドブスやグレン・ベックは視聴者の支持を得て、七月には共和党の下院議員一〇名がバーサーに支持された法案を議会に提出した。法案は大統領候補者に出生証明書の提出を求める内容だった。大統領の出自にかんするこの強迫観念はオバマが二〇一一年四月に詳細な出生証明書を出すまで鎮まらず、その後も頑固な人びとのあいだでは噂が完全に途絶えることはなかった。

バーサーの世界には、少なくとも三つの重要な動機があり、いずれも異なる（重なることもある）組織に結びついている。

魔法のような解決法への渇望。これがもっとも明確な動機である。政治的葛藤なくしてオバマ政権を終わらせられる「稲妻」が欲しいのだ。バーサー主義は共和党で生まれたわけではない。二〇〇八年の民主党予備選挙で、ヒラリー・クリントンの支持者が、候補者指名競争から主要なライバルを排除する奇跡を望んだことから始まった。クリントンが選挙戦から脱落すると、バーサー主義は新たな信奉者を獲得しつづけ、今度は突如として右翼から信奉者が集まるようになった。オバマの新たな敵は右翼にいたからだった。まず政治的な理由があり、信条は二の次だったのである。二〇〇九年のバーサー大会に行ったと仮定すると、いちばんよく耳にしたはずの二つの文はこうだ。「私はオバマの経済政策と医療保険改革を強く支持する。彼が大統領になる資格がないのは残念な限りだ」。

外国に対する恐怖。バーサーの多くにとって、オバマの出自は外国に対する疑念と結びついていた。彼らの立場に好意的だったもっとも著名な報道人がルー・ドブスであったというのも驚くにあたらない。なにしろ当時の彼は強力な保護論者で不法移民に対して反対を表明していた。ラジオ番組でオバマの出生証明書について議論していたとき、ドブスはこう明言している。自分は「手続き上の問題があるのではないかと考えはじめている。ことによると彼は、その、いや、私は『移民』という言葉を使おうとは思わない。それはよろしくないからね[★53]」。

彼は冗談を飛ばしていたのだ。オバマが不法移民だとドブスが信じていたとは私は思っていない。とはいえ冗談にも意味があり、ドブスは（直感的または故意に）暗黙の関連性（外国からの移民に対する恐怖と、外国人を大統領にしてしまうことに対する恐怖の関連性）をほのめかしたのではないか。

ドブスは冗談を言ってウィンクするだけだが、他の人びとは本気で発言する。その月のあとになって、ラジオ番組『ハードボール』で、ウォーターゲート事件で鉛管工だったG・ゴードン・リディは、もしオバマが外国生まれで帰化していないのだとすれば、どういう立場になるかと尋ねられた。「不

法移民ということだよ」とリディは答えた。★54

ここで人びとの不安を煽っているのは明らかにメキシコからの移民流入だったが、それだけが問題ではなかった。外国のムスリムに対する恐怖と、権力者がじつは外国人／ムスリムであるという恐怖のあいだには大きな隔たりがある（バーサー主義以外にも、オバマはひそかにイスラム教に帰依しているという噂に悩まされている）。しかも、オバマの経歴はもともと外敵に対する排外主義者の不安を煽り立てる詳細に事欠かない。彼は幼少期をインドネシアで過ごした。彼の父親はケニヤ出身だった。若かりし日のオバマがアメリカに住んでいたというのはハワイのことで、その地はアメリカ人の実感では自国の州とも思えなかった。アメリカを多文化国家として考えないのであれば、大統領の経歴は隠喩的には彼を外国人と見なすに十分だろう。そして陰謀論はとかく隠喩を現実に変えてしまうものだ。

過度の崇敬。奇妙なことだが、バーサー主義は熱狂的なオバマ人気の裏返しでもある。それは、大統領執務室に対する敬意を維持しながら、そこの住人を嫌悪する便法なのだ。二〇〇八年の著書『大統領職への崇敬（*The Cult of the Presidency*）』でジーン・ヒーリーは、大統領に対する信頼はウォーターゲート事件以来損なわれる一方だが、「大統領職に対して人びとが寄せる膨らんだ期待感（大統領に望むこと）はこれまでになく高い……ポピュラーカルチャーから学術界そして選挙にいたるまで、私たちは王を呪う一方でキャメロット神殿に恋い焦がれる★55」。

では、大統領を蔑んではいるが彼が占める地位を崇敬する人がいたらどうするか？　過去に目を向ければ、職に「汚点を残した」とビル・クリントンを責め、大統領職を大統領その人と区別するかもしれない。しかし大統領が完全に正当であることに疑義を差し挟めるなら、なおさらいいではないか。王座は王座であり、そこにすわっている男が偽者であるというだけのことになるのだから。

この隠喩は私が考え出したものではない。バーサーが集うネットサイトを見てみれば、なかば王政主義に凝り固まったような発言がたくさん見つかる。ある人はこう主張している。[56]「バラク・オバマが正式に大統領に就任したとき、彼は『王座についた僭称者』になったのである」。別の人は彼を「大統領職の現在の僭称者」と呼んだ。[57]彼は「王位強奪者」かもしれないと示唆した。[58]また別の人は、彼は無政府主義と排外主義を折衷したかのような、さらに別の人は、当初はオバマを「ホワイトハウスに住まう疑似ムスリムで、なんとかアメリカ人と認められる程度の人間」と呼んだが、やがて、そう、「ほぼ間違いなく王座についた僭称者」と呼ぶようになった。[59]

バーサー主義そのものはパラノイアではない。だが南部貧困法律センターのハイディ・ビーリッチが、バーサーたちのような言説によってオクラホマ爆破事件の二の舞いになるかもしれないとナショナル・パブリック・ラジオに述べたとき、[60]バーサー主義は「右翼による暴力行為の台頭」というパラノイアに満ちた噂を煽った。

誰かがそう口走るのを耳にすると、ほぼなんでもオクラホマ爆破事件の二の舞いになりかねないように聞こえる。二〇一一年一月八日、ジャレド・リー・ロフナーという若者がトゥーソン近くの駐車場でアリゾナ州選出のガブリエル・ギフォーズ下院議員を暗殺しようとした。彼女は命を取り留めたが、この事件で他の六人が死亡した。テレビやラジオ、インターネットには、ロフナーがラジオの話、暴力的な政治イメージ、右翼の陰謀説、元副大統領候補のサラ・ペイリンが二〇一〇年の選挙運動中に公開した地図に唆されたという主張が瞬く間に流れた。ペイリンの地図には、彼女が力を入れている選挙区（ギフォーズの選挙区も含まれていた）に銃の照準に使う十字線が描かれていた。銃撃直後、政治ブログ「デイリー・コス」のマーコス・ムーリツァスは「使命完了、サラ・ペイリン」とつぶやいた。[61] ニューヨークのタブロイド紙『デイリーニューズ』のマイケル・デイリーはこう書いた。「ペイリンの手はこれでかわいそうなトナカイどころか人の血で汚れたかもしれないが、彼女はこれからも十字線を描いて、『弾を込めよ！』と言いつづけるだろうか？[62]」英紙『ガーディアン』はロフナーのユーチューブビデオにティーパーティー運動の痕跡を懸命に探し、ある時点で「ティーパーティー運動の聖典であるアメリカ憲法を色濃く反映している」と述べた。[63]

　この見方は、ロフナーの真の世界観が知れるにしたがって破綻した。ティーパーティー政治やサラ・ペイリンの寄付に興味をもつというより、ロフナーがインターネットに公開した文章や映像は「無限の貨幣源[64]」にかかわっており、政府が文法を使って国民の心を支配していると警告し、あるジャーナリストが「暦にかんする無茶苦茶な議論」と形容したものを含んでいた。[65] ロフナーが書いた典型的な文章は次のようなものだった。

> 夢遊病を定義するなら、それは眠った状態で歩く、食べるなどの行為をすることを指し、その人は目覚めてからそのことを覚えていない。
> 私は夢遊病を定義する。
> したがって、夢遊病は眠った状態で歩く、食べるなどの行為をすることを指し、その人は目覚めてからそのことを覚えていない。
> 私は夢遊病患者だ――ただ目覚ましを消すことのできる夢遊病患者だ。[66]

それでも、ロフナーがどういうタイプの変人であるのかについてはまだ混乱があった。たとえば、マーク・ポトックは銃撃の翌日にこう述べた。「ロフナーがミルウォーキーの愛国主義的陰謀論者デイヴィッド・ウィン・ミラーのアイデアに影響されているのは明らかだ」。だが、この主張にはそれを裏づけるたしかな証拠が必要だった。[★67]

ロフナーの友人のザック・オスラーは、ABCテレビのインタビューに答えてより有益な手がかりを与えてくれた。彼によると、ロフナーは主流の政治談義には興味がなく、ピーター・ジョセフが二〇〇七年に自主制作したドキュメンタリー映画『ツァイトガイスト』のファンだったという。ジョセフの映画は、その三分の一が宗教は嘘で固められているという主張で、別の三分の一がトゥルーサー主義で、残りの三分の一が銀行家にかんする陰謀論で占められている。そのオンラインガイドは、ありとあらゆる主義主張（リバタリアン、左派、ジョン・バーチ協会信奉者、そしてリンドン・ラルーチの名文まで）を引用しており、全体として左右の別は容易につかない。二〇〇九年、ジョセフは本格的なツァイトガイスト運動を発足させ、その思想基盤はおもに未来主義、持続可能性、ユートピア経済であった。映画『ツァイトガイスト』に対するロフナーの思い入れが、ツァイトガイスト運動へのそれに発展したという痕跡はない。ジョセフが新たな貨幣の導入ではなく貨幣の廃止を主張していることを考えるなら、そうなったとは考えにくい。ロフナーがこの映画から得たものがなんであるにせよ、それはジョセフの世界観の一つの要素に限られていたのは明らかである。

たとえばロフナーは鮮明な夢、リチャード・リンクレイターの『ウェイキング・ライフ』（二〇〇一年）やリチャード・ケリーの『ドニー・ダーコ』（二〇〇一年）などのように現実を歪める映画、あるいはフィリップ・K・ディックのSF小説（彼の小説は現実そのものが嘘であるというパラノイアに染まっていることが多い）などに興味を抱いていた。ロフナーの別の友人ブライス・ティアニーは、銃撃犯が「世界はじつのところ無であって幻影でしかない」という考えに「取り憑かれていた」と『マザー・ジョーンズ』誌に語った。[★68]

銃撃の当日、ニュース専門チャンネルMSNBCでのインタビューで、ポトックはロフナーが興味を抱いていたという鮮明な夢を極右と結びつけようとし、陰謀論者がこの話題に関心を示していると指摘した。だがより真実に近い仮説（それでも仮説には違いない）によれば、ロフナーの世界観の中心にはパラレルワールドに対する興味があり、彼は自分に見えている世界が真実ではないという疑念を裏づけるような非主流の政治シーンに惹かれていた。

このことがただちに殺人につながるわけではない。最近では、非常に多くの人がふとこうした考えに浸ることはあるが、おおかたの人は殺人に走らない。

一九九〇年代末から二〇〇〇年代はじめにかけて、カルト映画の波がもっとも極端な内敵の物語――人生は虚構であり、私たちが現実として体験するものは絵空事であって、おそらくは有害な錯覚なのだ――として世の中にあふれた。こうした考え方は新しくはなかったが、突如として、どこを見てもそればかりになったのである。『トゥルーマン・ショー』（一九九八年）、『ダーク・シティ』（一九九八年）、『マトリックス』（一九九九年）、『イグジステンズ』（一九九九年）、『13F』（一九九九年）などの映画、TVシリーズの『ハーシュ・レルム』（一九九九年〜二〇〇〇年）、『バニラ・スカイ』（二〇〇一年）その他の映画などだ。[★69]他人の頭の中にある仮想世界をさまよう、より広い意味での同種の物語がさらに映画に登場した。『奇蹟の輝き』（一九九八年）、『マルコヴィッチの穴』（一九九九年）、『ザ・セル』（二〇〇〇年）、そしてロフナーが好んだという映画の一本『ウェイキング・ライフ』である。

これだけの数が揃うのは模倣作品もあるからだ。それにしても、この世のすべてを説明するために、あまりに多くの企画が同時期にかつ独立して立てられた。理由がなんであれ、二一世紀に変わるころの観客は虚構じみた現実というパラノイド・スリラーを好んだのである。この世は狂った偽物の神によって支配されているというグノーシス派にちなんで、これをデミウルゴス・サイクルとでも呼ぼう。

もっとも影響が大きかったデミウルゴス映画は『マトリックス』で、アンディーとラリー（のちにラナ）・ウォシャウスキーによる脚本および監督だった。それはキアヌ・リーヴス演じるコンピュータ・プログラマのネオの物語で、彼はこの世界はただのシミュレーションだと知る。私たちは小さな槽の中に入れられて邪悪なコンピュータにエネルギーを提供しており、ただシミュレーションで心を満たしているだけなのだ。『マトリックス』と二本の続編はベビーブームロックの縮刷版と言えよう。最初の映画はロックの「3コードリフ」のようなもので、単純で誰もがふと考えてしまうような「もしも現実が大嘘だったら？」というアイデアが、強力な魅力を放つ作品に変えられている。『マトリックス・リローデッド』（二〇〇三年）は、盛りを過ぎたポップスターが別人の歌（たとえば、一九八七年のミケロブのコマーシャルソング）を歌っているようなものだ。

デミウルゴス・ジャンルは、『マトリックス』三部作が終わっても続いた。最新の典型例には二〇一〇年の『インセプション』がある。この映画は重要な作品であり、商業的にも成功を収めた。一方で『レボリューションズ』は、このブームもやはり終わりが近いことを示していた。最初の二作とは違って、『レボリューションズ』はそもそも『マトリックス』シリーズをヒット作にしたアイデアとほとんど縁がない。邪悪な知的生命体によってつくられた偽りの世界からすでに解放された主人公たちは、今度は戦争映画にお決まりのパターンに陥っていた。すでに懐疑的でもなければ孤絶してもいない彼らは、陳腐な信念を主張する。デミウルゴス・サイクルについて意見を述べるとき、批評家たちはフィリップ・K・ディックを聖人のごとく崇めるが、『マトリックスレボリューションズ』にディックの影はない。[★70]

この世界の創造主の王がJ・R・R・トールキン（『ロード・オブ・ザ・リング』の「中つ国」の創造に心血を注ぎ、複雑な構文をもつ仮想言語をもつくり出した）であるとするなら、ディックは「二日たっても崩壊していない世界を創るために」と題するエッセイの中で、次のようなことを言っている。「私は壊れる世界を創造するのを好む。世界がばらばらになり、小説中の人物がその問題に対処するのを見たい」[★71]。ディックの物語では、真の世界も偽りの世界もともに崩壊するものであり、いずれも私たちに見出されるのを待っているのである。[★72]

デミウルゴス・サイクルのなかでここまで徹底した世界観を見せるのは、ほんの少数の作品（とりわけ『イグジステンズ』と『マルコヴィッチの穴』）に限られている。したがって、シネプレックスで上映されるおおかたの作品は、背後に隠された奇妙な社会的事実を取り上げることはない。デミウルゴスの映画では、主人公か世界そのものが誰か別の人がつくった代替現実に囚われの身になっている。ところが、より多くの人がどんどん複雑化する代替現実に身を置くようになり、その多くの創造にかかわるようになるにつれてこの種の映画が有名になった。

『マトリックス』シリーズの核心にあるパラドクスは、それが仮想世界からの解放のために闘う人間の物語でありながら、無数の人間が入りたがる仮想世界になってしまった点にある。あまりに有名になったビデオゲームをすることによって私たちは『マトリックス』の登場人物になり、オンラインのパズルゲームをすることによって『マトリックス』の世界をさまよい、自分だけの『マトリックス』

パロディやファンフィクションをつくることによってこの世界に我流の変更を加えることができるのだ。人は偽りの世界に入ることを強いられたり、騙されて入ったりすることは好まないかもしれない。けれども、自分の意志でその世界に出入りする機会には飛びつくものらしい。

ここで手がかりの話に戻ろう。ウェブ、マルチプレイヤー・コンピュータ・ゲーム、ファン・コミュニティは、人びとが自分自身の偽りの世界を採用したり創造したりする場所のみならず、これらの世界が予想もつかぬやり方で互いにぶつかり合って、人の心を惹きつけたり、熱心に手がかりを探す人を混乱させたりする痕跡を残す。

イギリス中の音楽ファンが、ジェイミー・ケインの死を嘆き悲しんだときに起きたことを考えてみるといい。ケインはボーイバンド「ボーイド・アップ」のスキャンダルにまみれた強者であり、彼のキャリアはウィキペディアによれば「そこそこの成功を収めている」[73]。彼は二〇〇五年にビデオ撮影のために移動中にヘリコプターが墜落して死亡した。BBCのウェブサイト「トップ・オブ・ザ・ポップス」は、ケインを乗せたヘリコプターが「飛行中になんらかの故障を起こし、目的地から数キロメートルの海中に墜落した」と報じた[74]。殺人の可能性をほのめかす人もいる。

いま読んだばかりの段落に書いてある内容はほぼ嘘だ。「ボーイド・アップ」というボーイバンドなどないし、ジェイミー・ケインというポップスターも存在しないし、彼がスキャンダルを起こしたこともなければ、死亡してもいないし、誰も彼の死を悲しまなかった。しかしBBCが彼の死を報じたのは事実であり、彼のキャリアとされるものがウィキペディアに短期間だけ登場したことも然りだ。そしてこれらの作り話が本来事実のみ伝えるべきメディアにも登場するようになったことに人びとが気づいたとき、殺人の話も立ち消えになった。

ジェイミー・ケインは代替現実ゲーム（ＡＲＧ）の登場人物だった。世界初の主要な代替現実ゲームは「ザ・ビースト」という手の込んだパズルで、二〇〇一年のスティーヴン・スピルバーグの映画『Ａ.Ｉ.』のプロモーション用に制作されたものだった。このゲームは広告対象の映画をはるかに越える出来と広く認められ、代替現実ゲーム・ジャンルの手本となった。[75] ゲーム・デザイナーのジェーン・マクゴニガルの言葉を借りれば、「ザ・ビースト」は「現実の環境を取り込んでいる」という。これが意味するのは、インターネット上にある何千というウェブページ、新聞やテレビ広告にたまたま掲載された手がかり、プレイヤーにかかってくるほんとうの電話やファックス、郵送されてくる荷物、見事に描かれた洗面所の落書きまでゲームに取り込まれているということだ。代替現実ゲームには陰謀説に真正面から挑むものもあった。「プロット49（*Plot 49*）」は、トマス・ピンチョンのパラノイアに満ちた小説『競売ナンバー49の叫び』にもとづいており、「シークレットワールド」の物語にはイルミナティ、テンプル騎士団、その他おなじみの秘密結社が登場する。だがそのようなゲームの場合、ストーリーにかならずしもパラノイアの要素がなくとも、陰謀論者なら気づくようなヒントが埋め込まれていなければならない。「『ザ・ビースト』はゲームの境界というものをまったく認めていない」とマクゴニガルは書く。「プレイヤーたちは彼らが日常的に使うネットワークに接続しているあいだはずっとゲームをしていることになる」。このゲームはひどくパラノイア的なスローガンをもっていた。「これはゲームではない[76]」。

プレイヤーは現実世界とゲームの世界に同時に生きるため、代替現実ゲームはアイロニスト・スタイルが求める複数の視点を必要とする（マインドファック作戦にパズルはなかったが、この作戦はある意味において代替現実ゲームの先がけであるとも言える)。「ザ・ビースト」の場合は、現実世界と仮想世界の境界があまりにあいまいになるため、テロリストが世界貿易センタービルに飛行機で突っこんだとき、ゲームを解くフォーラムは9・11の謎を「解く」計画について話しあいはじめた。ある典型的な発言はこうだった。「これはわれわれのやり口に似ている。物をばらばらにして、その意味を探るんだ」[★77]。ほどなく、グループの主宰者は注意を喚起する必要を感じ、「われわれのために隠された手がかり」と実際の事件で残された手がかりの違いを指摘した[★78]。

少なくとも、テロ事件をまじめに追跡していた人なら、9・11がほんとうはゲームではないとわかっただろう。ジェイミー・ケインの場合には、ゲームの制作者側はプレイヤーにはアクセスできないはずの場所に謎のヒントを置いた。ネットで「ジェイミー・ケイン」でググると、女性ファン向けの写真がふんだんに掲載された偽りのファンサイトや、ケインの音楽のサンプルを聴くためのオフィシャルサイトだけでなく、彼の死を伝える前述のサイト「トップ・オブ・ザ・ポップス」も見ることができる。さらにケインはラジオ1の名簿にも載っているが、この名簿は他の仮想の人物は載せていない。ウィキペディアにケインとボーイド・アップの項目が追加されたことをブログ「ボインボイン」が明らかにすると、このニュースが大騒動を巻き起こし、BBCは今回の騒動は当局の与り知らぬことと表明せねばならなかった。BBCは今回の騒動を起こしたのは別々に動いている二人のファンで、そのうちの一人が「たまたまBBCの職員」で、その職員は「ジェイミー・ケイン・チームやBBCマーケティング部門の誰にも知らせずに」誤情報を投稿したのだという[★79]。この説明は真実とも虚偽とも判断できず、より根の深い虚偽の可能性もある。いずれにしても、マーケティングの世界には噂ならどんなものでもいい噂だと考える種類の人びとがいる。当時、ある観測筋が述べたように、

「BBC放送はボインボインをゲームに組み入れたのだろうか？」[★80]

二〇世紀なかば、数人の心理学者と精神科医（とくに、エリック・バーンとサイケデリック革命前のティモシー・リアリー）が、社会的役割をゲームプレイと見なし、社会的行動を一連のゲームに見立てる交流分析論を開発した。ドラッグ実験を始めたあとも、リアリーはこの隠喩を忘れなかった。ロバート・アントン・ウィルスンが一九六四年に『リアリスト』誌のために彼にインタビューしたとき、リアリーはハーヴァード大学での「言語ゲーム」、彼の客人の「訪問ゲーム」、そして彼の同胞の「国籍ゲーム」にさりげなく触れ、魔法のキノコの上でのはじめてのドラッグ体験についてこう述べた。「空間ゲームが終わって、次に時間ゲームが終わり、最後に『ティモシー・リアリー』ゲームが終わった」[★81]。二〇〇五年、物語を語って大衆の注目を浴びることを目的とする「ジェイミー・ケイン」ゲームが、作り話ではなく真実を伝えることを目的とするウィキペディアゲームとクラッシュした。

しかし、このことは有害なマーケティングゲームの存在をも暴露した。それは代替現実ゲームが「これはゲームではない」と宣言するように、「これは広告ではない」と宣言する一種の広告なのである。ある匿名の読者は怒りが頂点に達し、ボインボインにこんな手紙を書いた。「私は自分の名前を明かすことはできませんが、ウィキペディアをオンライン・マーケティング戦略の柱として用いている会社に勤めています。その戦略では、有害な情報を項目に書きこみ、項目が新しい販売促進サイトや項目に埋め込まれた『漏洩』につながるように手を加え、情報の拡散状況を確かめるのです[★82]」。ゲームのデザイナーが手がかりを隠し、邪悪なマーケティング要員が噂をばらまき、諜報機関が誤情報をばらまくことにあなたが類似性を認めたとしたら、それはあなただけの話ではない。

人がレクリエーションと人間社会の陰謀ゲームを混同するのは、「ザ・ビースト」のプレイヤーが、デジタル物語を解くのと同じ技巧を使って実際に起きた三〇〇〇人の殺害事件を解こうとするときだけに限られてはいない。私はフェノミコンでのライブRPGにうっかり入りこんでしまったジョージア・スケプティックスの男のことだけを言っているのではない。ジョン・トッドと同じく自分はサタンの司祭だったと主張するスティーヴン・ドリンズが、スティーヴ・ジャクソンによるイルミナティゲーム「イルミナティ：新世界秩序」について講演した。ドリンズはとくに「テロリストの核攻撃」と題されたカードについて話した。このカードは世界貿易センタービルが崩壊する映像を示しており、ツインタワーに飛行機が突っこんでからタワーが崩れ落ちるまでの短いあいだの様子に似ている。別のカードは国防総省での爆発を描いていた。ドリンズによれば、これらの図柄はイルミナティとテロ攻撃のつながりを示す手がかりだという。

「忘れないでください」と彼はあるとき聴衆に語りかけた。「一九九〇年代、『イルミナティ』は耳慣れない言葉でした」。誰もそれがなんであるか知らず、知っていたのはほんの少数の選ばれた人のみだった。伝道者には、ジョン・トッドのほかにも印章について話す人びとがいた。彼らは一ドル札の裏面に印刷された国章を示し、これはイルミナティの印章であると主張してその意味を伝えた。またイルミナティの未来計画についても語った。大衆は彼らはみな頭がおかしいのだと考えた。いまになって人びとは彼らを思い出して、こう言う。「ああ、もっとやつらの話を聞いていれば……彼らが予想したことが実際に起きるのを私たちは見てきた。彼らは予定どおり事を進めているのだ[★83]」。

ジャクソンのカードに皮肉ではなく予知を感じるのはドリンズだけではない。「9・11以降、カードの題および図柄と現実世界に起きる出来事のあいだに類似性を認める人がおもにオンライン上にいる。いや、彼らの世界に起きる出来事と言ったほうがいいかもしれない」とジャクソンは電子メールで私に語った。「典型的には、これらの人びとはタロットカードを解釈するかのように、一部のカードとその解釈をウェブページに投稿し、彼らは『どうやってこのことを知ったのだろう』といぶかるのです。あるいはユーチューブにビデオを投稿し、その中でカードの図柄にズームインして、不気味な音楽をかけます」。9・11以外にも、陰謀論者はカードが東日本大震災から二〇一二年にコロラド州で『ダークナイトライジング』上映中の映画館で起きた大量虐殺まで予知したと主張した。[★84]

インターネットはイルミナティ愛好家が互いに考えを交換する強力な手段となり、その影響力はオルト・コンスピラシーやコンスピラシー・フォー・ザ・デイの時代の比ではなかった。ポップカルチャー批評家のジョナ・ワイナーは二〇一一年に、「ブロードバンドインターネットの普及」とともに、「イルミナティの陰謀がポルノと猫の写真並みの高い人気を博した」と述べた。[★85] 俳優などが死ぬたびに、インターネットフォーラムではバイエルンの秘密結社がかかわっているのではないかという推測が流れた（「ドナ・サマーはイルミナティの最新の生け贄だったのか？」）。[★86] ユーチューブなどの投稿サイトがあるおかげで、いまや映画やテレビの映像の一部を抜き出し、その中に隠されているフリーメイソンの象徴を強調して投稿するのも簡単になった。そして人びとはそうした象徴を音楽ビデオからスーパーヒーロー映画まであり**とあらゆる**場所に発見した。ポップカルチャーの分野全体が総がかりで証拠探しに夢中になった。

こうした興味の高まりには、ラジオ司会者アレックス・ジョーンズのように、なにかというとイルミナティをもち出す比較的有名な陰謀論者の存在がある。また『イルミナティ』三部作が落とした長い影も看過できず、この三部作はポップカルチャーに直接あるいは間接に多大な影響を与えている。ヒップホップの世界では、一九九〇年代にアフリカ・イスラムが広めた新世界秩序が忘れ去られておらず、この影響はさらに大きい。ドクター・ドレ(「イルミナティにこだわっちゃいないさ」[87])やコモン(「一ドル札にイルミナティみたいな眼」[88])など、ラッパーの歌詞にもイルミナティの影響が見受けられる。テクノバンドのプロディジーが二〇〇八年に出した「イルミナティ」という楽曲には、こんな節がある。「イルミナティはおれの心と魂と体を欲しがる/秘密結社はおれに目を光らせている/おれは見つかるようなヘマはしない/やつらにわからない場所にいるからな/よく考えて動くぜ」[89]。

プロディジーがジェイ・Zをイルミナティの一員と名指しで誹謗するまでには、アダム・ヴァイスハウプトの組織はセレブゴシップの類いとなり、タトゥーや手の仕草、ビデオ画像まですべてはファンにとって誰が結社の一員かを見分けるための材料となった。ラッパーの50セントが二〇〇九年にフィラデルフィア州のラジオ局で次のように話した。このことから彼らが感じていた恐怖感がわかるだろう。

ターシャ・ジョーンズ:あなたは秘密結社から連絡を受けたことがありますか? ラッパーが――ミュージシャンやアフリカ系アメリカ人アーティストのことですが――ある程度有名になると、いまだにこの国の若者の心を支配したいと考えているこの秘密結社が、あなたがたを結社に勧誘し、あなたがたに歌詞にメッセージを組み入れ、彼らの意図に逆らわないようにさせると言われています。あなたがたは私たちと同じような服を着ていても、彼らの手先だということですね。

50セント:そういう連中から連絡を受けたことはないよ[90]。

ジェイ・Zは、「おれはすばらしい《アメージング》と言っただけで、フリーメイソンだとは言ってないぜ」という歌詞で噂を打ち消そうとした。★91

秘密結社の噂が絶えないポップカルチャーはヒップホップのレコードに限られてはいない。TVシリーズ『バフィー〜恋する十字架』の一九九九年のある放送回では、ヒロインは「エル・エリミナティ」という名の吸血鬼集団と対決する。コミックブックの『ニューアヴェンジャーズ　イルミナティ』は「イルミナティ」という名称の部分を、アイアンマンやドクター・ストレンジといった有名すぎるほどのコスチュームを着たヒーローが属する秘密の超人組織のために借用している。★92映画に目を転じれば、イルミナティは二〇〇一年の映画『トゥームレイダー』の悪の組織であり、二〇〇九年の『天使と悪魔』では悪の組織と目されている。後者の映画はその九年前にダン・ブラウンによって出版された小説にもとづいており、ブラウンはイルミナティ・スリラーに続けて、現在までの二一世紀で英語で書かれた陰謀小説としてはもっとも広く読まれた『ダ・ヴィンチ・コード』を書いた。

『ダ・ヴィンチ・コード』の筋書きは、ノンフィクションの『レンヌ＝ル＝シャトーの謎――イエスの血脈と聖杯伝説』に負うところが多く、イエスはマグダラのマリアと結婚し、二人は聖なる血脈となる子をもうけ、ローマ教皇庁はこれを隠蔽すべく血塗られた工作を長きにわたって行なってきたというものだ★93（奇妙なことに、筋書きでは真実はすでに暴露されていることになっている。つまり、知られざる秘密の歴史を暴くというより、主人公はそのことを「イエス・キリストの尊い血脈は多くの歴史家によって詳細に記録されている」と主張する事情通の人物から少しずつ知らされる）。★94この小説は絶妙なタイミングで発表された。ローマ教皇庁を数十年にわたって悩ませることになる最大の騒動直後という二〇〇三年のことだったのだ。ローマ教皇庁はほかにもあこの小説のファン層には、教会が神父の男色を隠してきたと誤って信じ、らゆる隠蔽工作をしているのではないかと信じる状態に置かれた多くのカトリック教徒がいた。
そう、信じるがいいのだ。スリラーの書き手は内容の一部は真実かもしれないと思わせるようなヒントを挿入し、読者が登場人物のセックスと銃撃戦だけでなく、自分が隠された真実を垣間見ているというスリル感をも楽しめるようにする。ブラウンが小説の冒頭にこの物語のさまざまな部分は実際に存在するという但し書きをつけたのは、おそらくこの標準的な手法を用いていたのだろう。けれども『ダ・ヴィンチ・コード』はそこに書かれていることが文字通り絶対的な真実であるとは主張していないので、この小説は懐疑的な読者が聖典との矛盾や明白な誤りを指摘してもそれでただちに傷つくわけではない。彼に先んじたH・P・ラヴクラフトやロバート・アントン・ウィルスンのように、ブラウンは本人がこの物語は真実ではないと幾度言っても信奉者を惹きつける物語を紡いだのである。『ダ・ヴィンチ・コード』の登場人物はたえず謎解きをしている。これに合わせて、出版社は小説の販売促進のために代替現実ゲームのようなコンテストを開催した。この本の表紙にいくつかの暗号が隠されていると発表したのだ。その暗号とはフリーメイソン団のスローガンと、ヴァージニア州ラングレーにあるCIA本部の座標だった[★95]。ベストセラー作家の本の表紙ですら、なにが隠されているかわかったものではないのだ[★96]。

二〇〇八年六月、ウェブ上にノーツ・トゥ・メアリー（Notes to Mary）という奇妙なサイトを発見した人びとがいた。それはある高校生が別の高校生に書いた数通の脅迫状で、それを見た人はこれは代替現実ゲームだと当たりをつけた。ある人が後日、サイトの管理者は「プレイヤーと交流しはじめた」とウェブフォーラムのメタフィルターに書きこんだ。「彼はプレイヤーにおかしなメッセージとなんらかの暗号に見える数字の羅列を送りつけた[★97]」。

しばらくすると、ノーツ・トゥ・メアリーのサイトにログイン用のリンクが張られた。プレイヤーはパスワードを見つけようと苦心惨憺し、ようやくの思いで謎を解いた。彼らが喜び勇んでログインすると、そこに彼らが探していたものがあった。

それは一九八〇年代のポップスター、リック・アストレーが彼のヒット曲「君をはなさない（*Never Gonna Give You Up*）」を歌っている動画だった。それは、他人にいたずらを仕かけるジョイ・ブザーのインターネット版だった。

はなからゲームなど存在しなかったのである。メタフィルターに書き込みをした人物の説明によれば、サイトを運営していた男は「気味悪い文章を投稿して、その反応を確かめたら楽しいだろうと考えただけだった」という。人びとが文章を代替現実ゲームだと決めつけたとき、「彼はその線で行こうと決めた。彼が送った数字の『暗号』ですか？ あれはただでたらめに選んだ番号と年月日ですよ」。

彼はノイズを送り、プレイヤーはそれにパターンを見た。彼らはトラ・ボラにある伝説のビンラディンの要塞のように複雑な迷路を想像したが、彼らが見つけたのはただの洞穴だった。

エピローグ　本書の最後に潜む怪物

私たちは月に人の顔を見て、雲に軍隊を見る。その自然な性質のおかげで、経験と内省を生かさなければ、自分たちを傷つける悪と楽しませる善すべてに身を任せてしまう。

——デイヴィッド・ヒューム★01

世界貿易センタービルが炎上していると聞いたとき、ブルックリンの自宅にいたマーク・フィリップスはすぐに屋根の上に昇った。タワーが燃えている理由は知らなかったが、ジャーナリストとしてこの出来事を写真に収めねばならないことだけはわかっていた。彼が最初の写真を撮ったのは二機目の飛行機がタワーに突っ込んだときで、アソシエイテッド・プレスはものの三〇分でその写真を世界に向けて配信した。

最初の写真に人びとがなにを見たかを彼が知ったのは、その週の後半だった。「マーク」と彼のエージェントが電話で言った。「君が撮った写真に顔が写っている」。

フィリップスが改めてその写真を見ると、たしかにそれはそこにあった。「その映像ははっきりしていました」と彼はのちに回想した。「眼、鼻、口、角。それは悪魔のような画像で、世界貿易センタービルのタワー2に張りつき、勝ち誇ったような邪悪な形相で私たちを睨みつけていた★02」。彼は煙の輪郭にサタンの顔を見出したのである。

ネットで検索すれば、ほかにも悪魔が写っているとされる9・11の写真をもっとたくさん見ることができる。一部は偽物だが、すべてがそうであるわけではない。またなかには目をぐっと細めなければ顔とわからないものもあれば、フィリップスの写真のようにすぐにそれとわかるものもある。

この顔がなにを意味するかについては諸説ある。あるウェブサイトはこう書く。「憎悪と暴力の行為は悪魔にとってこの上ないスリルなのだ。悪魔たちはニューヨークでなにが起きるかを知っていて、飛行機が突っ込むその瞬間に現われるべく集結した。人がスリルを求めて列車に飛び乗るのと同じだ」[★03]。キリスト教徒の陰謀論者テックス・マーズは、この映像を外敵と位置づける。「悪魔に率いられたアラブのテロリストたちが独自の証拠を残し、自分たちの蛮行を世界に知らしめたいと考えるように、悪魔もまたこの写真で自分の仕業だとわかるように高笑いしながら自慢する。「私がやったのだ。私は自分の仕事を誇りに思うぞ!」[★04]」しかし、別の著述家はこの事件に上層の敵を見る。「世界貿易センタービルの惨事の写真を見ると、悪魔は現在このビルに住んでいると言っているように思えないだろうか? これらの写真は世界貿易センタービルに隠れていた悪魔が目覚めたように見えはしないか? なぜなら第一、第二、第三世界の債務をつくり出すのは、連邦準備制度、外交問題評議会、そして世界貿易センターなのだ[★05]」。

またこの悪魔の顔に善意の陰謀または少なくとも善意の者の影を見る人もいる。あるウェブサイトはこの映像を「大いに必要とされているアラーの神の命令――イスラム教ではテロに訴えることは許されない、と最終的に告げる最高権威が与える最後通牒」と呼ぶ[★06]。

最後に、私好みの解釈がある。この顔は、データにパターンを投影するア、ポ、フ、ェ、ニ、ア、という現象だというのである。それは、より詳しく言うなら、パターンに意味を付与するパレイドリアだ。このパレイドリアによって、私たちは月に人の影を見るし、「天国への階段」を逆回転すると悪魔の声を聞いたと思い、ロールシャッハ試験を受けるとはからずも自分の無意識が現われたと考える。ネットには見ていて楽しいパレイドリアの例を示す写真が無数にあり、これらの写真では山やパスタ、時計、雲に思いもかけないようなかたちが出現する。

映像にはタコから天使まであらゆるものが見えるとはいえ、私たちはとかく顔を見がちだ。洗面台のレバーと蛇口が二つの眼と鼻に見える。家の窓と扉も二つの眼と口に見える。想像を越えた邪悪な攻撃によってもくもくと立ち上る煙は、悪魔そのものの姿だ。

そうした映像が見えるのは創造性のおかげとも言えるが、その創造性を発揮している本人はそのことを意識してはいない。写真にほんとうに顔が写っていると信じるほうが、写真とそれを見ている人のあいだの相互作用と考えるよりたやすいのだ。ロバート・アントン・ウィルスンがネスタ・ウェブスターをこう評したのをご記憶だろう。「彼女はいたって謙虚な人だったので、自分があらゆることを創造している本人であることに気づかなかった」。

多くの人はそういう状況では自分がそれをつくり

上げていることを理解する。なかにはパレイドリア経験を芸術作品にする人もいる。スペインのシュールレアリスムの巨匠サルバドール・ダリは、これを偏執狂的批判法と呼んだ。一九三四年にコネティカット州でした講義で彼は、この考え方をスライドにして見せた。スライドに映された葉書の中では、ある部族の人びとが小屋の前にいる。彼がこの映像を横にすると、パレイドリア現象がはたらいた。ダリがヒントを与えると、聴衆には人の頭が見えたのである。

こうした例はまだまだある。たとえば、レオナルド・ダ・ヴィンチの「聖アンナと聖母子」にフロイトはハゲワシを見た。★07「こうした偶然のようなアイデアをダリ氏は自身の作品に盛り込んでいる」と『ハートフォード・クーラント』紙は翌日報じた。「しかし、たまたまそうなるように仕向けるというより、彼はそうした偶然を呼び込んでいる★08」。

陰謀の文脈では、アイロニスト・スタイルも同様の手法を用いる。二〇一〇年、ある学者グループが「パラノイア・スタイル」というゲームをしたときにこのことに気づいた。このゲーム実験をした歴史家のロブ・マクドゥーガルは、ゲームをしたとき、

「パレイドリアとアポフェニアについてプレイヤーにはほとんど説明をしなかった」と後日語った。各プレイヤーに歴史上有名な人物を選んでもらい、何百年にもわたって世界の裏側で糸を引いてきた吸血鬼の秘密の陰謀の証拠を探すよう指示した。そこでプレイヤーたちは歴史上の人物について知っていることを調べ、大吸血鬼陰謀に加担するか予防しようとする「証拠」を探した。……すると、彼らは私の意図を汲みすぎて、世界の裏側で繰り広げられた「吸血鬼」対「エレクトリサイザー」戦争の風変わりな記録をつくり上げた。自分たちが想像によってつくり上げた物

Salvador Dali, unknown, c. 1931

語を裏づける、いかにもおあつらえ向きの証拠が出揃い、自分たちでもその物語を信じそうになるという、自動歴史的なアポフェニア現象にたどり着くのにさほど時間はかからなかった。それは強力で神秘的な感覚であり、それは偽歴史的思考に対する有益な戒めになるだけでなく、あなたと「真の」歴史との関係を永遠に変えてしまうだろう。★09

ティム・パワーズの小説では、歴史上の出来事が超自然的な陰謀のせいにされることが多く、そんな彼は自分の本を調べているときに似たような経験をする。彼によると、ある時点に達すると、どうしても「パラノイアに抵抗」せざるを得なくなるのだが、それは「調査結果が自分自身が打ち立てた途方もない説をほんとうに裏づけているように思えてくるからだ」という。★10 フリーメイソンを皮肉った自分の記事の内容がどうも自分の周りでも起きている気がするようになったとき、ポール・クラスナーはこう述べた。「私は自分がでっち上げていると思っていた陰謀を偶然とはいえほんとうに見つけたのだろうか？」★11

人はとかく混沌にパターンを見出し、出来事、とりわけそれが恐ろしい出来事のときにはその意味を理解しようと物語をつくり上げる。私にはその習性を非難する資格はない。なんといっても、一冊の本を自分がアメリカ史に見たと考えたパターンで埋め尽くしたばかりなのだ。[★12] けれども、物語を紡ぐときに罠に嵌まることがある。確証バイアスとセレンディピティが組み合わさって、自分がつくり上げているストーリーがかならずしもこの世界を映してはいないということに気づかないかもしれないのだ。

　陰謀論がとくに魅力的に映るのは、私たちがパターンの裏に知性を見るからである。それは煙にかたちのみならず顔を見るのだ。それは人間のもっとも基本的な性質、サイエンスライターのマイケル・シャーマーがエイジェンティシティ（パターンに意味、意図、作意を付与する傾向）と呼ぶものにもとづいている。[★13] 陰謀論者が主張する物語は正しいときもある。またチキンレストランを人を不妊にする陰謀と勘違いしたり、一風変わった集団をボディ・スナッチャーのカルトと信じ込んだり、ムーニナイトをテロと早とちりしたりもする。

　陰謀論者はこれからも姿を消すことはないだろう。なぜなら陰謀論者はたえず私たちとともにあるからだ。私たちがパターンを見出すのを止めることはない。物語を紡ぐのも止めることはない。いつでも早計な結論に飛びつくし、とりわけ外国や、自分とは異なる派閥、サブカルチャー、社会階層に対処するときにはそうだ。そして、私たちの伝承に出没する多くの怪物とは違って、陰謀は実際にも存在するし、陰謀を恐れる人がかならずしも誤っているとも限らない。人類がある限り、パラノイアもまた存在するのだ。

　それでも、パラノイアの害悪を抑えることはできる。自分と異なる人びとに対して共感をもつよう心がけることができる。私たちの恐怖心をかたちづくる文化的な神話を知っておくのもいいかもしれない。私たちが外界に見出しがちなパターンと矛盾する証拠に心を開くこともできる。そう、私たちに対して陰謀を企てている人に疑念をもつのはいい。しかし同時に、恐怖心に満ち、とかく誤りを犯しがちな自分自身にも懐疑的——深く、深く懐疑的——であらねばならない。

謝辞

この本を書くには壮大な陰謀が必要だった。この企画を進め、この本を書きはじめるきっかけとなった初期の記事を調査していたころ、多くの人が意見や時間を惜しげもなく提供してくれた。私の質問に答えてくれたすべての人に感謝している。たとえ、それが二通ほどの電子メールに対する返信であろうと、何時間も一緒にすわって話したことであろうとも。その方々は、ラスル・アル・イフラース、クレイグ・ボールドウィン、ロバート・エリンガー、リタ・フェラーズ、レスリー・フィッシュ、ボブ・フレッチャー、エリック・グッド、アンソニー・ヒルダー、アフリカ・イスラム、スティーヴ・ジャクソン、フィリップ・ジェンキンス、ジェイ・キニー、ポール・クラスナー、マイケル・ムーア（あのムーア監督ではありません！）、クリスティーナ・ピアソン、ディーノ・ペドローネ、アリー・ペリジャー、シャロン・プレスリー、E・L・クアランテッリ、ブライアン・レッドマン、ルイス・シャイナー、R・U・シリウス、アイヴァン・スタング、ジャネット・サットン、マイク・ヴァンダーボー、マルコム・ワイリー、ピーター・ランボーン・ウィルソンの各氏である。

ほかにも多くの方々が手がかりを教えてくれたり、文書を探すのを手伝ってくれたり、有益な助言をくれたり、手を差し伸べてくれたりした。その方々は、ブライアン・アレクサンダー、セリードゥィン・アレクサンダー、アンテロ・アリ、サンディ・アサーヴァタム、ラドリー・バルコ、グレッグ・ベアート、クリス・ブレイ、ティム・カヴェンナウ、ロバート・チャーチル、ダン・クロア、デイヴ・クッシング、ソーレン・デイトン、エリック・ディクソン、ジャレド・ファーマー、デイヴィッド・J・ハルペリン、ヘンリー・ハーディー、ジーン・ヒーリー、モリー・ヘミングウェイ、ロバート・ヒッグス、マイク・ホームズ、ジェフリー・ロジャーズ・ヒュンメル、トム・ジャクソン、ベン・ジェイムズ、レーネ・ジョハンセン、ビル・カウフマン、スティーヴ・ケイ、ブルース・コディッシュ、サイキ・ランプライター、マーティン・レヴィンソン、ジム・リッパード、モニカ・ローパセイ、ロブ・マクドゥーガル、デイヴ・マンドル、ポール・マヴリデス、ダニエル・マッカーシー、ドン・マインシャウゼン、ヴィクター・モートン、マイケル・C・モイニハン、マーク・マレル、デビー・ネイサン、テッド・パパス、ジェフリー・パスリー、リック・ペルスタイン、マーク・フィリップス、ヴァージニア・ポステル、ウィル・ポター、デス・プレストン、ステーシア・プレイフロック、エリック・ラブキン、デイヴ・ラハバリ、カレン・ロックニー、ガブリエル・ロスマン、サディアス・ラッセル、ジョエル・シュロスバーグ、ジョージ・H・スミス、ランディ・スミス、サム・スミス、トーマス・ルイス・スミス、セス・ソファ、クレア・スパーク、レスター・スペンス、ルーシー・スタイガーワルド、クラーク・ストゥクスベリー、ルイス・バスケス、ティモシー・ウィルッカラ、デイヴ・ウェイジェル、コスモ・ウェンマン、ショーン・ウィルバー、故ロバート・アントン・ウィルスン、オベロン・ゼルの各氏である。とりわけ、原稿の一部または全体について意見をくれたジョージ・バーカ、エイミー・クーター、ブライアン・ドハーティー、ジート・ハー、ジェイ・キニー、ロナ・コベル、エド・クラエウスキー、チャールズ・ピアソン、エイミー・スタージスにお礼申し上げる。

ボルティモア郡公立図書館の図書館間貸出部のジェニファー・ボッガー、デブ・ブラザーズ、ヘレン・ヒューズ、ティンバリー・ジョンソン、ジョアン・ラタンジーの協力がなければこの本を書くのはずっと難しかっただろう。またミシガン大学ハッチャー大学院図書館でも私は貴重な時間を過ごさせてもらい、ジュリー・ヘレダ、ケイト・ハッチェンスその他の方々にたいへんお世話になった。ワシントンDCの国会図書館の方々も同様である。ミシガン大学のラバディ・コレクションでアーカイブ調査をしたときに助力いただいたマーズ・デ・リティスとジム・ドワイアーにも深謝する。

『リーズン』誌の編集者マット・ウェルチは、彼の雑誌にしばらく記事を執筆する必要はないと言ってくれ、この本を書く時間を与えてくれた。また彼の雑誌の記事を利用することに限りなく寛容でいてくれた。彼とさまざまな場面で助力いただいた同誌の他の方々に感謝している。その方々は、マイク・アリッシ、ロナルド・ベイリー、バーバラ・バーチ、ブライアン・ドハーティー、ジム・エプスタイン、マシュー・フィーニー、ニック・ガレスピー、エド・クラエウスキー、キャサリン・マングウォード、クリス・ミッチェル、レイ・ウグ、デイヴィッド・ノット、マイク・リッグス、デーモン・ルート、スコット・シャックフォード、ピーター・スーダーマン、ジェイコブ・サラム、メアリー・トレド、J・D・トッチリーの各氏である。インタビューを文章に起こしてくれたインターンの方々にもありがとうと言いたい。

エージェントのデイヴィッド・クーンと彼のスタッフは、私の企画に興味をもつよう出版社にはたらきかけてくれたのみならず。企画そのものにもかかわってくれた。とりわけ、ビリー・キングスランドは有益なアイデアを提供してくれ、彼とデイヴィッドのおかげでこの本は見違えるようになった。ハーパーコリンズ社の編集者バリー・ハーバウの熱意と助言のおかげで、本書は格段によくなった。コピーライトを担当してくれたリン・アンダーソン、索引を作成してくれたナンシー・ウルフ、本内部の装幀を担当してくれたマイケル・コリー、表紙の装幀をしてくれたジャロッド・テイラーにもお礼申し上げる。

最後に、家族のみんなの忍耐と愛情にお礼を言いたい。両親のデイヴィッドとマージョリー、弟のアンドリュー、妻のロナ・コベル、子どもたちのマヤとライラ、みんな、ありがとう。私は誰よりも彼らに恩恵を受けている。もちろん、イルミナ……の方々は別なのだが――いや、ここでその話は禁物だった。

訳者あとがき

9・11直後、アメリカ国内の大手出版社や政治家に宛てて炭疽菌が郵便で届けられ、またしてもアルカイダによる攻撃かと世界を恐怖に陥れた。同じころ、テキサス州のある町で一般家庭の郵便受けから導線、乾電池、粘着テープでできた「装置」が発見され、周辺の道路が封鎖される騒ぎになった。ところが、炭疽菌事件にアルカイダはかかわっていなかったし、テキサス州で見つかった「装置」は、その家に住む子どもが宿題でつくった「懐中電灯」に過ぎなかった。提出前に壊れないように郵便受けに入れていただけだという。

9・11直後という状況を考えれば、無理もない反応だっただろうか。本書の著者ジェシー・ウォーカーによれば、これはアメリカという国を建国のときから覆ってきた「パラノイア」(妄想症、偏執症)の顕われだという。アメリカはつねに陰謀の陰に怯え、パラノイアに取り憑かれてきたというのが著者の主張だ。ここで言うところの「パラノイア」はいわゆる病理学的な意味合いのものではなく、陰謀に対する懸念や恐怖を指す。そしてアメリカにどっしりと根を張ったパラノイアについて、著者は興味深い指摘をする。

一九六四年、歴史家のリチャード・ホーフスタッターが『アメリカ政治におけるパラノイド・スタイル(*The Paranoid Style in American Politics*)』を出版し、政治的パラノイアは「少数派の運動にのみ好まれるスタイル」だと主張した。しかし、本書の著者であるウォーカーは、パラノイアはけっして少数派に限られていないと言う。そこでこの大部の本を書き、アメリカ国民が建国時から現在にいたるまで各種の陰謀説に翻弄されてきたことを示そうとした。前半では、初期アメリカを襲った陰謀を、「外からの敵」、「内なる敵」、「上層の敵」、「下層の敵」、「慈善の陰謀団」の五類型に分類し、それぞれの事例について述べていく。後半では、現代アメリカを覆うパラノイアの影を、ウォーターゲート事件や9・11後の騒動などに見ていく。

もちろん、著者が言わんとしているのは、人は誰でもパラノイアに取り憑かれる可能性を秘めているということにほかならない。本書のタイトルや内容から考えても、著者が「誰でも」というとき、それはアメリカ人を念頭に置いている。けれども本書を読むうちに、「誰でも」はアメリカ人に限られないことを読者は理解するだろう。自分が現実だと思っていることはじつは現実ではないのかもしれない。そんな感慨がふと頭を掠《かす》めることはよくある。映画の『マトリックス』や『インセプション』などが空前のヒットだったことから考えても、たいていの人がそのような経験をお持ちだと思う。

本書の「エピローグ」では、9・11の別の後日談が紹介される。その日、世界貿易センタービルが炎上していると聞き、ジャーナリストのマーク・フィリップスはすぐに自宅の屋根に昇った。何が起こったのか想像もできなかったが、目の前の惨状を写真に収めねばならないことだけはわかった。ちょうど二機目の飛行機がタワーに突っ込んだ瞬間だった。彼の写真は、ものの三〇分でアソシエイテッド・プレスによって世界中に配信された。その週の後半、彼のエージェントから電話があり、「君が撮った写真に顔が写っている」と言う。あらためて見てみると、たしかにそれはそこにあった。その顔は悪魔としか思えない形相でこちらを見返していた。

著者は、これはアポフェニア、さらに詳しく言えばパレイドリアという現象だと言う。前者はデータにパターンを見る傾向、後者はパターンに意味を付与する傾向だ。とかく、私たちはあいまいな情報にパターン、とりわけ顔を見る。著者の最後の言葉が印象的だ。「そう、私たちに対して陰謀を企てている人に疑念をもつのはいい。しかし同時に、恐怖心に満ち、とかく誤りを犯しがちな自分自身にも懐疑的——深く、深く懐疑的——であらねばならない」。

本書は、ジェシー・ウォーカー著 *The United States of Paranoia: A Conspiracy Theory* の全訳である。著者のジェシー・ウォーカーはアメリカのリバタリアン系月刊誌『リーズン』の編集者である。前著に *Rebels on the Air: An Alternative History of Radio in America* (New York University Press, 2001) がある。

最後になったが、この興味深い本の翻訳をご依頼くださった河出書房新社、きめ細やかで丁寧な編集をしてくださった同社の吉住唯氏にお礼申し上げる。そのほか刊行までにお世話になった数多くの方々にも感謝の意を表したい。

二〇一五年六月
鍛原多惠子

訳者あとがき——新装版に寄せて

本書の邦訳『パラノイア合衆国——陰謀論で読み解く《アメリカ史》』（原書は *The United States of Paranoia: A Conspiracy Theory*）が刊行されたのは二〇一五年八月だった。今年、新年早々にこうして新装版『パラノイア合衆国——アメリカ精神史の源流を追う』が出る運びになったのは、じつに一〇年ぶりということになる。最初に邦訳が出たのはもっとずっと前のような気がしてならないのだが、ここ一〇年で自分も世界も大きく変わったということなのだろう。だが、ある重要な点で変わっていない。陰謀論（Conspiracy Theory）は今も昔も変わらず私たちとともにあるということである。

本書の著者であるジェシー・ウォーカーは、アメリカは建国当時から9・11後までつねに陰謀論の影に怯え、振り回されてきたと述べる。だが、陰謀妄想に囚われているのはアメリカだけではないというのが二〇一五年当時の私の感慨だったし、その思いは今でも変わらない。

というより、昨今の国内外の世情を見るにつけ、ますますその傾向は強まっていると感じる。二〇二四年のアメリカ大統領選では選挙戦当初には劣勢も伝えられたドナルド・トランプが次期大統領に選出され、本邦では兵庫県の首長が不信任決議を突きつけられて失職したにもかかわらず再選を果たした。どちらも対抗馬の勝利が濃厚とも伝えられていたが、蓋を開けてみるとトランプとかの首長の圧勝だった。選挙戦の裏側で何があったのかは推測の域を出ないが、多くの人々が陰謀妄想に負けて選択の自由を自ら明け渡してしまったのだろう。そして、それを可能にしたのがインターネットの存在だった。

ただインターネットがあったから人々が妄想に囚われたというより、インターネットは妄想を拡散する手段であり、昔ならラジオとか近所の噂とかだったのが形を変えてよりパワフルに、より迅速になっただけだ。陰謀妄想の種はじつは人の心の中にある。もしそれが可能だとして、インターネットに規制を導入できたとしても、人々の心まで規制することはできない。何をどうしようと陰謀妄想が姿を消すどころか、ねずみ算式に拡散するのは、どれほど否定しようともそれが私たちの性質の一部だからだ。

若いとき、私は宇宙人が過去に地球を訪れたことがある、あるいは現在も訪れているという話に夢中になったことがある。UFO・超常現象研究家の矢追純一氏制作のTV番組が放送されていた頃だ。UFOやエリア51、宇宙人の遺体などと聞くとついその番組を見てしまうのだ。毎回、真実が明らかにされると期待してテレビの前にすわるのだが、結局、そうはならない。

数年前にも、マイブームが「宇宙人」だったことがある。ヒストリーチャンネルの宇宙関連の番組を見ていた頃で、古代遺跡に現代でなければありえない高度な技術が使われている（だから過去に宇宙人が地球を訪れ、地球人に知識を与えたに違いない）などと真面目に語る専門家や作家が登場するので、しばらくはその番組の視聴を楽しみにしていた。だが、これは古代の人の能力を見くびってはいないだろうか。一般に、人間は過去から現代に近づくにつれて賢くなり、進歩したと単純に決めつける風潮があるようだ。もちろん、言語化された知識に限ればそうかもしれないけれども、経験則や想像力で（説明はできなくとも）可能になることはありそうだ。いわゆる、暗黙知は侮れない。話がやや逸れたが、私が言いたかったのは、陰謀妄想はアメリカ人に限らず私たちの心の奥深くに巣くっているということである。

本書四一九ページの9・11の写真を見れば、たしかにそこには人の顔が見える。非常に印象深く、以来ずっと記憶に残った。だが、著者も指摘するように、この写真に本当に人の顔が写っているわけではない。人はとかくデータにパターンを見がちであり、著者の注釈によればそれはアポフェニアという現象なのだ。しかし、そこにはテロ組織はここまで大胆なことを躊躇なく実行するのかという人々の恐怖心が下地にあるのだろう。

今回の新装版刊行にあたっては、河出書房新社の編集者である石川詩悠氏にたいへんお世話になった。本書をお読みになり、ぜひ復刊したいとお考えくださったそうで深く感謝している。また、本書の最初の刊行時にたいへんお世話になった同社編集者の吉住唯氏にも改めてお礼申し上げる。

二〇二五年一月

鍛原多惠子

解説

木澤佐登志

　哲学者のジャン・ボードリヤールは著書『シミュラークルとシミュレーション』の中で、アメリカのディズニーランドを「錯綜したシミュラークルのあらゆる次元を表す完璧なモデル」として提示している。

　シミュラークル。それは現実を模倣したもの、もしくは現実の代替物であるが、単なる現実のコピーではなく、そのあり方は現実そのものを変質させる。それは単にオリジナルを模倣するものではなく、むしろオリジナルと見分けがつかなくなり、最終的にはオリジナルの価値や存在そのものを失わせる。結果、現実と表象の区別それ自体が不可能になる。バーチャル・リアリティ、デジタル広告、SNS上の「作られたアイデンティティ」、そしてディズニーランド……。

　ディズニーランド、それは「錯覚と幻影の遊びだ。海賊船、開拓の国、未来の国などのように[★01]」。仮構と紛い物の祭典。シミュラークルが支配するハイパーリアルの世界では、地図が領土に先行する。そこにおいては、〈真〉と〈偽〉の区別自体がなし崩しになってしまう。

　だがボードリヤールによれば、ディズニーランドには隠された役割が存在する。その役割とは、ディズニーランドの外側に広がる実在と思われた世界それ自体がディズニーランドに他ならない、という事態を見えなくすることである。「ディズニーランドは、それ以外の場こそすべて実在と思わせるために空想として設置された。にもかかわらずロサンゼルス全体と、それをとり囲むアメリカは、もはや実在ではなく、ハイパーリアルとシミュレーションの段階にある」[★02]。ハイパーリアル。シミュラークルによって作り出された「現実以上の現実」。今や現実と表象が完全に融合し、その区別はつかない。表象が現実の「代替物」として機能する世界＝ディズニーランド。この透明な檻に出口はない。

SF作家のフィリップ・K・ディックは、一九七〇年代、晩年にディズニーランドから数キロメートルの場所に位置するオレンジ郡のアパートへ移り住んだ。そのアパートでディックは、現実と虚構の境界が曖昧になりつつあるアメリカへの不安を巧みに描き出す文章を書きつけていた。「フィクションは真実をまね、真実はフィクションをまねる。この両者が不明瞭に重なり合っている状態は危険だ。これは間違いなく、慎重に検討されたうえでのことではない。実際、そこが問題なのだ」[★03]。

ディック自身、彼が書き上げた小説の主人公さながらにパラノイアめいた事件に巻き込まれたこともある。一九七一年一一月一七日、カリフォルニア州はサンラファエルにあるディック宅に何者かが侵入した（ディック本人はそのとき不在だった）。重さ五〇〇キロの耐火性ファイル・キャビネットはC4プラスティック爆弾で爆破され、保管されていた業務上の文書類や原稿、それと拳銃、他にもステレオアンプなどの貴重品類が部屋から盗み出されていたという。犯人は一体誰なのか。ディックはあらゆる可能性や説を列挙していく。ブラックパンサー説、地元警察あるいは麻薬取締官説、麻薬中毒者説、ミリシア（民兵）説、CIAやFBIなどの連邦政府機関説、宗教グループ説、さらに反共極右政治団体ジョン・バーチ協会説から極右過激派組織ミニットマン説、果ては空軍説（！）まで。

さながら当時の七〇年代アメリカに存在していた陰謀論を総覧したカタログのような趣で目眩すら覚えるのだが、この、ミステリ小説における多重解決めいた状況において、あり得る可能性をすべて列挙した後、ディックは次のように述べる。「もっとも、誰がやったのかはわからない。この事件については、あらゆる推測がどれも等しく成り立つんだ。われわれが検討してきた可能性は、どれも同じようにもっともらしく思えるんだ★04」。

この事件が起きた一九七一年といえば、かのウォーターゲート事件の直前であり、その意味深なシンクロニシティについてはディック自身が指摘している。つまり、自宅侵入事件から二ヶ月も経たないうちにフィールディング襲撃事件（ウォーターゲート事件で摘発された、ホワイトハウスに操られた強奪グループが精神科医フィールディングのオフィスに侵入し、政敵のダニエル・エルズバーグのカルテを複写した事件）が起きていた、というシンクロニシティである。

以上の話にはさらに後日談がある。ディックから話を聞いたインタビュアーは、侵入事件についてさらに調査するべく、図書館や警察署で当時の新聞や警察の調書に当たるのだが、そこでディックが語っていたこととは食い違う現実が浮上してきたりと、文字通りディック作品のような現実崩壊感覚を味わうことになる。付言しておけば、事件自体がディックによる自作自演という可能性ももちろんあって、事件を調べた警察もその可能性を仄めかしていたという。結局なにが現実でなにが虚構なのか、なにが真実でなにが嘘なのか、さながら底なしのウサギの穴《ラビット・ホール》に落ちていくが如く、目眩の中ですべては混濁しながら不分明の領域に消えていく……。

現在はポスト・トゥルースの時代だとか陰謀論の時代だとか言われる。曰く、事実よりも感情や個人的な信念が重視され、虚偽の情報や陰謀論がいとも容易く拡散される時代。真実と虚構の境界が曖昧になりつつある時代。多くの人々が「真実」よりも「真実らしさ」（仮想現実《バーチャル・リアリティ》ならぬ仮想真実《バーチャル・トゥルース》？）

を求め、誰でもいいから誰かを説得したいという人たちがいるかと思えば、その一方では誰でもいいから誰かに説得されたいという人たちがいる。

なぜこうなったのか。ひとつは現在のインターネット環境、とりわけSNSの弊害だ。SNSの普及により、情報は瞬時に拡散され、アルゴリズムによって利用者の嗜好に合わせて偏った内容が提供されるため、人々は自分の信じたいものだけを信じる「情報のエコーチェンバー」に陥りやすい。こうした状況は、社会の分断や不信感を助長し、政治的混乱や差別、暴力の引き金ともなる、云々……。

もうひとつ槍玉に上げられるのは、ポストモダニズムだ。たとえば、リー・マッキンタイアは著書『ポストトゥルース』の中で、「客観的真理といったものは存在しない」というテーゼをポストモダニズムの最初の命題としたうえで、ポストモダニズム思想こそがポスト・トゥルースの先駆者に他ならないという批判をぶちあげる。★05 真理・真実は存在せず、すべては主観による解釈にすぎないのだとしたら、ポストモダニズムは、対象がなんであれ読み手の解釈を「真理」へと仕立て上げる、いわば嘘を真理へとすげ替える装置と化すのではないか、というわけだ（もちろん、こうした浅薄なポストモダニズム理解に対する反論も存在する）。

ドナルド・トランプが再びアメリカ合衆国大統領になり、トランプ時代が再来した現在、以上のような言説はさらなる説得力を持って私たちに迫ってくるように見える。しかし、見方を変えてみれば、アメリカのこの、客観よりも主観を重んじ、真理をどこまでも相対化していく傾向は、この数十年どころか、数世紀にわたって形成されてきたとも言える。たとえば、カート・アンダーセンは著書『ファンタジーランド――狂気と幻想のアメリカ500年史』の中で、アメリカの歴史は、知的自由という啓蒙主義的概念を初めて具体化する実験の歴史でもあった、と前置きした上で、だが、その「好きなことを信じる自由がある」という考え方が手に負えなくなるほど力を持ってしまった、と指摘する。「こうしてアメリカ人は、数世紀の間に少しずつ、そしてこの五〇年の間に急速に、あらゆるタイプの魔術的思考、何でもありの相対主義、非現実的な信念に身を委ねていった★06」。

同様に、本書『パラノイア合衆国』の著者ジェシー・ウォーカーもまた、建国以来、アメリカでは常に嘘とまやかしと陰謀が蔓延っていたことを、言い換えれば、ポスト・トゥルース的状況が何も今に始まった現象でないことを証明しようとする。そう、陰謀論は建国以来アメリカに伏流し続ける影のような存在であり、さながら陰謀論者の確信する陰謀のネットワークの如く、今なお、あらゆる領域に取り憑くように遍在しているのである。陰謀論は脇役ではなく、むしろアメリカの核心にある。本書は、陰謀論という歪んだフィルターを通して覗いた異形のアメリカ精神史に他ならない。「アメリカは、いつの時代もパラノイアに取り憑かれているのだ」(本書一五頁)。アメリカは建国以来、それ自体がつねにすでにディズニーランドであったのだ、ある意味では。

ウォーカーは、まず次のように指摘する。「専門家たちは政治的パラノイアを、非主流派に見られる特徴で、折にふれて突発的に生じるものの、やがて冷静な穏健派がその炎を沈静化しうる混乱として片づけるきらいがある。だが、それは誤りだ」(一五頁)。たとえば、歴史家リチャード・ホーフスタッターは、陰謀論研究において多大な影響力を持った論文「アメリカ政治におけるパラノイド・スタイル」の中で、陰謀論に象徴される政治的パラノイア(被害妄想)は「少数派の運動にのみ好まれるスタイル」としている。しかし、ウォーカーが本書の中でデータを挙げながら示しているように、陰謀論はその見かけ以上に広く一般大衆に浸透している。また、ホーフスタッターは主に右翼団体のパラノイド・スタイルを取り上げていたが、『陰謀論入門』の著者ジョゼフ・E・ユージンスキが主張するように、陰謀論を信じる層は右派が多いという定説は誤りである。世論調査では、アメリカの左派は、右派と同じくらい陰謀論に影響を受けやすいことが示されている。★07 本書『パラノイア合衆国』の中でも、ポップカルチャー（七〇年代の陰謀スリラー映画）やカウンターカルチャー（ディスコーディアニズムやマインドファック作戦）を含めた様々な左派的陰謀論に言及されている。とりわけカウンターカルチャーは、社会の既存の信念体系や権威に対するアンチテーゼを含むものであったこともあり、「上層の敵」を標的とする陰謀論と結びつきやすかった（ただし、マインドファック作戦に象徴される、偽情報の拡散、パロディ、風刺、いたずらなどの手法によって人々の認知や信念を揺さぶり、意図的に混乱や不確実性を引き起こすストラテジーは、今ではもっぱらQアノンやオルタナ右翼が得意とするものとなっている）。パラノイア的思考、それは誰もが陥る可能性がある深いウサギの穴に他ならないのだ。

ウォーカーは本書の中で陰謀論を以下の五つのタイプに分類している。第一は「外からの敵」で、コミュニティや国に対して外部から陰謀を企てる敵を指す。外国政府、移民、異文化のグループなどが当てはまる。第二は「内なる敵」で、社会の内部に潜む敵が、内部から破壊や妨害を行っているとする陰謀論である。スパイ、裏切り者、秘密結社のメンバーなどがこれに当たる。第三は「上層の敵」で、権力者やエリート層がみずからの利益のために陰謀を巡らせているとする考え方。政府高官、大企業の経営者、富裕層などが対象となる。第四は「下層の敵」で、社会の下層階級や抑圧されたグループが、現行の社会秩序を覆そうとしているとする陰謀論。反乱者や革命家、特定の社会運動の参加者などが含まれる。そして最後に「慈善の陰謀団」という、善意の勢力や存在が、秘密裏に世界をより良くしようとしているというナラティブが存在する。天使的な存在や高度な知的生命体が、人類の進歩や救済のために働いているとされるのがよくあるパターンだ。
最後に挙げた「慈善の陰謀団」については、トランプ時代におけるとある陰謀論の中で、実は特権的ともいえる役割を果たしている。その陰謀論とは言うまでもなくQアノンである。

二〇二一年一月六日に起きた、暴徒によるアメリカ合衆国議会議事堂襲撃事件をひとつのピークとする、Qアノンと呼ばれるトランプ支持者らが信奉する陰謀論／政治運動については、すでに様々な関連書籍や記事が書かれているので、ここでは簡単な概略にとどめるが、その発端を辿れば、二〇一七年一〇月二八日、みずからをQと名乗るユーザーが「嵐の前の静けさ」というタイトルのスレッドを匿名掲示板に立て、一連の投稿を開始した時点にまで遡ることができる。Qというユーザーネームは、国家機密情報にアクセスするために必要とされる、アメリカ合衆国エネルギー省（DOE）のアクセス権限であるQクリアランスに由来しており、つまりQはみずからが最高機密情報にアクセス可能な連邦政府内のインサイダーであることをこの名前によって仄めかしているわけである。その上で、Qは自分たちが小規模の愛国者によって構成される軍事諜報チームの人間であると主張した。彼らの任務は、膨大な眠れる大衆に気づかれることなく繰り広げられている、善と悪とのマニ教的二元論に支えられた最終戦争《ハルマゲドン》についてのメッセージを送り続けることである。★08

Qアノン信者の間では、Qは「一〇人未満の」チームであり、そのうち「三人は軍人」と信じられている。すなわちQとは、ネットの匿名掲示板を通して一般公衆に秘密の情報を提供する、軍と民間から選ばれた少数精鋭のタスクフォースということになる。この神話は、上述の陰謀論タイプの内の「慈善の陰謀団」に近いといえるだろう。

Qのドロップス（投稿）の特徴として、極めて暗号的かつ断片的なスタイルが挙げられる。Qのオーディエンスたちは、Qの暗号的なメッセージと問いかけに隠された「真実」を突き止めるべく、謎をひとつひとつリサーチして解き明かそうと奮闘する。すると、さながらパンくずが捏ね上げられてパン生地になるが如く、点と点とが線で繋がっていき、やがて水面下で進行中の、合衆国を脅かす闇の勢力による強大な陰謀と、その陰謀に孤軍奮闘で立ち向かう光の戦士ドナルド・トランプという構図が浮上してくる、そんな仕掛けになっている。

とある人々はQのドロップスと代替現実ゲーム（ARG）との類似性を指摘した。代替現実ゲームとは、現実世界を舞台にして展開されるインタラクティブなゲームの形式で、プレイヤーはインターネット、電話、メール、リアルなイベントなど、様々なメディアや手段を通じてゲームに参加し、物語の謎を解いたり、ストーリーを進めていく。代替現実ゲームの元祖と見なされているのは、二〇〇一年公開の映画『A.I.』のプロモーション用に実施された、「ザ・ビースト」というゲームであるが、やはりと言うべきか（?）、本書にも「ザ・ビースト」と陰謀論の関係性についての記述がある。

プレイヤーは現実世界とゲームの世界を同時に生きるため、代替現実ゲームはアイロニスト・スタイルが求める複数の視点を必要とする〔……〕。「ザ・ビースト」の場合は、現実世界と仮想世界の境界があまりにあいまいになるため、テロリストが世界貿易センタービルに飛行機で突っこんだとき、ゲームを解くフォーラムは9・11の謎を「解く」計画について話しあいはじめた。あるる典型的な発言はこうだった。「これはわれわれのやり口に似ている。物をばらばらにして、その意味を探るんだ」。ほどなく、グループの主宰者は注意を喚起する必要を感じ、「われわれのために隠された手がかり」と実際の事件で残された手がかりの違いを指摘した。（四〇八―四〇九頁）

どれだけの数の人間がQアノンを信じているのか把握することは実際のところ不可能であるが、『陰謀論はなぜ生まれるのか――Qアノンとソーシャルメディア』の著者マイク・ロスチャイルド（あのロスチャイルド家とは一切関係ないという）によれば、Qアノンの世界観を部分的にでも受け入れている人の数は、アメリカだけでなく世界全体で見るならば、少なくとも数百万人にのぼるという。★09

たしかにQアノンは大規模な参加型ゲームにすぎないのかもしれない。しかし、それは実際に現実に影響を与え、そして世界を動かしたのだ。それも最悪かもしれない方向へ。

Qアノンが広範な影響力を持った要因のひとつとして、暗号めいたドロップスの解読を通じて「自分で考えろ」というスタイルを主流化させることができたことを挙げてみるのもいいだろう。陰謀論にハマる人々を、「自分で何も考えず外からの情報や知識を鵜呑みにしているだけの惰弱な人々」と解するのはおそらく誤りだろう。むしろ事態は逆であると思われる。たとえば地球平面論者はNASAなどの公的な権威による「知」をおしなべて否定する代わりに、自分たちによるオルタナティヴな理論を立ち上げようとする。陰謀論者に共通する、こうした権威に対する否定的感情や不信感は、いわゆる反知性主義者のそれときわめて近い。

反知性主義（anti-intellectualism）を単に「知性的でない」と捉えてしまうとその本質を取りこぼすだろう。インテレクチュアル（intellectual）は知識人を意味する名詞でもあり、この場合、反知性主義者はまずもって「知」を不当（？）に占有する知識人階級のエリートや知的専門家に対する不信感を抱く人々、という風に解さなければならない。この点について、神学者の森本あんりはいみじくも「反知性主義は単なる知性への軽蔑と同義ではない。それは、知性が権威と結びつくことに対する反発であり、何事も自分自身で判断し直すことを求める態度である」[★10]と述べている。陰謀論者は、「自分自身で考え判断する」という反知性主義のモットーを貫くがゆえに、ますますウサギの穴の深みにはまり込んでいくのである。

前出のホーフスタッターも、著書『アメリカの反知性主義』の中で、この語をアメリカにおける知識階級と民衆のあいだに横たわる越え難い断絶を意味するものとして用いている。反知性主義は、宗教的な復興運動や、現代のポピュリスト運動など、知識人やエリート層への不信感が高まる時期に顕在化する。

ドナルド・トランプという稀代のポピュリストの登場とともに、反知性主義に基づいた陰謀論が隆盛を極めたのは偶然ではなかった。というのもポピュリズムもまた、反知性主義と同型を成しているからである。政治学者の水島治郎によれば、ポピュリズムは、「人民」の立場から既成の権力構造やエリート層（および社会の支配的な価値観）を批判する政治運動であるという。ポピュリズムは伝統的な「左派」「右派」の二項対立に分類できるものではなく、むしろ「下」に属する運動である。既成政党やエリートは右も左もひっくるめて「上」の存在であり、「上」のエリートを「下」から批判するのがポピュリズムだ、という垂直軸の構造が前景化してくることになる[★11]（言うまでもなく、この垂直軸構造は陰謀論における「上層の敵」やカウンターカルチャーとも相性が良い）。

陰謀論にハマる人々は、自分たちの「知」や「真実」が簒奪されたと感じている、のだとしたら。誰によって？　エリートたちによって、専門家たちによって、教育者たちによって、公的機関によって、等々……。だとすれば、陰謀論に参加することで「知」を己の手に奪い返し、自分たちだけの

「真実」を彫琢しようとする試みは、ある意味で「知」のヘゲモニーをめぐる一種の階級闘争とも言えなくもない。

最後に、ここまであえて踏み入れてこなかった、「陰謀」と「陰謀論」の区別について少し触れておこう。この世には、陰謀論とは異なる、行われたことが事実として証明されている「陰謀」が数多く存在してきた（たとえばウォーターゲート事件やMKウルトラ計画、等々）。それでは、陰謀と陰謀論の区別を見極めるための指標は果たして存在するのだろうか。前出のユージンスキは、それは「認識論的権威」、すなわち各領域の専門家や学者が決めるほかないという考え方を提案している。[★12]だが、ここにはもちろん乗り越えがたいジレンマが存在する。というのも、上述してきたように、陰謀論者はそのような「権威」を決して受け入れようとはしないだろうから。そうした認識論的権威が、あなたがたの考えは根も葉もない陰謀論です、などと一方的に診断すれば、陰謀論者はそうした権威にいっそう抵抗し、みずからの考えにさらに固執するようになるだろう。かくして、権威による陰謀論の定義付けの試みは陰謀論者にとって何の意味もなさない。

この、「上」と「下」を分かつ深い溝は今後も決して埋まることはないだろう。「好きなことを信じる自由がある」という啓蒙主義の実験が生み出したパラノイア合衆国の、これがその帰結である。

（きざわ・さとし／文筆家）

★01　ジャン・ボードリヤール『シミュラークルとシミュレーション』竹原あき子訳、法政大学出版局、一九八四年、一六頁
★02　同書、一八頁
★03　カート・アンダーセン『ファンタジーランド（上）——狂気と幻想のアメリカ500年史』山田美明・山田文訳、東洋経済新報社、二〇一九年、四三一—四三二頁
★04　ポール・ウィリアムズ『フィリップ・K・ディックの世界』小川隆訳、河出書房新社、二〇一七年、一三七頁
★05　リー・マッキンタイア『ポストトゥルース』大橋完太郎監訳、人文書院、二〇二〇年、一六四頁
★06　前掲書、『ファンタジーランド（上）』、四—五頁
★07　ジョゼフ・E・ユージンスキ『陰謀論入門——誰が、なぜ信じるのか？』北村京子訳、作品社、二〇二二年、三四頁
★08　マイク・ロスチャイルド『陰謀論はなぜ生まれるのか——Qアノンとソーシャルメディア』烏谷昌幸・昇亜美子訳、慶應義塾大学出版会、二〇二四年、一三頁
★09　同書、四頁
★10　森本あんり『反知性主義——アメリカが生んだ「熱病」の正体』新潮社（新潮選書）、二〇一五年、一七七頁
★11　水島治郎『ポピュリズムとは何か——民主主義の敵か、改革の希望か』中央公論新社（中公新書）、二〇一六年、七—八頁
★12　前掲書、『陰謀論入門』、四二—四五頁

注

第1章

★01　William Isaac Thomas and Dorothy Swaine Thomas, *The Child in America: Behavior Problems and Programs*（Knopf, 1928）, 572.

★02　“Case of Richard Lawrence,” *Niles’ Register*, February 14, 1835.

★03　Edwin A. Miles, “Andrew Jackson and Senator George Poindexter,” *The Journal of Southern History* 24, no. 1（February 1958）所収の引用。

★04　Richard C. Rohrs, “Partisan Politics and the Attempted Assassination of Andrew Jackson,” *Journal of the Early Republic* 1, no. 2（Summer 1981）を参照のこと。

★05　John Smith Dye, *The Adder’s Den; or the Secrets of the Great Conspiracy to Overthrow Liberty in America*（privately published, 1864）, 29.

★06　同上、94.

★07　ウィリアム・ヘンリー・ハリソンに対する医療ミスについては、Will Englund, “Remember the Flu of ’41,” *The National Journal*, October 10, 2009を参照のこと。

★08　当然のことながら、ダイの著作の改訂版は、リンカーン暗殺についても同じ容疑者に罪を着せている。ダイの息子ジョゼフ・M・ダイは、暗殺を受けて開かれた裁判で証言することになり、現場となったフォード劇場の外で、実行犯のブースと南部連合派の者たちが話しているのを見たと証言した。

★09　“New Books,” *The New York Times*, October 8, 1864; “Poisoning Presidents,” *Chicago Tribune*, June 28, 1866.

★10　*The Philadelphia Daily Telegraph, the Philadelphia Evening Bulletin, the Philadelphia Daily Press, the Harrisburg Daily Telegraph, the Trenton Daily State Gazette, The New York Daily Tribune, the Easton Express*, そして *The New York Evening Express* による好意的な批評は、John Smith Dye, *Life and Public Services of Gen. U.S. Grant: The Nation’s Choice for President in 1868*, 10th ed.（Samuel Loag, 1868）, 93-96に転載されている。

★11　デイヴィッド・ワイリーがエイブラハム・リンカーンに宛てた一八六一年一月二五日付の書簡。*The Lincoln Mailbag: America Writes to the President, 1861-1865*, ed. Harold Holzer（Southern Illinois University Press, 1998）, 4所収。

★12　メイン州のある少女がエイブラハム・リンカーンに宛てた書簡、1860, memory.loc.gov/mss/mal/maltext/rtf_orig/mal012f.rtf.

★13　George Duffield, *The Nation’s Wail*（Advertiser and Tribune Print,1865）, 10-11; William Goodwin, *A Discourse on the Assassination of Abraham Lincoln, President of the United States, April 14, 1865*（David B. Moseley, 1865）, 9を参照のこと。ビーチャーの記事は、John Smith Dye, *History of the Plots and Crimes of the Great Conspiracy to Overthrow Liberty in America*（privately published, 1866）, 305所収の引用。

★14　David O. Stewart, *Impeached: The Trial of President Andrew Johnson and the Fight for Lincoln’s Legacy*（Simon & Schuster,

2009), 101 所収の引用。

★15　"By the Bullet and the Bowl," *New-York Tribune*, May 16, 1868.

★16　Russel B. Nye, "The Slave Power Conspiracy: 1830-1860," *Science & Society* 10, no. 3 (Summer 1946).

★17　Abraham Lincoln, "Draft of a Speech" (1858), in *Lincoln: Speeches and Writings, 1832-1858*, ed. Don E. Fahrenbacher (Library of America,1989), 488.

★18　たとえば、奴隷制を西部に拡大することを容認する政策について、以下のような凝った比喩表現がなされている。

「こうした的確な改変がすべて、事前の取り決めの成果なのかどうかについては、我々が明確に知ることはできません。しかしながら、骨組みを成す木材は多く、それぞれの木材はさまざまな機会に各地から集められたものであり、作業員（たとえば、スティーヴンやフランクリン、ロジャー、ジェイムズなど）もそれぞれ異なっています。そのうえ、こうした木材が組み上げられて、見事に家や製造所の骨組みを成し、ほぞとほぞ穴がきっちりとかみ合い、それぞれの部材の長さや大きさがそれぞれの場所に正確に合い、（足場さえも含めて）一つとして欠けたり余ったりすることなく、たとえ、たった一つの部材が欠けているとしても、骨組みにはこの部材をぴったりはめ込む場所があらかじめ用意されています。このような状況を目の当たりにした場合、私たちはスティーヴンやフランクリン、ロジャー、ジェイムズら全員に、初めから互いの了解があって、最初の一撃が見舞われる以前に立案された共同の計画あるいは構想に基づいて協働していたと考えざるをえません」。

Abraham Lincoln, "'House Divided' Speech" (1858), 同上、431.

★19　Henry Wilson, *The Death of Slavery Is the Life of the Nation: Speech of Hon. Henry Wilson (of Massachusetts,) in the Senate, March 28, 1864. On the Proposed Amendment to the Constitution Prohibiting Slavery Within the United States* (H. Polkinhorn, 1864), 8.

★20　この論説は、一九六三年一一月、ジョン・F・ケネディ暗殺のわずか数日前に、オックスフォード大学で行なわれた講義がもとになっている。その後一九六四年一一月に*Harper's*に掲載された。改訂版は、Richard Hofstadter, *The Paranoid Style in American Politics and Other Essays* (Harvard University Press, 1965) 所収。とくに但し書きのないかぎり、本書での引用は一九六五年の改訂版からとする。

★21　Hofstadter, *The Paranoid Style in American Politics*, 5, 7.

★22　*Harper's* 掲載の版を指す。

★23　Thomas Hargrove, "Third of Americans Suspect 9-11 Government Conspiracy," Scripps Howard News Service, August 1, 2006.

★24　"John F. Kennedy's Assassination Leaves a Legacy of Suspicion," ABC News press release, November 16, 2003.

★25　Frank Newport, "What If Government Really Listened to the People?" Gallup Poll, October 15, 1997. 本書が印刷所に回っているとき、パブリック・ポリシー・ポーリング社が、幅広い種類の陰謀説についてアメリカ人に尋ねた調査の結果が公表された。

その結果、以前よりは減少しているものの、未だかなりの（五一パーセントの）人びとが、ケネディ暗殺の背後にはリー・ハーヴェイ・オズワルドの単独犯行ではすまされない、大きな陰謀があったと考えていることが判明し、分からないと回答した人も二四パーセントに上った。アメリカ政府が9・11のテロ攻撃を知っていながら許してしまったと考える人は一一パーセントだけで、分からないと回答した人は一一パーセントだった。それ以前の調査との数字の違いは、対象の出来事から年月が経ってしまったことに由来する可能性がある（たとえば、9・11のテロ攻撃の責任を政府に負わせることになった怒りは、ジョージ・W・ブッシュが大統領の座を退いて以来、いくぶん冷めてきているのかもしれない）。一方、数字の大きさの違いは、調査手法の違いを反映している可能性もある。たとえば、ケネディ暗殺や9・11の陰謀説が、「ポール・マッカートニーは一九六六年の自動車事故で本当は死亡していて、ビートルズを存続させるために、よく似た別人が密かになり代わったと思いますか?」とか、「変幻自在な爬虫類人間が、人間の姿を借りて、社会を操る力を手に入れ、私たちの世界を支配していると思いますか?」とかいった、明らかに突拍子もない質問の隣に並んでいたら、信じないほうに傾くかもしれない。すべての調査結果については、Public Policy Polling, "Democrats and Republicans Differ on Conspiracy Theory Beliefs," April 2, 2013, publicpolicypolling.com/pdf/2011/PPP_Release_National_ConspiracyTheories_040213.pdf を参照のこと。

★26 Monica Crowley, *Nixon in Winter: His Final Revelations About Diplomacy, Watergate, and Life Out of the Arena*（Random House, 1998）, 309.

★27 Webb Hubbell, *Friends in High Places: Our Journey from Little Rock to Washington, D.C.*（William Morrow, 1997）, 282. ハッベルは、クリントンは「きわめて真剣だった」と主張している。

★28 Stanley Cohen, *Folk Devils and Moral Panics*, 3rd ed.（Psychology Press, 2002）, 1.

★29 二〇〇一年一一月九日に著者に届いたエリック・グッドの電子メール。

★30 Cohen, *Folk Devils and Moral Panics*, 47.

★31 Clifford Griffith Roe, *The Girl Who Disappeared*（World's Purity Federation, 1914）, 200.

★32 白人奴隷パニックの時期における不法売春組織への恐怖と第一次世界大戦後の共産党の陰謀に対する恐怖を扇動するうえで、ＦＢＩが果たした役割の比較については、Regin Schmidt, *Red Scare: FBI and the Origins of Anticommunism in the United States*（Museum Tusculanum Press, 2000）, 83-86 を参照のこと。

★33 Hofstadter, *The Paranoid Style in American Politics*, 9.

★34 Norman Pollack, *The Populist Response to Industrial America: Midwestern Populist Thought*（Harvard University Press, 1962）, 129所収の引用。

★35 "What Does It Mean?" *Winfield Daily Courier*, October 4, 1888.

★36 "Clinched!" *Winfield Daily Courier*, October 18, 1888.

★37 Hofstadter, *The Paranoid Style in American Politics*, 32-33. ホーフスタッターはここで、以前に書いたある小論で取り上げた議

論を詳述している。David Brion Davis, "Some Themes of Counter-Subversion: An Analysis of Anti-Masonic, Anti-Catholic, and Anti-Mormon Literature," *Mississippi Valley Historical Review*, September 1960.

★38　Walter Reuther, Victor Reuther, and Joseph Rauh, "The Radical Right in America Today," December 19, 1961.

★39　Rick Perlstein, *Before the Storm: Barry Goldwater and the Unmaking of the American Consensus*（Hill and Wang, 2001）, 157.

★40　同上、149.

★41　David Frum, "What Is Going On at Fox News?" March 16, 2009, web.archive.org/web/20100317185437/http://www.frumforum.com/what-is-going-on-at-fox-news.

★42　David Graeber, *Fragments of an Anarchist Anthropology*（Prickly Paradigms Press, 2004）, 25-26.〔『アナーキスト人類学のための断章』高祖岩三郎訳、以文社、二〇〇六年〕

★43　同上、27.

★44　Sam Smith, "America's Extremist Center," *The Progressive Review*, July 1995.

★45　この原稿を執筆しているとき、陰謀説を現代の神話と捉える別の著作が出版された。その本のアプローチは、結局のところ、私の手法とはかなり違うものだったが、興味深く拝見した。Robert Guffney, *Cryptoscatology: Conspiracy Theory as Art Form*（TrineDay, 2012）を参照のこと。

★46　この表現は、チェコの共産主義者ヤン・コザクが、共産党が政権の座についた経緯について説明した際に用いたものだ。この見解がジョン・バーチ協会に関する文脈で使用された重要な事例については、Gary Allen with Larry Abraham, *None Dare Call It Conspiracy*（Concord Press, 1972）, 113-27 を参照のこと。

★47　「偏執症患者のための簡単なレッスン――幅広い解釈のできる陰謀のメタファーを世界に投げかける。するとメタファーは（ただちに）多種多様な新たな企みを生み出す格好の素材となる。心を解き放てば、ばかげた妄想が訪れるだろう」。Jonathan Lethem, *They Live*（Soft Skull Press, 2010）, 43.

★48　Hofstadter, *The Paranoid Style in American Politics*, 34.

★49　*Fact*, September-October 1964.

★50　Hadley Cantril, *The Invasion from Mars: A Study in the Psychology of Panic*（Transaction Publishers, 2005［1940］）, 3, 47.〔『火星からの侵入――パニックの社会心理学』斎藤耕二・菊池章夫訳、川島書店、一九八五年〕

★51　Michael J. Socolow, "The Hyped Panic over 'War of the Worlds,'" *The Chronicle of Higher Education*, October 24, 2008. ソコロワは『火星からの侵入』の数字が疑わしい理由を示して、キャントリルの調査手法に関する問題点についても詳細に解説している。

★52　W. Joseph Campbell, *Getting It Wrong: Ten of the Greatest Misreported Stories in American Journalism*（University of California Press, 2010）, 36.

★53　Walter Lippmann, "The Modern Malady"（1938）, in *The Essential Lippmann: A Political Philosophy for Liberal Democracy*, ed. Clinton Rossiter and James Lare（Harvard University Press, 1963）,

174-75.〔『リップマンの真髄――自由民主主義のための政治哲学』（全4巻）矢部貞治訳、時事通信社、一九六五年〕

★54　Socolow, “The Hyped Panic over ‘War of the Worlds.’ ”

第2章

★01　Michael Paul Rogin, *Ronald Reagan: The Movie, and Other Episodes in Political Demonology* (University of California Press, 1987), 50.

★02　ジョゼフ・ミードがウィリアム・トウィスに宛てた一六三八年三月一三日付の書簡、*Collections of the Massachusetts Historical Society*, 2nd ser., vol. 6 (Massachusetts Historical Society, 1815), 680-81所収。

★03　Cotton Mather, *Magnalia Christi Americana; or, The Ecclesiastical History of New-England; From Its First Planting, in the Year 1620, unto the Year of Our Lord 1698*, vol. 1 (Silas Andrus and Son, 1853 [1702]), 41.

★04　Cotton Mather, *The Wonders of the Invisible World: Being an Account of the Tryals of Several Witches Lately Executed in New-England* (John Russell Smith, 1862 [1693]), 63.

★05　William Hubbard, *A Narrative of the Indian Wars in New England* (William Fessenden, 1814 [1677]), 323.

★06　Cotton Mather, *Magnalia Christi Americana*, vol. 2 (Silas Andrus and Son, 1853 [1702]), 623.

★07　Richard Slotkin, *Regeneration Through Violence: The Mythology of the American Frontier, 1600-1860* (University of Oklahoma Press, 1973), 94.

★08　Mather, *Magnalia Christi Americana*, vol. 2, 42.

★09　Increase Mather, *Relation of the Troubles Which Have Happened in New England by Reason of the Indians There* (Kessinger Publishing, 2003 [1677]), 74.

★10　James David Drake, *King Philip's War: Civil War in New England,1675-1676* (University of Massachusetts Press, 1999), 70.

★11　物的証拠に関する未解決の問題の議論については、Yasuhide Kawashima, *Igniting King Philip's War: The John Sassamon Murder Trial* (University Press of Kansas, 2001), 88-100を参照のこと。

★12　モヒカン族の指導者アンカスは、コネティカット植民地から軍事援助を引き出すために、この戦法をしきりに利用した。Drake, *King Philip's War*, 64-65を参照のこと。

★13　Samuel Gorton, 一六七五年九月一一日付のJohn Winthrop, Jr. 宛ての書簡、*Collections of the Massachusetts Historical Society*, 4th ser., vol. 7 (Massachusetts Historical Society, 1865), 628所収。入植者は誰もがこのような見解を抱いていたという印象を与えてはならないので、ゴートン自身はそれらをきっぱりと否定して、「私としては、そのようなことはまったく懸念していない」が、「民衆はこのところ、飛び交う誤った噂話をどれも鵜呑みにしてしまう傾向にある」と書いていることを指摘しておかなくてはならない。

★14　Samuel Gardner Drake, *The Present State of New-England with Respect to the Indian War* (Dorman Newman, 1833 [1675]),

30.

★15　*Extracts from the Itineraries and Other Miscellanies of Ezra Stiles, D.D., LL.D., 1755-1794, with a Selection from His Correspondence*, ed. Franklin Bowditch Dexter（Yale University Press, 1916）, 232.

★16　Pedro de Feria, Fernando Cervantes, *The Devil in the New World: The Impact of Diabolism in New Spain*（Yale University Press, 1997）, 35所収の引用。この逸話の詳しい説明については、Kevin Gosner, "Caciques and Conversion: Juan Atonal and the Struggle for Legitimacy in Post-Conquest Chiapas," *The Americas* 49, no. 2（October 1992）を参照のこと。

★17　William Hubbard, *A General History of New England from the Discovery to MDCLXXX*（Massachusetts Historical Society, 1815［1682］）, 26.

★18　William S. Simmons, "Cultural Bias in the New England Puritans' Perception of Indians," *The William and Mary Quarterly*, 3rd ser., 38, no. 1（January 1981）.

★19　Alfred A. Cave, "Indian Shamans and English Witches in Seventeenth-Century New England," *Essex Institute Historical Collections*, 128（1992）を参照のこと。

★20　Drake, *King Philip's War*, 70.

★21　Jeffrey L. Pasley, "Native Americans," in *Conspiracy Theories in American History: An Encyclopedia*, vol. 2, ed. Peter Knight（ABC-CLIO, 2003）, 523-24. ペイズリーは、大族長《スーパーチーフ》という用語をRussell Bourne, *The Red King's Rebellion: Racial Politics in New England, 1675-1678*（Oxford University Press, 1992）, 202から借用している。だがペイズリーは、この類型にボーンよりも広い意味を付与している。

★22　Alden T. Vaughan, *New England Frontier: Puritans and Indians, 1620-1675*, 3rd ed.（University of Oklahoma Press, 1995）, 157-60を参照のこと。

★23　ダニエル・ウェザレルがジョン・ウィンスロープ・ジュニアに宛てた一六七五年六月三〇日付の書簡、*Collections of the Massachusetts Historical Society*, 3rd ser., vol. 10（Massachusetts Historical Society, 1849）, 119所収。

★24　Daniel Gookin, *An Historical Account of the Doings and Sufferings of the Christian Indians in New England in the Years 1675, 1676, 1677*（Kessinger Publishing, 2003［1677］）, 494.

★25　Harvard Charter of 1650, library.harvard.edu/university-archives/using-the-collections/online-resources/charter-of-1650.

★26　Increase Mather, *An Earnest Exhortation to the Inhabitants of New-England, To hearken to the voice of God in his late and present Dispensations As ever they desire to escape another Judgement, seven times greater than any thing which as yet hath been*（John Foster, 1676）, 12.

★27　同上、6.

★28　Slotkin, *Regeneration Through Violence*, 68.

★29　政治学者アン・ノートンの記述によると、文化の融合とは「まったく無縁な」場所を思い浮かべるときも、人は「同じような兆候、すなわち陰謀に対する懸念と、危険が偏在するという感覚を示す」という。Anne Norton, *Reflections on Political Identity* (Johns Hopkins University Press, 1988), 55. ノートンの主張を繰り返すかのように、ジェイムズ・デイヴィッド・ドレイクは、ニューイングランドのコミュニティからインディアンを追い出すことにもっとも熱心だった清教徒は、「周囲のイギリス人入植者たちとそうしたインディアンたちとの関係がどうであっても、すべてのインディアンによる襲撃なるものへのパラノイア的な恐怖をもっとも強く抱いている人たちだった」と記している。Drake, *King Philip's War*, 78.

★30 William Hand Browne, ed., *Archives of Maryland: Proceedings of the Council of Maryland, 1687/8-1693* (Maryland Historical Society, 1890), 77.

★31 クッドがこのような噂を広めるのに一役買ったのは、はじめてではなかった。一六八一年にインディアンの襲撃が何度か続くと、先住民はカトリックになり代わってプロテスタントに攻撃をしかけているという説が出回ったが、クッドもその流布に加担した。一六八九年に総督の座に就いたときも、クッドとその仲間は旧来のそうした説に立って、「一六八一年の北米先住民による……侵略は、フランス人イエズス会士らによって、本管区の中枢に対してしかけ」られた、と主張した。同上、106.

★32 Mary Beth Norton, *In the Devil's Snare: The Salem Witchcraft Crisis of 1692* (Alfred A. Knopf, 2002), 97 所収の引用。一方アンドロスは、自分の政治上の問題はボストン商人の陰謀のせいだとして非難した。

★33 Increase Mather, *Early History of New England; Being a Relation of Hostile Passages Between the Indians and European Voyagers and First Settlers: And a Full Narrative of Hostilities, to the Close of the War with the Pequots, in the Year 1637; Also a Detailed Account of the Origin of the War with King Philip* (J. Munsell, 1864 [1677]), 217.

★34 「ニューヨークにおけるイエズス会およびカトリック聖職者に対する措置法」は、一七〇〇年七月三一日に成立した。

★35 John Perceval, ジョージア植民地の建設者ジェイムズ・オーグルソープからの書簡の要約、*Manuscripts of the Earl of Egmont: Diary of the First Earl of Egmont (Viscount Percival)*, vol. 2 (His Majesty's Stationery Office, 1923), 246 所収。

★36 Peter Silver, *Our Savage Neighbors: How Indian War Transformed Early America* (W. W. Norton, 2009), 98 所収の引用。

★37 Maria Monk, *Awful Disclosures, or, The Hidden Secrets of a Nun's Life in a Convent Exposed* (privately published, 1836).

★38 外からの敵については、主戦論のなかで論じられることが多いが、いくつかの要素は反戦論でも好んで取り上げられる。避けるべき敵対的な荒野という外部世界のイメージは、軍事介入に反対する立場の者にとっては明らかに魅力的だ。帝国主義者は、長年にわたって国外の悪魔を糾弾してきたが、その一方で、ジョン・クインシー・アダムズの「粉砕すべき悪魔を探しに」国外に赴いてはならないという警告も、しばしば引用されている。また、外国によるアメリカ攻撃計画の陰謀という説は、正しいものも幻想にすぎないものも、たしかに存在してきたが、それと並んで、外国勢力がアメリカを国外の紛争に巻き込もうとしているとの陰謀説も、正しいにしろ幻想にすぎないにしろ、たしかにあった。

★39　Richard M. Dorson, *American Folklore*, 2nd ed.（University of Chicago Press, 1977）, 18.

★40　Rex Alan Smith, *Moon at Popping Trees: The Tragedy at Wounded Knee and the End of the Indian Wars*（University of Nebraska Press, 1981［1975］）, 98. スミスは、シッティング・ブルの実際の権威の限界について、pp. 98-100で議論している。

★41　Elbridge Streeter Brooks, *The Master of the Strong Hearts: A Story of Custer's Last Rally*（E. P. Dutton and Co., 1898）, 50-52.

★42　ゴーストシャツは、凶器を通さないと言われていたモルモン教の法服に着想を得ているのかもしれない。

★43　James McLaughlin, *Sixtieth Annual Report of the Commissioner of Indian Affairs to the Secretary of the Interior*（Government Printing Office, 1891）, 125所収の引用。

★44　Smith, *Moon at Popping Trees*, 111所収の引用。

★45　同上、112所収の引用。

★46　同上、139所収の引用。

★47　L. Frank Baum, *Our Landlady*, ed. Nancy Tystad Koupal（Bison Books, 1999）, 144.

★48　Brooks, *The Master of the Strong Hearts*, 305.

★49　David M. Kennedy, *Over Here: The First World War and American Society*, 2nd ed.（Oxford University Press, 2004）, 68所収の引用。

★50　Frederick Luebke, *Bonds of Loyalty: German-Americans and World War I*（Northern Illinois University Press, 1974）, 255-56.

★51　Committee on Public Information, National Archaives, "Spies and Lies"（1917）, James R. Mock and Cedric Larson, *Words That Won the War: How the Creel Committee on Public Information Mobilized American Opinion Toward Winning the World War*（Princeton University Press, 1939）, 64〔『米国の言論指導と対外宣伝』坂部重義訳、汎洋社、一九四三年〕に再録。

★52　"Stamping Out Treason," *The Washington Post*, April 12, 1918.

★53　Mock and Larson, *Words That Won the War*（前掲『米国の言論指導と対外宣伝』）, 15-16.

★54　David Ignatius, "The bin Laden Plot to Kill President Obama," *The Washington Post*, March 12, 2012.

★55　George Michael, *Lone Wolf Terror and the Rise of Leaderless Resistance*（Vanderbilt University Press, 2012）, 127.

★56　同じような方向性の広範な議論については、Jason Burke, *Al-Qaeda: Casting a Shadow of Terror*（I. B. Tauris, 2004）〔『アルカイダ――ビンラディンと国際テロ・ネットワーク』坂井定雄・伊藤力司訳、講談社、二〇〇四年〕を参照のこと。

第3章

★01　『ボディ・スナッチャー――恐怖の街』。ドン・シーゲル監督、ダニエル・メインウェアリング脚本、ジャック・フィニイ原作、アライド・アーティスト制作、一九五六年公開。

★02　Nathaniel Hawthorne, "Young Goodman Brown"（1835）, in *Selected Short Stories of Nathaniel Hawthorne*, ed. Alfred Kazin（Ballantine Books, 1966）〔『ラパチーニの娘――ナサニエル・ホ

ーソーン短編集』阿野文朗訳、松柏社、二〇一三年〕, 102.

★03　同上、108-9.

★04　同上、110.

★05　物語のこのような解釈に関するさらなる議論については、David Levin, "Shadows of Doubt: Specter Evidence in Hawthorne's 'Young Goodman Brown,'" *American Literature* 34, no. 3 (November 1962) を参照のこと。

★06　John Putnam Demos, *Entertaining Satan: Witchcraft and the Culture of Early New England* (Oxford University Press, 1982), 11. 個々の事例は四〇一～九ページに列挙されている。ディーモスの数字には、セイレムの魔女狩りが始まった年である一六九二年に、コネティカットのスタンフォードとその周辺で魔術を使ったとして告訴された六人の女性が含まれている。セイレムとはかなり異なる展開をたどったこの逸話に関する詳細な議論については、Richard Godbeer, *Escaping Salem: The Other Witch Hunt of 1692* (Oxford University Press, 2005) を参照のこと。

★07　この箇所における数字に関しては、Mary Beth Norton, *In the Devil's Snare: The Salem Witchcraft Crisis of 1692* (Alfred A. Knopf, 2002), 3-4 に依拠している。

★08　セイレム村は、現在のマサチューセッツ州ダンヴァース。セイレム町が現在のセイレムとなった。

★09　Hugh Trevor-Roper, *The Crisis of the Seventeenth Century: Religion, the Reformation, and Social Change* (Liberty Fund, 2001 [1967]), 145. この犠牲者の数は、ニューイングランドにおける犠牲者数ほど正確に記録されたものではないことをお断りしておく。

★10　John Hale, "A Modest Inquiry into the Nature of Witchcraft" (1702), in *Narratives of the Witchcraft Cases, 1648-1706*, ed. George Lincoln Burr (C. Scribner's Sons, 1914), 413.

★11　ティチュバを黒人だったと考える学者もごく少数だが存在し、この裁判を描いた文学にも、そうした見方が登場している。私自身はこの説は説得力に欠けると考えるが、どちらにしろ、たいした問題ではない。本著の目的にとって重要なのは、清教徒たちが何を信じていたかであって、そう信じたことが正しかったかどうかではない。そして、当時の記録は、少なくともこの件に関する限り、ティチュバをインディアンと記していた。

★12　Hawthorne, "Young Goodman Brown," 〔前掲『ラパチーニの娘』〕, 101.

★13　Ann Putnam, Jr., *The Salem Witchcraft Papers: Verbatim Transcripts of the Legal Documents of the Salem Witchcraft Outbreak of 1692*, vol. 1, ed. Paul Boyer and Stephen Nissenbaum (Da Capo Press, 1977), 164 所収の引用。

★14　Cotton Mather, *Magnalia Christi Americana; or, The Ecclesiastical History of New-England; From Its First Planting, in the Year 1620, unto the Year of Our Lord 1698*, vol. 2 (Silas Andrus and Son, 1853 [1702]), 620.

★15　Coton Mather, "A Brand Pluck'd Out of the Burning" (1693), in Burr, *Narratives of the Witchcraft Cases*, 1648-1706, 282-83.

★16　Thomas Newton, Paul Boyer and Stephen Nissenbaum,

Salem Possessed: The Social Origins of Witchcraft (Harvard University Press, 1974), 32.〔『呪われたセイレム――魔女呪術の社会的起源』山本雅訳、渓水社、二〇〇八年〕

★17 Chadwick Hansen, *Witchcraft at Salem* (George Braziller, 1969).〔『セイレムの魔術』飯田実訳、工作舎、一九九一年〕この件について、ハンセンの記述は大げさに過ぎると思われるが、植民者のなかに、自分の都合のいいように魔術を利用しようと試みた者がいたのは、紛れもない事実だ。このことを示すセイレム以前のある宣誓証書には、ある女性の癒しの力（つまり、白魔術師としての技能）が、彼女が「攻撃的な魔女」にもなりうることの証拠として提出されていた。Samuel G. Drake, *Annals of Witchcraft in New England, and Elsewhere in the United States, from Their First Settlement* (W. E. Woodward, 1869), 281 所収の引用。

★18 Richard Weisman, *Witchcraft, Magic, and Religion in 17th-Century Massachusetts* (University of Massachusetts Press, 1984), 121.

★19 Boyer and Nissenbaum, eds., *Salem Witchcraft Papers*, vol. 1, 66 所収の引用。

★20 Eve LaPlante, *Salem Witch Judge: The Life and Repentance of Samuel Sewall* (HarperCollins, 2008), 2 所収の引用。

★21 Deodat Lawson, Charles Upham, *Salem Witchcraft: with An Account of Salem Village, and A History of Opinions on Witchcraft and Kindred Subjects*, vol. 2 (Wiggin and Lunt, 1867), 525-26 所収の引用。

★22 Amos Taylor, *A Narrative of the Strange Principles, Conduct and Character of the People Known by the Name of Shakers: Whose Errors Have Spread in Several Parts of North-America, but Are Beginning to Diminish, and Ought to Be Guarded Against* (Isaiah Thomas, 1782), 3.

★23 Valentine Rathburn, Elizabeth A. De Wolfe, "'A Very Deep Design at the Bottom': The Shaker Threat, 1780-1860," in *Fear Itself: Enemies Real and Imagined in American Culture*, ed. Nancy Lusignan Schultz (Purdue University Press, 1999), 107 所収の引用。

★24 A Protestant〔Calvin Colton〕, *Protestant Jesuitism* (Harper & Brothers, 1836), 13-14.

★25 同上、35.

★26 同上、30.

★27 同上、16.

★28 同上、107.

★29 同上、111.

★30 同上、132.

★31 Robert S. Levine, *Conspiracy and Romance: Studies in Brockden Brown, Cooper, Hawthorne, and Melville* (Cambridge University Press, 1989),128. レヴァインは、『若いグッドマン・ブラウン』が反フリーメイソン運動と「その貴族階級の陰謀者に対する攻撃」にも触発されていることも示唆して、物語が「コミュニティの宗教的、司法的、政治的指導者たちが秘密の友愛会の盟約で結ばれているという典型的な反フリーメイソンのイメージ」を扱っていると指摘する。フリーメイソンに対する反対運動については、第5章で詳しく取り上げるので、ここでは次のことだけを述べておきたい。すなわち、反フリーメイソンのイメージがホーソーンの物語の要素に影響を与えた可能性はたしかにあるが、『若いグッドマン・ブラウン』のなかで疑われる陰謀には、上流階級以外の者もかかわっている。魔女の野外集会には、「身を持ち崩した男たちや、いかがわしい評判の女たち、ありとあらゆる卑劣で汚れた悪事にふけり、恐ろしい犯罪にさえ手を染めていることが疑われるろくでなし」も参加していた。一八二〇年代から三〇年代にかけてフリーメイソンを糾弾した者たちは、上層の敵を恐れていた。だが、グッドマン・ブラウンの恐怖は、特定の社会階級に限られたものではなかった。

★32　Calvin Colton, *Thoughts on the Religious State of the Country; with Reasons for Preferring Episcopy* (Harper & Brothers, 1836), 177-78.

★33　La Roy Sunderland, *Pathetism; with Practical Instructions* (P. P. Good, 1843), 210.

★34　Pleasant Hill Ministry, Stephen J. Stein, *The Shaker Experience in America: A History of the United Society of Believers* (Yale University Press, 1994), 98 所収の引用。

★35　The Book of Mormon〔『モルモン書』末日聖徒イエス・キリスト教会、一九九五年〕, 3 Nephi 3: 9, Helaman 6: 26-29.

★36　モルモン教の民間伝承に登場するガデアントン盗賊団に関する議論については、W. Paul Revere, "'As Ugly as Evil,' and 'As Wicked as Hell': Gadianton Robbers and the Legend Process Among the Mormons," in *Between Pulpit and Pew: The Supernatural World in Mormon History and Folklore*, ed. W. Paul Revere and Michael Scott Van Wagenen (Utah State University Press, 2011), 40-65 を参照のこと。

★37　David Brion Davis, "Some Themes of Counter-Subversion: An Analysis of Anti-Masonic, Anti-Catholic, and Anti-Mormon Literature," *Mississippi Valley Historical Review*, September 1960.

★38　*Female Life Among the Mormons: A Narrative of Many Years' Personal Experience* (J. C. Derby, 1855), 47. タイトルページには、この本は「先頃ユタからやって来たモルモン教長老の妻」の作であることが記されているが、本文で語り手は、マリア・ウォードと名乗っている。研究者のなかには、ウォードはユタ準州の政府職員（モルモン教徒ではない）を夫に持つコーネリア・フェリスの筆名ではないかと考える者もいる。真偽のほどは定かでないが、本書がフィクションであることは間違いない。

★39　John C. Bennett, *The History of the Saints; or, An Expose of Joe Smith and Mormonism* (Leland & Whiting, 1842), 223.

★40　Davis, "Some Themes of Counter-Subversion."

★41　Harrington O'Reilly [and John Young Nelson], *Fifty Years on the Trail: A True Story of Western Life* (Chatto & Windus, 1889), 180.

★42　Mark Twain, *Roughing It* (American Publishing Company, 1873), 106.〔『苦難を乗りこえて——西部放浪記』勝浦吉雄・勝浦寿美訳、文化書房博文社、二〇〇八年〕

★43　モルモン教徒の経済活動に対するもっとも厳しい糾弾は、アイダホではなく、ニューイングランドからなされた。一八八〇年の著作で、サミュエル・ポーター・パトナムは、「モルモン教徒は、ユダヤ人と同じく金儲けがうまい」と不満を漏らした。Dyer D. Lum, "Mormon Co-Operation," *Liberty*, July 3, 1886 所収の引用。

★44　ゴーストダンスを再興する前に、ウォヴォカがモルモン教とシェーカー教について研究していたことを思い出してほしい。周囲の者たちは、ウォヴォカにこの二つの宗派の影響を見出し、その後案の定、陰謀説が浮上した。インディアンの人権擁護を訴える活動家だったキャサリン・ウェルドンは、ゴーストダンスには異を唱えており、「それらすべての根底にモルモン教徒がいて、自分たちの目的のために、インディアンの信用を悪用している」と主張した。Rex Alan Smith, *Moon at Popping Trees* (University of Nebraska Press, 1981), 110 所収の引用。

★45　Zane Grey, *Riders of the Purple Sage* (Grosset & Dunlap, 1912), 310.〔『ユタの流れ者』仙名紀訳、中央公論社、一九八四年〕

★46　同上、26.

★47　同上、160-62.

★48　同上、172.

★49　同上、174.

★50　Don Siegel, *A Siegel Film: An Autobiography* (Faber and Faber, 1993), 178.

★51　『それは外宇宙からやって来た』。ジャック・アーノルド監督、ハリー・エセックス脚本、レイ・ブラッドベリ原作、ユニヴァーサル・スタジオ制作、一九五三年公開。この映画の脚本の執筆に、レイ・ブラッドベリがどの程度関与していたかについては、資料により見解が異なる。本作を演出したウィリアム・アランドは、オーソン・ウェルズのラジオドラマ『宇宙戦争』に出演していた人物だ。

★52　Harl Vincent, "Parasite," *Amazing Stories*, July 1935.

★53　キャンベルの中編は、ハワード・ホークの一九五一年の映画『遊星よりの物体X』の原作だ。プロットからは肉体を乗っ取るという要素が省かれているが、パラノイア的な雰囲気は変わらない。なりすましのテーマは、この小説の二度目の映画化作品である、ジョン・カーペンター監督が一九八二年に制作した『遊星からの物体X』では復活している。異星人の観点からこの脚本を明晰に再考するものとして、Peter Watts, "The Things," January 2010, clarkesworldmagazine.com/watts_01_10 を参照のこと。

★54　『人形つかい』は、外からの敵についての知識を踏まえて、主人公がタイタンにある敵の本拠地で侵略者と戦う準備をするところで終わる。一方イギリスでは、『クォーターマスⅡ』の続編（六話から成るテレビシリーズ『クォーターマスと穴（*Quatermass and the Pit*）』）において、地球の地下で眠っていた人の心を操ることのできる悪魔のような異星人が描かれている。

★55　*Hearings Before the Subcommittee to Investigate Juvenile Delinquency of the Committee on the Judiciary, United States Senate, Eighty-Third Congress, Second Session, Pursuant to S. 190* (United States Government Printing Office, 1954), 93.

★56　Vance Packard, *The Hidden Persuaders* (Ig Publishing, 2007 [1957]), 32.〔『かくれた説得者』林周二訳、ダイヤモンド社、一九五八年〕パッカードは以前、『コリアーズ』誌の編集部員を務めていたことがあった。この雑誌には、ジャック・フィニイの『盗まれた街』も連載されていた。

★57　同上、33.

★58　同上、219-20.

★59　この世界観は、広告の批評家のあいだだけでなく、広告業界自体にも広く浸透していた。歴史家ローランド・マーチャンドによると、広告業界の多くの人びとは、「現代の大衆的人間の増大を、懸念と侮蔑をもって見つめていた」という。広告主は、こうした懸念や侮蔑がより広い世界にも広まりつつあることを察知して、双方から利益を得る方策を見出した。早くも一九三〇年代には、露天商が「大衆の画一性のなかに埋没するのではないかという恐怖が、人びとのあいだで高まる」のを目撃する一方、広告業界の人間は、「一個人を群集から救い出す力があるという点を強調して商品を宣伝することで、たびたびこの懸念に訴えかけた」。Roland Marchand, *Advertising the American Dream: Making Way for Modernity, 1920-1940*（University of California Press, 1985）, 268-69.

★60　『私は見た！（*The Whip Hand*）』。ウィリアム・キャメロン・メンジース監督、ジョージ・ブリッカーおよびフランク・L・モス脚本、ロイ・ハミルトン原作、RKO制作、一九五一年公開。メンジースがこの作品の次に手がけたのが、前述の『惑星アドベンチャー』だ。

★61　Thomas Doherty, *Cold War, Cool Medium: Television, McCarthyism, and American Culture*（Columbia University Press, 2003）, 146-47. フィルブリックを演じたのは、リチャード・カールソンだが、彼は『それは外宇宙からやって来た』でも主演している。

★62　同上、146.

★63　一九五〇年代の洗脳に対する恐怖と、コンドンの著作へのその影響については、Louis Menand, "Brainwashed," *The New Yorker*, September 15, 2003 を参照のこと。メナンドが指摘したように、アメリカの観測筋は洗脳者の力を過大評価していた。「北朝鮮における素晴らしい生活を賛美しながら帰還した元捕虜たちも、ほどなくアメリカ人の見解に立ち返った」。

★64　Richard Condon, *The Manchurian Candidate*（Four Walls Eight Windows, 2004［1959］）, 32.〔『影なき狙撃者』佐和誠訳、早川書房、二〇〇二年〕コンドンの著作のこの版には、メナンドの小論が序文として採録されている。

★65　同上、41.

★66　Richard H. Rovere, *Senator Joe McCarthy*（University of California Press, 1996［1959］）, 51.〔『マッカーシズム』宮地健次郎、岩波書店、一九八四年〕

★67　ケルアックのマッカーシーに対する見解については、共感の度合いは異なるが、以下の著作で議論されている。Dennis McNally, *Desolate Angel: Jack Kerouac, The Beat Generation, and America*（Da Capo Press, 2003［1979］）, 185-86; Bill Kauffman, *America First! Its History, Culture, and Politics*（Prometheus Books, 1995）, 172; and Barry Miles, *Jack Kerouac: King of the Beats*（Virgin Books, 2010［1998］）, 239. バロウズがペグラーを賞賛していた件については、*The Letters of William S. Burroughs, 1945-1959*, ed.

Oliver Harris (Penguin Books, 1993), 57 所収のウィリアム・S・バロウズがアレン・ギンズバーグに宛てた一九四九年一二月二四日付の書簡をご一読のこと。

★68　Leo Ribuffo, *The Old Christian Right: The Protestant Far Right from the Great Depression to the Cold War* (Temple University Press, 1983) を参照のこと。「ファシスト狩り」という用語はときおり、メキシコ系住民による国家転覆への危惧について述べる際にも用いられる。歴史家リカード・ロモは、この用語を「アメリカ南西部全体をメキシコに併合することを求める革命」に対する恐れも含めて、一九一〇年代に「西海岸で特異な様相を呈した」反チカーノ運動を指して使用している。Ricardo Romo, *East Los Angeles: History of a Barrio* (University of Texas Press, 1983), 90.

★69　Erich Fromm, *Escape from Freedom* (Avon Books, 1969 [1941]), 266-67.〔『自由からの逃走』日高六郎訳、東京創元社、一九六五年〕

★70　"The Monsters Are Due on Maple Street," *The Twilight Zone*, CBS, March 4, 1960.

★71　群集心理への懸念が嵩じていた一九五〇年代から六〇年代初頭にかけてでさえ、社会科学者たちは、集団パニックが大惨事に対する通常の反応であるとの見方に歯止めをかけるような研究を重ねていた。こうした研究の多くは、核戦争に直面した際の国民の行動について懸念していた国防総省の資金提供を受けていたが、同省はE・L・クアランテリやチャールズ・フリッツをはじめとする研究者が出した結論に驚きを隠せなかった。

★72　Erich Neumann, *Depth Psychology and a New Ethic*, trans. Eugene Rolfe (G. P. Putnam's Sons, 1969), 52.〔『深層心理学と新しい倫理——悪を超える試み』石渡隆司訳、人文書院、一九八七年〕(初版は一九四九年にドイツ語で出版された)

★73　Gore Vidal, *The City and the Pillar*, 2nd ed. (New American Library, 1965)〔『都市と柱』本合陽訳、本の友社、一九九八年〕, 158. ホモセクシャルをフリーメイソンの暗黙の友愛になぞらえたのは、ゴア・ヴィダルがはじめてではない。リチャード・バートンやマルセル・プルーストら多くの作家が同じメタファーを使っている。

★74　R. G. Waldeck, "Homosexual International," *Human Events*, April 16, 1952.

★75　*Congressional Record*, May 1, 1952.

★76　David K. Johnson, *The Lavender Scare: The Cold War Persecution of Gays and Lesbians in the Federal Government* (University of Chicago Press, 2004), 112 所収の引用。

★77　同上、76. 同性愛者狩りは、マッカーシズム陣営の一部にも跳ね返ってきて、最終的にはジョゼフ・マッカーシー本人も傷を負うことになった。Andrea Friedman, "The Smearing of Joe McCarthy: The Lavender Scare, Gossip, and Cold War Politics," *American Quarterly* 57, no. 4 (December 2005) を参照のこと。

★78　Johnson, *The Lavender Scare*, 183-84.

★79　同上、187 所収の引用。

★80　同上、188.

★81　Harry R. Jackson, Jr., Van Smith, "Holy War," *City Paper*

(Baltimore), October 3, 2012 所収の引用。

★82　同上所収の引用。

第４章

★01　Bertram Wyatt-Brown, *Southern Honor: Ethics and Behavior in the Old South*, 2nd ed.（Oxford University Press, 2007）, 413.

★02　ノース・リヴァーは、現在はハドソン川として知られている。

★03　Daniel Horsmanden, *A Journal of the Proceedings in the Detection of the Conspiracy Formed by Some White People, in Conjunction with Negro and Other Slaves, for Burning the City of New-York in America and Murdering the Inhabitants*（John Clarke, 1747）, 100 所収の引用。ホースマンデンのこの本の初版は一七四四年に発行された。

★04　同上、26 所収の引用。

★05　同上、14 所収の引用。同著では、"goddamn"（くそっ）は"--damn"とされている。

★06　同上、16 所収の引用。

★07　被告人と彼らのその後についての詳細な記述は、Jill Lepore, *New York Burning: Liberty, Slavery, and Conspiracy in Eighteenth-Century Manhattan*（Alfred A. Knopf, 2005）, 248-59 を参照のこと。

★08　"Great Newes from the Barbadoes"（1676）, in *Versions of Blackness: 'Oroonoko,' Race, and Slavery*, ed. Derek Hughes（Cambridge University Press, 2007）, 341. バルバドスにおける陰謀の嫌疑は、イギリス人が「奴隷による謀反のあり方」についてどのように考えていたかを示す初期の事例で、この出来事の複数の要素は、その後何年にもわたって続いた弾圧の際にも再び登場していると、ジル・レポールは主張する。「一六七六年のバルバドスでは」、「反乱を起こした奴隷たちはゾウの牙でつくったトランペットで合図を送った。一七三六年のアンティグアでは、陰謀者たちは踊りながら、ゾウの尾を鞭のように振り鳴らした。ニューヨークでの自白は、まさに型どおりのものだったので、もしこの厚皮動物の牙や尾がハドソン川の岸辺で手に入るような代物だったならば」、たとえ事実ではなかったとしても、告発者の想像のなかでは「ジョン・ヒューソンの酒場にもお目見えしていたかもしれない」とレポールは書いている。Jill Lepore, *New York Burning* 10-11.

★09　Nathaniel Saltonstall, "A Continuation of the State of New-England"（1676）, in *Narratives of the Indian Wars, 1675-1699*, ed. Charles H. Lincoln（Charles Scribner's Sons, 1913）, 73.

★10　Horsmanden, *A Journal of the Proceedings in the Detection of the Conspiracy*, 18.

★11　同上、20.

★12　同上、300.

★13　同上、340.

★14　初期の懐疑的な見解については、著者の死の三二年後に出版された、ホースマンデンの前掲書の一八一〇年版を参照のこと。ホースマンデンは訴追を擁護するためにこの本を書いたのだったが、新版の序文では、この陰謀の範囲は「当時の恐怖が物語っていたほど大きなものではけっしてなかった」と断言している。
★15　一例として、Peter Linebaugh and Marcus Rediker, *The Many-Headed Hydra: Sailors, Slaves, Commoners, and the Hidden History of the Revolutionary Atlantic* (Beacon Press, 2000), 174-210の生き生きとした描写を参照のこと。
★16　Horsmanden, *A Journal of the Proceedings in the Detection of the Conspiracy*, vii.
★17　同上、378.
★18　Suzanne Lebsock, *The Free Women of Petersburg: Status and Culture in a Southern Town, 1784-1860* (W. W. Norton, 1984), 91所収の引用。
★19　William Johnson, "Melancholy Effect of Popular Excitement" (1822), in *Denmark Vesey: The Slave Conspiracy of 1822*, ed. Robert S. Starobin (Prentice-Hall, 1970), 68-70を参照のこと。
★20　Peter Charles Hoffer, *Cry Liberty: The Great Stono River Slave Rebellion of 1739* (Oxford University Press, 2010).
★21　George Baca, *Conjuring Crisis: Racism and Civil Rights in a Southern Military City* (Rutgers University Press, 2010), 48.
★22　T. C. Parramore, "Conspiracy and Revivalism in 1802: A Direful Symbiosis," *Negro History Bulletin* 43, no. 2, April-June 1980所収の引用。独立系の黒人教会への弾圧に関するさらなる情報は、Peter P. Hinks, *To Awaken My Afflicted Brethren: David Walker and the Problem of Antebellum Slave Resistance* (Pennsylvania State University Press, 1997), 60-62を参照のこと。
★23　Herself [Harriet Jacobs], *Incidents in the Life of a Slave Girl* (privately published, 1861), 98.〔『ある奴隷少女に起こった出来事』堀越ゆき訳、大和書房、二〇一三年、他〕
★24　同上、99.
★25　同上、102.
★26　Baca, *Conjuring Crisis*, 48. ジェイコブズによると、白人のなかには、暴動の続くあいだ奴隷を監獄に入れて、暴徒から守った者もいたという。
★27　Peter Charles Hoffer, *The Great New York Conspiracy of 1741: Slavery, Crime, and Colonial Law* (University Press of Kansas, 2003), 23-25.
★28　"Monthly Record of Current Events," *Harper's New Monthly Magazine*, January 1860所収の引用。
★29　Mark Twain, *Huck Finn and Tom Sawyer Among the Indians and Other Unfinished Stories* (University of California Press, 2011), 142-43.
★30　Mark Twain, *Life on the Mississippi* (Penguin, 1984 [1883]), 211.〔『ミシシッピの生活』上下巻、吉田映子訳、彩流社、一九九四年、他〕マレル一味は『トム・ソーヤの陰謀』でも触れられるが、そこでは「バレル一味」とされている。
★31　Joseph S. Williams, *Old Times in West Tennessee: Reminisscences-Semi-Historic-of Pioneer Life and the Early Emigrant Settlers in the Big Hatchie Country* (W. G. Cheeney, 1873), 200-1.
★32　Augustus Q. Walton, *A History of the Detection, Conviction, Life and Designs of John A. Murel, the Great Western Land Pirate* (George White, 1835), 26-27.

★33　Edwin A. Miles, "The Missisippi Slave Insurrection Scare of 1835," *The Journal of Negro History* 42, no. 1 (January 1957) 所収の引用。

★34　同じ頃、ミシシッピ州ヴィクスバーグの反賭博委員会は、ばくち打ちを市内から追放した。追放に抵抗した者は、裁判を経ることなく絞首刑に処された。急増したこのような私刑による殺人のうち、マレル一味にかかわる事例がどの程度を占めているのかははっきりしないが、この二つの出来事はのちに、人びとの記憶のなかで結びつき、その後の記述にはミシシッピ川沿岸のばくち打ちを陰謀の加担者として扱うものもある。ある歴史家の言葉を借りると、「『マレル』、『ばくち打ち』、『奴隷制廃止論者』の三語は、原則的に置き換え可能だ」という。Thomas Ruys Smith, "Independence Day, 1835: The John A. Murrell Conspiracy and the Lynching of the Vicksburg Gamblers in Literature," *Mississippi Quarterly* 59, no. 1-2 (Winter-Spring 2006).

★35　以下と比較のこと。「奴隷制の中心概念は、奴隷所有者の観点からすると、奴隷が主人に対して完全に服従することにある。理論上、奴隷は主人の意思の延長以上の何ものでもない」。Eugene Genovese, "Class, Culture, and Historical Process," *Dialectical Anthropology* 1, no. 1 (November 1975).

★36　Annalee Newitz, "A History of Zombies in America," November 18, 2010, io9.com/5692719/a-history-of-zombies-in-america.

★37　ゾンビ人気は、二一世紀初頭にも非常に高まった。一部には、ゾンビと感情を通じるという主題を扱ったものもある。このアプローチはロメロ監督の一九八五年の映画『死霊のえじき』にまで遡るが、この時期になると、しだいに一般的になっていった。一方、早く片づけなければならない残忍な人間以下の存在としてゾンビを捉える従来の枠組みを踏襲する者もいた。世界の終焉に備えるサヴァイヴァリストのなかには、世界滅亡後の略奪者を「変異型ゾンビ・ライダー」と呼ぶ者もいる。言葉そのものは戯れにすぎないが、そこにある恐怖は本物だ。

★38　"Outrages by Tramps," *The World*, October 4, 1879.

★39　*The World*, October 24, 1879.

★40　"The Vagrant Class," *The New York Times*, September 7, 1877 所収の引用。

★41　Horatio Seymour, "Crime and Tramps," *Harper's New Monthly Magazine*, December 1878.

★42　*Galveston Daily News*, August 25, 1877.

★43　一九世紀前半に政府が労働組合弾圧のために使った法的対抗策の一つは、組合員を共謀罪で訴追することだった。共謀罪の拡大解釈に対する恐れを抱くのに、奴隷である必要はなかったのだ。

★44　Kevin Kenny, *Making Sense of the Molly Maguires* (Oxford University Press, 1998), 7. ケニーは、無煙炭を産出するこの地域で初めてこの表現を使ったのは、地域の最有力紙『マイナーズ・ジャーナル』の編集者だったベンジャミン・バナンだとする。ケニーの言葉を借りるならば、「バナンがもっとも不快で脅威に感じた『アイルランド人の特徴』のさまざまな側面を表わす簡潔な言葉」として使われた。

★45　Allan Pinkerton, *The Molly Maguires and the Detectives*, 2nd ed.（G. W. Dillingham, 1905）, 521 所収の引用。

★46　資本家層が労働者の陰謀を懸念する一方、組合活動家側は、働き口をめぐって競合する移民のあいだに湧き上がる陰謀にときおり気を揉んでいた。アイルランド系アメリカ人で労働党を率いたデニス・カーニーは、「汚らわしく、臓物喰らいの悪魔崇拝者で、らい病病みの中国人」を、白人労働者の賃金削減と、共和国の弱体化を目論む資本家による陰謀の手先だと考えた。"John Chinaman in America," *All the Year Round*, December 10, 1881 所収の引用。

★47　"The Communists of New York — Their Secret Meetings and Movements," *New York Herald*, January 18, 1874.

★48　Gary Alan Fine and Patricia A. Turner, *Whispers on the Color Line: Rumor and Race in America*（University of California Press, 2001）, 48.

★49　"Race Riots," *The New York Times*, July 28, 1919. 社説に掲載された敵役の一覧には、ドイツや、急進的な労働組織である世界産業労働者組合の名前も挙げられていた。

★50　Howard W. Odum, *Race and Rumors of Race: The American South in the Early Forties*（Johns Hopkins University Press, 1997 [1943]）, 133, 135 所収の引用。オーダムは、黒人による陰謀を影で操る権力者がエレノア・ルーズヴェルト大統領夫人であるとする噂も収集している。それは、大統領夫人が政府転覆を目論む「エレノア・クラブ」なる組織に名前を貸しているらしいとの内容だった。このクラブのモットーは、「一九四三年までにすべての台所に白人女性を」だという。同上、73-80.

★51　Governor's Commission on the Los Angeles Riots, *Violence in the City — An End or a Beginning?* December 2, 1965, usc.edu/libraries/archives/cityinstress/mccone.

★52　Gary Allen, "The Plan to Burn Los Angeles," *American Opinion*, May 1967. 本章における以後のアレンの引用は、すべてこの記事を出典としている。

★53　白人の報復がもたらしかねない結果についてのアレンの懸念には、黒人の暴動が白人の無法状態を招くのではないかという南北戦争以前のプランターらの懸念と、少なからぬ類似点が見られる。プランター同様、アレンも下層の敵の弾圧が政府を通して実施されることを好んだ。これに関連した話として、ジョン・バーチ協会は一九六〇年代、国際的な陰謀団が公民権運動のみならず、さまざまなクラン団やネオナチ集団をも操って、双方を利用した人種闘争の勃発を画策していると考えていた。のちに協会は、公民権運動の時代に関して、クラン団を標的にしたＦＢＩの潜入捜査官を最大の英雄として賛美する見解を示した。

★54　John Schmidhauser, Rick Perlstein, *Nixonland: The Rise of a President and the Fracturing of America*（Scribner's, 2008）, 142 所収の引用。

★55　Terry Ann Knopf, *Rumors, Race, and Riots*（Transaction Books, 1975）, 131.

★56　*Subversive Influences in Riots, Looting, and Burning, Part 1: Hearings Before the Committee on Un-American Activities, House of Representatives, Ninetieth Congress, First Session, October 25, 26, 31,* and November 28, 1967 (U.S. Government Printing Office, 1968), 835.

★57 Gerald Horne, *Fire This Time: The Watts Uprising and the 1960s* (University Press of Virginia, 1995), 267 所収の引用。

★58 "Hard-Core Leftists Exploit L.A. Negroes, Says Graham," *The Spartanburg Herald*, August 18, 1965 所収の引用。

★59 "Outside Agitators Took Part in Riots, Says Frisco Mayor," *St. Joseph News-Press*, October 1, 1966 所収の引用。

★60 Perlstein, *Nixonland*, 199. 所収の引用。暴動の陰に潜む共産主義者の陰謀を発見せよとジョンソンがＦＢＩに圧力をかけた件については、Kenneth O'Reilly, *"Racial Matters": The FBI's Secret File on Black America, 1960-1972* (Free Press, 1989), 229ffを参照のこと。

第５章

★01 Bernard Bailyn, *The Ideological Origins of the American Revolution* (Harvard University Press, 1967), 94 所収の引用。

★02 Oliver Noble, Some Strictures upon the Sacred Story Recorded in the Book of Esther, Shewing the Power and Oppression of STATE MINISTERS Tending to the Ruin and Destruction of GOD's People: — And the Remarkable Interpositions of Divine Providence, in Favour of the Oppressed (E. Lunt and H. W. Tinges, 1775), 6.

★03 Edmund Burke, *Thoughts on the Cause of the Present Discontents* (J. Dodsley, 1770), 15-16.

★04 Noble, *Some Strictures upon the Sacred Story*, 26.

★05 ジョン・アダムズがヘンリー・ナイルズに宛てた一八一八年二月一八日付の書簡。*The Works of John Adams*, vol. 10, ed. Charles Francis Adams (Little, Brown and Company, 1856), 288 所収。

★06 Bailyn, *The Ideological Origins of the American Revolution*, 101 所収の引用。

★07 同上、119-20 からの引用。

★08 ジョージ・ワシントンがブライアン・フェアファックスに宛てた一七七四年八月二四日付の書簡。gwpapers.virginia.edu/documents/revolution/letters/bfairfax3.html

★09 Bailyn, *The Ideological Origins of the American Revolution*, 119 所収の引用。

★10 First Continental Congress, "Address to the People of Great Britain," September 5, 1774.

★11 アメリカ独立宣言。これについて注を付す必要があるだろうか?

★12 アレクサンダー・ハミルトンがジョージ・ワシントンに宛てた書簡。*Hamilton: Writings*, ed. Joanne B. Freeman (Library of America, 2001), 122 所収。

★13 Cassius [Ædanus Burke], *Considerations on the Society or Order of Cincinnati; Lately Instituted by the Major-Generals, Brigadiers, and Other Officers of the American Army* (A. Timothy, 1783), 8, 28-29.

★14 Bill Kauffman, *Forgotten Founder, Drunken Prophet: The Life of Luther Martin* (ISI Books, 2008), 27 所収のエイブラハム・イ

エイツ。

★15 Luther Martin, "The Genuine Information, Delivered to the Legislature of the State of Maryland, Relative to the Proceedings of the General Convention, Held at Philadelphia, in 1787"（1787）, oll.libertyfund.org/?option=com_staticxt&staticfile=show.php%3Ftitle=1787&chapter=96564&layout=html&Itemid=27.

★16 Kauffman, *Forgotten Founder, Drunken Prophet*, 75所収の引用。

★17 Donald Henderson Stewart, *The Opposition Press of the Federalist Period*（State University of New York Press, 1969）, 490所収の引用。

★18 Louise Burnham Dunbar, "A Study of 'Monarchical' Tendencies in the United States from 1776 to 1801," *University of Illinois Studies in the Social Sciences* 10, no. 1（March 1922）所収の引用。

★19 同上からの引用。

★20 Bailyn, *The Ideological Origins of the American Revolution*, 56.

★21 George H. Smith, "'That Audacious Document': Notes on the Declaration of Independence," November 8, 2011, libertarianism.org/publications/essays/excursions/audacious-document-notes-declaration-independence.

★22 J. L. De Lolme, *The Constitution of England, or An Account of the English Government*（privately published, 1777）, 203. この言葉を用いた人には、ジョージ・メイソンに宛てた一七八七年の書簡で引用したリチャード・ヘンリー・リーと、反連邦主義のエッセイで同時期に用いたサミュエル・ブラウンがいる。

★23 Gordon S. Wood, "Conspiracy and the Paranoid Style: Causality and Deceit in the Eighteenth Century," *The William and Mary Quarterly*, 3rd ser., 39, no. 3（July 1982）.

★24 Carl Bridenbaugh, *Mitre and Sceptre: Transatlantic Faiths, Ideas, Personalities, and Politics, 1689-1775*（Oxford University Press, 1962）, 215-16所収の引用。

★25 これらの理由については、William M. Hogue, "The Religious Conspiracy Theory of the American Revolution: Anglican Motive," *Church History* 45, no. 3（September 1976）に述べられている。

★26 トーマス・ジェファーソンがジョージ・ワシントンに宛てた一七八四年四月一六日付の書簡。*The Portable Thomas Jefferson*, ed. Merrill D. Peterson（Penguin Books, 1975）, 368に所収。

★27 Markus Hünemörder, *The Society of the Cincinnati: Conspiracy and Distrust in Early America*（Berghahn Books, 2006）, 46所収の引用。

★28 疑問をお持ちの方に説明すると、オハイオ市はじつはシンシナティ協会によって命名されたもので、この逆ではない。協会はこの名をローマの独裁者ルキウス・クインクティウス・キンキナトゥスから取った。

★29 トーリー党流の階層制度と特権をもっとも強く主張したグループ（のちにマサチューセッツ連邦党エセックス支部になったグループで、ジェファーソン派にも穏健な連邦派にも陰謀を画策する「エセックス・ジュントー」と呼ばれて嘲られた）は、政治的な対抗陣営による憲法に不満を抱いており、それが民主主義的すぎると論じた。とはいえ、彼らはそれが政治的にいちばん現実的な選択肢と考えて、憲法を制定した。David H. Fischer, "The Myth of the Essex Junto," *The William and Mary Quarterly*, 3rd ser., 21, no. 2 (April 1964) を参照のこと。

★30　これはチャールズ・ベアーズによる憲法の経済的解釈とは異なる。ベアーズは経済的な自己利益を減じようとする憲法立案者の動機に反対したが、のちに彼の解釈はほぼ論破された。

★31　R. Lamb, *An Original and Authentic Journal of Occurrences During the Late American War, from Its Commencement to the Year 1783* (Wilkinson & Courtney, 1809), 8.

★32　Bailyn, *The Ideological Origins of the American Revolution*, 151.

★33　Marshall Smelser, "The Jacobin Phrenzy: Federalism and the Menace of Liberty, Equality, and Fraternity," *The Review of Politics* 13, no. 4 (October 1951) に所収の引用。

★34　このグループはジャーマン・ユニオンと呼ばれ、創立者はチャールズ・フレデリク・バルトという神学者だった。それは要するに金儲けのための手段であり、長くは続かなかった。

★35　イルミナティの考え方（イルミナティの人びとがアダム・ヴァイスハウプトの命に従ったという考えとは反する）が、フランスその他の革命派に影響を与えたという主張については、James H. Billington, *Fire in the Minds of Men: Origins of the Revolutionary Faith* (Basic Books, 1980), 93-99 を参照のこと。ビリントンは、この影響は次のような保守的な陰謀論に見て取れると指摘する。「右翼の恐怖が左翼を席巻すると、イルミナティは実際に活発であった頃をはるかにしのぐ矛盾した影響力を消滅後に獲得した」。

★36　John Robison, *Proofs of a Conspiracy Against All the Religions and Governments of Europe, Carried on in the Secret Meetings of the Free Masons, Illuminati, and Reading Societies*, 4th ed. (George Forman, 1798), 14.

★37　Jedidiah Morse, *A Sermon, Exhibiting the Present Dangers, and Consequent Duties of the Citizens of the United States of America* (Samuel Etheridge, 1799), 17. 説教がもともとなされたのは一七九八年五月九日だった。

★38　同上、14.

★39　同上、15-16. モールスの息子サミュエルはモールスコードの共同発明者で初期の電報の発明者でもあったが、一族による陰謀論研究の伝統を絶やさなかった。彼は、アメリカをハプスブルク帝国の傘下に収めるというオーストリア・ローマ教皇の計画にかかわる本を書いた。Brutus [Samuel Morse], *Foreign Conspiracy Against the Liberties of the United States* (Leavitt, Lord & Co., 1835) を参照のこと。

★40　Vernon Stauffer, *New England and the Bavarian Illuminati* (Columbia University Press, 1918), 283 所収の引用。

★41　Sally Sayward Wood, *Julia and the Illuminated Baron: The Critical Edition* (Library of Early Maine Literature, 2012 [1800]), 59.

★42　同上、207. 帝国初期の著名な小説家チャールズ・ブロックデン・ブラウンも、自作でイルミナティ伝説に言及しているが、

I-word〔訳注　不法移民（illegal immigrant）を遠回しに指す語〕を用いるのを避けている。イルミナティにかんするブラウンの興味とそれが彼の著作に与えた影響については、Charles C. Bradshaw, "The New England Illuminati: Conspiracy and Causality in Charles Brockden Brown's Wieland," *The New England Quarterly* 76, no. 3 (September 2003) を参照のこと。

★43　独立宣言は、「開拓者に対して非情で野蛮なインディアンをけしかけるよう策を弄した」とイギリス人を非難した。上層の敵と外敵とのもう一つの同盟である。

★44　Harry Ammon, "The Richmond Junto, 1800-1824," *The Virginia Magazine of History and Biography* 61, no. 4 (October 1953) 所収の引用。

★45　James M. Banner, Jr., *To the Hartford Convention: The Federalists and the Origins of Party Politics in Massachusetts, 1789-1815* (Alfred A. Knopf, 1970), 40-41 所収の引用。

★46　Joseph Tufts, *An Oration, Pronounced Before the Federal Republicans of Charlestown, Massachusetts, July 4, 1814, Being the Anniversary of American Independence* (Samuel Etheridge, 1814), 9.

★47　Banner, *To the Hartford Convention*, 44.

★48　裁判記録にはこうある。「囚人［は］……夕方か夜に薪を割っている彼の家にやって来て、フリーメイソン協会に入らないかと誘った。証人は『いや』と答えた。なぜならフリーメイソンはみな地獄に堕ちるからだ。すると、囚人は君に入ってほしいのはフリーメイソン協会ではなく、白人の自由のために闘う協会だと言った」。Corey D. B. Walker, *A Noble Fight: African American Freemasonry and the Struggle for Democracy in America* (University of Illinois Press, 2008), 96 所収の引用。

★49　大統領候補指名会議をはじめて開いたのは反メイソン党であり、彼らは一八三一年にボルティモアに集結して翌年の大統領選のための候補選びをした。この会議はまた党の原則をはじめて売り渡した大統領候補指名会議となった。指名されたアメリカ合衆国司法長官ウィリアム・ワートは元フリーメイソンだった。彼は秘密結社に背を向けた元フリーメイソンではなく、結社になんら問題を感じていない元フリーメイソンだった。会議に寄せた書簡でワートは、モーガンを殺害した男たちを非難しているが、「私の知るユニオンでは」と付け加えた。フリーメイソンには「高貴で崇敬すべき人格の知性ある人びと」がいて、これらの人びとは「神や国家に対する責務」より結社に対する誓詞を重んずるようなことはけっしてない。ウィリアム・ワートが反フリーメイソン党会議に宛てた一八三一年九月二八日付の書簡。*Memoirs of the Life of William Wirt, Attorney-General of the United States*, vol. 2, ed. John P. Kennedy (Blanchard and Lea, 1849), 355 に所収。

★50　John Quincy Adams, *Memoirs of John Quincy Adams, Comprising Portions of His Diary from 1795 to 1848*, vol. 8, ed. Charles Francis Adams (J. B. Lippincott & Co., 1876), 368.

★51　これらの疑いの一部がもっともなものだとする学術的な議論については、Ronald P. Formisano with Kathleen Smith Kutolowski, "Antimasonry and Masonry: The Genesis of Protest, 1826-1827," *American Quarterly* 29, no. 2 (Summer 1977) を参照のこと。

★52　Kathleen Smith Kutolowski, "Freemasonry and Community in the Early Republic: The Case for Antimasonic Anxieties," *American Quarterly* 34, no. 5 (Winter 1982).

★53　秘密結社に対する恐怖は、建国初期のアメリカ人が抱いた政党に対する恐怖と似通っていた。政治を左右するために人が集まっているという事実そのものが疑いをもって見られ、批評家たちは「党派」という語から「ジュントー」や「陰謀」にわけなく移っていった。

★54　アンドリュー・ジャクソンとロジャー・B・トーニーが、一八三三年九月一三日に閣議で読み上げた文書。*The Correspondence of Andrew Jackson*, vol. 5, ed. John Spencer Bassett (Carnegie Institution of Washington, 1931), 194 所収。

★55　アンドリュー・ジャクソンがエドワード・リヴィングストンに宛てた一八三四年六月二七日付の書簡。同上、272.

★56　Frederick Robinson, *An Oration Delivered Before the Trades Union of Boston and Vicinity, on Fort Hill, Boston, on the Fifty-Eighth Anniversary of American Independence* (Charles Douglas, 1834), 6, 18.

★57　L. Frank Baum, *The Sea Fairies* (Reilly & Britton, 1911), 104-5.

★58　タコは下層の敵および外敵いずれの文献にも顔を出す。それは、ただ一種の恐怖に限るにはあまりに強力なイメージをもっている。過去にタコに擬せられた社会勢力や物事には、資本主義、社会主義、地主、鉄道会社、ハーヴァード大学、国防総省、インフレ、独占企業、ドラッグ、ユダヤ人、カトリック教徒、モルモン教徒、組織犯罪、いくつかの国家、いくつかの企業、そして「システム」がある。

★59　Samuel Ajayi Crowther, quoted in Patricia A. Turner, *I Heard It Through the Grapevine: Rumor in African-American Culture* (University of California Press, 1993), 12.

★60　William D. Piersen, *Black Legacy: America's Hidden Heritage* (University of Massachusetts Press, 1993), 7 所収の引用。

★61　ウィリアム・ピアセンは、アフリカ人の奴隷商人も同じことをしたと示唆した。つまり、白人の食人習慣の噂を広げて、「見知らぬ主人に仕えて苦しむ宿命に比べれば、今の状況もさほど悪くない」と指摘して新しく捕らえた人びとを懐柔した。ピアセンはさらに、白人の奴隷商人も同じ戦略（囚われ人に自分たちは人を食べないが、船を襲おうとしている海賊は食べるのだから、船を守るために力を合わせるべきだと話した）を用いたという証拠を提示した。同上、8-9.

★62　Gladys-Marie Fry, *Night Riders in Black Folk History* (University of Tennessee Press, 1975), 178 所収の JLSHolloman の発言。

★63　同上、184 に引用されたエヴァ・フランシス・パーカーの発言。同じ物語のワシントンDC版では、実験が行なわれているのは病院ではなく、スミソニアン博物館とされた。

★64　同上、191 に引用されたルシル・マードックの発言。

★65　Todd L. Savitt, "The Use of Blacks for Medical Experimentation and Demonstration in the Old South," *The Journal of Southern History* 48, no. 3 (August 1982).

★66　Turner, *I Heard It Through the Grapevine*, 84.
★67　Fry, *Night Riders in Black Folk History*, 192 に引用されたジェイムズ・ダニエル・タイムスの発言。
★68　この物語はいくつかの地域で語られた。概略については、David Zucchino, "Sterilized by North Carolina, She Felt Raped Once More," *Los Angeles Times*, January 25, 2012 を参照のこと。
★69　Terry Ann Knopf, *Rumors, Race, and Riots*（Transaction Books, 1975）, 143-44.
★70　同上、222.
★71　Daniel Pipes, *Conspiracy: How the Paranoid Style Flourishes and Where It Comes From*（Free Press, 1997）, 117 所収の引用。パイプスの本の批評については、Jesse Walker, "Conspiracy," *The Independent Review*, Summer 1998 を参照のこと。
★72　*Register of Debates in Congress, Comprising the Leading Debates and Incidents of the First Session of the Twenty-Third Congress*, vol. 10（Gales and Seaton, 1834）, 1173.
★73　*Register of Debates*, May 24, 1834. 銀行をめぐる争いにかんする疑わしい言説について広くまとめたものについては、Major L. Wilson, "The 'Country' Versus the 'Court': A Republican Consensus and Party Debate in the Bank War," *Journal of the Early Republic* 15, no. 4（Winter 1995）を参照のこと。
★74　Robert Churchill, *To Shake Their Guns in the Tyrant's Face: Libertarian Political Violence and the Origins of the Militia Movement*（University of Michigan Press, 2009）, 117 所収の引用。両陣営とも下層の敵をも恐れていた。南部の人が奴隷暴徒化の陰謀を懸念したように、北部の共和党員は民主党員が反体制的な秘密結社を組織していると難じた。Frank L. Klement, *Dark Lanterns: Secret Political Societies, Conspiracies, and Treason Trials in the Civil War*（Louisiana State University Press, 1984）を参照のこと。

第6章

★01　J. D. Salinger, *Raise High the Roof Beam, Carpenters and Seymour: An Introduction*（Little, Brown, 1963）, 88.〔『大工よ、屋根の梁を高く上げよ／シーモア―序章―』野崎孝・井上謙治訳、新潮社、一九八〇年〕
★02　Manly P. Hall, *The Secret Destiny of America*（Jeremy P. Tarcher/Penguin, 2008）, 70. この版は一九四四年創刊時の *The Secret Destiny of America* 全体のみならず、一九五一年に出版された続編の *America's Assignment with Destiny* をも収めている。
★03　同上、57.
★04　同上、187.
★05　同上、92, 94.
★06　同上、120-21.
★07　Rob Brezsny, *Pronoia Is the Antidote for Paranoia: How the Whole World Is Conspiring to Shower You with Blessings*（Frog Books, 2005）, 16 所収の引用。
★08　"Fama fraternitatis, or, A Discovery of the Fraternity of the Most Laudable Order of the Rosy Cross"（1614）, trans. Thomas Vaughan, reprinted as an appendix to Frances A. Yates, *The Rosicrucian Enlightenment*（Routledge, 2003［1972］）, 307.

★09　Karl von Eckhartshausen, *The Clouds upon the Sanctuary*, trans. Isabel de Steiger (Book Tree, 2006 [1802]), 16, 27.

★10　一八世紀ドイツに誕生した新薔薇十字団である「黄金の薔薇十字団」は一時は影響力をもち、あるメンバー、フリードリヒ・ヴィルヘルム2世はプロシアの王座にまで上り詰めた。陰謀論の世界で起きたと思われる衝突では、この結社のメンバーたちはヴァイスハウプトのイルミナティとの闘いで大きな役割を果たした。Christopher McIntosh, *The Rose Cross and the Age of Reason: Eighteenth-Century Rosicrucianism in Central Europe and Its Relationship to the Enlightenment* (State University of New York Press, 2011 [1992]) を参照のこと。

★11　Joscelyn Godwin, *The Theosophical Enlightenment* (State University of New York Press, 1994), 259 所収の引用。

★12　農務長官の職にあったウォレスは、アメリカの紙幣にピラミッドと目のシンボルを入れることをフランクリン・ルーズヴェルト大統領に進言し、これによって多くの陰謀論者がイルミナティが通貨を支配していると主張する根拠が与えられた。

★13　K. Paul Johnson, *The Masters Revealed: Madame Blavatsky and the Myth of the Great White Lodge* (State University of New York Press, 1994), 10 所収の引用。書簡の全文は blavatskyarchives.com/blavatskyhartmann6.htm で読むことができる。

★14　神智学者が仏教伝説から借りたシャンバラによって、小説と映画『失われた地平線』に登場する隠された理想郷のシャングリラが生み出された。さらにスリー・ドッグ・ナイトの歌「シャンバラ」にもつながった。

★15　この種の組織にかんする優れた解説については、Charles Portis, *Masters of Atlantis* (Alfred A. Knopf, 1985) を参照のこと。ポーティスの風刺小説の主人公は、詐欺師に架空のグノモン協会を紹介され、その男をペテン師と見抜けず、真っ正直に自身のグノモン協会を創立する。

★16　H. Spencer Lewis, *Rosicrucian Questions & Answers* (Book Tree, 2006 [1929]), 63-64.

★17　本章冒頭の物語でこれら二冊の本に登場しないのは、世界の影の政府だけである。ホールは *America's Assignment with Destiny* で影の政府の存在をほのめかしているが、それがどこにあるかについては述べていない。それについては他の善意の陰謀論本に依っている。

★18　Hall, *The Secret Destiny of America*, 44.

★19　反権利主義で知られるイギリスの神秘主義論者アレイスター・クロウリーですら、この話を信じた。自身も秘密の首領に遭遇したと主張していたものの、クロウリーは多くの意味で急進的な個人主義者で、こう言っていたことでよく知られる。「男も女もみなスターだ」「汝の欲するところを行なえ、それこそが法となる」。一方で彼は奇想天外な話をすることもあった。その中では、政府によって任命された専門家が「必要に応じて個々の人の真の意志、さらに社会組織や企業組織の真の意志をも知ることができ、明らかに矛盾した主張がある場合にはいずれが正しいかを決めるための司法制度が生まれる」というのだった。Brian Doherty, "Do What I Wilt," *Reason*, February 2001 所収の引用。

★20　ポピュリズムと神智学間のかかわりについては、Charles

Postel, *The Populist Vision* (Oxford University Press, 2007), 263-65を参照のこと。ポピュリスト党の有力な神智学者で、ミネソタ州出身のイグナティウス・ドネリーは元下院議員で、一八九二年に同党の政綱を書き、のちに同党に指名されて副大統領候補となった。またアトランティス大陸にかんする推測にもとづいた本や、ウィリアム・シェイクスピアの戯曲はじつはフランシス・ベーコンが書いたとする本なども書いている。

★21　神智学と『シオン賢者の議定書』に対するグリンカの関係については、Norman Cohn, *Warrant for Genocide: The Myth of the Jewish World-Conspiracy and the Protocols of the Elders of Zion* (Harper & Row, 1967), 100-2を参照のこと。

★22　William Dudley Pelley, *Seven Minutes in Eternity* (Kessinger Publishing, 2006 [1929]), 12.

★23　Jim Rodgers and Tim Kullman, *Facing Terror: The Government's Response to Contemporary Extremists in America* (University Press of America, 2002), 44所収の引用。

★24　ファーガソンは薔薇十字団についてほのめかす程度に述べているが、それがかえって事を悪くした。「まず」と彼女は書いた。水瓶座の「伝統が錬金術師、グノーシス主義者、カバラ主義者、秘術主義者たちによって盛んに伝えられた」。Marilyn Ferguson, *The Aquarian Conspiracy: Personal and Social Transformation in the 1980s* (J. P. Tarcher, 1980), 46.

★25　Constance Cumbey, *The Hidden Dangers of the Rainbow: The New Age Movement and Our Coming Age of Barbarism* (Huntington House, 1983), 61.

★26　同上、53.

★27　Godfré Ray King [Guy Ballard], *Unveiled Mysteries* (Saint Germain Press, 1934), x.

★28　同上、83. ロバート・ハインラインは、バラードの死から二年後、SF小説『失われた遺産』でシャスタ山にかかわる善意の陰謀の概念を借用している。ハインラインはこの考えにリバタリアン的な味つけをした。彼の小説では、山中の秘密結社は個人の自由を守り、人間の潜在力を伸ばすためにはたらいている。それは「ギャング、悪徳政治家、ペテン師、似非宗教の教祖、ブラック企業、二流の権威主義者」を支配する、ロングアイランド出身のサイキックなカバラ主義者に対抗していた。Robert Heinlein, "Lost Legacy" (1941), in Robert Heinlein, *Assignment in Eternity* (Baen, 1987 [1953]), 224.

★29　King, *Unveiled Mysteries*, 43. 銀シャツ党のペリーも、善意の陰謀がアメリカを特別な運命へと導いていると信じていたが、彼の考えは反ユダヤ主義に濃く染まっていた。アメリカは「人類すべてが達成できることとして、あらゆる人種の目に見えるパターンを描く明るく輝く光」となるべきだと彼は主張した。けれども、そこに到達する前に、「誇大妄想的なユダヤ人」を一掃しなければならない。Geoffrey S. Smith, *To Save a Nation: American "Extremism," the New Deal, and the Coming of World War II*, 2nd ed. (Ivan R. Dee, 1992), 80所収の引用。

★30　Gerald Bryan, *Psychic Dictatorship in America* (Truth Research Publications, 1940), 193所収の引用。

★31　同上、194.

★32　同上、21.

★33　同上、194.

★34　フィリップ・ジェンキンスは、アイ・アム運動の指導者の起訴がベルとペリーの違法行為問題のみならず、エホバの証人、イスラム国、その他さまざまな多妻主義宗教やヘビを扱う宗派に対する手入れと時を同じくしていたと指摘した。ジェンキンスは、少数派宗教に対するこの多前線戦争を「四〇年代の粛清」と呼び、これは内なる敵に対する攻撃に分類されると述べた。Philip Jenkins, *Mystics and Messiahs: Cults and New Religions in American History*（Oxford University Press, 2000）, 149-60を参照のこと。

★35　「興味深いことに」とある歴史家は指摘した。「スヴェーデンボリは、太陽系を越えて星々のまたたく天空に向かう途中で、一七五〇年代に存在が知られていたすべての惑星を訪ねるが、天王星、海王星、冥王星には足跡を残していない」。J. Gordon Melton, "The Contactees: A Survey," in *The Gods Have Landed: New Religions from Other Worlds*, ed. James R. Lewis（State University of New York Press, 1995）, 4.

★36　おそらく、彼らをアセンディッド・マスターと呼ぶべきではないのだろう。「神智学の名残はやはり存在する」とある学者は述べる。「しかし、高度に進化したこの実体は現在では地球に生まれて、天上に上っていったのではなく、別の惑星で生まれて地上に下りてきたと考えられている」。Christopher Partridge, "Understanding UFO Religions and Abduction Spiritualities," in *UFO Religions*, ed. Christopher Partridge（Routledge, 2003）, 36.

★37　Nick Herbert, "Nick Meets the Galactic Telepaths," January 6, 2012, quantumtantra.blogspot.com/2012/01/nick-meets-galactic-telepaths.html.

★38　彼が死んでから数十年後、魔女狩りが盛んだったころ、ディーの日記にはこれらの接触が悪魔と結託している証拠として挙げられている。善意の陰謀は、つねになんらかの敵と見なされるようになる恐れがある。

★39　もっとも有名な太古の宇宙飛行士にかんする本は、Erich von Däniken, *Chariots of the Gods? Unsolved Mysteries of the Past*, trans. Michael Heron（G. P. Putnam's Sons, 1970）（初版は一九六八年にドイツで出版）である。

★40　Sylvia Browne, *Sylvia Browne's Book of Angels*（Hay House, 2003）, 14.

★41　Gustav Davidson, *A Dictionary of Angels, Including the Fallen Angels*（Free Press, 1967）; Peter Lamborn Wilson, *Angels*（Thames and Hudson, 1980）; Hope MacDonald, *When Angels Appear*（Zondervan, 1982）.

★42　Sophy Burnham, *A Book of Angels: Reflections on Angels Past and Present, and True Stories of How They Touch Our Lives*（Jeremy P. Tarcher/Penguin, 2011 [1990]）, 72.

★43　著者が二〇一二年三月六日にソフィー・バーナムにしたインタビュー。以降、とくに断らないかぎり、バーナムの引用はすべてこのインタビューから。

★44　Burnham, *A Book of Angels*, 118.

★45　ウィルソンは無政府主義者で神秘主義者であり、彼の詳細な比較文化学論はけっきょく聖書よりイスラム教と異教信仰に重きを置いている。一般のキリスト教にかんする本を期待して買った読者は驚くだろう。

★46 Joan Wester Anderson, *Where Angels Walk: True Stories of Heavenly Visitors* (Ballantine, 1992), ix.

★47 Doreen Virtue, *Healing with the Angels: How the Angels Can Assist You in Every Area of Your Life* (Hay House, 1999), 155.〔『エンジェル・ヒーリング　いつでもあなたは天使に守られている』牧野・M・美枝訳、ダイヤモンド社、二〇〇四年〕

★48 Bill Myers and David Wimbish, *The Dark Side of the Supernatural: What Is of God and What Isn't* (Zondervan, 2008 [1999]), 16-17.

★49 著者が二〇一二年三月六日にピーター・ランボーン・ウィルソンにしたインタビュー。

★50 Marie D. Jones and Larry Flaxman, "11:11 — The Time Prompt Phenomenon and the Profound Nature of Numbers," *Phenomena*, November 2009.

★51 "Do You See 11:11?" n.d., 1111angels.net.

★52 George Mathieu Barnard, *The Search for 11:11: A Journey into the Spirit World* (11.11 Publishers, 2004 [2000]), ix.

★53 "11:11: What Is It About? What Does It All Mean?" n.d., board.1111angels.com/viewtopic.php?t=345.

★54 Jack Sarfatti, "Higher Intelligence Is Us in the Future," *Spit in the Ocean* 3 (1977).

★55 Yates, *The Rosicrucian Enlightenment*, 278-79. イェイツはまた、薔薇十字団のパンフレットは神聖ローマ帝国を倒そうとする戦いで一方に味方するものだという臆測を述べている。

★56 Ronald Reagan, "Your America to Be Free" (1957), reagan2020.us/speeches/Your_America_to_be_Free.asp.

★57 Mitch Horowitz, "Reagan and the Occult," April 20, 2010, voices.washingtonpost.com/political-bookworm/2010/04/reagan_and_the_occult.html.

★58 Ronald Reagan, "Speech Announcing Presidential Candidacy" (1979), in *Tear Down This Wall: The Reagan Revolution*, ed. Editors of National Review (Continuum International Publishing Group, 2004), 17.

第7章

★01 Gil Scott-Heron, "H2O Gate (Watergate) Blues," on *Winter in America*, LP, Strata-East Records, 1974.

★02 サンディエゴ支局長がＦＢＩ長官宛てに送った一九六八年一一月八日付の覚書。機密扱いの解かれたコインテル関連ファイルはvault.fbi.gov からダウンロードできる。

★03 ＦＢＩ長官がサンディエゴ支局長宛てに送った一九六八年一一月二六日付の覚書。

★04 David Cunningham, *There's Something Happening Here: The New Left, the Klan, and FBI Counterintelligence* (University of California Press, 2004), 32. William W. Keller, *The Liberals and J. Edgar Hoover: Rise and Fall of a Domestic Intelligence State* (Princeton University Press, 1989), 72ff も参照のこと。

★05 ボルティモア支局長がＦＢＩ長官宛てに送った一九六九年

三月二八日付の覚書。

★06　ボルティモア支局長がＦＢＩ長官宛てに送った一九六九年八月二六日付の覚書。

★07　フィラデルフィア支局長がＦＢＩ長官宛てに送った一九六八年一一月二一日付の覚書。

★08　一九六七年七月二四日付のロサンゼルス支局報告書。

★09　*Select Committee to Study Governmental Operations with Respect to Intelligence Activities, United States Senate, Supplementary Detailed Staff Reports on Intelligence Activities and the Rights of Americans*（U.S. Government Printing Office, 1976）, 9.

★10　ハンプトンとクラークの死については、Mike Royko, *Boss: Richard J. Daley of Chicago*（Signet, 1971）, 209-13 を参照のこと。

★11　John Dean, “Dealing with Our Political Enemies”（1971）, in *Watergate: A Brief History with Documents*, 2nd ed., ed. Stanley I. Kutler（Wiley-Blackwell, 2010）, 30.

★12　Doyle Niemann, “Watergate: Excuse Us for Bragging but We Told You So!” *The Great Speckled Bird*, July 9, 1973.

★13　Fred P. Graham, “F.B.I. Files of Surveillance of Students, Blacks, War Foes,” *The New York Times*, March 25, 1971 所収の引用。

★14　Kathryn S. Olmsted, *Challenging the Secret Government: The Post-Watergate Investigations of the CIA and FBI*（University of North Carolina Press, 1996）, 17.

★15　*Select Committee to Study Governmental Operations with Respect to Intelligence Activities, United States Senate, Foreign and Military Intelligence*（U.S. Government Printing Office, 1976）, 389 所収の引用。

★16　同上、391.

★17　ラスキーはある時点で大統領再選委員会から二万ドルを受け取っており、これによって彼に偏りがないという考えは成り立たなくなる。彼の本の正しい点、誤っている点については、Barton J. Bernstein, “Call It a Tradition,” *Inquiry*, November 21, 1977 を参照のこと。

★18　Victor Lasky, *It Didn’t Start with Watergate*（Dial Press, 1977）, 220.

★19　Nicholas B. Dirks, *The Scandal of Empire: India and the Creation of Imperial Britain*（Harvard University Press, 2006）, 30.

★20　ウォーターゲート事件が世情を騒がせた間のフェルトの行動や意図については、Max Holland, *Leak: Why Mark Felt Became Deep Throat*（University Press of Kansas, 2012）を参照のこと。

★21　捜査当局が捜査官の命を危険にさらしていたという考えに潜む問題については、Jesse Walker, “Agee’s Revenge,” July 14, 2005, reason.com/archives/2005/07/14/agees-revenge を参照のこと。

★22　国会議員やジャーナリストに対してマッカーシズムの罪を問うことについては、Olmsted, *Challenging the Secret Government*, 126, 131-32, 138, 164 を参照のこと。

★23　*The Final Assassinations Report: Report of the Select Committee on Assassinations, U.S. House of Representatives*（Bantam Books, 1979）, 100.

★24　Roscoe Drummond, “Revived Theory of a ‘Conspiracy’ Still

"Resting on Tenuous Grounds," *Observer-Reporter* (Washington, Pa.), January 23, 1979.

★25　私がはじめてジェムストーン・ファイルの合い鍵に出くわしたのは一九九〇年ごろのことで、それはミシガン・ターミナル・システムというミシガン大学の主要なネット上のことだった。そのときすでに、人びとがこの話をネット上で拡散していたという印象を私は受けた。

★26　Robert Eringer, "Dossier on Conspiriologists: Mae Brussell & Peter Beter," *Critique* 5 (Autumn 1981). 言葉が交わされたのは一九七七年末か一九七八年はじめのことだった。エリンガーの記事は彼が電話をかけた出版社を特定していないが、三〇年以上あとになって、それは『Ｉｔ』という雑誌だったと「ほぼ確信している」と教えてくれた。二〇一二年四月一六日に著者に届いたロバート・エリンガーの電子メール。

★27　Paul Krassner, *Confessions of a Raving, Unconfined Nut: Misadventures in the Counterculture*, 2nd ed. (New World Digital, 2010), 224.

★28　Mae Brussell, "From Monterey Pop to Altamont-OPERATION CHAOS: The CIA's War Against the Sixties Counter-Culture" (1976), maebrussell.com/Mae%20Brussell%20Articles/Operation%20Chaos.html.

★29　John Judge, "Why Everybody Is a Government Patsy" (1978), in *New Yippie Book Collective, Blacklisted News: Secret Histories from Chicago to 1984* (Bleecker Publishing, 1983), 546. ジャッジの記事は最初に『イプスター・タイムズ』紙に掲載された。

★30　Stephen Hall, "'Robot' Behavior of Ryan Murder Suspect," *San Francisco Chronicle*, November 28, 1978.

★31　Mae Brussell, tape 365, December 1, 1978. テープの内容は次のサイトにある。maebrussell.com/Transcriptions/365.html

★32　同上からの引用。レインは引用が正確か否かについてコメントをうながされたが答えなかった。

★33　"'Crusader' Mark Lane," *The Laurence Daily Journal-World*, November 29, 1978 所収の引用。

★34　Brussell, tape 365.

★35　とはいえ、ブラッセルに似た考えには驚くようなところで出くわす。たとえば、ジム・モリソンの有名な伝記に次のようなくだりがある。

　また別の説は、ジムはヒッピー／ニュー・レフト／カウンターカルチャー的生き方を貶めて排除しようとする政治的陰謀の犠牲者だと主張した（実際には、これはケント州立大学やジャクソン州立大学での銃撃事件、アイラ・ヴィスタの暴動、極左テロ組織ウェザーマンによる爆破事件、ティモシー・リアリーやシカゴ・エイト事件の被告に言い渡された長すぎる刑期、チャーリー・マンソンの殺人事件、それにジミ・ヘンドリクスやジャニス・ジョップリン、そして二四人を超えるブラックパンサー党員の死を含む、大規模で、広範囲で、互いに関連のある陰謀のはずだった）。

　この説をあざ笑うどころか、伝記の著者たちはこうコメントした。「ジムは間違いなく十分有名だったし、さらにことを悪くしたのは、頭が良すぎた。だから当局には、彼の反体制的な影響を食い止めるためにはなんらかの手立てを取る十分な理由があった」。Jerry Hopkins and Danny Sugerman, *No One Here Gets Out Alive* (Warner Books, 1981), 372.
★36　一九五二年に最高裁が合衆国憲法修正第一条によって映画が守られているとの裁定を下したとき、ヘイズ・コードの統制力は失われはじめた。映画の表現はしだいに大胆になり、一九六八年にレイティングシステムが導入されるとついにそれに取って替わられた。
★37　youtube.com/watch?v=fRiZtqVPJ9U で見られるインタビュー。
★38　Fredric Jameson, *The Geopolitical Aesthetic: Cinema and Space in the World System* (Indiana University Press, 1995), 55.
★39　『パララックス・ビュー』。アラン・J・パクラ監督、デイヴィッド・ガイラーおよびロレンゾ・センプル・ジュニア脚本、ローレン・シンガー原作、パラマウント映画配給、一九七四年公開。この映画は、数ある映画のなかでももっとも恐ろしく陰惨な洗脳シーンを含むことでも有名である。
★40　Olmsted, *Challenging the Secret Government*, 102.
★41　『ダラスの熱い日』。デイヴィッド・ミラー監督、ダルトン・トランボ脚本、ドナルド・フリードおよびマーク・レイン原作、ナショナル・ジェネラル・ピクチャーズ配給、一九七三年公開。フリードには陰謀を描いた有名な映画としてロバート・アルトマン監督の『シークレット・オナー』（一九八四年）があり、彼はこの映画の脚本の共著者だった。
★42　『スコルピオ』。マイケル・ウィナー監督、デイヴィッド・リンテルズおよびジェラルド・ウィルソン脚本、MGM配給。一九七三年公開。ウィナーの前作『メカニック』（一九七二年）も、同じような筋だった。どちらの映画でも、プロの殺し屋が彼を殺すのに代役を雇った。ところが『メカニック』の主人公は「ザ・オーガニゼーション」と呼ばれる組織（マフィアらしいが、はっきりしない）の者で、犠牲者がなぜ殺されるはめになったのかもわからない。『スコルピオ』の筋書きは明確に政治にかかわっている。
★43　『ドミノ・ターゲット』。スタンリー・クレイマー監督、アダム・ケネディ原作・脚本、AVCO配給、一九七七年公開。
★44　『ネットワーク』。シドニー・ルメット監督、パディ・チャイエフスキー脚本、MGM・ユナイト映画配給、一九七六年公開。
★45　スピルバーグによるもう一つの有名な映画『未知との遭遇』は、善意の陰謀を想像することで当時の不安な世相に対する別の道を提供した。実際には、二つの善意の陰謀だった。まず、人類をより大きな宇宙社会に受け入れようとする異星人、そして人びとの安寧のために偽りの情報を植えつけて、重要な事実を隠蔽する政府関係者がいた。
一九八二年、公的機関に対する信頼が高いと考えられたこの時期、スピルバーグは『E.T.』によって疑惑を描く映画に立ち戻った。この映画は子どもたちが友好的な異星人を政府の目から逃れさせなければいけない、情緒に満ちてはいるが、ときに怖い物語になっている。アメリカ政府の捜査官は秘密警察の恐ろしい軍団として描かれている。リベラルな評論家のデイヴィッド・シロタはのちに『E.T.』を「政府を顔をもたない脅威として描いて

〔いる〕」、したがって、政府が経済にかかわりをもつことに対する反対運動と批判している。「そうだ、なぜ『E.T.』の強圧的な連邦捜査官に我々の保健問題を決定させなければいけないのかと我々は思う」。David Sirota, *Back to Our Future: How the 1980s Explain the World We Live in Now — Our Culture, Our Politics, Our Everything* (Ballantine Books, 2011), 86, 93. シロタの本に対する批評については、Jesse Walker, "That '80s Show," *Reason*, July 2011を参照のこと。

★46 Ira Levin, *The Stepford Wives* (Random House, 1972), 50.〔『ステップフォードの妻たち』平尾圭吾訳、早川書房、一九七四年〕

★47 Betty Friedan, *The Feminine Mystique* (Dell, 1963), 234-35.

★48 映画『ステップフォードの妻たち』は、三本のテレビ映画を生み出した。『ステップフォード・タウンの謎』(一九八〇年)では脚本に少し変更が加えられている。町の女性たちはロボットに取って代わられるのではなく、薬を盛られて洗脳される。なにかに取り憑かれることと、なりすましは、ハリウッド関係者にとって入れ替わっても問題ないほど近いということらしい。この物語では、二人の解放された女性が洗脳手段を手に入れ、ステップフォード暴動を起こす。『ステップフォードの子供たち』(一九八七年)では、陰謀はアンドロイドに戻り、『ステップフォードの夫たち』では、おおかたの予想どおり筋書きが反対になる。

放映権は二〇〇四年に銀幕に戻り、ごたまぜの『ステップフォード・ワイフ』は、男女平等が七〇年代ほど議論されない時代にレヴィンの筋書きを更新しようと試みた。今度の筋書きではアンドロイドと洗脳の両方が描かれ、あたかも脚本家がどちらを選ぶか決めかねているかのようだった。人間が人形にされてしまうという映画にふさわしく、監督はベテラン人形遣いのフランク・オズだった。

★49 Judy Klemesrud, "Feminists Recoil at Film Designed to Relate to Them," *The New York Times*, February 26, 1975 所収の引用。

★50 "Top Secret," *My Three Sons*, ABC, December 26, 1963.

★51 "The Investigation," *Good Times*, CBS, January 27, 1976.

★52 Clifton Daniel, "The Rockefeller Panel and Its C.I.A. Mission," *The New York Times*, January 20, 1975.

★53 Olmsted, *Challenging the Secret Government*, 61 所収の引用。

第8章

★01 Robert M. Price, "With Strange Aeons: H. P. Lovecraft's Cthulhu Mythos as One Vast Narrative," in *Third Person: Authoring and Exploring Vast Narratives*, ed. Pat Harrigan and Noah Wardrip-Fruin (MIT Press, 2009), 242 所収の引用。

★02 チェンバーズバーグでのトッドの証言は textfiles.com/occult/jtc1.txt で読むことができる。少し異なる記録は、Christopher A. LaRock, *John Todd: Beyond the Legend* (Lulu, 2011) にある。私はどちらかの句読法および大文字使用に一貫してしたがってはいない。

★03 一〇〇〇ドルという推定額は、Edward E. Plowman, "The Legend(s) of John Todd," *Christianity Today*, February 2, 1979 に

もとづいている。この記事によれば、およそ一〇〇〇人がトッドの講演に集まったとあるが、当時教会の牧師だったディーノ・ペドローネは総数は四〇〇〜五〇〇人だったと現在では考えている。ペドローネの記憶が誤っている可能性もあるが、プロウマンが会場の収容人数と実際の参加者の人数を取り違えた可能性もまたある。

★04　同上の引用。

★05　著者が二〇一二年五月一五日にディーノ・ペドローネにしたインタビュー。

★06　二〇一二年六月二八日に著者に届いたゲアリー・シャルティエの電子メール。

★07　トッドの講演の録音はいくつかのウェブサイトにある。私はkt70.com/~jamesjpn/articles/john_todd_と_the_illuminati.htmからダウンロードした。この段落と次の段落内の引用はtape3Aからのものだ。上記のサイトのどれもテープの日時を記載していないが、この講演から引用したくだりは一九七八年三月三〇日のもので、Darryl E. Hicks and David A. Lewis, *The Todd Phenomenon: Ex-Grand Druid vs. the Illuminati, Fact or Fantasy?* (New Leaf Press, 1979), 23からのものである。

★08　Todd, tape 1B. ヒックスとルイスによれば、このテープが録音されたのは一九七七年夏、カリフォルニア州カノガパークでのことだった。

★09　"Spellbound?" *The Crusaders* 10 (1978). このコミック本はトッドの助力を得てジャック・K・チックが制作した。トッド自身がときどき使った偽名のランス・コリンズとして登場する。引用部分はコミックの中でコリンズが言った台詞。

★10　Todd, tape 3B. ヒックスとルイスによれば、このテープが録音されたのは一九七八年二月、フィラデルフィア市でのことだった。次の段落の引用も出典は同じ。

★11　ウィルソン以降のアメリカ大統領はすべてイルミナティだとトッドは主張したが、一九七二年の大統領選でイルミナティはジョージ・マクガヴァンに肩入れし、国家「滅亡」の陰謀の対象となっている共産主義中国に和平を提案したことで、ニクソンはイルミナティを裏切ったとも主張した。Hicks and Lewis, *The Todd Phenomenon*, 43の引用。

★12　Todd, tape 1A.

★13　Todd, tape 4A. ヒックスとルイスによれば、このテープが録音されたのは一九七八年三月三一日だった。

★14　Michael Saler, *As If: Modern Enchantment and the Literary Prehistory of Virtual Reality* (Oxford University Press, 2012), 146所収の引用。

★15　Todd, tape 3A. ロジャー・コーマンによる制作が外界への道案内として推奨されたのはこのときだけかもしれない。

★16　Donahue, WGN-TV, January 1, 1979. 司会者は質問者にイルミナティとは誰かと尋ねた。彼女はそれは「国際的な銀行家、ロスチャイルド家、ロックフェラー一族、そしてビルダーバーグ会議の出席者すべて」と答えた。ランドの考えは「資本主義支配」につながると彼女が考えているとドナヒューは理解した。

★17　Hicks and Lewis, *The Todd Phenomenon*, 71-72.

★18　Plowman, "The Legend(s) of John Todd."

★19　同上。
★20　P. E. I. Bonewits, "Official Report of the President to the Board of Directors on His Investigation of the John Todd/Lance Collins Affair in Dayton Ohio," *Green Egg*, March 1976.
★21　オハイオ州シンシナティFBI支局の一九七六年三月一日付の覚書。
★22　Bonewits, "Official Report of the President."
★23　Ruth Tomczak and Elmer L. Towns, "Christian Teachers Deny John Todd: Fundamentalists Cautioned of Former Witch," *Journal Champion*, December 22, 1978.
★24　"John Todd: Dividing the Brethren"（Christian Research Institute, 1978）.
★25　Hicks and Lewis, *The Todd Phenomenon*, 22.
★26　Tomczak and Towns, "Christian Teachers Deny John Todd."
★27　Tom Nuget, "In Search of the Ultimate Conspiracy," *The Sun*（Baltimore）, October 30, 1978 所収の引用。
★28　Plowman, "The Legend(s) of John Todd" 所収の引用。
★29　Nesta H. Webster, *World Revolution: The Plot Against Civilization*（Small, Maynard & Company, 1921）, 313.〔『世界革命とイルミナティ』馬野周二訳、東興書院、一九九〇年〕
★30　同上、310-11.
★31　同上、306.
★32　Winston Churchill, "Zionism Versus Bolshevism: A Struggle for the Soul of the Jewish People," *Illustrated Sunday Herald*, February 8, 1920.
★33　William Guy Carr, *The Red Fog over America*（St. George Press, 1962［1955］）, 3-4.
★34　カーの一著作のある索引に、"Jewry, International, 48-168" という項目がある。そう、一二一ページにわたる項目だ。William Guy Carr, *Pawns in the Game*（Omni Publications, n.d.［1955］）, 187.
★35　「見よ、サタンの集いに属して、自分はユダヤ人であるという者たちには、こうしよう。実は、彼らはユダヤ人ではなく、偽っているのだ（ヨハネの黙示録二章五節および三章九節、新共同訳）」。William Guy Carr, *Satan, Prince of This World*（Omni Publications, 1997）, 6.（一九五九年に執筆され、彼の死後出版された）
★36　Joseph W. Bendersky, *The "Jewish Threat": Anti-Semitic Politics of the U.S. Army*（Basic Books, 2000）, 14 を参照のこと。
★37　Edith Starr Miller, *Occult Theocrasy*, vol. 2（privately published, 1933）, 564.
★38　Gertrude M. Coogan, *Money Creators: Who Creates Money? Who Should Create It?*（Omni Publications, 1963［1935］）, 280.
★39　Michael Barkun, *A Culture of Conspiracy: Apocalyptic Visions in Contemporary America*（University of California Press, 2003）, 48.〔『現代アメリカの陰謀論』林和彦訳、三交社、二〇〇四年〕
★40　G. Edward Griffin, *The Capitalist Conspiracy*（H. B. Patriots, 1982［1971］）, 58. グリフィンの本は、同じタイトルのフィルムストリップを多用している。フィルムストリップは一九六九年に公開された。

ジョン・トッドは、ユダヤ人の陰謀という考えに対するバーチャーの反感を共有していた。とはいえ、彼はジョン・バーチ協会の反ユダヤ主義を非難しており、テープ4Aでは「彼らとアメリカン・ナチの教義、そしてKKKの教義はほぼ同一だ」と主張している。一方で、彼はほんとうに反ユダヤ主義だったリバティ・ロビーのカーティス・ダル大佐と教義を共有することを厭わなかった。

トッドは少なくとも一度は、カーや他の人びとがイルミナティを「サタンの集い」と呼ぶのを自らも真似た。混乱を招くのだが、彼がこう主張したのは反ユダヤ主義を批判していた文脈でのことだった。胸深く隠していたユダヤ人に対する偏見が露になったと考えることもできるが、彼は自分がつくり上げた陰謀論の中味が何を意味するかについて真剣に考えていなかったという可能性のほうが高い。

★42 Gary Allen with Larry Abraham, *None Dare Call It Conspiracy* (Concord Press, 1972), 39.

★43 Marvin S. Antelman, *To Eliminate the Opiate* (Zionist Book Club, 1974), 143.

★44 サーハン自身はノートに「イルミナティ」という言葉を何度か書きなぐっている。彼の興味は政治的というよりは神秘主義的なものだっただろう。彼はまたブラヴァツキーのアセンディッド・マスターの一人を「マスター・クツミ」と呼び、マンリー・ホールの *The Secret Destiny of America* を所有していた。サーハンは薔薇十字の古代神秘結社、H・スペンサー・ルイスの似非十字団に属していたため、銃撃事件後にロサンゼルス市長のサム・ヨーティがサーハンは「薔薇十字団をはじめとする多くの共産主義組織に属していた」と話す結果となった。

★45 Gale Thorne, "Eighteenth Century Dies Committee," *New Masses*, January 9, 1940.

★46 J. Hoberman, *An Army of Phantoms: American Movies and the Making of the Cold War* (New Press, 2011), 47 所収の引用。

★47 *Ramparts*, September 1969. ジャック・チックは、人口過密、海洋汚染、その他の生態学的懸念について論じた記事で環境破壊を予言し、こう告げた。「キリストがこれらの問題を預言していた」「逃げろ!」。(Jack T. Chick, 1972).

★48 Joseph McBride, *What Ever Happened to Orson Welles? A Portrait of an Independent Career* (University Press of Kentucky, 2006), 228.

★49 トッドの初期の予測はよりスミスに近かった。フェニックスにいたころ、彼は一九八〇年ではなく一九八一年にすべては終わると予言している。

★50 キイが一九七三年に発表した著作『潜在意識の誘惑』には、カナダの有名なコミュニケーション理論家マーシャル・マクルーハンの序論が盛り込まれていた。マクルーハンは自身の陰謀論を展開した。彼は一時期、アメリカ南北戦争、第二ヴァチカン公会議、自身の教授職における何度かの挫折はフリーメイソンのせいだと確信していた。フリーメイソン(サタン)の陰謀に対するマクルーハンの興味については、Philip Marchand, *Marshall McLuhan: The Medium and the Messenger* (MIT Press, 1998 [1989]), 111-15 を参照のこと。

★51 Wilson Bryan Key, *Media Sexploitation* (Prentice Hall, 1976), 140.「ヘイ、ジュード」その他のポピュラーミュージック一般にかんするアレンの考えについては、Gary Allen, "That Music: There's More to It than Meets the Ear," *American Opinion*, February 1969 を参照のこと。アレンのロック音楽に対する批評の基本姿勢は、「バック・イン・ザ・U.S.S.R.」は字義どおりに解釈し、その他の楽曲すべてには隠された意味があるというものだった。

★52 Key, *Media Sexploitation*, 146.

★53 「天国への階段」全体をサタンの長い呪文として逆方向に録音するいくつかの試みについては、ユーチューブを見るといい。いくつかの矛盾する解釈が見られるだろう。

★54 Jon Trott and Mike Hertenstein, *Selling Satan: The Tragic History of Mike Warnke* (Cornerstone Press, 1993), 101 所収の引用。

★55 Mike Warnke, "Foreword," in Hicks and Lewis, *The Todd Phenomenon*, 9.

★56 ワーンカは一九九〇年代初期の暴露によって大きな打撃を受けたが、現在もキリスト教スタンダップ・コメディアンを続けている。彼は自分の主張は一部フィクションだが、基本的に真実だといまだに主張している。

★57 Richard Hofstadter, *The Paranoid Style in American Politics and Other Essays* (Harvard University Press, 1965), 34-35.

★58 "Angels?" (Jack T. Chick, 1986).

★59 "Dark Dungeons" (Jack T. Chick, 1984).

★60 "Bewitched?" (Jack T. Chick, 1972).

★61 David Waldron, "Role-Playing Games and the Christian Right: Community Formation in Response to a Moral Panic," *Journal of Religion and Popular Culture*, Spring 2005 所収の引用。

★62 Michael A. Stackpole, "The Pulling Report" (1990), rpgstudies.net/stackpole/pulling_report.html 所収の引用。

★63 Tipper Gore, *Raising PG Kids in an X-Rated Society: What Parents Can Do to Protect Their Children from Sex and Violence in the Media* (Abingdon Press, 1987), 118.

★64 Nuget, "In Search of the Ultimate Conspiracy" 所収の引用。

★65 Hicks and Lewis, *The Todd Phenomenon*, 93 所収の引用。

★66 シーラ・トッドの手紙はオンラインの holysmoke.org/jtcsheil.txt に再掲されている。ヒックスとルイスによれば、トッドはときどきシーラを前妻のシャロンと間違うことがあった。だが二人は別人である。

★67 怒りに燃えたメールは "John Todd's Record Confirmed," *Journal Champion*, February 9, 1979 で触れられている。

★68 "Cornerstone's Near-Miss Interviews with Madalyn Murray O'Hair and John Todd," *Cornerstone* 48 (1979) 所収の引用。

★69 Jess Walter, *Every Knee Shall Bow: The Truth and Tragedy of Ruby Ridge and the Randy Weaver Family* (Harper Paperbacks, 1996), 53. 講演中のトッドの行動にかんする私の記述は、Alan W. Bock, *Ambush at Ruby Ridge: How Government Agents Set Randy Weaver Up and Took His Family Down* (Dickens Press, 1995), 38 に依った。

★70 Kerry Noble, *Tabernacle of Hate: Seduction into Right-Wing*

Extremism, 2nd ed. (Syracuse University Press, 2010), 77, 81.

★71　*Witchcraft and the Illuminati* (CPA Book Publisher, 1981), 42-43, 45, 78. この本の著者は匿名だったが、ノーブル本人が著者であることを *Tabernacle of Hate*, 119 で認めている。

★72　Jessica Stern, *Terror in the Name of God: Why Religious Militants Kill* (HarperCollins, 2003), 21 所収の引用。

★73　トッドは一九九七年のテロ未遂事件の犯人に動機を与えた可能性がある。このとき、オレゴン州ダマスカスで銀行強盗が起き、アダルト本書店が爆破された（負傷者は出なかった）。トッドに多大な影響を受けている陰謀論者フリッツ・スプリングマイヤーは、後日これらの犯罪の犯人として起訴された人びとのなかにいて、二〇〇三年～一一年に刑務所に収監された。スプリングマイヤーはイルミナティにはめられたと主張している。

★74　失踪した児童一般の人数とより奇妙な失踪事件の数を推測する初期の試みについては、Joel Best, "Missing Children, Misleading Statistics," *The Public Interest*, Summer 1988 を参照のこと。

★75　Jello Biafra, "Tales from the Trial," on *High Priest of Harmful Matter*, CD, Alternative Tentacles, 1989.

★76　Debbie Nathan and Michael Snedeker, *Satan's Silence: Ritual Abuse and the Making of a Modern American Witch Hunt* (Basic Books, 1995), 86.

★77　同上、88 から引用。

★78　Sam Howe Verhovek, "Death in Waco," *The New York Times*, April 20, 1993 所収の引用。

★79　Joel Best, *Threatened Children: Rhetoric and Concern About Child-Victims* (University of Chicago Press, 1990), 2.

★80　"The Devil Worshippers," 20/20, ABC, May 16, 1985.

★81　ここの議論は洗練されている。『エクソシスト』を制作した映画会社はキリスト教の映画をつくりたかったが、観客はその意図を汲まずに悪魔に共感を覚えるかもしれない。もちろん、これを受け入れるとしたら、その逆もまた受け入れなければならない。つまり、サタンを崇めるメタルバンドを聴く人がかならずしも歌詞を額面どおりに受け取るとは限らないのだ。

★82　これはトッドがジャック・チックと共同で発表した最初のコミック本だった。"The Broken Cross," *The Crusaders* 2 (1974) を参照のこと。

★83　David Alexander, "Giving the Devil More Than His Due," *The Humanist*, March-April 1990 所収の引用。

★84　"Devil Worship: Exposing Satan's Underground," *The Geraldo Rivera Specials*, NBC, October 25, 1988.

★85　Kenneth V. Lanning, "Satanic, Occult, Ritualistic Crime: A Law Enforcement Perspective," *The Police Chief*, October 1989.

★86　holysmoke.org/wicca/wicca-letters-hoax.htm.

★87　Kurt Kuersteiner, *The Unofficial Guide to the Art of Jack T. Chick: Chick Tracts, Crusader Comics, and Battle Cry Newspapers* (Schiffer, 2004), 24 所収の引用。

★88　Danny C. Flanders, "Jury Deliberating John Wayne Todd's Fate in Rape Case," *The State*, January 22, 1988 所収の引用。

★89　John Todd, "John Todd's Testimonial While in Prison," February 26, 1991, kt70.com/~jamesjpn/articles/john-todd-from-

prison.html.
★90　Roy Livesey, “The Church Versus the New World Order: Examples from South Carolina Are Lessons for Us All,” *New Age Bulletin*, July 1994 所収の引用。
★91　Kollyns v. Gintoli, U.S. District Court, District of South Carolina, Columbia Division, August 12, 2005.
★92　Kollyns v. Hughes, U.S. District Court, District of South Carolina, Columbia Division, September 22, 2006.
★93　youtube.com/watch?v=qMYrSPuEYTk.

第９章

★01　Scott Thill, “Grant Morrison Talks Brainy Comics, Sexy Apocalypse,” March 19, 2009, wired.com/underwire/2009/03/mid-life-crisis/ 所収の引用。
★02　Paul Eberle, “The Minutemen,” *The East Village Other*, July 23, 1969.
★03　“Current Structure of Bavarian Illuminati Conspiracy and the Law of Fives,” *The East Village Other*, June 4, 1969.
★04　Thomas M. Disch, *The Dreams Our Stuff Is Made Of: How Science Fiction Conquered the World* (Touchstone, 1998), 29. 同じ一節で、ディッシュはロバート・アントン・ウィルスンをこう評している。「ロサンゼルスで本のサイン会のあとで彼に一度会ったことがあるが、とても夢想的な男で、謎めいたヒントを言ってはウィンクしたりクスリと笑ったりした。なにか認知機能に障害でもあるのだろうか？」。
★05　Mark Dery, “Kraken Rising: How the Cephalopod Became Our Zeitgeist Mascot,” May 24, 2010, hplusmagazine.com/2010/05/24/kraken-rising-how-cephalopod-became-our-zeitgeist-mascot.
★06　Michael Kelly, “The Road to Paranoia,” *The New Yorker*, June 19, 1995.
★07　Charles Fort, *The Book of the Damned* (Boni and Liveright, 1919), 163.
★08　Charles Fort, *Wild Talents* (Claude Kendall, 1932), 240.
★09　John A. Keel, *Disneyland of the Gods* (Amok Press, 1988), 101-2.
★10　John A. Keel, *The Mothman Prophecies* (I-Net, 1991 [1975]), 123-24.〔『モスマンの黙示』植松靖夫訳、国書刊行会、一九八四年〕
★11　けっきょく、彼は一九八〇年代にＵＦＯ目撃談を捏造し、次のような記事を真顔で書くような男だった。「国立動物園とスミソニアン博物館は、ユニコーンが実在することを隠蔽するため長きにわたって嘘をついてきた」。“The Great Unicorn Conspiracy,” *The Unicorn Review*, n.d.
★12　John C. Sherwood, “Gray Barker’s Book of Bunk: Mothman, Saucers, and MIB,” *The Skeptical Inquirer* 26, no. 3 (May-June 2002) 所収の引用。
★13　Keel, *The Mothman Prophecies*, 173.
★14　同上、240-41.
★15　Sherwood, “Gray Barker’s Book of Bunk” 所収の引用。
★16　同上から引用。モズリーは自身のＵＦＯ目撃談の捏造について、James W. Moseley and Karl T. Pflock, *Shockingly Close to the Truth! Confessions of a Grave-Robbing Ufologist*（Prometheus Books, 2002）に書いている。目撃談を捏造したものの（バーカーとは違って）モズリーは空飛ぶ円盤の目撃談にいくらかは信憑性があると考えていた。少なくとも、そう考えていると主張していた。それが真意だったかもしれないし、それも冗談だったかもしれない。いったん、こういうことに頭を突っ込むと、もう引き返せないのだ。あるとき、モズリーは自身が流した与太話を一時期信じかけたことがあって、ほんの短期間とはいえ、あやうく自分で自分を騙すところだったと書いたことがある。

★17　この書簡は johnkeel.com/?p=489 に再掲されている。

★18　Keel, *The Mothman Prophecies*, 55-56.

★19　これを地下新聞の前触れと言う人もいる。私はインターネットの先がけと呼ぶ。

★20　"Tricky Dick Rides Again," *The Realist*, Fall 1991.

★21　Paul Krassner, *Confessions of a Raving, Unconfined Nut: Misadventures in the Counterculture*, 2nd ed.（New World Digital, 2010）, 150 所収の引用。

★22　"The Parts That Were Left Out of the Kennedy Book," *The Realist*, May 1967.

★23　"Why 'The Up Your Tenth Anniversary Issue of The Realist Editorial Giggy Trip' Will Be Two Years Late," *The Realist*, May-June 1970.

★24　Reginald Dunsany [James Curry], "Final Solutions to the Assassination Question," *The Realist*, March 1968.

★25　David K. Johnson, *The Lavender Scare: The Cold War Persecution of Gays and Lesbians in the Federal Government*（University of Chicago Press, 2004）, 260. ある学者がカリーの記事を真剣な暴露記事だと誤って考えたとクラスナーに話したところ、彼は言った。「それはうれしい限りだね」。

★26　Leonard C. Lewin, *Report from Iron Mountain on the Possibility and Desirability of Peace*（Dial Press, 1967）, 3.

★27　同上、39, 41.

★28　同上、84.

★29　"Report from Iron Mountain Lives On and On," podcast, February 22, 2010, bookpod.org/report-from-iron-mountain-lives-on/.

★30　その後始まって、一九九四年に終息した裁判沙汰では、マーク・レインがリバティ・ロビー代表だった。

★31　David Germain, "War Never Came, So Mine's Now Warehouse," *The Sunday Gazette*（Schenectady）, July 21, 1990.

★32　Stewart C. Best, "Conspiracy Briefing," Best Video Production, Christian Intelligence Alert, 1997.

★33　この宗派が誕生したのは、一九五七年、五八年、五九年のいずれかと言われている。

★34　Malaclypse the Younger [Greg Hill], *Principia Discordia: How I Found Goddess and What I Did to Her When I Found Her*（IllumiNet Press, 1991 [1969]）, 7-8.

★35　Adam Gorightly, *The Prankster and the Conspiracy: The Story of Kerry Thornley and How He Met Oswald and Inspired the*

Counterculture（Paraview Press, 2003）, 27.
★36　ソーンリーのある友人が、書中でオズワルドが果たした役割が「フィデル・カストロがバスビー・バークリーの映画にエクストラで出演しているかのような奇妙な新規性を」この本に与えたと述べている。Trevor Blake, "The Idle Warriors," *Ovo* 11（September 1991）.
★37　Malaclypse the Younger［Greg Hill］, *The Principia Discordia, or How the West Was Lost: Discordianism According to Malaclypse (The Younger), H.C., ande beeing the Officale Handebooke of The Discordian Societye ande A Beginning Introdyctun to the Erisian Misterees, Which Is Most Interesting*（privately published, 1965）. この本は一九六九年版の『プリンキピア』と内容は同じだが、基本的には別物である。
★38　Malaclypse, *Principia Discordia: How I Found Goddess*, 54.
★39　"Robert Anton Wilson Interview," *Conspiracy Digest*, Spring 1977.
★40　Robert Anton Wilson, *The Illuminati Papers*（Sphere Books, 1982）, 2.
★41　同上、47.「脊椎動物の生存競争は敵を知るだけでなく、領土内の情報を独占し、信号を秘匿することにある」と彼は説明した。
★42　Robert Anton Wilson, *Cosmic Trigger II: Down to Earth*, 2nd ed.（New Falcon Press, 1996）, 33-34.
★43　同上、106.
★44　同上、49. 傍点は原文ママ。
★45　同上、132.
★46　何年も経って、ウィルスンとシェイは『イルミナティ』で、大ヒット小説 *Telemachus Sneezed* の極右思想に染まった著者「アトランタ・ホープ」としてランドを風刺している。Robert Shea and Robert Anton Wilson, *Illuminatus!*（Dell, 1988［1975］）.〔『イルミナティ』〈I〉～〈III〉、小川隆訳、集英社、二〇〇七年〕
★47　エズラ・パウンドの詩に出会ったとき、ウィルスンはおじとの難しい関係を再開した。パウンドの詩を愛していたうえに、この詩人の経済にかかわる考え方にも惹かれていたものの、パウンドの反ユダヤ主義とファシズムへの傾倒には反発していた。パウンドがウィルスンの友人であるユダヤ人の詩人アレン・ギンズバーグに「私が犯した最悪の過ちは反ユダヤという愚かしく田舎染みた偏見をもっていたことだ」と漏らしたとき、ウィルスンは喜んだ。このときギンズバーグがパウンドに「君の経済にかんする考えは正しい」と述べたこともウィルスンはたぶん喜んだと思われる。J. J. Wilhelm, *Ezra Pound: The Tragic Years, 1925-1972*（Pennsylvania State University Press, 1994）, 344 所収の引用。
★48　Robert Anton Wilson, "Left and Right: A Non-Euclidean Perspective," *Critique* 27（1988）.
★49　Robert Anton Wilson, *Wilhelm Reich in Hell*（Falcon Press, 1987）, 25.
★50　Fredric Wertham, "Calling All Couriers," *The New Republic*, December 2, 1946.
★51　Mildred Edie Brady, "The Strange Case of Wilhelm Reich," *The New Republic*, May 26, 1947. ブレイディはカリフォルニア州

の無政府主義のボヘミアンを嘲笑する記事でライヒも批判した。Mildred Edie Brady, "The New Cult of Sex and Anarchy," *Harper's*, April 1947 を参照のこと。

★52　Landon R. Y. Storrs, *The Second Red Scare and the Unmaking of the New Deal Left* (Princeton University Press, 2013), 79-80 を参照のこと。

★53　反対にライヒは、適切な文章を文脈抜きで引用すればマッカーシーとして通るだろう。たとえば彼は、自分をよく言わなかった精神科医を「アメリカによくいる愚かな共産主義的ファシスト・陰謀者」と評している。だが彼がマッカーシーを崇めていたわけではない。教育者のA・S・ニールは、この精神科医がなにかよくないものの裏にかならずスターリン主義者がいると考えていたことに懸念を抱き、マッカーシーは「共産主義的ファシストには染まっていない」悪魔に相違ないとライヒに宛てて書いた。*Record of a Friendship: The Correspondence of Wilhelm Reich and A. S. Neill*, ed. Beverley R. Placzek (Farrar, Straus and Giroux, 1981), 389, 396.

★54　A. Nonymous Hack [Robert Anton Wilson], "The Anatomy of Schlock," *The Realist*, September 1965. ウィルスンは *Best of The Realist*, ed. Paul Krassner (Running Press, 1984), 166 でこの記事の著者とされている。

★55　郵便局に代わる私的な手段は、一九六六年にいちばん売れたトマス・ピンチョンの小説『競売ナンバー49の叫び』のテーマでもあった。ピンチョンの小説では、「トリステロ」と呼ばれる闇の郵便組織がほんとうに古くからの陰謀なのか、ただの冗談なのか、あるいは主人公の想像の産物なのかはまったくわからない。アイロニスト・スタイルを愛する人ならこの曖昧さに感激するところだろう。ウィルスンとシェイはのちに『イルミナティ』にトリステロを登場させている。

★56　"Repartee," *Innovator*, October 1967. ウィルスンはこの時期にサイモン・ムーンという筆名を何度か使っている。やがて『イルミナティ』ではある登場人物にこの名前を用いている。

★57　著者が二〇一二年二月九日にクリスティーナ・ピアソンにしたインタビュー。

★58　Mark Frauenfelder and Carla Frauenfelder, "Boing Boing Interview: Robert Anton Wilson," *Boing Boing* 1 (1989).

★59　Robert Anton Wilson, letter to Art Kleps, Paul Krassner, Franklin Rosemont, Bernard Marszalek, Mike Aldrich, Randy Wicker, and Eric West, November 8, 1968, scribd.com/doc/9568647/The-Principia-Discordia-or-How-the-West-Was-Lost-1st-Ed.

★60　Margot Adler, *Drawing Down the Moon: Witches, Druids, Goddess-Worshippers, and Other Pagans in America Today*, 2nd ed. (Penguin Compass, 1986), 331 所収の引用。

★61　Robert Anton Wilson, *Cosmic Trigger: Final Secret of the Illuminati* (Falcon Press, 1986 [1977]), 63.

★62　ウィルスンは ***rogerSPARK*** に頻繁に寄稿したが、自分の名前とともに多数の筆名（サイモン・ムーン、モルデカイ・マリグナトゥス、ロナルド・ウェストン、ケヴィン・オフラハティ・マコール牧師）を用いた。アーレン・ライリー・ウィルソンとケリー・ソーンリーも寄稿者だった。

★63　*rogerSPARK*, February 3, 1969.

★64　"Daley Linked with Illuminati," *rogerSPARK*, July 1969.

★65　"The Playboy Advisor," *Playboy*, April 1969.

★66　「私たちの仲間には、バイエルン・イルミナティという名の優秀な学生グループがカリフォルニア大学にいました」とバークレー校の無政府主義者シャロン・プレスリーが報告している。彼女はさらにこう付け加えた。「規則はないに等しく、役人は一人も実際に読んでいないのは明らかでした」。二〇一二年一〇月二〇日に著者に届いたシャロン・プレスリーの電子メール。『イルミナティ』が出版されたあと、イルミナティと呼ばれるグループはしょっちゅう冗談の種になり、それは大学だけに限られていなかった。一九八〇年代には、あるいたずら者が、「リバタリアン・イルミナティ」という組織をさも実在のものであるかのように『組織全書（*Encyclopedia of Associations*）』に掲載させることに成功した。ジャーナリストがそれについて確かめようと電話をしたところ、彼はこの組織が数世紀の歴史をもつという手の込んだ嘘を答えた。

★67　Wilson, *Cosmic Trigger*, 64. これは一九六七年に起きた、マインドファック作戦を模倣したいたずらの典型例だ。このとき、ある匿名の人物（一人または複数）（ダグ・スキナーはグレイ・バーカーだったと考えている）がジョン・キールその他のUFO研究家にある謎めいたメールを数通送った。メールの送信者は国際銀行家だった。そのうちの一通で、銀行家の陰謀についてこう書いていた。「キールさん、私たちは非常に強力な組織ですから、宇宙のフェーズ1、3、その他のことについてあまり多くを知りたがると、あなたやご友人にはよくないことが起きます」「私たちはいつもキールさんを見ています、日夜監視する術をもっているのです」。この文書全体はjohnkeel.com/?p=1667に掲載されている。ちなみに、バーカーは自分の著作物の中でときどき国際銀行家について触れている。ある本の中で彼は、この組織についてオリオン座に基地をもつと噂される「闇のテロリスト軍団」であり、彼らは「正式に印刷した書簡を送りつけ、その中で地球を殲滅すると脅迫していた」と述べた。Gray Barker, *The Silver Bridge: The Classic Mothman Tale* (Metadisc Books, 2008 [1970]), 91.

★68　Kerry Wendell Thornley, "Wonders of the Unseen World," *New Libertarian*, June 1985 所収の引用。

★69　Robert Anton Wilson, "The Illuminatus Saga Stumbles Along," *Mystery Scene*, October 1990.

★70　これらの削除箇所の程度と性質については、Tom Jackson, "The ILLUMINATUS! Cuts-How Substantial?," May 21, 2012 (rawillumination.net/2012/05/illuminatus-cuts-how-substantial.html) と、ブログの投稿スレッドにあるコメントを参照のこと。ウィルスンは五〇〇ページ分が削除され、その後それらの原稿はなくなったと主張した。削除分はもっと少なかったとする人もいる。

★71　Alan Moore, "Robert Anton Wilson 10: Alan Moore 2" (2007), youtube.com/watch?v=P8ah5VLztK4.

★72　"Robert Anton Wilson Interview."

★73　"The Other Side," *LeFevre's Journal*, Winter 1976 所収の引

用。

★74　ララッチとその信奉者も、極端な罵詈雑言という独特のスタイルで知られる。たとえば、ララッチの新聞の第一面の記事に、次のような記述がある。「芬々《ふんぷん》たる同性愛の匂いを振りまきながら、ぶくぶくの頬をした、ベビーフェースのモスは、イギリス人がもつ最悪の類いのもったいぶりを、たいていのアメリカ人がイギリスの貴族社会を嫌う理由である間の抜けた笑い方と組み合わせた」。Robert Dreyfuss, "A Close Encounter with Robert Moss of MI-6," *New Solidarity*, May 5, 1980. この記事の執筆者はのちにララッチから遠ざかり、『ローリング・ストーン』誌に盛んに寄稿するようになる。

★75　"Anti-Semitism in Conspiracy Literature," *Conspiracy Digest*, Winter 1976.

★76　"Apollo Hoax?" *Conspiracy Digest*, Winter 1977.

★77　"Cover-Up Lowdown," *Cover-Up Lowdown* 1 (1977).

★78　著者が二〇一二年二月二二日にジェイ・キニーにしたインタビュー。キニーの引用はとくに断らない限りすべてこのインタビューのものである。

★79　"Passing the Buck," *Cover-Up Lowdown* 1 (1977).

★80　Steve Jackson, "Illuminati Designer Article," n.d., sjgames.com/illuminati/designart.html.

★81　二〇一二年一月一二日に著者に届いたスティーヴ・ジャクソンの電子メール。ジャクソンの引用はとくに断らない限りすべてこの電子メールのものである。

★82　ウィルスンの見解は完全に一貫しているわけではない。というのも、彼は別の場所では知的所有権法に反対する趣旨を述べているからだ。彼はのちに「陰謀」というロールプレイングゲームの主催者として独自にゲームの世界に身を置くようになる。

★83　Jay Kinney, "Backstage with 'Bob': Is the Church of the SubGenius the Ultimate Cult?" *Whole Earth Review*, Fall 1986.

★84　William A. Covino, *Magic, Rhetoric, and Literacy: An Eccentric History of the Composing Imagination* (State University of New York, 1994), 140.

★85　著者が二〇一二年八月八日にアイヴァン・スタングにしたインタビュー。アイヴァン・スタングの引用はとくに断らない限りすべてこのインタビューのものである。

★86　この教会はそれ自身に対する批判を厭わなかった。たとえば、アメリカの悪魔的なほどの愚かな消費主義にかんする批判では、あるサブジーニアスの本は「アメリカの種族民はコカ・コーラTシャツ、エアロスミスTシャツ、『ボブ』Tシャツを着ている」と述べた。*Revelation X: The "Bob" Apocryphon — Hidden Teachings and Deuterocanonical Texts of J. R. "Bob" Dobbs*, ed. Ivan Stang and Paul Mavrides (Fireside, 1994), 21.

★87　"SubGenius Pamphlet #1" (Church of the SubGenius, 1980).

★88　*The Book of the SubGenius*, ed. Ivan Stang (McGraw-Hill Book Company, 1983), 93.

★89　Kerry Thornley, "Introduction," in Malaclypse, *Principia Discordia: How I Found Goddess*, v.

★90　「アライズ！　亜天才勧誘ビデオ16（*Arise! SubGenius*

Recruitment Film 16)」。コーツ・ホラントおよびアイヴァン・スタング監督、スタング、ポール・マヴリデス、ハリー・S・ロビンス脚本、亜天才ファウンデーション制作。一九九一年公開。このビデオの前作は一九八六年頃に出回りはじめた。

★91　『トリビュレーション99』のカメラマンのビル・ダニエルは、『スラッカー』のカメラマンのリー・ダニエルの兄。ちなみに、一九九一年は陰謀映画が多く制作された年だった。これらの二作に加えて、オリヴァー・ストーンの暗殺を扱った『JFK』が発表され、この映画によって「オリヴァー・ストーン映画」と言えばほとんど「陰謀映画」を指すようになった。ただし、ストーンの大半の映画は大陰謀にはかかわりがない。

★92　著者が二〇〇九年三月二六日にクレイグ・ボールドウィンにしたインタビュー。

★93　『トリビュレーション99：エイリアン・アノマリーズ・アンダー・アメリカ』。クレイグ・ボールドウィン原作および監督、ファセッツ・マルチ・メディア配給。一九九一年公開。

★94　ウィルスンのカウンターカルチャーとキリスト教徒の読者との境目は、考えられているより明確ではない。ロンドンにある千年王国の教会にかんする研究で、イギリスのジャーナリスト、ダミアン・トンプソンは、若いころに「無政府主義、パンクロック、悪魔術、サタニズム」に染まったというあるキリスト教徒の話を聞いた。トンプソンの報告によれば、その時期、このキリスト教徒は『イルミナティ』を「わずかに作り話っぽくされた真実」と受け止めていた。生まれ変わったとき、彼は「この物語にほんのわずかの調整を加えただけだった」。Damian Thompson, *Waiting for Antichrist: Charisma and Apocalypse in a Pentecostal Church* (Oxford University Press, 2005), 103-4.

★95　"Nardwuar vs. Robert Anton Wilson," November 8, 1996, nardwuar.com/vs/robert_anton_wilson/index.html.

★96　ファイア・サイン・シアターは、四人組の奥深いオーディオ・コメディ・グループで、『イルミナティ』と酷似している。実際、ある時点で、彼らはウィルスンとシェイの三部作の踏襲を考慮したが、実際にはそうしなかった。彼らの活動については、Jesse Walker, *Rebels on the Air: An Alternative History of Radio in America* (New York University Press, 2001), 78-80を参照のこと。

★97　Krassner, *Confessions of a Raving, Unconfined Nut*, 216.

★98　同上、223からの引用。

★99　同上、247.

★100　同上、254.

★101　著者が二〇一二年七月二六日にポール・クラスナーにしたインタビュー。サンフランシスコに移住したあと、彼（キニー）と数人の友人は最初はコンスピラシー・クラブと呼ばれたグループを立ち上げた（のちに、会話と同じくらい軽食も大事だとわかると、名称はコンスピラシー・デザート・クラブに変更された）。全員が陰謀とおぼしきニュースの切り抜きを持ち寄り、グループはその内容について議論した。参加者は真剣だったり、冗談を言ったり、その狭間にいたりした。キニーは私にこう語った。「私たちの手法や考えのすべてを疑え、ということだったと思う。それは、私たちにこうした話に自分を投影する傾向があることも踏まえてのことだった」。

★102　Krassner, *Confessions of a Raving, Unconfined Nut*, 320.
★103　Gorightly, *The Prankster and the Conspiracy*, 91 所収の引用。
★104　Kerry Thornley, "A Bulletin to All 'Rightwing Anarchists' and Other Libertarians," *Free Trade*, July 1968.
★105　Kerry Thornley, "Living On the Sea and Off the Land: A Suggestion," *Ocean Living* 1, no. 4 (1968).
★106　Gorightly, *The Prankster and the Conspiracy*, 194 所収の引用。
★107　Thornley, "Wonders of the Unseen World."
★108　Kerry Thornley, "How Our Movement Began: Extremism in the Defense of Liberty, Part II," *New Libertarian*, April 1985.
★109　Kerry Thornley, letter to Doc Hambone, n.d., multistalkervictims.org/mcf/hambone/thornley.html.
★110　Gorightly, *The Prankster and the Conspiracy*, 193 所収の引用。
★111　Adler, *Drawing Down the Moon*, 336 所収の引用。

第10章

★01　『暗黒殺人指令』。テッド・ポスト監督、ブルース・コーンおよびマーク・メドフ脚本、ジョセフ・フレイリー原作、アクション・ワン・フィルム・パートナーズ制作、一九七八年公開。
★02　Rick Perlstein, "Ronald Reagan's Imaginary Bridges," *The Baffler* 19 (2012) 所収の引用。
★03　Thomas Frank, *The Wrecking Crew: How Conservatives Rule* (Metropolitan Books, 2008), 250. フランクの本の批評については、Jesse Walker, "What's the Matter with Libertarians?" *Reason*, December 2008 を参照のこと。
★04　David Morrell, *First Blood* (Warner Books, 2000 [1972]).〔『一人だけの軍隊　ランボー』沢川進訳、早川書房、一九八二年〕
★05　Morrell, "Rambo and Me," introduction to *First Blood* , xii. マレルのエッセイがはじめて発表されたのは、『プレイボーイ』誌の一九八八年八月号。
★06　関連の研究は、Peter Rowe, "Busting Vietnam Stereotypes," *The San Diego Union-Tribune*, November 11, 2005 にまとめられている。
★07　Morrell, "Rambo and Me," x.
★08　同上、xii.
★09　『ランボー』。テッド・コッチェフ監督、マイケル・コゾル、ウィリアム・サックハイム、シルヴェスタ・スタローン脚本、デイヴィッド・マレル原作、アナバシス・インベストメント制作、一九八二年公開。
★10　Morrell, "Rambo and Me," ix-x.
★11　Andrew Kopkind, "Red Dawn," *The Nation*, September 15, 1984.
★12　『若き勇者たち』。ジョン・ミリアス監督、ミリアスおよびケヴィン・レイノルズ脚本、MGM／UA制作、一九八四年公開。
★13　Susan Faludi, *Stiffed: The Betrayal of the American Man* (Harper Perennial, 2000), 395.
★14　コスマトスやスタローンが『ランボー／怒りの脱出』の制作にかかわったか否かについては、Henry Cabot Beck, "The 'Western' Godfather," True West, October 1, 2006 を参照のこと。

★15　『ランボー／怒りの脱出』。ジョージ・コスマトス監督、シルヴェスタ・スタローンおよびジェイムズ・キャメロン脚本、ケヴィン・ジャール原案、アナバシス・インベストメント制作、一九八五年公開。

★16　“Reagan Gets Ideas at ‘Rambo’ Showing,” *The Milwaukee Sentinel*, July 1, 1985 所収の引用。

★17　Gustav Hasford, “Vietnam Means Never Having to Say You're Sorry,” *Penthouse*, June 1987.

★18　別の原始的な陰謀譚の匂いもする。チャック・ノリスとアン・アーチャー演じる登場人物がスコーバレーインに身を隠していたとき、ノリスが窓を見る。「外に敵が見えるか?」とアーチャーが訊く。アーチャーが陰謀の片棒をかついでいるのではないかと疑りはじめているノリスは、あてつけたように答える。「内側にいる敵も怖いね」。

★19　『暗黒殺人指令』とPOW／MIA救出サイクルおよび植民地のインディアン捕虜の物語との関連にかんする思慮深い議論については、Louis J. Kern, “MIAs, Myth, and Macho Magic: Post-Apocalyptic Cinematic Visions of Vietnam,” in *Search and Clear: Critical Responses to Selected Literature and Films of the Vietnam War*, ed. William J. Searle (Popular Press, 1988) を参照のこと。

★20　David Morrell, *Rambo: First Blood Part II* (Jove Books, 1985), 235. POWの一人がレーガンにかんするニュースを聞いて「なんてこった」と言うと、ランボーは「ああ、おれは何度もそう言ったよ」と答えた。

★21　POW／MIA映画と一九四〇年代、五〇年代の一部のウェスタン（多くは陰謀がかかわっている）の比較については、Nick Redfern, “The Military Metaphor of Government in the Cold War Western,” April 16, 2009, nickredfern.wordpress.com/2009/04/16/the-military-metaphor-of-government-in-the-cold-war-western を参照のこと。レッドファーンはランボーを権威主義を振りかざしがちな反体制派の映画に結びつけるが、私はランボーは一九七〇年代のより権威主義的な映画と結びつけて考える。これはレッドファーンと私の意見の食い違いというより、このテーマの複雑さと矛盾を反映していると私は見る。

★22　『ランボー3／怒りのアフガン』。ピーター・マクドナルド監督、シルヴェスタ・スタローンおよびシェルドン・レティック脚本、カロルコ・ピクチャーズ制作、一九八八年公開。

★23　ウェイコ事件とウーンデッド・ニーの虐殺の比較は、ときに直接的であからさまだ。たとえば、S. Leon Felkins, “*The 110th* Anniversary of the Wounded Knee Massacre: Some Chilling Modern Parallels,” December 28, 2000, lewrockwell.com/orig/felkins4.html を参照のこと。

★24　ポージーのキャリアについては、J. M. Berger, “Patriot Games,” *Foreign Policy*, April 18, 2012; R. M. Schneiderman, “My Life as a White Supremacist,” *Newsweek*, November 11, 2011 を参照のこと。

★25　『ウェイコ――戦いの規則（*Waco: The Rules of Engagement*）』。ウィリアム・ガゼッキー監督、ウィリアム・ガゼッキー、ダン・ギフォード、マイケル・マクナルティ脚本、ニューヨーカー・フィルムズ制作、一九九七年公開。

★26 Andrea Chase, "Rambo," n.d., killermoviereviews.com/main.php?nextlink=display&dId=959.

★27 Gina Carbone, "'Rambo' Review: There Will Be Blood," *Seacoast Online*, January 26, 2008.

★28 David Morrell, "David Morrell FAQ," n.d., at 66.241.209.129/faq.cfm.

★29 "Answering Questions Is as Easy as Breathing — Sly Answers Back! Day 1," January 14, 2008, aintitcool.com/node/35279 所収の引用。

★30 『ランボー3/怒りのアフガン』のアフガニスタンの英雄たちの一部が、『ランボー/最後の戦場』に悪役で登場するのもありだったかなと私は思う。けれども、そうするとこのシリーズがスタローンの意図から外れたかもしれない。

★31 Richard Slotkin, *Regeneration Through Violence: The Mythology of the American Frontier, 1600-1860* (University of Oklahoma Press, 1973), 94. あるいは、第二章で登場したのをご記憶かとも思う。

★32 『捜索者』がインディアンによる捕囚物語のもっとも有名な最近の映画だとすれば、白人奴隷の捕囚物語のもっとも有名な最近の映画は『捜索者』に直接影響を受けてつくられた一九七六年の『タクシードライバー』(ポール・シュレイダー脚本、マーティン・スコセッシ監督)だ。ロバート・デ・ニーロ演じる西部の男はすさまじく魅力に欠ける(殺人鬼で狂人なのだ)が、売春宿の血塗られた手入れで売春婦を「救出」したあとに人びとから英雄扱いされる。

デ・ニーロ演じる登場人物は、大統領候補を銃撃しようと試みたとき、もう一つのモチーフ(無頼の暗殺者)を浮かび上がらせる。数年後、現実が芸術に追いつく。ジョン・ヒンクリーがレーガン大統領を暗殺しようとした。『タクシードライバー』に取り憑かれたヒンクリーは、自分の行動によってスコセッシの映画で売春婦を演じた女優ジョディー・フォスターが感動することを望んでいた。

★33 Slotkin, *Regeneration Through Violence*, 95.

第11章

★01 Philip Sandifer, "Pop Between Realities, Home in Time for Tea 39 (Prime Suspect, Cracker)," September 12, 2012, philipsandifer.com/2012/09/pop-between-realities-home-in-time-for_12.html.

★02 主権国民にかかわる法的議論を用いた、黒人受刑者にかんする二一世紀の説明については、Kevin Carey, "Too Weird for The Wire," *The Washington Monthly*, May-July 2008 を参照のこと。カレイはこれらの概念が黒人の手にわたるコンベイヤーベルト(刑務所制度)を見出したが、手段はこれに限られていない。ムーアの科学寺院から分かれた組織に属する人びとは、カレイの記事で触れられた出来事が起こる前に同じような考えにいたっていた。また、一九九〇年代に私が海賊ラジオについて頻繁に文章を書いたとき、私は未認可のラジオ局を運営する権利を主張する何人かの急進的な黒人に出会った。彼らは主権国民にかかわる議論とほぼ同じ議論を用いた。

★03　Michael Barkun, *A Culture of Conspiracy: Apocalyptic Visions in Contemporary America* (University of California Press, 2003), 11.

★04　Robert Churchill, *To Shake Their Guns in the Tyrant's Face: Libertarian Political Violence and the Origins of the Militia Movement* (University of Michigan Press, 2009), 8.

★05　同上。

★06　Steven M. Chermak, *Searching for a Demon: The Media Construction of the Militia Movement* (Northeastern University Press, 2002), 235.

★07　David Neiwert, *The Eliminationists: How Hate Talk Radicalized the American Right* (Paradigm Publishers, 2009), 35.

★08　Churchill, *To Shake Their Guns in the Tyrant's Face*, 233.

★09　同上からの引用。

★10　Jonathan Karl, *The Right to Bear Arms: The Rise of America's New Militias* (Harper Paperbacks, 1995), 91, 133 を参照のこと。

★11　南部貧困法律センター（民兵による暴力を防止するためのグループとは異なる）は、オクラホマ爆破事件後のテロ計画（民兵その他によるもの）の記録を splcenter.org/get-informed/publications/terror-from-the-right に公開している。

★12　Michael Kelly, “The Road to Paranoia,” *The New Yorker*, June 19, 1995 所収の引用。

★13　著者が二〇一二年五月一日にボブ・バナーにしたインタビュー。バナーの引用は、とくに断らない限りすべてこのインタビューのものである。

★14　リヴァーグッドのグループにかんするバナーの記述について、リヴァーグッドの意見を聞こうと接触した。私の最初の電子メールに答えたが、その後送った質問については答えがなかった。その後も答えを得ようとしたが成功しなかった。

★15　“Introduction,” *Critique* 1, no. 1 (Autumn 1980). バナーが論説を書いたが、署名はしていないようだ。論説はこの雑誌でその後何度かにわたって再掲された。

★16　“Doubles?” *Critique* 1, no. 2 (Winter 1980-81).

★17　Samuel Edward Konkin III, “Special Review: The Project, Part II,” *New Libertarian* 4, no. 17 (February-April 1987).

★18　Tony Elias, “Interview with Mr. Martin,” *Flatland Magazine* 16 (February 1999).「ペロー」とは、一九九二年と九六年に大統領選に出馬したテキサス州の富豪ロス・ペローのことである。

★19　Anson Kennedy, “PhenomiCon 1991: A Recipe for Weirdness,” January-February 1992, lysator.liu.se/skeptical/newsletters/Georgia_Skeptic/GS05-01.TXT.

★20　陰謀にかんする会議を開く試みは二度にわたるフェノミコンだけではない。よく知られるのは、二〇〇一年以降、カリフォルニア州サンタクララで毎年開催されるコンスピラシーコンという会議だ。

★21　著者が二〇一二年九月五日にブライアン・レッドマンにしたインタビュー。

★22　スコルニックが死亡したとき、『シカゴサンタイムズ』紙は「彼は何度か正しいことがあった」と書いた。「しかし、手当たり次第に腐敗を叫ぶスコルニック氏の他の理論によって彼は、『チキンリトル』、シカゴのメディア界の大嘘つきになった」。

Mark J. Konkol, "Conspiracy Theorist Helped Bring Down Ex-Gov," *The Chicago Sun-Times*, May 23, 2006.

★23　これらの数字は、"Branch Davidians Who Died at Mt. Carmel," in *Armageddon in Waco: Critical Perspectives on the Branch Davidian Conflict*, ed. Stuart A. Wright（University of Chicago Press, 1995）, 379-81 からの引用。

★24　私は、一九九五年にJesse Walker, "The Populist Rainbow," *Chronicles*, March 1996 のためにボブ・フレッチャーにインタビューした。フレッチャーの引用は、とくに断らない限りすべてこのインタビューのものである。

★25　私は、一九九五年に"The Populist Rainbow"のためにアフリカ・イスラムにインタビューした。イスラムの引用は、とくに断らない限りすべてこのインタビューのものである。

★26　Anthony J. Hilder, "Ordo Ab Chao," on Amerika, cassette, Anthony Music Corporation, 1994.

★27　私は、一九九五年に"The Populist Rainbow"のためにアンソニー・ヒルダーにインタビューした。ヒルダーの引用は、とくに断らない限りすべてこのインタビューのものである。

★28　私は、一九九五年に"The Populist Rainbow"のためにマイケル・ムーアにインタビューした。ムーアの引用は、とくに断らない限りすべてこのインタビューのものである。

★29　Brian McManus, "The Illuminati: Conspiracy Theory or New World Order?" *Philadelphia Weekly*, December 1, 2010 所収の引用。

★30　Tony Brown, *Empower the People: Overthrowing the Conspiracy That Is Stealing Your Money and Freedom*（HarperCollins, 1998）, 191.

★31　同上、186.

★32　同上、xv. ブラウンによるイルミナティ論は、エディス・スター・ミラーからウィリアム・ギー・カーまで、右派が陰謀論で取り上げるのと同じ出典に依っている。

★33　Daniel Levitas, *The Terrorist Next Door: The Militia Movement and the Radical Right*（Thomas Dunne Books, 2002）, 318.

★34　Karl, *The Right to Bear Arms*, 112 所収の引用。バットラーはこう付け加えた。「私は彼らの運動は政府主導のものだと思う。たぶんCIAが絡んでいるのだろう」。

★35　Department of Justice, "Good O' Boy Roundup Report," March 1996, justice.gov/oig/special/9603/exec.htm.

★36　Kenneth S. Stern, *A Force upon the Plain: The American Militia Movement and the Politics of Hate*（Simon & Schuster, 1996）, 247.

★37　同上、246.

★38　同上、219.

★39　Dick Morris, *Behind the Oval Office: Getting Reelected Against All Odds*, 2nd ed.（Renaissance Books, 1999）, 418.〔『オーバル・オフィス―大統領執務室』近藤隆文・村井智之訳、フジテレビ出版、一九九七年〕現在のモリスは、クリントンのホワイトハウスの元同僚を含めて民主党員を厳しく批判する。したがって、自分の公的イメージを刷新する前にこの本を書いたことは注目に値する。この本は全体にビル・クリントンと彼の政権について好意的で、共和党をテロリストと結びつけようとする「リコシェ」戦略についてもスキャンダル扱いしていない。彼がかつて批判した民兵の言説を借用した男の件で頂点に達したモリスの議論については、Jesse Walker, “The Cynicism of Dick Morris,” January 18, 2013, reason.com/archives/2013/01/18/the-cynicism-of-dick-morris を参照のこと。

★40 Morris, *Behind the Oval Office*, 419-23 所収の引用。

★41 同上、210. 興味深いことに、この爆破事件がきっかけとなって、クリントンが喫煙やテレビ番組の暴力シーンなどの問題について「家族の価値重視」を掲げることができたとモリスは考えた。もしそうなら、これはモラル・パニックを利用できるという面白い例である。

★42 “The Pine Bluff Variant,” *The X-Files*, Fox, May 3, 1998.

★43 Paul Cantor, *Gilligan Unbound: Pop Culture in the Age of Globalization* (Rowman & Littlefield, 2001), 185.

★44 “The Truth,” *The X-Files*, Fox, May 19, 2002.

★45 起きたとされる誘拐事件のチャンによる捜査は、ジョン・キールによるモスマンの捜査に似通っていて、彼は『カリガリの野望』というスリラーの著者とされる。

★46 のちにミネソタ州の知事を務めたベンチュラは、その後も陰謀本を数冊書き、『ジェシー・ベンチュラと語る陰謀論（*Conspiracy Theory with Jesse Ventura*）』というケーブルテレビの番組の司会を務めた。

★47 “Jose Chung's From Outer Space,” *The X-Files*, Fox, April 12, 1996.

★48 たとえば、Kenn Thomas, “Clinton Era Conspiracies! Was Gennifer Flowers on the Grassy Knoll? Probably Not, but Here Are Some Other Bizarre Theories for a New Political Age,” *The Washington Post*, January 16, 1994 を参照のこと。偶然にも、トーマスは『スチームショベル・プレス』誌の編集者で、いくつかのあまり知られていない陰謀説をまともに信じていた。彼が『ポスト』紙に記事を書くときの皮肉なスタイルのどれほどがカムフラージュで、どれほどがこのテーマにふさわしいと他の編集者によって押しつけられたスタイルなのかはわからない。

★49 ザンドー・コルジブスキーが、雑誌『モンド２０００』第3号（Winter 1991）の編集部宛てに送った書簡。

★50 二〇一二年九月六日午後五時一九分に、著者に届いたR・U・シリウスの電子メール。シリウスはコルジブスキーが何者であるか明らかにしなかったが、コルジブスキーは「現実の世界ではテクジャーナリズムで信用を得ている人物である」と明かした。

★51 二〇一二年九月六日午後六時一五分に、著者に届いたR・U・シリウスの電子メール。

第12章

★01 “The Bottle Deposit,” *Seinfeld*, NBC, May 2, 1996. この会話が登場するのは、「ダウン・タウン」という歌の中にメッセージが隠されている可能性についてジョージとジェリーが考えるシーンで、これは『Xファイル』ではなく『となりのサインフェルド』が一九九〇年代でもっともパラノイア色が強い番組だという私のやや狂気じみた持論の証拠Aである。

★02　9・11トゥルース運動にかんする有益な概論については、Mark Fenster, *Conspiracy Theories: Secrecy and Power in American Culture*, 2nd ed.（University of Minnesota Press, 2008）の第七章を参照のこと。

★03　Michael Barkun, *Chasing Phantoms: Reality, Imagination, and Home land Security Since 9/11*（University of North Carolina Press, 2011）, 77. これはアメリカを中心に書かれた本に組み込むにはあまりに国際的な物語だ。なにしろ、モリアーティはイギリス、マビューズはドイツ、ファントマはフランス出身なのだから。しかし超悪玉についてすばらしい研究論文が書かれるべきだ。

★04　著者が二〇〇一年一〇月二六日にジョエル・ベストにしたインタビュー。

★05　炭疽菌の胞子が入った封筒が政治家やメディア・アウトレットに送りつけられるという炭疽菌攻撃が、9・11とはまったく関係のない人物によって行なわれたのはほぼ確実だ。ホワイトハウスはこの件にアルカイダがかかわっていることを証明するようＦＢＩに指示したとされるが、ＦＢＩはその説を信用しなかった。James Gordon Meek, "FBI Was Told to Blame Anthrax Scare on Al Qaeda by White House Officials," *Daily News*（New York）, August 2, 2008 を参照のこと。

★06　"New Scare Diverts US Flight," October 11, 2001, news.bbc.co.uk/2/hi/americas/1592417.stm 所収の引用。

★07　Gwen Shaffer, "Novel Security Measures," *Philadelphia City Paper*, October 18-25, 2001.

★08　"Two Plead Not Guilty to Boston Hoax Charges," February 2, 2007, web.archive.org/web/20070210181101/http://www.cnn.com/2007/US/02/01/boston.bombscare/index.html 所収の引用。

★09　Richard Landes, *Heaven on Earth: The Varieties of the Millennial Experience*（Oxford University Press, 2011）, 14.

★10　一部の人に届いたある電子メールには、Q33NY（世界貿易センタービルに突っ込んだ飛行機のうち一機の便名か機番だという）を入力するようにと書かれていた。すると、次のような結果になる：

この場合、電子メールはいたずらだった。どちらの飛行機もQ33NYという文字列とはかかわりがなかった。

★11　陰謀的な思考は国の内外にかかわる大統領の政策に一定の役割を果たした。ブッシュがイラン、イラク、北朝鮮を「悪の枢軸」と呼んだ例を考えてみよう。軸は連合関係を意味するため、彼が使った名称はイランとイラク（当時、国際的にもっとも緊張関係にあった二か国）が秘密裏に同盟を結んでいたことを示唆した。

★12　Meg Stalcup and Joshua Craze, "How We Train Our Cops to Fear Islam," *The Washington Monthly*, March-April 2011. 残念なことに、カローバはイスラム教徒のテロリズムにかんする専門家としては最悪だった。キリスト教の世界では、聖戦士の陰謀から宗旨替えをしたと自ら主張する者たちがジョン・トッドのような話を広めた。たとえば、Jorg Luyken, "The Palestinian 'Terrorist'

Turned Zionist," *The Jerusalem Post*, March 20, 2008; Doug Howard, "Mixed Message," *Books & Culture*, May-June 2010; Tim Murphy, "An Ex-Terrorist Walks into a Conservative Conference . . . ," *Mother Jones*, September 15, 2012を参照のこと。こうした類いの人が空軍兵士に講演している例については、Neil MacFarquhar, "Speakers at Academy Said to Make False Claims," *The New York Times*, February 7, 2008を参照のこと。

★13 "MIAC Strategic Report: The Modern Militia Movement," Missouri Information Analysis Center, February 20, 2009, scribd.com/doc/13290698/The-Modern-Militia-MovementMissouri-MIAC-Strategic-Report-20Feb09.

★14 "2009 Virginia Terrorism Threat Assessment," Virginia Fusion Center, March 2009, rawstory.com/images/other/vafusioncenterterrorassessment.pdf.

★15 *North Central Texas Fusion System Prevention Awareness Bulletin*, February 19, 2009.

★16 "A Cautionary Note for Law Enforcement," *Pennsylvania Actionable Intelligence Briefing*, November 13-15, 2009.

★17 "Federal Support for and Involvement in State and Local Fusion Centers," *United States Senate Permanent Subcommittee on Investigations, Committee on Homeland Security and Governmental Affairs*, October 3, 2012.

★18 Kathleen Tierney, "The Red Pill," June 11, 2006, understanding katrina.ssrc.org/Tierney.

★19 次のハリケーン「サンディ」が二〇一二年にニューヨークを襲ったとき、一部のいたずら好きが噂を意図的に電子メールで広めた。彼らは#SANDYLOOTCREWというツイッターのハッシュタグをつくり、自分たちが盗んだとする物品（ラップトップ・コンピュータ、テレビ、Tシャツ、猫もいた）のリストと写真を投稿した。彼らはときどき「我々は盗んじゃいない。白人から取り戻しただけだ」という不穏なメッセージを添えた。この偽投稿は『ドラッジ・レポート』『デイリー・メール』紙その他のアウトレットに批判されることもなく何度も再掲された。

★20 Lee Clarke and Caron Chess, "Elites and Panic: More to Fear Than Fear Itself," *Social Forces* 87, no. 2 (December 2008). クラークとチェスが「エリート・パニック」という言葉を造語したわけではない。彼らはその言葉を用いたカスリーン・ティアニーの記事を引用しただけで、他の人が彼らより先にこの言葉を使ったかもしれない。とはいえ、クラークとチェスはこの概念をより系統立ったものにした。

★21 Sara Robinson, "Tragedy at the Holocaust Museum: Stand Up to Terror," June 11, 2009, blog.ourfuture.org/20090610/tragedy-at-the-holocaust-museum-stand-up-to-terrorism.

★22 Bonnie Erbe, "Round Up Hate-Promoters Now, Before Any More Holocaust Museum Attacks," June 11, 2009, usnews.com/opinion/blogs/erbe/2009/06/11/round-up-hate-promoters-now-before-any-more-holocaust-museum-attacks.

★23 Paul Krugman, "The Big Hate," *The New York Times*, June 11, 2009.

★24 Bob Herbert, "A Threat We Can't Ignore," *The New York*

Times, June 19, 2009.

★25　Frank Rich, "The Obama Haters' Silent Enablers," *The New York Times*, June 13, 2009.

★26　"Rightwing Extremism: Current Economic and Political Climate Fueling Resurgence in Radicalization and Recruitment," *U.S. Department of Homeland Security, Office of Intelligence and Analysis*, April 7, 2009, fas.org/irp/eprint/rightwing.pdf.

★27　報告書の著者自身が自分の意図を正確に説明できなかった。回顧録でジョンソンは、国土安全保障省の懸念は「暴力的な反政府主義グループやテロリストの卵」にあると主張し、いまにして思えば、彼自身の「極右の定義には犯罪行為や暴力を支持し、是認し、実行することを含めるべきだった」と付け加えた。しかし、その後出版した本で彼は、国土安全保障省管轄の公民権及び市民的自由課との長きにわたる確執について述べている。この役所は彼の報告書が発表される前にその種の表現を付け加えるよう迫ったのだという。振り返ってみて役所の見解に見るべきものがあったと認める代わりに、ジョンソンは自己弁護に走った。「急進主義は、犯罪的で、違法で、暴力的な行為にのみかかわっている団体または個人に限定されるべきではない」と彼は自著で述べた。「急進主義はより広範な意味をもっている。それはテロの先がけだからだ。急進主義は個人や団体を暴力とテロに駆り立てるイデオロギーにかかわる」。Daryl Johnson, *Right-Wing Resurgence: How a Domestic Terrorist Threat Is Being Ignored* (Rowman & Littlefield, 2012), 9, 236-37. ジョンソンの本の批評については、Jesse Walker, "Homeland Security Meets Office Politics," October 30, 2012, reason.com/archives/2012/10/30/homeland-security-meets-office-politics を参照のこと。

★28　"Leftwing Extremists Likely to Increase Use of Cyber Attacks over the Coming Decade," *U.S. Department of Homeland Security, Office of Intelligence and Analysis*, January 26, 2009, fas.org/irp/eprint/leftwing.pdf を参照のこと。

★29　Michael German, "Soon, We'll All Be Radicals," April 16, 2009, aclu.org/blog/national-security-technology-and-liberty/soon-well-all-be-radicals.

★30　Johnson, *Right-Wing Resurgence*, 266.

★31　Allison Kilkenny, "Discussion of Dead Census Worker Highlights Right-Wing Paranoia," September 24, 2009, huffingtonpost.com/allison-kilkenny/discussion-of-dead-census_b_298534.html.

★32　Rick Ungar, "Send the Body to Glenn Beck," September 24, 2009, trueslant.com/rickungar/2009/09/24/send-the-body-to-glenn-beck-kentucky-census-worker-hanged-fed-clay-county.

★33　Josh Marshall, "Ideas Have Consequences," February 18, 2010, talkingpointsmemo.com/archives/2010/02/ideas_have_consequences.php.

★34　CNN Newsroom, CNN, August 28, 2009.

★35　原文については、Ronald Kessler, *In the President's Secret Service: Behind the Scenes with Agents in the Line of Fire and the Presidents They Protect* (Crown, 2009), 225 を参照のこと。

★36　著者が二〇一〇年三月三〇日にマルコム・ワイリーにしたインタビュー。

★37 Rachel Slajda, "Secret Service Director: Threats Against Obama Not Up," December 3, 2009, archive.is/Qpp7 所収の引用。

★38 Martin Vaughan, "Threats Against IRS Employees on the Rise, Official Says," *The Wall Street Journal*, February 21, 2010.

★39 私はこの政府職員に二〇一〇年四月に話を聞いた。

★40 Paul Krugman, "Climate of Hate," *The New York Times*, January 9, 2011. 彼が言うところの報告書は、Erika Lovley, "Exclusive: FBI Details Surge in Death Threats Against Lawmakers," May 25, 2010, politico.com/news/stories/0510/37726.html である。

★41 Mark Potok, "Rage on the Right," *Intelligence Report*, Spring 2010.

★42 "Active 'Patriot' Groups in the United States in 2009," *Intelligence Report*, Spring 2010.

★43 同上。

★44 Alan Maimon, "Oath Keepers Pledges to Prevent Dictatorship in United States," *Las Vegas Review-Journal*, October 8, 2009 所収の引用。

★45 Jennifer Chambers and Doug Guthrie, "FBI Raids Michigan-Based Militia Group," *The Detroit News*, March 29, 2010 所収の引用。

★46 David Neiwert, "FBI Busts of Michigan Militias' Hutaree Sect Once Again Rip the Facade Away from Patriots' Civil Pose," March 29, 2010, crooksandliars.com/david-neiwert/fbi-busts-michigan-militias-hutaree.

★47 著者が二〇一〇年三月三一日にエイミー・クーターにしたインタビュー。

★48 Mike Wilkinson, "Other Militias Told on Hutaree," *The Detroit News*, April 17, 2010 所収の引用。

★49 Arie Perliger, "Challengers from the Sidelines: Understanding America's Violent Far-Right," *Combating Terrorism Center at West Point*, November 2012, ctc.usma.edu/wp-content/uploads/2013/01/ChallengersFromtheSidelines.pdf. 以降、ペリジャーの引用はすべてこの論文から。

★50 一九九六年の大統領選が例外的だったのは、ペリジャーの仮説によれば、「過去二二年間のうちでいちばん競争が少ない選挙だったからだ」という。彼は「極右団体や個人はより競争の強い政治局面で暴力行為をする傾向にある」という可能性を論じた。そうかもしれない。

★51 私は、民兵がミニットマンの立場に反対していた、あるいはその逆のケースだったとかならずしも示唆しているわけではない。民兵の多くは国境警備を強化することを望んでいたし、ミニットマンの多くは移民にかかわりのないところでは政府の権限を弱くすることを望んだ。しかし、双方の立場に重なる部分があったにしても、主な主張には違いがあった。

★52 ダリル・ジョンソンが創立したDTアナリティックスという会社が動向を注視していた団体リストは、「バーサー」、トゥルーサー、オース・キーパー、スリー・パーセンター」を挙げており、その内バーサーを「政治的傾向のうえで極右」に属する「反政府的な急進主義者」としている。そのような「急進的な信条体系」をもつ人びとは、心に「毒」をもっていて、「急進主義シンパから急進主義活動家さらにテロリストへの道」にいる、とこの会社は主張する。"Radicalization and Mobilization," n.d., dtanalytics.org/help.php.

★53 *The Lou Dobbs Show*, United Stations Radio Networks, July 15, 2009.

★54 *Hardball*, MSNBC, July 23, 2009.

★55 Gene Healy, *The Cult of the Presidency: America's Dangerous Devotion to Executive Power* (Cato Institute, 2008), 4.

★56 Gary G. Kreep, "FAX All 50 State Attorneys General to Investigate Obama's Birthday Fraud," July 2009, scribd.com/doc/17682329/Why-Can-Obama-Keep-College-Papers-Hidden.

★57 Bob Miller, "Got Birth Certificate?" July 15, 2009, unitedconservatives.blogspot.com/2009/07/got-birth-certificate.html.

★58 "An Open Letter to Barack Obama," December 1, 2008, wethepeople foundation.org/UPDATE/misc2008/Obama-USA-TODAY-ad.htm.

★59 Hugh McInnish, "Fire the Silver Bullet!" *The McInnish Newsletter*, May 21, 2009.

★60 *On Point*, National Public Radio, July 27, 2009.

★61 Markos Moulitsas (markos), "Mission Accomplished, Sarah Palin, http://is.gd/knNgl," tweet, January 8, 2011, 2:19 p.m. ムーリツァスのリンクはリベラルサイト「ファイアードッグレイク」につながっていて、このサイトはペイリンの地図を「サラ・ペイリンの殺人リスト」というタイトルで再掲している。

★62 Michael Daly, "Rep. Gabrielle Giffords' Blood Is on Sarah Palin's Hands After Putting Cross Hair over District," *Daily News*, January 9, 2011.

★63 Ed Pilkington, "Jared Lee Loughner: Erratic, Disturbed and Prone to Rightwing Rants," *The Guardian*, January 9, 2011.

★64 Erad3 [Jared Lee Loughner], "Infinite Source of Currency!?!?" August 7, 2010, abovetopsecret.com/forum/thread591520/pg1.

★65 Will Rahn, "Fellow Commenters at UFO Conspiracy Website Questioned Jared Lee Loughner's Sanity in Threads," January 11, 2011, dailycaller.com/2011/01/11/fellow-commenters-at-ufo-conspiracy-website-questioned-jared-lee-loughners-sanity-in-threads.

★66 youtube.com/watch?v=nHoaZaLbqB4.

★67 Mark Potok, "Who Is Jared Lee Loughner?" January 9, 2011, splcenter.org/blog/2011/01/09/who-is-jared-lee-loughner. ポトックはこう述べる。「ミラーは政府が文法を用いてアメリカ国民を『奴隷化している』と主張し、彼のいかにも怪しげな『トゥルース言語』を解毒剤として提案する。たとえば、自分の名前にコロンやハイフンを一定の規則にしたがって付加すると、税金がかからなくなると述べている」。一方でロフナーは、政府は「文法を支配することで人びとをマインドコントロールしている」と書いた。証明終了。

どこかの時点でロフナーがミラーの考え方を知ったことがわかるかもしれない。けれども、ロフナーがしていないことを指摘しておくことにも意義があるだろう。まず、彼は自分の名前にコロンやハイフンを付加していない。また、自分に税金はかからないとも言っていない。ミラーの信奉者は一人しかいないようだが、彼の考え方ゆえに自分たちは裁判で有罪にはならないと考えるような人びとだった。ところが、ポトックが自分の主張を発表した一日後、ロフナーが法廷で罪状認否に臨んだとき、彼はミラー寄りの考えはおくびにも出さなかった。エリートが強要する「野蛮化された」英語の代わりに誰もが使用すべき「正しい言語(correct language)」(いや、「Correct-Language」だった)を見出したとミラーは考えていたが、ロフナーのユーチューブチャンネルでは新しい言語をつくる可能性が提案されている。彼がなにを意味したのかは謎だが、ミラーの考えとはやや異なるようだ。

★68　Nick Baumann, "Exclusive: Loughner Friend Explains Alleged Gunman's Grudge Against Giffords," January 10, 2011, motherjones.com/politics/2011/01/jared-lee-loughner-friend-voicemail-phone-message 所収の引用。

★69　『ハーシュ・レルム』は『Xファイル』を制作したクリス・カーターの作品。

★70　『マトリックス』三部作の終わり方について、私はこんな風に心に描いている。現実のどのレベルも別のマトリックスだとわかると、ネオは肩をすくめて、映画のセットを去る。デジタルカメラが彼を通りの向こう側の教室まで追う。そこでは、ある教授がメタフィクションを非難し、ポストモダニズムは文芸作品にとってデッドエンドだと主張している。キアヌの携帯が鳴る。彼のエージェントだ。彼らがマトリックス関連の商品でどれくらい儲かったについて二人が話すのが聞こえる。そこで壁が崩壊し、『ブレージングサドル』の出演者が教室になだれ込み、パイを投げる。

★71　Philip K. Dick, "How to Build a Universe That Doesn't Fall Apart Two Days Later" (1978), in *The Shifting Realities of Philip K. Dick: Selected Literary and Philosophical Writings*, ed. Lawrence Sutin (Vintage Books, 1995), 262.

★72　一九七〇年代に神秘的な経験を何度かしたあと、ディックはこれが自分の人生と彼が書く物語の両方で起きていると考えはじめた。自分の経験について彼が立てた一説では、彼は私たちが生きている世界はマトリックスのような「黒い鉄の刑務所」だと示唆した(この考えは彼の最後で最高の自伝的な小説『ヴァリス』に結実した)。彼はさらに善意の陰謀という考えにもこだわった。あるとき、彼はインタビュー相手にこう言った。「イルミナティは神が誰にもしていることをボブ・ウィルソンと私にしてくれている。世界をうまくはたらかせ、見事にそれをやってのけている」。Gregg Rickman, *Philip K. Dick: The Last Testament* (Fragments West/Valentine Press, 1985), 42 所収の引用。

★73　wikipedia.org/w/index.php?title=Jamie_Kane&diff=528503901&oldid=20854738.

★74　Fraser M, "Jamie Kane Dead," Top of the Pops, April 6, 2005.

★75　もちろん、「ザ・ビースト」には先例がある。代替現実ゲーム(ARG)の先例については、Bryan Alexander, *The New Digital Storytelling: Creating Narratives with New Media* (Praeger,

2011), 153-55を参照のこと。

★76　Jane McGonigal, "'This Is Not a Game': Immersive Aesthetics and Collective Play," Digital Arts & Culture 2003 Conference Proceedings, May 2003.

★77　同上の引用。

★78　同上の引用。

★79　Cory Doctorow, "BBC: Wikipedia Is Not a Viral Marketing Tool," August 15, 2005, boingboing.net/2005/08/15/bbc-wikipedia-is-not.html 所収の引用。

★80　Bryan Alexander, "ARG vs Wikipedia vs Blogosphere," August 16, 2005, infocult.typepad.com/infocult/2005/08/arg_vs_wikipedi.html.

★81　Robert Anton Wilson, "Timothy Leary and His Psychological H-Bomb," *The Realist*, August 1964 所収の引用。

★82　Xeni Jardin, "BBC Punks Wikipedia in Game Marketing Ploy?" August 13, 2005, boingboing.net/2005/08/13/bbc-punks-wikipedia.html 所収の引用。

★83　youtube.com/watch?v=ESguSeFQzzk. 七〇年代復活のもう一つの例として、ドリンズは講演の一部で映画『テレフォン』に言及した。この映画に登場する「影なき狙撃者」の一群は実在し、彼らにはアメリカ本土を攻撃する能力があると彼は示唆した。

★84　一九九〇年、これらのカードが発表される五年前のこと、シークレットサービスはスティーヴ・ジャクソンのオフィスを手入れしたが、それはある捜査官がこの会社が運営するデジタル投稿掲示板をハッカーたちが利用していると推測したからだった。掲示板がイルミナティと呼ばれたことと、その面白半分の歓迎メッセージが手入れの理由かもしれなかった。地方検事のサム・スパークスによると、連邦捜査官が一九九〇年二月二五日付のイルミナティの印刷物を調べたところ、こうあった。「『人間どもよ、よく来た！　お前はイルミナティの秘密のコンピュータシステムに入った。これは世界最古で最大の秘密結社のオンラインサイトだ……スティーヴ・ジャクソン・ゲームズ会社代表。以上、冗談』。この件の証拠はフォーリー捜査官が、さらに捜査することなくこの情報を誤って解釈し、イルミナティの掲示板が［別の］掲示板（ハッカーに情報を与え利用されている掲示板）と同じ目的に使われていると考えたことを強く示唆する」。Steve Jackson Games v. United States Secret Service, U.S. District Court, W.D. Texas, Austin Division, March 12, 1993. 何年もあとになって、当然、この手入れはイルミナティのカードが人びとの手にわたるのを防ぐためだったという噂が立った。

★85　Jonah Weiner, "Is Lady Gaga a Satanist Illuminati Slave?" November 21, 2011, slate.com/articles/arts/culturebox/2011/11/lady_gaga_kanye_west_jay_z_the_conspiracy_theories_that_say_pop_stars_are_illuminati_pawns.html.

★86　godlikeproductions.com/forum1/message1871717/pg1.

★87　Dr. Dre, "Been There, Done That," on The Aftermath, CD, Aftermath Entertainment, 1996.

★88　Raekwon, Pusha T, Common, 2 Chainz, Cyhi the Prynce, Kid Cudi, and D'banj, "The Morning," on G.O.O.D. Music: Cruel Summer, CD, G.O.O.D. Music/Def Jam, 2012.

★89　Prodigy, "Illuminati," on H.N.I.C. Pt. 2, CD, AAO Music, 2008. プロディジーはマラキ・ヨークに大きな影響を受けている。ヨークの世界観は、黒人民族主義、UFO研究、主権在民の法的理論を混ぜ合わせたようなものだった。二〇一二年の大統領予備選の下準備として、プロディジーは新世界秩序に対してもっとも辛辣な批判を繰り広げている、立憲主義者でリバタリアンのロン・ポールを推薦した。

★90　Jonesy in the Morning, WUSL, November 3, 2009.

★91　Rick Ross featuring Jay-Z, "Free Mason," on Teflon Don, CD, Def Jam/Maybach Music/Slip N Slide, 2010.

★92　これはマーベルコミックの世界だった。マーベルのおもな競争相手のDCは、イルミナティという邪悪な秘密結社についてボブ・ウェインとルイス・シャイナー制作のミニシリーズ「タイム・マスターズ」ですでに特集している。シャイナーは『イルミナティ』の熱心なファンで、ウェインはそれを利用して彼をコミックに引きずり込んだ。「ボブが最初に『タイム・マスターズ』の企画を持ち込んだとき、彼はイルミナティの話を盛り込んで私に興味をもたせた」。二〇一三年四月四日に著者に届いたルイス・シャイナーの電子メール。

★93　『レンヌ゠ル゠シャトーの謎』も、『イルミナティ』三部作のロバート・アントン・ウィルスンによる前編の一つに対する陰謀論となった。Robert Anton Wilson, *The Widow's Son* (Bluejay, 1985) を参照のこと。

★94　Dan Brown, *The Da Vinci Code* (Anchor Books, 2006), 273.〔『ダ・ヴィンチ・コード』越前敏弥訳、角川文庫、二〇〇六年〕

★95　ジム・サンボーンの彫刻作品「クリプトス」はそれ自体に暗号文が組み込まれていて、作品が一九九〇年に落成したあと、アマチュアやCIAが解読しようと試みてきている。

★96　すべてに手がかりが隠されているという精神状態をいちばんくすぐった陰謀物語は、おそらくジェイムズ・シェルビー・ダウナードがJFK暗殺について地下出版したエッセイ"King-Kill/33°"(1987) だろう。ダウナードは外界分析にあたって文芸批評に似たテクニックを用いる。つまり、象徴をさがして、それにフリーメイソン風の隠された意味を与えるのだ。以下に典型例を示す。

　テキサス州にある「メイソン通り」の例を見てみよう。この通りは、「Mason No El Bar」つまりテキサス州とニューメキシコ州（「魔法の土地」）の境界とつながっている。この交差地点は緯度で三二度（32 degrees）にある。フリーメイソンの「スコティッシュ・ライト」の三二位（32 degrees）は、最高位に準ずるもので……

　この三二度線をアリゾナ州へと西にたどっていくと、それはゴーストタウンを通るが、この町はその昔「ルビー」と呼ばれた……ルビー通りは北に曲がってケネディ山とジョンソン山という二つの山の頂がある地域に入る。

ダウナードは、フォーティアンで反ユダヤ主義のマイケル・A・ホフマン・ジュニアの手を借りてこの文章を書いた。ホフマンは思想史において独自の位置を占める。彼はホロコーストは実際には起きなかったが、妖精は実在すると信じている。

★97　Iysistrata, "He Let Them Down. He Ran Around and Hurt

Them," June 25, 2008, metafilter.com/72804/He-let-them-down-He-ran-around-and-hurt-them.

エピローグ

★01　David Hume, *The Natural History of Religion* (A. and H. Bradlaugh Bonner, 1889 [1757]), 11.〔『宗教の自然史』福鎌忠恕・斎藤繁雄訳、法政大学出版局、二〇一一年〕

★02　Mark Phillips, *Satan in the Smoke? A Photojournalist's 9/11 Story* (South Brooklyn Internet, 2011), e-book.

★03　"Devil Face in Smoke of 911 at the WTC," n.d., at christianmedia.us/devil-face.html.

★04　Texe Marrs, "Face of the Devil," n.d., at texemarrs.com/102001/face_of_devil.htm.

★05　"Faces in the Cloud," April 23, 2008, snopes.com/rumors/wtcface.asp 所収の引用。

★06　"Allah's Edict Against Terrorism," n.d., devilsmokemessageforum.blog spot.com/2012/06/comments.html.

★07　残念なことに、『ダ・ヴィンチ・コード』で鳥の話は出てこない。

★08　"Dali Gives His Theories on Painting," *The Hartford Courant*, December 19, 1935.

★09　Rob MacDougall, "Pastplay," May 5, 2010, www.robmacdougall.org/blog/2010/05/pastplay. ゲームは、一九八八年にウンベルト・エーコが発表した小説『フーコーの振り子』に一部着想を得ている。

★10　"Tim Powers Rewrites the Cold War," October 10, 2006, powells.com/blog/interviews/tim-powers-rewrites-the-cold-war-by-dave 所収の引用。

★11　Paul Krassner, *Confessions of a Raving, Unconfined Nut*, 2nd ed. (New World Digital, 2010), 213.

★12　「パラノイアを理解するには模倣せねばならないものらしく、模倣によってしか理解できないようだ」。Eve Kosofsky Sedgwick, *Touching Feeling: Affect, Pedagogy, Performativity* (Duke University Press, 2003), 131.

★13　Michael Shermer, *The Believing Brain: From Ghosts and Gods to Politics and Conspiracies — How We Construct Beliefs and Reinforce Them as Truths* (Times Books, 2011), 87. シャーマーはエイジェンティシティの概念を207-27で陰謀説に当てはめた。

ジェシー・ウォーカー（Jesse Walker）

1970年生まれ。月刊誌『リーズン』編集者。ミシガン大学卒。海賊放送から陰謀論、カルト、著作権法まで、さまざまなテーマについて執筆する。著書に *Rebels on the Air: An Alternative History of Radio in America* がある。

鍛原多惠子（かじはら・たえこ）

翻訳家。米国フロリダ州ニューカレッジ卒（哲学・人類学専攻）。訳書に、A・ウルフ『フンボルトの冒険』（NHK出版）、M・リドレー『繁栄』（共訳、早川書房）、D・クリスチャン『「未来」とは何か』（共訳、NewsPicksパブリッシング）、M・シェルドレイク『菌類が世界を救う』（河出書房新社）、T・カミレッリほか『「組織と人数」の絶対法則』（東洋経済新報社）、N・A・ファラハニー『ニューロテクノロジー』（河出書房新社）など多数。

本書は、2015年8月に小社より刊行された『パラノイア合衆国——陰謀論で読み解く《アメリカ史》』を改題のうえ、「訳者あとがき——新装版に寄せて」および「解説」を新規に付したものです。

パラノイア合衆国《がっしゅうこく》
アメリカ精神史《せいしんし》の源流《げんりゅう》を追《お》う

2015年8月30日　初版発行
2025年1月20日　新装版初版印刷
2025年1月30日　新装版初版発行

著者　ジェシー・ウォーカー
訳者　鍛原多惠子
装幀　山田和寛＋竹尾天輝子（nipponia）
発行者　小野寺優
発行所　株式会社河出書房新社
〒162-8544
東京都新宿区東五軒町2-13
電話　03-3404-1201（営業）
03-3404-8611（編集）
https://www.kawade.co.jp/
組版　株式会社キャップス
印刷　モリモト印刷株式会社
製本　小泉製本株式会社

Printed in Japan
ISBN 978-4-309-23169-3